Helen Epstein
Die Kinder des Holocaust

Helen Epstein

Die Kinder des Holocaust

Gespräche mit Söhnen und Töchtern
von Überlebenden

Deutsch von Christian Spiel

Verlag C. H. Beck München

Der Übersetzung liegt folgende Ausgabe zugrunde:
Helen Epstein, Children of the Holocaust
G. P. Putnam sons, New York
Copyright © 1979 by Helen Epstein

Gegenüber der amerikanischen Originalausgabe ist das im 18. Kapitel beschriebene Gespräch noch in die deutsche Ausgabe aufgenommen worden.

CIP-Kurztitelaufnahme der Deutschen Bibliothek

Epstein, Helen:
Die Kinder des Holocaust : Gespräche mit Söhnen u. Töchtern von Überlebenden / Helen Epstein. Dt. von Christian Spiel. – München : Beck, 1987.
  Einheitssacht.: Children of the holocaust <dt.>
  ISBN 3 406 32047 3

ISBN 3 406 32047 3

Umschlagentwurf von Bruno Schachtner, Dachau
Für die deutsche Ausgabe:
© C. H. Beck'sche Verlagsbuchhandlung (Oscar Beck), München 1987
Gesamtherstellung: C. H. Beck'sche Buchdruckerei, Nördlingen
Printed in Germany

Meiner Mutter
und dem Gedenken meines Vaters
gewidmet

Danksagung

Dieses Buch wäre nicht zustandegekommen ohne die Mitwirkung der Kinder von Holocaust-Überlebenden, deren Namen hier in authentischer oder veränderter Form erscheinen; mehrerer Hundert anderer, mit denen ich in den vergangenen sieben Jahren gesprochen und korrespondiert habe, und vieler unserer Eltern. Besonders möchte ich meiner Mutter für ihre moralische Unterstützung, Geduld und Kritik danken.

Ich möchte auch Dr. David M. Rubinstein und der New York University meinen Dank dafür aussprechen, daß man mir von meinen Verpflichtungen am Department of Journalism ein Jahr Urlaub gewährte, in dem ich das vorliegende Buch schreiben konnte.

Vier Redakteure haben zusammen mit mir an verschiedenen Aspekten meines Themas gearbeitet: Charles Fenyvesi von *The National Jewish Monthly*, Murray Polner von *Present Tense*, Edward Klein und Holcomb Noble vom *New York Times Magazine*.

Mehrere Fachleute haben kostbare Zeit dafür aufgewendet, mich bei meinen Recherchen zu unterstützen – Dr. Henry Krystal, Dr. William G. Niederland, Dr. Henry Fenigstein, Dr. Robert Jay Lifton, Eva Fogelman, Bella Savran, Henry Shaw und insbesondere Dr. Vivian Rakoff.

Viele Freunde haben Teile des Manuskripts gelesen, und mich mit Rat und Zuspruch unterstützt. Es handelt sich um: Margo Jefferson, Pamela G. Hollie, Connie Shuman, Stephan Singular, Russ Patrick, Rosa Jordan, Jeff Swartz, Michael Rosenbluth, Moses Silverman, Allan Kaplan und Rochelle Rubinstein Kaplan.

Besonderer Dank gilt meinem Agenten Jim Brown, der für mich war, was jeder Agent für seinen Autor sein sollte, ja, mehr noch, sowie meinen Lektorinnen Barbara Wyden und Phyllis Grann für ihren zuverlässigen Beistand, ihr gutes Urteil und ihren sicheren Geschmack.

1

Lange Jahre war es in einer Art Kasten tief in mir vergraben. Ich wußte, daß ich – verborgen in diesem Kasten – schwer zu erfassende Dinge mit mir herumtrug. Sie waren feuergefährlich, sie waren intimer als die Liebe, bedrohlicher als jede Chimäre, jedes Gespenst. Gespenster aber hatten immerhin eine Gestalt, einen Namen.

Was aber dieser Kasten in mir barg, hatte weder Gestalt noch ließ es sich benennen. Im Gegenteil: Es besaß eine Macht von so düsterer, furchtbarer Gewalt, daß die Worte, die sie hätten benennen können, vor ihr zergingen.

Oft war mir, als trüge ich eine entsetzliche Sprengladung mit mir herum. Flüchtige Bilder von Tod und Vernichtung hatte ich gesehen. War ich in der Schule vorzeitig mit einer Probearbeit fertig oder hing ich auf dem Heimweg meinen Tagträumen nach, so schien mir alles Gesicherte aus der Welt verschwunden, und mir traten Dinge vors Auge, die ein kleines Mädchen nicht hätte sehen dürfen. Blut, zerschlagenes Glas, Hügel von Gebeinen, schwarzer Stacheldraht, an dem Fleischfetzen hingen wie tote Insekten; getürmte Koffer, Berge von Kinderschuhen, auch Peitschen, Pistolen, Stiefel, Dolche und Nadeln.

Waren die Eltern abends ausgegangen und hockten mein kleiner Bruder und ich vor dem Fernseher, so erschien mir das Zimmer, ja, unser ganzes Leben, schutzlos, unbehütet. Jeden Augenblick konnten Einbrecher oder Mörder bei uns eindringen und über uns Wehrlose herfallen. Ich ließ den Kleinen vor mir in die Küche gehen, um uns zu bewaffnen; wir nahmen Kartoffelstampfer, Kochlöffel und zwei lange Messer aus der Schublade und postierten uns an der Tür, bis die Angst sich allmählich verlor oder bis wir zu müde waren, um weiter Wache zu stehen.

Unausgesetzt schienen Verbrecher irgendwo darauf zu lauern, kleine Partys zu sprengen, meine Schulklasse auseinanderzutreiben – oder gar dreitausend Menschen aus der Carnegie Hall zu jagen: In schwarzgewichsten Stiefeln und Lederjacken stürmten sie herein, schossen mit Revolvern herum, bedrohten die Leute und brüllten:

„Raus mit euch, raus hier, aber dalli!" bis alle Menschen in rasender Hast verschwunden waren und der Saal sich geleert hatte.

Tagsüber, in den New Yorker Straßen, war es schwer vorstellbar, was aus diesen Tausenden von Menschen geworden sein mochte. Aber in der U-Bahn, während der Hauptverkehrszeit, sah ich sie dann wieder. Ich stand im vordersten Wagen neben dem Fahrerstand, das Gesicht an die Scheibe gepreßt, und starrte auf die Signale im Tunnel. Die Bahn, die unter der Seventh Avenue dahinfuhr, verwandelte sich unversehens in einen Zug von Viehwaggons auf der Fahrt nach Polen. Ich schloß die Augen, während der Zug von Station zu Station ratterte, und mir war, als müßte ich den Fahrer geradezu hypnotisch dazu zwingen, die roten Signale zu überfahren und den Zug in rasendem Tempo dahin- und die Mitreisenden in den Tod fahren zu lassen, sie zu zerschmettern, ehe sie ihren Bestimmungsort erreichten. Niemand würde begraben. Sie alle würden spurlos verschwinden.

In der St. Patrick's Cathedral an der Fifth Avenue konnte man der nie begrabenen Toten gedenken. Ich nahm immer eine der länglichen Kerzen aus dem Gestell neben einer der wuchtigen Säulen und entzündete sie. Ich sah Leute beten, sah, wie sie im Mittelgang auf die Knie sanken, das Kreuzzeichen machten und dann mit gesenktem Kopf aus der Kathedrale eilten. Das tat ich auch. Ich mußte es tun: sonst wären vielleicht jene Männer mit schwarzen Stiefeln und Lederjacken erschienen und hätten mich abgeführt.

Manchmal kam es mir so vor, als enthielte der eiserne Kasten in mir ein Grabmal. Die Wände waren aus Stein wie jene, die im Metropolitan Museum of Art die Mumien bargen, und die Luft war kühl. Auf einem thronähnlichen Sessel in der Ecke saß meine Großmutter Helena. Sie trug das braune Haar über den Ohren nach oben gekämmt und blickte streng drein. Vater aber versicherte stets, nie habe die Großmutter einer Seele etwas zuleide getan. Neben ihr stand Großvater Maximillian, hochgewachsen und aufrecht wie ein Offizier. Großvater Emil hingegen ging auf und ab und haderte mit sich auf deutsch, und Großmutter Josephine stand, in einen Schal gehüllt, sinnend in einem Winkel.

Wie die anderen Verwandten ausgesehen hatten, wußte ich nicht: Onkel Erich, seine Frau und sein Sohn; Onkel Bruno; Pepik, der erste Mann meiner Mutter (mit dem sie vor dem Krieg verheiratet gewesen war) und all die andern, die nicht einmal namentlich erwähnt wurden. Bis auf einen Stumpf war unser Stammbaum niedergebrannt worden.

Ganze Äste, reich verzweigtes Blattwerk waren in den Himmel und in die Erde verschwunden. Kein Stein sprach von ihrem Dahingehen. Nichts von ihnen war geblieben als die verblaßten Photographien, die Vater in einem gelben Umschlag unter der Platte seines Schreibtischs aufbewahrte.

Es waren nicht einfach die üblichen Schnappschüsse, die man in Photoalben einklebt und gelegentlich herumzeigt. Diese Photos waren zu Dokumenten, zu Zeugnissen unserer Rolle in einem historischen Geschehen geworden, einem Geschehen von so unfaßbarer Gewalttätigkeit, daß ich einfach überfordert war, wenn ich in den Büchern davon las, die Vater mir gab, oder wenn er mich in Filme mitnahm, die davon berichteten. Die Fakten und Bilder sprangen in meinem Hirn wie Pingpong-Bälle hin und her; sie ergaben nicht nur für sich allein keinen Sinn, sondern verwirrten auch all das noch, was an gesichertem Wissen vorhanden war.

Und so sahen diese Fakten aus:

Kurz vor Beginn des Zweiten Weltkriegs lebten in Dörfern, in Provinz- und Großstädten in ganz Europa fast neun Millionen Juden. Sieben Jahre später waren in Polen, in Estland, Lettland, Litauen, in Deutschland und Österreich neunzig Prozent dieser Juden verschwunden. In der Tschechoslowakei, wo die Familie meines Vaters seit bald fünfhundert Jahren gelebt hatte, waren mehr als fünfundachtzig Prozent der Juden nicht mehr da. In Griechenland, Holland, Ungarn, Weißrußland, in der Ukraine und in Belgien, in Jugoslawien, Rumänien und Norwegen war mindestens die Hälfte der vor dem Krieg dort lebenden Juden verschwunden, als er zu Ende ging.

In diesem Krieg waren fünfundfünfzig Millionen Menschen umgekommen, zum größten Teil im Kampf gefallene Soldaten, zu deren Gedenken überall in der Welt Hunderte von Denkmälern errichtet, Hunderte von Soldatenfriedhöfen angelegt wurden. Fünf Millionen Tote waren politische Gefangene, Widerstandskämpfer, Antifaschisten verschiedener Volkszugehörigkeit, Homosexuelle, Zigeuner, die von den Nazis ermordet worden waren. Sechs Millionen Juden hatte man umgebracht – zwei von je drei Juden in Europa. Diese elf Millionen Mordopfer haben keine Gräber gefunden. Man hatte sie vergast und anschließend verbrannt – auch meine Großmutter Helena, meinen Großvater Maximillian und deren Söhne –, oder man hatte sie am Rand eines ausgehobenen Massengrabs erschossen – wie meine Großmutter Josephine und meinen Großvater Emil.

Ein Drittel der Juden entkam dem Schicksal, von den Deutschen ermordet zu werden. Manche von ihnen starben eines natürlichen Todes. Einige flohen in Gegenden Rußlands, die unbesetzt geblieben waren. Manche gelangten nach Westen, erreichten Häfen an der Atlantik- oder an der Mittelmeerküste und fanden schließlich nach Nord- und Südamerika, Australien, Palästina, Schanghai. An die 400 000 bis 500 000 Juden, die im besetzten Europa zurückgeblieben waren, hatten den Krieg in Zwangsarbeitslagern überlebt; oder in den Wäldern, wo sie sich kleinen Partisanengruppen anschlossen oder sich versteckt hielten – auch in Großstädten, wo sie sich mit gefälschten Papieren als Nichtjuden ausgaben oder monate-, ja, jahrelang in geheimen Verstecken – in Speisekammern, Speichern und Kellern – hausten. Nicht mehr als 75 000 Juden überlebten die Konzentrations- und Vernichtungslager, und zwei von ihnen waren meine Eltern.

Der Kasten, den ich in mir herumtrug, hatte einen Raum für meine Eltern. Dort hausten sie für sich – abgesondert von anderen menschlichen Wesen. Als Kind mußte ich die Zahlen der Opfer nicht kennen: Ich wußte, meine Eltern hatten einen Abgrund überquert, und sie hatten es allein getan. Ich war ihr erster Weggefährte, ein neues Blatt am Baum – und ich wußte, daß dieses Blatt die Essenz des Lebens sein mußte. Es unterschied sich vom Tod wie das Gute vom Bösen, wie die Gegenwart vom Vergangenen. Es bezeugte, daß die Macht des Lebens stärker war als die Gewalt der Vernichtung. Es war der Beweis dafür, daß sie selbst nicht gestorben waren. Die Tür, die in diesen abgesonderten Raum führte, war geheim; der Ort mußte wohl behütet werden.

Der eiserne Kasten in mir war mit großer Umsicht konstruiert – so wie man, in der Schule waren wir darüber belehrt worden, Kernreaktoren baut. Ich dachte mir Bleiwände um das gefährliche Gehäuse, kreisförmig angelegte Kühlungsrohre, die mögliche Explosionen abschwächen, ja, überhaupt unwirksam machen konnten. All das war mit einer Metallhülle umgeben, und so vergrub ich es in mir. Das Gehäuse wurde zu einem dunklen Gewölbe, das immerzu Bilder, Worte, flüchtige Blicke meiner Eltern in sich aufnahm. Es sank tiefer hinab, je älter ich wurde. Endlich war es so angefüllt mit eingelagerten Dingen – Bildern, Worten, Blicken –, daß es sich nicht mehr ignorieren ließ. Ich wußte, der eiserne Kasten mußte eines Tages ans Licht geholt, geöffnet und durchmustert werden: aber mittlerweile war er so eingemauert, daß es keinen Zugang mehr zu geben schien.

So entwickelte ich Strategien, um an das tief Verborgene zu gelangen; um die Fortifikationen zu durchstoßen, die mir bei jedem Schritt, mit dem ich mich ihnen näherte, unüberwindlicher schienen. Ich brauchte Gefährten, Menschen, die das gemeinsam mit mir zu unternehmen bereit waren, brauchte Stimmen, die mir sagten, all das, was ich da mit mir trage, sei Wirklichkeit, nicht grausige Phantasie. Meine Eltern konnten mir dabei nicht helfen; sie waren ja selbst ein Teil davon. Zu Psychiatern hatte ich kein Vertrauen; sie verfügten über noch mehr Namen für all das, als ich selbst schon ausprobiert hatte, um die Dinge zu umschreiben, zu verhüllen. Es mußte Menschen geben wie mich, die ebenfalls einen eisernen Kasten, ähnlich dem meinen, in sich herumtrugen. Es muß, so überlegte ich, eine über die Welt verstreute unsichtbare, stumme Familie geben.

So machte ich mich auf, nach solchen Menschen zu suchen, sie zu beobachten, ihnen zuzuhören, ihre Berichte zusammenzutragen. Ich begab mich auf eine geheime Suche: Sie berührte mich so tief im Innern, daß ich zu niemandem darüber sprach. Ich machte mich auf den Weg, um Menschen zu finden, die wie ich im Bann einer Geschichte lebten, die sie nicht selbst erlebt hatten. Ihnen wollte ich Fragen stellen. Vielleicht konnte ich so jenen Teil von mir erreichen, der sich mir selbst am beharrlichsten entzog.

2

An einem Sonntagvormittag im Frühjahr 1977 – während eines Schneesturms, der mehrere Flugplätze lahmzulegen drohte – flog ich nach Toronto. Es war die erste Etappe einer Reise, die mich zu mehreren Hundert Kindern von jüdischen Überlebenden des Zweiten Weltkriegs führte, in ihr Heim, in ihr Leben. Ich war neunundzwanzig Jahre alt, eine New Yorkerin, Universitätsprofessorin und Schriftstellerin, die seit ihrem zwanzigsten Lebensjahr Zeitungen und Zeitschriften Beiträge geliefert hatte. Neun Jahre lang hatte ich über das Leben anderer Menschen geschrieben und dabei gelernt, ihren Erfahrungen und ihrer Gefühlswelt das Wesentliche abzuhorchen. Nun wollte ich das Erlernte zum erstenmal auf mich selbst und auf Menschen anwenden, die noch nie Gegenstand journalistischer Recherche gewesen waren – die Kinder der Überlebenden des Holocaust.

Ich hatte vorher schon mit Kindern von Holocaust-Überlebenden gesprochen. Drei meiner engsten Freunde aus Kindertagen gehörten zu jener stillen, unsichtbaren Gemeinschaft ohne Zeichen der Zusammengehörigkeit. Meine Freundin Evelyn und ich nahmen nach Schulschluß oft unsere Hausaufgaben in den Central Park mit und lernten zusammen Latein, in einer stummen Wahlverwandtschaft verbunden, die wir nicht verstanden. Unsere Eltern hatten darauf bestanden, daß wir Latein lernten. Evelyns Vater und Mutter sprachen Englisch mit deutlich hörbarem Akzent; sie waren aus Wien geflohen, wie meine Eltern aus Prag geflohen waren. Sie waren ebenso besessene Zeitungsleser wie meine Eltern. Eine scheinbar harmlose Schlagzeile konnte sie in eine stundenlange Diskussion verwickeln. So wie ich hatte auch Evelyn weder Großeltern noch sonst Angehörige außer ihren Eltern. Und wie mein Freund Jimmy, dessen Familie gleichfalls aus Wien geflohen war, sprach auch Evelyn niemals über die Themen Verwandtschaft und Geschichte oder darüber, wie es dazu gekommen war, daß ihre Eltern in New York lebten. Doch wenn ich ihre Familie besuchte, fühlte ich mich zu Hause. Hier herrschte eine Lebensintensität, eine Art wilden Lebenswillens, die der zwanglosen, unbeschwerteren Atmosphäre in den Häusern anderer Familien abging. Hier war ein bedeutungsschweres Geheimnis zu spüren.

Im Hause meiner Freundin Mary trat zu diesem Geheimnis noch der bittere Ton der Traurigkeit. Ihre Eltern stammten aus Polen, und wenn sie unter sich waren, sprachen sie nicht deutsch, sondern jiddisch miteinander. Das kleine Haus an der West End Avenue, wo sie wohnten und das sie nur selten verließen, war ihr Eigentum. Mary erzählte mir einmal, sie hätten Angst, es könnte abbrennen oder ausgeplündert werden, wenn sie es verließen. Ich nahm das zur Kenntnis, als wäre es ein ganz naheliegender Gedanke. Ich fragte mich auch nicht, warum sie ihrem einzigen Kind einen christlichen Namen gegeben hatten. In meinen Augen hatten alle unsere Eltern – diejenigen, die nach dem Krieg nach Amerika gekommen waren – etwas Exzentrisches. Sie waren nicht wie die Amerikaner, und wir Kinder glichen nicht amerikanischen Kindern. Dies war so offenkundig, daß sich eine Diskussion darüber erübrigte, und ebenso wie Jimmy und Evelyn erlaubte Mary sich nicht, Spekulationen anzustellen, warum das so war. Freunde sind, wie Angehörige, rasch zur Hand, einander vor Schmerzen zu beschirmen, und obwohl wir alle wußten, daß das Zuhause, in dem jeder von uns aufwuchs, von viel Schmerzlichem durchdrungen war, nannten wir es nie beim Namen. Aber dazu war ich jetzt – mit neunundzwanzig Jahren – entschlossen.

Deshalb hatte ich mich auf den Weg nach Toronto gemacht. Ich war unterwegs in eine fremde Stadt, zu einem fremden Menschen, der von mir so verschieden war, wie ein anderes in den Vereinigten Staaten aufgewachsenes Kind von Holocaust-Überlebenden es nur sein konnte. Deborah Schwartz* war im Süden groß geworden. Sie war als erste Jüdin zur Schönheitskönigin ihres Bundesstaates gekürt worden und hatte ein Jahr am Steuer eines von der Wettbewerbs-Organisation zur Verfügung gestellten Oldsmobile gesessen, eines Wagens, der nach jeweils 3000 Meilen gegen einen neuen eingetauscht wurde. Deborah hatte die Rolle einer südstaatlichen Schönheitskönigin mit vollem Einsatz gespielt. Sie hatte Jahrmärkte, Supermärkte und Militärbasen besucht. Sie hatte Journalisten von städtischen Tageszeitungen und ländlichen Wochenblättern und sogar Schülerzeitungen leutselig Dutzende von Interviews gewährt. Sie hatte vor dem Parlament ihres Staates gesprochen. Sie hatte mit Hunderten von Bewunderern korrespondiert und ihnen auf einem speziellen Briefpapier geschrieben, auf das ihr Gesicht und ihre Figur zusammen mit den Umrissen des Bundesstaates geprägt waren. Und sie war – als Teilnehmerin an einem der uramerikanischen Rituale – beim Miss-America-Wettbewerb in Atlantic City über den Laufsteg geschritten.

Ihr ‚Talent', mit dem sie sich als Teilnehmerin an diesem Wettbewerb zusätzlich hatte produzieren müssen, war das Klavierspielen, und sie hatte dafür Chopins ‚Revolutionsetüde' gewählt, weil der polnische Rundfunk dieses Stück bei Hitlers Überfall auf das Land, 1939, vierundzwanzig Stunden am Tag gesendet hatte. Der Zweite Weltkrieg, berichtete sie den Juroren und den Zeitungsreportern in Atlantic City, hatte ihrer Familie viel Schweres gebracht, und auch ihr eigenes Leben sei von diesem Geschehen berührt worden. Ihr Vater, der aus einem ungarischen Landstädtchen stammte, hatte den Krieg zunächst in einem Zwangsarbeitslager verbracht und war dann in den Untergrund gegangen. Ihre Mutter, ebenfalls aus einer Kleinstadt in Ungarn, hatte ihren sechzehnten Geburtstag im Konzentrationslager Auschwitz erlebt.

---

* Name von der Autorin geändert

Im amerikanischen Süden, wo die Lebensumstände lokaler Schönheitsköniginnen wichtigen Stoff für die Presse abgeben, wurde Deborahs Geschichte in Dutzenden von Versionen publiziert. NACH DER HÖLLE DES GRAUENS – LIEBE UND SCHÖNHEIT lautete eine Schlagzeile. DEBORAH STEHT NICHT NEGATIV ZUM LEBEN verkündete eine andere. Die Zeitungsberichte über ihre ‚Regierungszeit' als Schönheitskönigin stellten ihre Familiengeschichte vor allem deshalb besonders heraus, weil Deborah selbst betonte, wie wichtig sie für sie sei. „Wenn ich daran denke, was meine Mutter in meinem Alter durchmachen mußte – können Sie sich vorstellen, daß ihr der Kopf kahlgeschoren wurde?" fragte sie einen Reporter in Atlantic City. „Sie bekam nichts zu essen. Sie lief ohne Schuhe durch den Schnee, und sehn Sie mich an, die Königin des Staates jetzt beim Miss-America-Wettbewerb – es ist wirklich unglaublich!"

Ich war verblüfft, als ich die ganzseitigen Features über Deborah Schwartz betrachtete, die in südstaatlichen Zeitungen erschienen waren. Ich wäre nie auf die Idee gekommen, daß Leute, die ausgewandert waren wie meine Eltern, es sich einfallen ließen, in abgelegene ländliche Gegenden zu ziehen, wo sich Tabakfelder, Baptistenkirchen und Wohnwagen-Parks aneinanderreihten. Ich versuchte, mir den ungarischen Akzent, gemildert durch ein weiches, gedehntes Südstaatlerenglisch vorzustellen, mir auszumalen, wie das war, wurzellos in einer Region aufzuwachsen, die doch so stolz auf ihr historisches Erbe war. Ich staunte darüber, daß Deborah sich ohne Umschweife als Kind von Holocaust-Überlebenden zu erkennen gab, staunte über die Selbstsicherheit, die aus ihrer Stimme sprach.

Ich hatte oft meine eigene Stimme gehört, die mir wie die eines anderen Menschen vorkam, wenn ich Leute über die Zeit des Krieges aufklären wollte. Als ich noch klein war, kamen die Fragen von anderen Kindern. „Warum hat deine Mammi die Nummer da am Arm?" Ich weiß nicht mehr, was ich ihnen sagte, aber niemand fragte mich ein zweites Mal. Hingegen erinnere ich mich aus späterer Zeit, aus Gesprächen mit Erwachsenen, was und wie ich antwortete. Ich beantwortete Fragen nicht mehr wie ein Kind, schnell und ohne nachzudenken. Gespräche über den Krieg bewirkten bei mir eine Spaltung. Das Gesicht blieb gelassen, die Stimme sachlich, doch meine Empfindungen gefroren, hielten mir das Gespräch vom Leib.

„Sie sagen, Sie sind nicht in New York geboren?"
„Nein, in Prag. In der Tschechoslowakei."

Dieses Stück fiel mir leicht. Ich war stolz darauf, Tschechin zu sein.

„Dann kamen Ihre Eltern also vor dem Krieg hierher?"

„Nein. Ich bin 1947 geboren."

„Ach so. Dann waren Ihre Eltern also während des Krieges ..."

„Sie waren im Konzentrationslager", sagte ich, um dem Fragenden entgegenzukommen. „Beide sind als einzige von ihrer Familie am Leben geblieben."

Damit war die Unterhaltung in der Regel zu Ende. Nur wenige stellten mir weitere Fragen, und sie bekamen neutrale, auf Tatsachen beschränkte Antworten. *Sie waren im Konzentrationslager* war eine Warnung. Sie bedeutete: Überschreiten Sie die von mir gezogene Grenze nicht, sonst sagen Sie vielleicht etwas Unüberlegtes!

Später – als ich alt genug war, um zu verstehen – hatte ich gehört, was man von Menschen erzählte, die die Verfolgung überlebt hatten: „Sonderbare Leute. Manche von ihnen sind einfach verrückt. Ein Mensch kann eben nur ein gewisses Maß aushalten. Diese Leute sind durch die Hölle auf Erden gegangen. Sie haben Dinge durchgemacht, die für uns unvorstellbar sind. Es hat sie hart gemacht."

„Ich kenne einen Überlebenden", hatte eine Frau zu mir gesagt. „Einen Mann auf dem Fleischmarkt mit der blauen Nummer auf dem Arm. Ein reizender Mensch. Wird nie laut. Nicht wie die andern, denen ich begegnet bin. Man sollte doch meinen, sie hätten etwas aus dem gelernt, was sie mitgemacht haben, nicht? Aber nein. Diese Leute haben anscheinend nichts gelernt. Geld scheffeln. Das ist alles, was sie interessiert."

Mag sein, ich habe gelassen und verbindlich zur Antwort gegeben: *Meine Eltern waren im Konzentrationslager,* doch in meinen Ohren klang der Satz wie eine Loyalitätserklärung. Er stellte mich ohne Einschränkung auf die Seite „dieser Leute", weit entfernt von den selbstgefälligen Amerikanern, die verschont geblieben waren – Juden wie Nichtjuden –, so rasch mit Urteilen über Dinge zur Hand, die sie nicht verstanden. Ich beantwortete ihre Bekundungen des Mitgefühls, ihre Verlegenheit oder Verwirrung mit Stolz. Meine Eltern sind nicht sehr am Geld interessiert, sagte ich stumm zu mir, sie sind nicht hart geworden, und sie sind nicht verrückt. Sie hatten sich, anders als so viele Eltern, nicht scheiden lassen. Sie betranken sich nie. Sie machten keine krummen Touren. Sie waren durchweg zu Hause, im Unterschied zu anderen Eltern, die loszogen und ihre Kinder allein zurückließen.

All das dachte ich, sprach es jedoch nie aus. Ich redete nicht gern über meine Eltern oder über die Zeit der Verfolgung, denn dies bedeutete, sich damit abzufinden, daß sie stattgefunden hatte, und mehr als alles andere wünschte ich, es wäre nicht so gewesen. Die Vorstellung, daß meine Eltern aus ihrem Zuhause herausgezerrt und gezwungen worden waren, wie Tiere – ja, schlimmer als Tiere – zu vegetieren, war zu peinigend, um sich damit abfinden zu können. Wenn ich zu Leuten in einem kühlen, vernünftigen Ton sagte, daß meine Eltern im Konzentrationslager gewesen seien, bestritt ich es damit gewissermaßen. Das Konzentrationslager wurde zu einer Ortsbezeichnung, nicht zu einem Gefängnis oder zu einem Todeshaus, wo in Amerika die Verurteilten auf ihre Hinrichtung warten, oder zu einer Menschenmühle, die freie Menschen in Sklaven verwandelte. Das Faktum wurde zu einem Symbol des Stolzes statt zu einer Erniedrigung. Es wurde zu einem unantastbaren Maßstab des moralischen Muts.

Während ich in Deborahs Wohngegend fuhr, einen großbürgerlichen Vorort Torontos, kam mir plötzlich der Gedanke, daß sie möglicherweise nie solche Dinge gedacht, daß es bei ihr vielleicht nie solche Reaktionen gegeben hatte. Es war sechs Jahre her, seit sie Interviews gegeben hatte. Dann hatte sie einen Kanadier geheiratet, dessen Eltern gleichfalls Überlebende des Holocaust waren und ebenfalls aus ungarischen Kleinstädten stammten; sie hatte ein Kind geboren und erwartete ein zweites. Ihr Haus, massiv, in Split-level-Bauweise, stand am Ende einer stillen, mit Schnee überzuckerten Straße. Das Garagentor war geschlossen, alle Vorhänge waren zugezogen, und als ich mit Tonbandgerät und Koffer die Eingangsstufen hinaufstieg, kam ich mir wie ein Eindringling vor, wie jemand, der unnötigerweise Mißlichkeiten ins Haus bringt.

Dieses Gefühl hatte sich eine Woche vorher in New York angedeutet, als Deborah angerufen hatte, um mit mir den Zeitpunkt meines Besuches endgültig festzulegen. Im ersten Überschwang hatten wir abgemacht, daß ich in Toronto bei ihr zu Gast sein sollte. Dann kam ein kühlerer, distanzierterer Anruf. Ob es nicht vielleicht doch besser wäre, ich suchte mir ein Hotel oder richtete es irgendwie anders ein? Ihr Mann bereite sich im Augenblick auf Prüfungen vor. Es sei eigentlich doch keine günstige Zeit für Gäste im Haus. In Deborahs Stimme lag eine Zurückhaltung, die nicht dagewesen war, als wir zum erstenmal miteinander sprachen, und sie löste auch meinerseits eine gewisse Reserve aus. Schließlich waren wir für einander fremde Leute, und ich wollte ihr

Fragen stellen, die zu beantworten sie nicht gewohnt war, über die sie vielleicht gar nicht viel nachdachte. Eine Freundin von mir, gleichfalls ein Kind von Überlebenden des Holocaust, hatte im Lauf der Jahre immer wieder versucht, mir mein Vorhaben auszureden, über Menschen unseresgleichen zu schreiben. Sie hatte gemeint, ich beschäftigte mich damit, „Dreck aufzurühren, was zu nichts Gutem führen kann." Als ich an diesem Sonntagnachmittag den Türklopfer an Deborahs Haus betätigte, fielen mir diese Worte wieder ein, und ich wartete etwas verzagt auf ihr Erscheinen.

Die junge Frau, die die Tür öffnete, war im achten Monat schwanger und bewegte sich dennoch wie eine Schönheitskönigin. Einen Augenblick lang war ihr Gesicht ausdruckslos, aber dann lächelte sie – ein offenes, amerikanisches Lächeln, strotzend vor Selbstsicherheit. Deborah war darin geübt, Fremde zu begrüßen. Ihre Gelassenheit und körperliche Anmut lösten bei mir eine Verwirrung aus, die ich erst nach ein paar Stunden ganz los wurde.

Sie machte zwei Tassen Kaffee. Sie bewegte sich gemächlich. Das war das einzige unverkennbar südstaatliche Charakteristikum, das sie nach Toronto mitgebracht hatte. Verstärkt wurde diese ruhige Art jedoch durch ein Zögern, sich zu rasch auf das Thema einzulassen, das zu unserer Begegnung geführt hatte. Ich trank den Kaffee in kleinen Schlucken und dachte mir dabei, daß es nicht einfach sein werde, Deborah zu interviewen. Sie war kein nach innen gewandter Mensch. Sie hatte sehr viel Zeit darauf verwendet, der Öffentlichkeit ein Grace-Kelly-Image überzeugend zu präsentieren. Die Sache mit dem Schönheitswettbewerb hatte sie Vorsicht, sogar Mißtrauen gelehrt. Ich hatte ihr einige von meinen Artikeln geschickt und ihr geschrieben, daß ein Psychiater bei Kindern von Holocaust-Überlebenden eine starke Traumatisierung als Folge der schweren Erlebnisse ihrer Eltern festgestellt habe. Schon der Gedanke an psychiatrische Untersuchungen brachte sie auf.

„Ich war einfach wütend", erzählte sie mir später. „Ich habe mich nie abnormal gefühlt, in keiner Weise. Ja, ich kam mir immer als das genaue Gegenteil davon vor. Ich habe ein ganz typisches, normales, durchschnittliches Leben geführt und nach bestem Vermögen die Rolle der Ehefrau und Mutter gespielt. Ich war sauer, wenn irgend jemand über mich geredet und mich in eine Schublade gesteckt hat, besonders Psychiater, die sich sehr negativ über meine Persönlichkeit geäußert haben."

Sie zögerte auch, im Gespräch mit einer Fremden etwas über ihre Familie preiszugeben, obwohl sie es früher doch so oft getan hatte. „Ihre Motive waren mir verdächtig", sagte sie später zu mir. „Ich kannte Sie ja nicht und war mir nicht sicher, wie sie die ganze Sache angehen würden. Ich hatte den Eindruck, daß es Leute gibt, die aus dem Holocaust Kapital schlagen wollen, und ich möchte nicht erleben, daß die Erinnerungen meiner Familie zur billigen Sensation gemacht werden."

Doch damals sagte Deborah nichts dergleichen. Sie war freundlich zu mir. Sie stellte mir selbst Fragen. *Wo ich geboren sei. Wo meine Eltern während des Krieges gewesen seien. Ob irgendwer aus meiner Verwandtschaft überlebt habe. Womit meine Eltern ihren Lebensunterhalt verdienten. Was sie in der Tschechoslowakei getan hätten.* Sie fühlte mir auf den Zahn, mit Fragen, wie ich sie später von vielen anderen Leuten zu hören bekommen sollte, ehe sie bereit waren, über sich selbst zu sprechen. „In Toronto", sagte sie, „gibt es viele überlebende KZ-Häftlinge. Toronto ist eine der Städte, in denen sie nach dem Krieg gelandet sind. Ich habe ein paar Bekannte von mir angerufen, weil ich dachte, dieser Nachmittag wäre gerade recht, den einen oder andern von ihnen zu interviewen. Unter der Woche wäre es schwieriger."

Deborah sah mich aus ihren blaugrauen Augen über die Kaffeetasse an. In ihrem Blick lagen Distanz und Herzlichkeit zugleich. Sie möchte die Fragen hören, dachte ich, die ich ihr stellen will, ehe sie antwortet. Sie möchte wohl auch beobachten, wie ich vorgehe, und dann entscheiden, ob man mir Vertrauen schenken kann. Viele Kinder von Holocaust-Überlebenden, denen ich später begegnen sollte, verhielten sich genauso wie Deborah an diesem ersten Tag. Ich mußte zeigen, daß ich Vertrauen verdiente, mußte die eigene Verletzlichkeit zeigen, natürlich auch bereit sein, mich preiszugeben, ehe sie bereit waren, das gleiche zu tun.

Kurz danach war ein Klopfen an der Haustüre zu hören, und dann führte Deborah zwei junge Männer ins Wohnzimmer. Der eine hieß Irwin Diamond, war klein, kräftig gewachsen, trug einen dichten Schnurrbart und hatte ein kleines, gestricktes Scheitelkäppchen auf dem Kopf. Ihn hatte Deborah als ersten angerufen, sobald sie wußte, daß ich kommen würde, denn er war in der jüdischen Gemeinde sehr rührig. Er war Lehrer und stellvertretender Direktor einer ihrer religiösen Schulen und ein Gast, bei dem immer Verlaß darauf ist, daß er eine Gesellschaft in Schwung hält. Irwin hatte seinen Freund Eli Rubinstein mitgebracht, das vollkommene Gegenstück zu ihm: hochgewachsen, mager und sehr schüchtern. Er arbeitete an seiner philosophischen Dissertation und zog es, so vermutete ich, bei weitem vor, ihm unvertraute Bücher aufzuschlagen, als mit fremden Leuten zusammenzutreffen. Eli war wie Irwin praktizierender Jude und wohnte nicht weit von der *Schul*, die er bequem zu Fuß erreichen konnte. Am Sabbat unternahm er weder Reisen, noch benutzte er elektrische Geräte oder ging ans Telephon. In seinem Haushalt ging es streng koscher zu. Deborah bat uns alle in ihr Studio und während sie sich daran machte, noch einmal Kaffe und Kuchen aufzutischen, fummelte ich nervös an meinem Tonbandgerät herum, so unsicher, als machte ich zum erstenmal in meinem Leben ein Interview.

Stotternd erläuterte ich, warum ich nach Toronto gekommen sei; es gehe mir darum, von den Erfahrungen anderer Kinder von Überlebenden des Holocaust zu hören, um mir selbst über einige Dinge klarzuwerden und ich hätte keine Theorien, für die ich nach Bestätigung suchte. Irwin Diamond nahm diese Darlegung gutwillig auf und stellte mir ein paar mich selbst betreffende Fragen. Eli Rubinstein sagte nichts. Die dunklen Augen schienen in seinem blassen, schmalen Gesicht zu schwimmen, und nichts verriet mir, was in ihm vorging.

Die beiden Männer waren, wie ich, neunundzwanzig Jahre alt. Irwin war in Cheb (Eger) in der Tschechoslowakei, Eli in einem DP-Lager in Turin geboren worden. Beide waren im Säuglingsalter nach Kanada gekommen, als ihre Eltern 1948 dorthin auswanderten. Sie hatten religiöse Schulen besucht und waren dann auf die Universität gegangen. Beide hatten Töchter von Holocaust-Überlebenden geheiratet, und beide waren inzwischen begeisterte Väter. „Es ist nicht nur der normale Elterninstinkt", sagte Eli Rubinstein. „Ich bin tatsächlich der Meinung, daß es von kosmischer Bedeutung ist, wenn ich Kinder aufziehe. Ich halte es für meine heilige Pflicht, Kinder zu haben. Für mich ist es die einzige Antwort auf das Grauen des Holocaust. Nur so kann ich etwas dafür tun, daß der Tod meiner Verwandten und der sechs Millionen nicht vergebens war."

Das Gewicht seiner Worte und die Klarheit, mit der sie ausgesprochen wurden, verblüfften mich, Deborah, Irwin und sogar Eli selbst. Es war, als hätte er jahrelang auf eine Gelegenheit gewartet, auszusprechen, was er da soeben gesagt hatte.

„Hat man Sie nach jemandem genannt, der in der Zeit der Verfolgung umgekommen ist?" fragte ich.

„Ja. Ich heiße mit vollem Namen Robert Eli Rubinstein", antwortete er mit seiner ruhigen Stimme, die sich in den folgenden beiden Stunden nur wenig hob oder senkte. „Aber mein hebräischer Name ist Eliahu Mordechai, nach meinen beiden Großvätern, die von den Deutschen ermordet wurden. Es ist zwar nur ein schwacher Ausgleich dafür, daß man keine Großeltern hat, aber ich habe immer empfunden, dadurch, daß ich ihre Namen trage, kann doch etwas von ihnen in mir fortleben."

Eine Tür fiel ins Schloß, und Joseph*, Deborahs Bruder, stürmte herein. Er war zweiundzwanzig, rothaarig, breitschultrig, wirkte nachdenklich. Er studierte Soziologie. Wortlos fand er sich in den Kreis der Anwesenden. Mit ihm waren wir jetzt zu fünft. Wir alle trugen, wie Eli, Namen von Menschen, die von den Nazis ermordet worden waren, und je länger Eli sprach, desto mehr verschmolz sein Bericht mit den Schilderungen, die jeder von uns zu Hause gehört hatte – so sehr, daß die Gefühle, die er beschrieb, zu unseren eigenen wurden.

Elis Vater, Béla Rubinstein, hatte vor dem Krieg im Kreis seiner Familie als eines von zwölf Kindern in einem ungarischen Landstädtchen gelebt. Vier von ihnen waren am Leben geblieben; sein Vater hatte in einem Zwangsarbeitslager überlebt. Elis Mutter hatte drei Geschwister gehabt. Von der Familie waren nur sie und ihr Bruder am Leben geblieben.

„Ich habe immer gespürt, daß bei uns zu Hause irgend etwas anders war", sagte Eli, „aber es blieb ungreifbar. Ich spürte, daß sich ein Geheimnis, irgend etwas Eigenartiges mit der Vergangenheit, mit dem Ort verband, wo ich auf die Welt gekommen bin. Was aber, das wußte ich nicht. Oft ist mir der Gedanke durch den Kopf gegangen: Wieso sind meine Eltern ausgerechnet hier in Kanada gelandet? Man sieht ja, wie schwer sie es haben."

1948, so fand ich später heraus, riefen Repräsentanten der *International Fur and Leather Workers Union* zusammen mit der *Jewish Immigrants Aid Society* und der kanadischen Regierung ein Komitee ins Leben, das die DP-Lager in Europa besuchen und 200 Kürschner mit ihren Familien nach Kanada bringen sollte. Als das Komitee in Turin erschien, gaben Béla Rubinstein und sein älterer Bruder an, ihr Vater sei Pelzhändler gewesen, während sie in Wahrheit von Pelzen nicht das geringste verstanden. Ein paar Monate später konnten sie wählen, ob sie nach Montreal, Toronto oder Winnipeg auswandern

---

* Name von der Autorin geändert

wollten – alles Namen, die ihnen nichts sagten. Die Rubinsteins hörten sich um. In Winnipeg, sagte man ihnen, sei es sehr kalt, und Montreal sei eine zweisprachige Stadt. So entschieden sie sich für Toronto – wo sie keine Menschenseele kannten. In den ersten drei Jahren arbeiteten die Männer und ihre Ehefrauen sämtlich als Kürschner, zu Hause wie in der Fabrik, sechs Tage in der Woche, von frühmorgens bis spät in die Nacht.

„Es war mir bewußt, daß wir trotz dieser Schufterei in beträchtlicher Armut lebten", sagte Eli, „und daß ich auf viele Dinge verzichten mußte, die meine Freunde besaßen. Andere Kinder hatten Großeltern, ich dagegen nicht. Als ich meine Mutter nach dem Grund fragte, sagte sie, böse Menschen hätten sie umgebracht. Ich habe nicht begriffen, wer diese Menschen waren oder was sie veranlaßt haben könnte, meine Großeltern umzubringen. Ich war mir nicht bewußt, daß zwischen ihrer Ermordung und dem Umstand, daß sie Juden waren, ein Zusammenhang bestand.

Ich habe gewußt, daß es da ein Land, Ungarn, gab, in weiter Ferne, jenseits des Ozeans, wo meine Eltern früher gelebt hatten. Etwas war da geschehen, mit dieser Welt ist es zu Ende gegangen, und jetzt sind wir hier, in einer neuen Welt. Ihr Leben setzte sich aus zwei Abschnitten zusammen: Vorkriegs- und Nachkriegszeit. So sah ihre Zeitrechnung aus, wenn sie eine Begebenheit einordnen wollten. Der Krieg – die Zeit der furchtbarsten Verfolgungen – war eine so tief einschneidende Zäsur in ihrem Leben, daß sie sich immer wieder darauf bezogen haben, ohne darüber zu sprechen. Deshalb war mir bewußt, daß es einen – groß geschriebenen – Krieg gegeben hatte, der etwas ganz anderes gewesen ist als die Art Krieg mit Cowboys und Indianern, wie ich sie im Fernsehen sah. Aber ich habe dem Geheimnis nicht nachgespürt. Ich habe einfach damit gelebt, bis mir eines Tages – ich war damals zehn – mein Cousin die Augen geöffnet hat."

Als die beiden Jungen einmal miteinander spielten, begann Elis Cousin über einen Mann namens Hitler zu sprechen, der alle ihre Verwandten umgebracht habe, weil sie Juden gewesen waren. Eli konnte sich, wie er sich erinnerte, keinen Reim darauf machen. Er hatte noch nie etwas von Hitler gehört. Und welchen Grund konnte dieser Hitler gehabt haben, ihre ganze Verwandtschaft umzubringen? Sein Cousin wußte keine weiteren Einzelheiten. Die Familie Rubinstein, sagte Elis Mutter später zu mir, hatte es für richtig gehalten, mit den Kindern nicht über diese Dinge zu sprechen. „Manche der Kinder wissen bis heute nichts davon", sagte sie, "und ihre Eltern finden, das ist gut so. Sie sagen: ,Warum sollten sie es erfahren. Es hat mit ihnen ja nichts zu tun.' Ich habe bei Eli damit gewartet, bis er sechzehn war."

"Mein Vater äußert sich bis auf den heutigen Tag nur selten über diese Zeit", sagte Eli. "Er wird unruhig, sehr nervös, wenn Mutter darauf zu sprechen kommt. Er versucht, sie vom Thema abzubringen oder rückt auf seinem Stuhl hin und her oder benützt einen Vorwand, um aus dem Zimmer zu gehen. Hin und wieder platzt er mit etwas heraus, was er dann hinterher bereut. Was er alles durchgemacht hat, habe ich hauptsächlich von Mutter erfahren."

Wie bei meiner, bei Deborahs und Josephs Mutter, kam es auch bei Elis Mutter oft vor, daß ihr, wenn sie in der Küche stand und kochte oder danach am Küchentisch saß, Erinnerungen an diese Zeit kamen. "Es fällt mir sehr schwer, mir ihre Schilderungen genau in Erinnerung zu rufen. Selbst wenn mein Leben davon abhinge, könnte ich euch keine davon erzählen und mir dabei sicher sein, daß ich die Einzelheiten richtig wiedergebe", sagte Eli. "Es hat sehr geschmerzt, das anzuhören. Solch schreckliche Dinge hatte Mutter durchgemacht, und welcher Mensch steht einem näher als die eigene Mutter! Manchmal mußte ich weinen, aber ich habe mich geschämt, wenn es mir vor ihr passiert ist. Ich wollte Mutter natürlich nicht aufregen und ihr damit noch mehr weh tun. Ich habe jedesmal gespürt, wie in mir die Tränen hochstiegen, und habe mich gezwungen, sie zurückzuhalten. Ich habe mir die Augen gewischt, damit sie nichts sah. Nur selten habe ich eine Frage gestellt, mich aber verpflichtet gefühlt, ihr zuzuhören. Ich wollte es hören, und ich wollte es doch wieder nicht hören. Und ich hatte ungewöhnlich große Schwierigkeiten zu behalten, was sie mir erzählt hatte. Ich habe ein ziemlich gutes Gedächtnis und merke mir sonst die lächerlichsten Bagatellen sehr genau. Doch in diesem Fall funktioniert es sehr schlecht. Ich kann mich nicht einmal an die Nummer auf Mutters Arm erinnern. Ich weiß die Zahlen nicht." Eli blickte kurz hoch und sah die vier Menschen an, deren Blicke auf ihm ruhten. Seine dunkelbraunen Augen leuchteten aus dem blassen Gesicht. Keiner der Nachkommen von Holocaust-Überlebenden, mit denen ich sprach, konnte sich an die Nummern, die Zahlenfolgen oder auch nur daran erinnern, an welchem Arm ihre Eltern das Brandmal trugen. Diejenigen, deren Eltern nicht tätowiert worden waren, waren darüber sehr erleichtert. Es war ein untilgbares Stigma, eine immerwährende Erinnerung an Leid und Schmerz. Der Gedanke daran führte uns enger zusammen. Ich hatte die eigentümliche Empfindung, als hingen wir alle miteinander an ein und demselben Blutplasma-Gerät. Vertrautheit hatte sich eingestellt. Eli war nicht mehr schüchtern, sprach nicht mehr tastend, sondern flüssig.

„Als ich in die Schule kam, hatte Mutter zu arbeiten aufgehört, um bei mir und meiner Schwester, die damals noch ein Baby war, zu Hause bleiben zu können. Vater fühlte sich zwar finanziell noch nicht auf sicherem Boden, aber die Familie hatte doch ihr eigenes Pelzgeschäft gegründet und beschäftigte sogar ein paar Angestellte. Als ich mich geweigert habe, noch länger ungarisch zu sprechen, fand ich bei den Eltern dafür Verständnis. Sie waren fest entschlossen, sich der neuen Realität anzupassen, und Mutter hat immer gesagt, daß sie selber lerne, wenn sie mir bei den Hausaufgaben half. Meine Eltern haben immer betont, ein Mensch könne alles verlieren, nur nicht das, was er im Kopf hat. Deshalb müßte ich mir eine gewisse Bildung zulegen, denn unsere Feinde könnten uns um alles bringen bis auf das. Peu á peu ist mir aufgegangen, wer diese Feinde waren. Ich habe allmählich begriffen. Bildung hat viel mit der Fähigkeit zu tun, auf eigenen Beinen zu stehen."

Deborah blickte zu ihm hin. Sie hatte ihm aufmerksam zugehört und war nicht wenig überrascht. Wie wir anderen drei hatte sie Eli gleichsam ihre eigene Familie beschreiben hören.

„Ich war ein ziemlich durchschnittlicher, allerdings sehr introvertierter kleiner Junge. Die Eltern waren gläubige Juden, und ich ein Kind, das seine Pflichten kannte. Ich war nie ein Rebell. Ich habe nie die Sabbatgebote übertreten oder nicht-koschere Sachen gegessen. Aber manche Dinge haben mich sehr beschäftigt. Gott hat mich beschäftigt. Die Standardfrage, wie ein gnädiger, gütiger Gott es denn zulassen konnte, daß Millionen unschuldiger Männer, Frauen und Kinder zugrunde gingen. Das war für mich die große Frage, aber in der Schule ist sie nie, nicht ein einziges Mal zur Sprache gekommen. Sie war tabu. In der Jeschiwa, der religiösen höheren Schule, die ich besuchte, lag das Schwergewicht auf den rabbinischen Texten. Wenn man den ganzen Tag in sie vertieft ist, bleibt einem keine Energie mehr für beunruhigende Fragen. In der Jeschiwa gibt es so etwas wie freie Zeit nicht. Man studiert von frühmorgens bis spätabends, und dazwischen täglich drei Gebete.

Wir sind in der Jeschiwa nie auf den Holocaust zu sprechen gekommen. Niemand war sachkundig, alle hatten Angst vor dem Thema. Es konnte einen auf gefährliches Gelände führen. Nur ein einziges Mal, während des Eichmann-Prozesses, haben wir darüber gesprochen. Wir hatten damals einen Austauschlehrer aus Israel, von dem wir erfuhren, daß kurz vorher israelische Geheimdienstagenten in Argentinien einen Mann namens Eichmann festgenommen hatten. Ich hatte von Eichmann noch nie etwas gehört. Die anderen Jungen ebenfalls nicht. Er hat es uns also gesagt. Für mich war es ein befriedigendes Gefühl zu wissen, daß sie ihn geschnappt hatten. Mit zwölf, dreizehn ist man ein bißchen blutgierig, und nachdem uns von dem Lehrer erklärt worden war, was Eichmann auf dem Gewissen hatte, war er für mich einer von denjenigen, die für den Mord an meinen Verwandten verantwortlich waren. Das Bewußtsein, daß man ihn zweifellos hinrichten würde, hat mir eine gewisse Genugtuung bereitet.

Aber wir sind weder mit diesem noch mit sonst einem Lehrer in die wirklich tiefen Probleme des Holocaust eingedrungen. Ich weiß nicht, wie viele der anderen Jungen diese Dinge bedrückt haben. Vermutlich nicht viele. Aber es hat einfach niemanden gegeben, mit dem man darüber sprechen konnte. Ich habe meine Lehrer in der Jeschiwa bewundert und geachtet. Ich habe in ihnen die Autoritäten gesehen. Wenn sie schon mit diesen Dingen nicht zurechtkommen, habe ich mir gesagt, dann kommt niemand damit zurecht. Also habe ich mich damit abgefunden. Doch in meinem Innern stellte ich weiter alle möglichen Fragen. Fragen nach gut und böse, die Frage, wie es möglich war, daß diese Dinge hatten geschehen können. Ich habe es als blasphemisch empfunden, darauf die traditionelle Antwort zu geben, Gott in Seiner Weisheit wisse schon, was Er tue, und uns Sterblichen mit unserer begrenzten Einsicht stehe es nicht zu, an Seinen Ratschlüssen zu deuteln. Das ist von jeher die immergleiche Antwort jüdischer Denker auf die Katastrophen gewesen, die eine um die andere das jüdische Volk heimgesucht haben.

Nein, ich konnte mich mit dieser Antwort nicht abfinden. Ich glaube nicht, daß sie einen Menschen befriedigen kann, der im 20. Jahrhundert lebt. Was während des Holocaust geschah, ist nicht nur quantitativ etwas anderes als das, was den Juden früher angetan wurde, sondern auch qualitativ. Es war etwas Teuflisches an dem Ziel der Nazis, das jüdische Volk in seiner Gesamtheit auszutilgen. Bei allen früheren Verfolgungen hat dieses Element gefehlt. Zum erstenmal in der Geschichte wurde die Ermordung von Juden zur Politik eines Staates, einer ‚zivilisierten' Regierung, zu einem Zweck an sich. Diese Vorstellung läßt sich zu unseren Erlebnissen in Nordamerika praktisch überhaupt nicht in Relation setzen. Meine Eltern hatten diese Entsetzlichkeiten überstanden, und ich habe eine grenzenlose Bewunderung für sie beide empfunden, weil sie sie mit Würde überlebt, weil sie einen neuen Anfang gewagt und es in ihrem neuen Leben so weit gebracht haben. Ich bin sehr stolz darauf, daß es meinem Vater, meinem Onkel und meinem Cousin, die als mittellose Flüchtlinge in unser Land gekommen sind, gelungen ist, ein erfolgreiches Unternehmen auf die Beine zu stellen, statt in der Verzweiflung zu versinken. Ich habe mir nie vorgestellt, wie meine Eltern Entwürdigung und Erniedrigung über sich ergehen lassen mußten. Ich kann mich nicht erinnern, jemals Zorn oder Scham wegen der Dinge empfunden zu haben, die sie durchmachen mußten. Aber ich wollte schon immer mit jemandem darüber sprechen. Wenn man über das, was man erlebt hat, sprechen kann, wird es gewissermaßen legitimiert. Es sagt einem, daß man normal ist."

Elis Fragen führte ihn zur Philosophie. Er belegte an der Universität Toronto Philosophie, ein Schritt, den außer ihm nur noch ein zweiter Absolvent seiner Jeschiwa tat. Seine Eltern, die immer betonten, wie wichtig es sei, sowohl manuelle Fertigkeiten als auch Wissen zu erwerben, waren über die Entscheidung des Sohnes nicht glücklich, legten ihm aber nichts in den Weg.

Als er einundzwanzig war, trat er – zu ihrer, seiner Freunde und seiner eigenen Verblüffung – plötzlich aus seinem einsiedlerischen Leben hervor und wurde einer der Führer des Studentenkomitees für das sowjetische Judentum, das sich an der Universität Toronto gebildet hatte. „Ich weiß noch immer nicht genau, wie es dazu gekommen ist", sagte Eli, „aber plötzlich habe ich auf Versammlungen Reden gehalten, vor der Sowjetbotschaft in Ottawa in ein Megaphon gebrüllt und sogar ein Einreisevisum für die Sowjetunion beantragt. Das war 1971, als es in Kanada keine Juden aus der Sowjetunion und auch kein besonderes Problembewußtsein dafür gab. Es sah mir gar nicht ähnlich. Ich hatte so etwas noch nie getan, und meine Eltern haben sich Sorgen gemacht, daß mir etwas zustoßen könnte."

Noch mehr sorgten sie sich im folgenden Jahr, als Eli nach Ungarn zu reisen beschloß, um die Ortschaften aufzusuchen, wo seine Verwandten gelebt hatten. „Es war wie eine Pilgerfahrt", sagte Eli. „Ich wollte einfach irgendeine Verbindung zu meiner Vergangenheit herstellen. Ich wollte dort in dem Ort stehen, wo alle die verschwundenen Menschen, die ich nie gekannt hatte, zu Hause gewesen waren. Wenn ich dort stünde, wenn ich unter den Leuten wäre, die ihre Nachbarn gewesen waren, dachte ich, könnte ich den Toten so nahe kommen, wie es überhaupt möglich ist. Andernfalls würden sie für mich bloße Phantome bleiben, Namen, die meine Eltern nannten.

Als meine Eltern Ungarn verlassen hatten, schworen sie, nie mehr einen Fuß in dieses Land zu setzen. Sie konnten nicht verstehen, was ihren Sohn dorthin trieb, der doch außerhalb des Landes geboren war. Sie hatten Albträume, was mir alles zustoßen könnte. Ich mußte ihnen versprechen, mich jeden zweiten Tag bei ihnen in Toronto zu melden, damit sie wüßten, daß ich wohlbehalten war.

In den Heimatort meiner Mutter zu kommen, gelang mir nicht, aber ich kam dorthin, wo mein Vater aufgewachsen war. Es ist ein kleines Dorf. Die Leute kamen alle herausgelaufen, um mich anzuschauen. Die Bäuerinnen plapperten und tuschelten miteinander, bis schließlich eine von ihnen herbeikam und mich fragte, wer ich sei. Ich sagte, ich sei der Sohn von Béla Rubinstein, der hier vor dem Krieg gelebt habe. Darüber gerieten alle aus dem Häuschen, aber sie wirkten auch etwas nervös. Manche hatten vermutlich Angst, ich sei gekommen, das Haus und die Mühle meines Vaters zurückzufordern – die ja ohnehin seit langem verstaatlicht war. Ich hatte ein sehr, sehr ungutes Gefühl, eines der scheußlichsten in meinem ganzen Leben. Ich war für sie wie ein aus der Asche neu geborener Phönix. Ich hatte kein Recht, hier plötzlich aufzutauchen, eigentlich müßte ich tot sein.

Und vermutlich haben sie gedacht: ‚Wo kommt denn der her? Soll das heißen, daß irgendwo noch Juden am Leben sind?' Sie haben sich alle sehr besorgt gegeben. Sie haben gefragt, wie es meinem Vater gehe. Ein paar von ihnen sagten, sie hätten gehört, alle Juden, die früher im Dorf gelebt hatten, seien am Leben und in Amerika, alle reich und glücklich. Ich nehme an, daß sie damit ihr Gewissen beruhigen wollten. Sie sprachen untereinander über mich, wobei sie mich immer ‚den Juden' nannten. Ich bin mir in diesem kleinen Dorf wie ein Geschöpf von einem anderen Stern vorgekommen. Während meines ganzen Aufenthalts hatte ich das Gefühl, als wären Gespenster um mich herum. Das hat mir das Geschehene nahegebracht, das vorher so fern gewesen war."

Eli verstummte einen Augenblick, und wieder schwiegen wir alle. Ich hatte auch eine solche Pilgerreise gemacht, nur hatte sie mich nach Prag geführt. Stundenlang war ich durch die Straßen gewandert, hatte nach dem Haus gesucht, in dem meine Eltern gewohnt hatten, nach dem Krankenhaus, in dem ich auf die Welt gekommen war, dem Lebensmittelgeschäft, in dem meine Mutter eingekauft hatte, nach den Anlagen, in denen sie als Kind gespielt hatte. Alles in Prag war grau, erfüllt von einer tiefen, düsteren Melancholie. Auch ich hatte die Gegenwart von Gespenstern gespürt.

„Wißt ihr", fuhr Eli fort, „als Nachgeborenen packt einen ein ohnmächtiger Grimm. Obwohl man die Antwort schon weiß, fragt man: ‚Warum hat denn niemand etwas getan, um es aufzuhalten?' Im Geist stelle ich mir vor, daß ich dort bin und eine Waffe in die Hand nehme. Noch heute, mit neunundzwanzig Jahren, erlebe ich in einer meiner Phantasien, wie ich einen Nazi zu fassen bekomme. Für mich wachsen sie alle zu einem einzigen Menschen zusammen, der meine Verwandten umgebracht hat. Ich möchte ihn foltern und verstümmeln. Es macht mir Angst, wenn solche Gedanken über mich kommen. Es bestürzt mich, weil ich kein Mensch bin, der zu Gewalt neigt. Unter normalen Umständen könnte ich mir nicht vorstellen, daß ich gegenüber irgendeinem Menschen gewalttätig werden könnte.

Dazu kommen noch andere Dinge. Ich empfinde Ehrfurcht vor meinen Eltern und frage mich oft, ob ich selbst es geschafft hätte, am Leben zu bleiben. Ich bezweifle es. Daß ich ihr Kind bin, hat mir eine gewisse Gefühlstiefe, einen Lebensernst gegeben, den die meisten Menschen unmöglich haben können. Ich bin mir des Bösen in der Welt bewußt und stehe dazu nicht selbstgefällig-passiv. Ich bin der Meinung, daß man sich aktiv einsetzen muß, um eine Wiederkehr der Dinge zu verhindern, die zu der Ermordung meiner Verwandten geführt haben. Besonders empfindlich bin ich gegenüber rassistischen Regungen, weil ich mich mit dem Objekt identifiziere. Das setzt in mir einen gewissen Aktivismus frei, der sich sonst nicht zeigen würde.

Auch eine gewisse Unruhe ist in mir. Es ist mir einfach nicht möglich, mich ganz sicher zu fühlen. Ich sehe es nicht als selbstverständlich an, daß ich in Kanada bis ans Ende meiner Tage ein friedliches Leben führen werde. Mein familiärer Hintergrund hat meine wichtigen Entscheidungen bisher stark beeinflußt. Ein Mensch, der diesen Hintergrund nicht hat, kann mich unmöglich verstehen. Als ich mir eine Frau suchte, bin ich zwar nicht losgezogen, um mich nach einer Tochter von Holocaust-Überlebenden umzusehen, aber es ist eben doch so, daß meine Schwiegereltern mich besser verstehen, als gebürtige amerikanische oder kanadische Eltern es könnten. Außerdem bin ich ins Familienunternehmen eingetreten, obwohl ich einen Kurs in jüdischer Philosophie gebe. Hätte ich mich für eine rein akademische Berufslaufbahn entschieden, wäre es nötig gewesen, aus Toronto wegzuziehen. Ich will aber dort leben, wo meine Familien sind.

Jetzt, da meine Eltern älter werden, merke ich allmählich, daß nicht alles in Ordnung ist, daß sich einfach nicht verdrängen läßt, was sie durchgemacht haben. Ich habe Angst, daß es in einer ganz schrecklichen Weise Nachwirkungen haben wird. Körperlich hat es sich schon bei Mutter gezeigt. Sie sind in Auschwitz furchtbar mit ihr umgegangen. Damals war sie noch jung und widerstandsfähig. Doch jetzt holt der Holocaust sie allmählich ein. Vor ein paar Jahren wurde sie an – so haben die Ärzte diagnostiziert – einer Schleimbeutelentzündung operiert. Bei der Operation hat sich herausgestellt, daß ein Schulterbein deformiert ist, ein Schaden, den sie verdrängt hatte. Ein KZ-Wächter in Auschwitz hatte sie brutal geprügelt. Die Verletzung wurde nicht versorgt, und Kälte und Feuchtigkeit haben die Sache noch verschlimmert. Inzwischen hat sie auch mit dem anderen Arm und mit einem Innenohr Schwierigkeiten. Trotzdem hatte ich nie den Eindruck, daß sie mit ihrer Umwelt nicht zurechtkommt. Sie ist immer gleich freundlich und liebenswürdig.

Die Vergangenheit bricht jetzt in subtilen Formen durch. Etwas Unsicherheit, was die Zukunft angeht, obwohl doch äußerlich alles sehr stabil und sicher wirkt. Ein Zögern, den Erfolg zu akzeptieren und sich etwas darauf zugute zu tun. Kanada hat uns sehr anständig behandelt. Aber meine Eltern finden, sie dürften sich nicht zu sicher fühlen, obwohl sie hier doch Wurzeln geschlagen haben. Wenn man feststellt, daß man sich zu sicher fühlt, muß man sich aufrütteln, sonst tut es jemand anders, und das wäre schrecklich."

Eli Rubinstein schwieg, und diesmal sprach er nicht weiter. Er wirkte ebenso überrascht wie sein Freund Irwin Diamond. „Während ich geredet habe", sagte er später zu mir, „begannen mir Dinge auf einer bewußten Ebene klarzuwerden, die zwar schon die ganze Zeit in mir gewesen waren, die ich aber nie verbalisiert hatte. Vorher war es, sogar bei Irwin, eine stumme Brüderschaft gewesen. Wir hatten eine gewisse innere Verbundenheit empfunden, sie aber nie artikuliert. Es war für ihn und für mich eine Enthüllung."

Wir fünf Menschen, die da in Deborahs Lesezimmer um das Tonbandgerät herumsaßen, sprachen damals nicht viel miteinander. Wir hatten uns alle, von Elis langem Monolog angestoßen, in unsere eigene Gedanken- und Erinnerungswelt zurückgezogen. Die beiden Freunde standen auf, um zu gehen. Es war schon spät, sie wurden von ihren Familien erwartet. Als sie an der Tür standen und in ihre Mäntel schlüpften, hatte ich ein Gefühl, als wären sie nicht mehr dieselben Menschen, die am Nachmittag hereingekommen waren. Irgendein Grundgefühl, das ich noch nicht verstand, hatte Vertrautheit zwischen uns geschaffen, etwas, das die Unterschiede des Temperaments, in der Einstellung zum Glauben, der Stellung im Leben, in dem, was jedem von uns persönlich wichtig war, aufhob.

Ich war aufgewühlt. Eli hatte nicht nur einigen seiner eigenen Gefühle zum erstenmal Ausdruck gegeben, sondern auch manchen, die ich selbst empfand. Ein fremder Mensch in einer mir fremden Stadt hatte mir die Realität meiner Erfahrungen bestätigt. Was Eli gesagt hatte, war zwar erst ein Anfang, aber ein guter Anfang. Ich verabredete mit Deborah einen zweiten Besuch später in der Woche. Ich ahnte damals nicht, wohin mich dieser Anfang führen, nicht, daß ich nach Toronto zurückkommen und dort monatelang bleiben würde. Jetzt hatte ich nur einen einzigen Wunsch: mich irgendwohin zurückzuziehen, Elis Worte noch einmal abzuspielen und sie zu Papier zu bringen. Ich wollte sie lesen und wieder lesen.

3

Als Eli Rubinstein an diesem Abend nach Hause kam, rief er – eine Seltenheit – seine Schwester an, die jünger war als er. Der Nachmittag hatte ihn betroffen gemacht. Die Gefühle, denen er, zu seiner eigenen Überraschung, zum erstenmal Worte verliehen hatte, hatten ihn ebenso bewegt wie die Reaktion darauf. Sein Freund Irwin, sonst so extravertiert, ja, manchmal taktlos, war eigenartigerweise stumm geblieben. „Du hast alles gesagt", war sein einziger Kommentar gewesen, als Eli zu Ende gesprochen hatte. Joseph und seine Schwester Deborah hatten ebenfalls einen schweigsamen Eindruck gemacht, und Eli begann sich zu fragen, wie seine eigene Schwester, Rochelle, wohl reagiert hätte.

Obwohl zwischen den beiden nie über die Auswirkungen gesprochen worden war, die die schweren Erlebnisse ihrer Eltern auf sie selbst gehabt hatten, war er überzeugt, daß seine Schwester davon tief berührt worden war. An diesem Abend sagte er zu ihr, sie solle mich doch anrufen, was sie auch tat.

„Für mich war das etwas sehr Ungewöhnliches", sagte Rochelle Rubinstein Kaplan später zu mir. „Es kostet mich große Überwindung, Leute anzurufen, besonders solche, die ich nicht kenne. Aber ich war gepackt. Ich wollte Ihnen so vieles erzählen, wußte allerdings nicht genau, was. Über das Thema hatte ich vorher kaum gesprochen, und wenn ich es tat, dann hat es zu nichts geführt."

Rochelle wohnte in der Innenstadt, anders als ihr Bruder, der von seiner Wohnung zum Haus seiner Eltern in der Vorstadt zu Fuß gehen konnte. Auf dem Weg zu Rochelle ging ich durch ein Luxushochhaus, das einen Supermarkt, mehrere Dutzend Nobelgeschäfte, zwei Kinos, acht Aufzüge und fünfzig Etagen Wohneinheiten beherbergte. Alles machte einen höchst eleganten Eindruck, glänzte, war von antiseptischer Sauberkeit und von der Wohngegend ihrer Eltern so verschieden wie nur irgend etwas in der Stadt.

In Downsview, wo Elis und Rochelles Eltern lebten, hatten sich Lebensbereiche nach europäischem Vorbild gebildet. Die Familien mußten auf ihre Reputation bedacht sein. Der Erfolg im Leben wurde nicht nur am Besitz, sondern auch daran gemessen, ob die Kinder am Hergebrachten festhielten. Das Gemeindeleben war in hohem Maß auf die *Schul* ausgerichtet und durch Hochzeiten, Verlobungs-, Beschneidungsfeiern und religiöse Feste reich strukturiert. Die Männer waren im Geschäftsleben tätig. Ihre Frauen besorgten die Einkünfte und die häusliche Wirtschaft, planten Einladungen, tauschten Tips für Speisefolgen aus und telephonierten fleißig mit Gott und der Welt. Zwischen der jüdischen Gemeinde in Downsview und anderen nordamerikanischen Gemeinden bestanden enge Beziehungen, und infolgedessen ließ sich über eine Unzahl von Leuten plaudern und klatschen. Man besprach Heiratsprojekte für junge Leute, unterhielt sich über Kinder, die aus der Art geschlagen waren, über erfolglose Ehemänner oder schlampige Ehefrauen. Die meisten ihrer Kinder besuchten jüdische Schulen. Von jungen Frauen wurde erwartet, daß sie vor dem zwanzigsten Jahr heirateten und binnen Jahresfrist Umstandskleidung und Babysachen einzukaufen begannen.

Es war, von ihrer besten Seite gesehen, eine Gemeinschaft voll Wärme und Zusammenhalt, die die Tradition aufrechterhielt und in der man für den anderen eintrat. Nahm man sie von ihrer schlechtesten, war sie wie ein Fischbassin, in dem sich Geheimnisse nur schwer bewahren ließen, Männer und Frauen einander an religiösem Eifer zu überbieten versuchten und manche Leute mit anderen kein Wort wechselten, weil diese sie drei Jahre vorher nicht in die Gästeliste für eine Einladung aufgenommen hatten.

Seit dem Ende ihrer Kindheit hatte Rochelle darum gekämpft, aus dieser eng begrenzten Welt auszubrechen. ,,Sie war ein bißchen rebellisch'', sagte ihr Vater nachsichtig zu mir. ,,Sie hat nie viel gesagt'', erfuhr ich von der Mutter, ,,und auch nicht mit uns gestritten. Aber sie wollte nie tun, was die anderen Leute taten.'' Als Rochelle siebzehn geworden war, hatte sie sich ins Bett gelegt und es erst wieder verlassen, als ihre Eltern einwilligten, daß sie ein College in New York besuchte. Sie entschied sich für ein religiöses Institut, das *Stern College für Frauen*, und belegte auch Kurse an der *New York School of Visual Arts*. Sie kaufte im Nobelkaufhaus Bloomingdale's ein, durchstreifte glücklich Manhattan und genoß zum erstenmal ein Leben in der Anonymität. Bis zu dieser Zeit war sie nur selten in der Innenstadt von Toronto gewesen, hatte kaum je in einem Restaurant gegessen, da ihre Eltern sich an die strengen Speisevorschriften hielten. New York mit seinen zahlreichen koscheren Speiselokalen und seiner sich weniger abkapselnden jüdischen Gemeinde gab ihr ein Gefühl der Freiheit. Museen, Rock-Konzerte und Theater zogen sie an. Dennoch heiratete sie dann mit einundzwanzig Allan Kaplan, den Sohn eines amerikanischen Rabbiners, der an der Yeshiva University studierte. Die Hochzeit fand in Toronto statt, ein rauschendes Fest mit 500 Gästen.

Allan war von mehreren medizinischen Fakultäten in den Vereinigten Staaten akzeptiert worden und hatte sich für die New York University entschieden, die ihm ein großzügiges Stipendium bot. Das Paar hatte bereits eine Wohnung in Manhattan gefunden, als auch die University of Toronto seine Bewerbung annahm. Als Rochelles Vater erfuhr, daß die beiden die Möglichkeit eines Studiums in Toronto erwogen und dann verworfen hatten, drängte er sie, sich die Sache doch noch einmal zu überlegen. Die Aussicht, daß seine einzige Tochter vier Jahre in New York leben würde, ließ ihn krank werden, so krank, daß Rochelle zu ihm nach Toronto flog. Als sie bei ihm war, sagte er ihr zum ersten und einzigen Mal, daß er vor dem Krieg verheiratet gewesen war. Die Nazis hätten ihm seine zwei Söhne genommen, und er könnte es nicht ertragen, so lange Zeit von ihr getrennt zu sein. Dann ging er, mit Tränen in den Augen, aus dem Zimmer.

Das Paar ließ sich in Toronto nieder, allerdings im Stadtzentrum, weil Rochelle fand, daß sie dort mehr Luft zum Atmen hätte. Mittlerweile dreiundzwanzig, wirkte sie, als hätte sie niemals woanders gelebt als im Zentrum einer Großstadt. Sie trug Jeans. Das lange, dunkelblonde Haar fiel ihr locker auf die Schultern. Sie hatte eine Bescheidenheit, eine Zurückhaltung an sich, die sie mit ihrem Bruder Eli teilte, doch ich vermochte an ihr selbst oder an ihrer Wohnung nichts festzustellen, was Aufschluß gab, aus welcher Art Familie sie kam. An den Wänden hingen kleine, lebhafte, von ihr selbst gemalte Aquarelle. In den Regalen standen Lautsprecherboxen, aufgestapelte Taschenbücher und illustrierte Zeitschriften waren zu sehen. Die Stereoanlage spielte Rock-Musik. Der Tisch im Eßzimmer war mit Farbtuben, Papier und anderen Malerutensilien übersät.

Rochelles Eltern hatten sich mit diesem Lebensstil abgefunden, der so ganz anders war als ihr eigener. Sie waren froh, daß ihre Tochter in Toronto lebte und daß sie einen anständigen und frommen Mann geheiratet hatte. Wie bei den meisten Holocaust-Überlebenden galt ihre dringendste Sorge der Gesundheit und, vor allem, der Sicherheit ihrer Kinder. Sie waren verständige Leute und in einem Maß aufgeschlossen, das in ihrer traditionsverhafteten Gemeinde eine Seltenheit war. Doch wenn es um ihre Kinder ging, war ihrem Verhalten immer eine gewisse Furcht beigemischt. Jeden Abend, wenn Béla Rubinstein von der Arbeit nach Hause kam, fragte er als erstes seine Frau, ob sie von Rochelle gehört habe. Ob sie sie nicht vielleicht anrufen sollten?

,,Mein Verhältnis zu den Eltern ist von jeher sehr ernsthaft gewesen'', sagte Rochelle zu mir, als wir zum erstenmal beisammen saßen. ,,Es hat nichts Beiläufiges. Ich glaube, daß viele andere Kinder in ihren Eltern etwas Selbstverständliches sehen. Die Eltern sind hauptsächlich dazu da, sie zu bedienen. Wir haben unsere Eltern sehr rücksichtsvoll behandeln müssen. Sie hatten Furchtbares durchgemacht, so entsetzlich, daß wir nichts davon erfahren sollten. Unsere Beziehung wirkte gar nicht so, als seien sie die Eltern und wir die Kinder. Manchmal wurden wir zu ihren Eltern, und das hat mir gar nicht gepaßt. Ich habe dann Tobsuchtsanfälle bekommen und mich gegen die Vorstellung aufgelehnt, daß sie beschützt werden müssen, im Gegensatz zu meinem Bruder, der immer ihr Beschützer war. Wir bemühen uns oft, einander zu beschützen, sogar heute noch. Dadurch wird die Beziehung sehr zärtlich. Zwischen uns herrscht eine tiefe, tiefe Liebe, die alle Grenzen übersteigt. Wir versuchen immer, einander gegen schmerzliche Dinge abzuschirmen."

Rochelle zögerte. Sie setzte beim Sprechen immer wieder neu an. Sie sprach stockend, aber auch sturzbacharitg, begleitete die Worte mit raschen Bewegungen der kleinen, sehr gepflegten Hände. Mit ihrem langen Haar, das ihr in Strähnen übers Gesicht fiel, sah sie wie das Modell eines Malers aus. Sie war schlank, doch nicht auf eine jungenhafte Art. Der blaßblaue Arbeitskittel ließ die gleiche Farbe in ihren halb abwesenden Augen hervortreten. In ihrer Art zu sprechen lag etwas Tastendes, überaus Bescheidenes, das auf mich gewinnend wirkte. Es weckte in mir den Wunsch, ihr zu versichern, daß das, was sie zu sagen hatte, bedeutsam sei. Einmal in der Woche arbeitete sie in einer Strafanstalt mit gelockerten Haftbedingungen als Kunsttherapeutin mit Häftlingen. Ich konnte mir vorstellen, daß diese Männer in ihr eine Art Fee sahen, die aus Versehen in ihre Haftanstalt geraten war.

„Ich war schon immer ruhig. Als Kind war ich sehr ängstlich und ungemein still. In unserem Haus ist es sehr ruhig zugegangen. Mein Vater, der sehr viel gearbeitet hat, war meistens fort, und meine Mutter stand mit umgebundener Schürze in der Küche. Eli, der fünf Jahre älter war als ich, hat immer versucht, mir Vorträge zu halten, väterlicher zu mir zu sein, als mein Vater es war. Aber ich erinnere mich, daß ich Dinge hörte, die in der Luft lagen. Spannungen. Ich habe immer darauf gewartet, daß irgend etwas explodiert. Ich glaube, ich hatte irgendwie die sonderbare Idee, daran sei ich schuld, weil ich nicht brav war. Wenn ich unartig wäre, würde irgend etwas Schreckliches geschehen."

„Mutter hatte diese Nummer am Arm", fuhr Rochelle fort, und der Ton, in dem sie es sagte, brachte mir mit scharfer Klarheit die blaue Tätowierung am Arm meiner Mutter vors Auge. „Ich habe sie nie nach der Nummer oder sonst etwas gefragt, was mit den Dingen zu tun hatte, die im Krieg passiert waren. Mein Bruder hingegen hat mit ihr darüber gesprochen, und das erst hat es mir bewußt gemacht. Mein Bruder stellte Mutter alle möglichen Fragen. Er hat sie ausgefragt wie ein Journalist. Ich hatte den Eindruck, daß er so tat, als wollte er Fakten sammeln. Es war immer abends, wenn Mutter aufräumte. Eli saß am Küchentisch, und ich hielt mich im Hintergrund. Ich wollte immer zu ihnen sagen: Hört doch auf damit! Ich war zwar neugierig, aber das Gefühl des Ärgers hat überwogen. Ich war irgendwie gekränkt, wenn Eli Fragen stellte, aus Neid, weil er darüber sprechen konnte.

Dazu war ich nie fähig. Zu viel Gefühl war dabei im Spiel. Ich fand, daß er Dinge aus Mutter herausholte und sie dann einfach daliegen ließ, den Blicken preisgegeben. Er hat gegen meine Regeln verstoßen."

Rochelle lächelte. „Ich hatte als Kind so ein magisches System von Regeln. Manche Dinge durfte man tun, andere nicht, und gewisse Punkte durften nicht berührt werden. Berührte man sie trotzdem, würde es zu einer Explosion kommen, wie wenn eine Granate detoniert. Solche Dinge habe ich damals in mir gespürt und sehr aufgepaßt, daß sie nicht herauskamen. Vermutlich war ich deswegen so still und wachsam.

Ich erinnere mich nicht im einzelnen, worüber sie gesprochen haben, aber ich weiß noch, *wie* sie waren, wenn von der Kriegszeit die Rede war. Vaters Gesicht ist blaß geworden, und er hat sich vollkommen verschlossen. Er wollte sich nie selbst über diese Zeit äußern, und wenn Mutter freitagabends darüber sprach, begann er jedesmal zu singen. Mutter ist immer sehr gefühlvoll geworden und hat manchmal geweint, was mir sehr unangenehm war. Ich wußte nicht, wie ich mich verhalten sollte. Sie bekam dann diesen in die Ferne gerichteten Blick und begann zu träumen. Sie hat von der Vergangenheit, von ihren Eltern, als sie heranwuchs, richtig geschwärmt. Sie hat ihren Vater idealisiert. Und die Leute damals – sie waren ausnahmslos Heilige! Von bösen Deutschen habe ich nichts gehört. Nur von wunderbaren Menschen. Ich weiß noch, wie sie über ihre Freundinnen in Auschwitz gesprochen hat, wie sie sich umeinander gekümmert und daß sie zu lachen begonnen hätten, als man ihnen die Köpfe geschoren hat – so komisch fanden sie das.

Ich war entsetzt, konnte einfach nicht verstehen, wie sie imstande waren, darüber zu lachen. Alle möglichen Geschichten dieser Art habe ich zu hören bekommen. Irgendeine Frau bekam ein Kind, das sie versteckt haben und das um ein Haar entdeckt worden wäre. Einmal haben sie im Wald Beeren gesehen und wollten sie essen. Die Deutschen dachten, sie hätten die Absicht zu fliehen. Am nächsten Tag sollten sie hingerichtet werden. Doch ihr Bewacher hat sie auf irgendeine Weise davor bewahrt. Mutter hat niemals von irgend jemandem etwas Schlechtes erzählt, was mich sehr verwirrt hat. Sie erzählte mir oft von furchtbaren Dingen, machte aber daraus geradezu ein hübsches Märchen mit glücklichem Ausgang. Sie habe solches Glück gehabt durchzukommen, und man solle sich doch ansehen, wie schön sie es jetzt in Kanada habe! Was für eine nette Familie! Ich habe nie gehört, daß sie irgend jemandem an irgend etwas die Schuld gegeben hat."

Rochelles Stimme hatte einen schmerzlichen Ton bekommen, doch ihr Gesicht behielt den gleichen, etwas verlegenen Ausdruck, den es schon zu Beginn unseres Gesprächs gezeigt hatte. Ich hatte den Eindruck, daß sie erst jetzt gefühlsmäßig zu registrieren begann, was sie sagte, und das dieses Fühlen auf ihre Stimme einwirkte und sie schwächer werden ließ.

„Eines Freitagabends – ich war damals dreizehn – rief Mutter mich ins Wohnzimmer. Sie sagte: ‚Dein Vater weiß nichts davon, daß ich es dir jetzt sage, aber er war schon einmal verheiratet und hatte zwei reizende Kinder, die in der Kriegszeit umgebracht wurden. Er wollte nie darüber sprechen, aber ich finde, du solltest es erfahren.'

Ich habe kein Wort gesagt, saß stumm da. Ich habe sie nicht einmal angesehen. Es war ein sonderbares Gefühl, ich war unfähig, ihr Fragen zu stellen, obwohl es doch so vieles gab, was ich sie fragen wollte. Ich habe erst dann wieder etwas darüber gehört, als Allan von der medizinischen Fakultät in Toronto angenommen wurde. Vater hat zu Allan gesagt, er habe eine Photographie von ihnen, die er manchmal anschaue, die aber sonst niemand zu sehen bekomme, nicht einmal Mutter. Ich besitze zwei Kleider, die der ersten Frau meines Vaters gehört haben. Ein paar Jahre, nachdem Mutter mich eingeweiht hatte, fand ich sie und war derart bewegt, daß ich Mutter bat, sie für mich zu ändern. Ich habe jedes ein einziges Mal getragen. Heute bewahre ich sie in meinem Wandschrank auf und sehe sie nur noch an."

Viel später zeigte Rochelle mir die beiden Kleider, sauber, frisch gebügelt und vierzig Jahre alt, wie ihnen anzusehen war. Sie hingen zwischen ihren Capes und Umschlagtüchern und Blue Jeans im Einbauschrank ihres Schlafzimmers. Ihre Mutter erzählte mir, als Heranwachsende habe Rochelle in ihrer Klasse den Ton angegeben, was die Mode betraf. Sie habe immer Herrenanzüge, Hemden und Krawatten anziehen wollen, was in der Gemeinde Klatsch und zu Hause endlose Auseinandersetzungen provoziert habe.

„Meine Eltern kamen mir immer mit denselben albernen Argumenten, wie ich mich anzuziehen hätte. Sie wollten mich so haben, wie ich unmöglich sein konnte. Sie haben kontrolliert, mit wem ich ausging, und nach einiger Zeit habe ich aufgehört, überhaupt noch jemanden nach Hause mitzubringen. Jedes Jahr haben sie gedroht, mich auf eine strengere religiöse Schule zu schicken. Für Religion und religiöse Menschen hatte ich nicht viel übrig. Ich habe ihnen zum Vorwurf gemacht, daß sie keine Antworten wüßten. Ich konnte nicht an diesen Gott glauben, über den ich die ganze Zeit las. Nirgends habe ich ein Zeichen gesehen, das für Seine Existenz sprach. Wie hat Er all das zulassen können? fragte ich mich. Ich wollte damit ausdrücken: Wie hat Er zulassen können, daß *euch* alle diese furchtbaren Dinge geschahen? Ich habe diese ganze Geschichte mit dem auserwählten Volk nicht verstanden. Es schien mir, daß wir alle nur zum Leiden, nicht aber für erfreuliche Dinge auserwählt wurden."

Rochelle erinnerte sich, daß in der Schule, im Hebräischunterricht, zwar über den Holocaust gesprochen worden war, aber sie hatte das nicht in Beziehung zu ihrer eigenen Familie gesetzt. „Ich hatte den Eindruck, als wäre es in einer anderen Welt, in einer anderen Epoche geschehen. In grauer Vorzeit. Es wurde oft und viel darüber gesprochen, aber auf mich schien es keine Wirkung zu haben. Ich hatte oft Gewissensbisse, weil ich nichts empfand. Ich habe geglaubt, daß an mir etwas verkehrt sei. Was, dahinter bin ich nicht gekommen. Ich sah, wie andere zu weinen begannen, wenn sie von den ermordeten sechs Millionen Juden hörten, und ich, das Kind von Überlebenden, saß da und empfand nichts.

Ich hatte meine eigenen Theorien über den Holocaust. Ich sah ein Gesicht vor mir, Sophia Lorens Gesicht: mit straffer Haut und flammenden Augen, eine würdevolle Erscheinung. Sie litt stumm, darum bemüht, ihre Würde zu wahren, und weil sie so edel und würdevoll war, mußte sie gerettet werden, denn ein solcher Mensch darf nicht zu Schaden kommen. Sie litt, weil die Menschen sie nicht verstanden. Die Leute hielten sie für etwas, was sie nicht war. So hatte *ich* als Kind gelitten. Damit immerhin konnte ich mich identifizieren. Wenn ich an Folterungen dachte, dann eher an psychischen als an physischen Terror. Sich wieder und wieder ausgeliefert fühlen, erleben zu müssen, daß die Eigenschaften, die man hat, verbogen und entstellt und zu einer Behinderung gemacht werden.

Ich glaube nicht, daß meine Eltern mir gegenüber jemals erwähnt haben, daß sie geschlagen oder gefoltert wurden. Vermittelt wurde einem vor allem, daß sie gelitten hatten und daß sie schonungsbedürftig waren. Sie wirkten nach außen hin sehr stark, doch wir mußten behutsam mit ihnen umgehen, da sie überaus zerbrechlich waren. Ich hatte kein Recht, zornig auf sie zu werden – und doch waren sie die *einzigen* Menschen, auf die ich nach meiner Erinnerung überhaupt jemals zornig war. Ich fühlte mich von ihnen mit einer Bürde belastet und fand, daß ich das Recht hätte, ihnen das ein bißchen übel zu nehmen."

„Worin hat diese Bürde bestanden?" fragte ich, obwohl ich die Antwort wußte.

„Ich mußte glücklich sein, um einen Ausgleich für all das zu schaffen, was geschehen war", sagte Rochelle. „Es war eine ungeheure Verantwortung. Ich wußte nicht, ob ich dazu imstande sein würde. Es war, als ob jeder von uns einen verlorenen Menschen ersetzen sollte.

Man hat mir beigebracht, die schlimmste Untugend bestehe darin, egoistisch zu sein. Sich an die erste Stelle zu setzen. Ich habe das mit dem Glücklichsein gleichgesetzt und daraus den Schluß gezogen, daß ich es nicht *verdiente*, glücklich zu sein, auch wenn es von mir erwartet wurde. Meine Eltern sagten immer, sie wollten, daß ich glücklich bin. Sie wollten für mich ein sonniges, friedliches Leben, in dem nichts Tragisches geschieht. Aber wenn ich mir etwas gönnte, wenn ich etwas tat, was mir wirklich Freude bereitete, dachte ich jedesmal: Eigentlich solltest zu leiden.

Irgendwoher hatte ich die Idee, daß Leiden etwas Edles sei. Alle unsere Verwandten, so tapfer und edel, hatten gelitten. Ich dachte, wenn ich ein ganz besonderer, edler Mensch sein wolle, müßte ich auch leiden. Und ich hab's versucht. Kinder leiden manchmal. Ich *wollte* leiden. Manchmal wünschte ich mir, tot zu sein. Der Tod war mir nie unheimlich. Gedanken an Gespenster, an Folter haben mich geängstigt, nicht aber der an den Tod. Der Tod war wie eine Schlafdecke, weich, wie wenn einen jemand in den Armen hält."

Auch mich, dachte ich, hat der Tod nie geängstigt. Als ich geboren wurde, hatten sich außer meinen Eltern alle Menschen meiner Familie dort befunden, im Reich des Todes. Es war der einzige Ort, wo wir uns begegnen konnten.

„Ständig habe ich versucht, an die ganze Sache überhaupt nicht zu denken. Mir fällt es sehr schwer, Historisches zu lesen. Mein Kopf will einfach nichts davon wissen. Besonders nicht über die Kriegszeit oder über den Staat Israel. Ich wollte vor der ganzen Sache einfach davonlaufen. Ich wollte eine Jüdin besonderer Art sein, eine Jüdin, die nicht zu jüdisch war. Ich praktizierte zwar weiter, wollte aber nicht auffallen. Ich hatte da so eine Theorie: Wenn man wüßte, wer ich bin, würde ich als eine der ersten abtransportiert werden. Ich hatte, als ich jung war, hellblondes Haar, und als es allmählich dunkler wurde, hat mich das sehr beunruhigt. Wenn jemand sagte: *Sie sehen aber nicht jüdisch aus*, hat mich das gefreut. Ich dachte: Dir kann nichts passieren. Und als es dunkler wurde dachte ich, ich würde nie davonkommen.

Ich mußte mich dem Problem zum erstenmal stellen, als ich mit einer Reisegruppe von der Yeshiva University nach Israel reiste. Ich war damals sechzehn. Wir besichtigten die Gedenkstätte Yad Vashem in Jerusalem. Dort habe ich ein Photo von zwei Kindern gesehen und plötzlich das absolut sichere Gefühl gehabt, daß diese Kinder die Söhne meines Vaters gewesen waren. Es war schrecklich für mich, daß ich dort war, davor stand und die Photographie ansah. Endlich hat sich ein Gefühl gemeldet, eine sehr starke Empfindung. Ich wollte mit jemandem darüber sprechen. Ich habe es dem jungen Mann zu erklären versucht, mit dem ich zusammen war, aber er ist nicht darauf eingegangen, hat einfach das Thema gewechselt. Ich habe dann nie mehr über die Begegnung mit dieser Photographie gesprochen.

Als ich heranwuchs, dachte ich immer, es sei nicht gut, über private Gefühle zu sprechen. Sexuelle Empfindungen, natürlich, darüber hat man schon gar nicht geredet, aber auch bei anderen sehr privaten Dingen war es so. Das ist vermutlich der Grund, warum ich über dieses Thema noch nie gesprochen habe. Ich habe gedacht, ich dürfte es nicht. Für ein Gemeindemitglied ist es ganz unüblich, einen Psychiater aufzusuchen – tut man es doch, behält man es für sich. Es stigmatisiert einen. Ich war nicht bereit, zu einem Psychiater zu gehen. Aber ich habe wohl das Bedürfnis nach irgendeiner Art Hilfe verspürt. Von Kunsttherapie habe ich zum erstenmal auf der Schule gehört, und sie ist mir als die perfekte Lösung erschienen. Ich wollte also Kunsttherapie *studieren*, das Handwerk einer Kunsttherapeutin erlernen. Als ich zu meinen Angehörigen darüber sprach, legte ich die Betonung auf Kunst, nicht auf Therapie.

Ich war zweiundzwanzig, die Jüngste und außerdem die einzige Jüdin in einem Kurs mit lauter englischsprachigen bürgerlichen Damen aus Toronto. Anfangs habe ich mich sehr kreativ und offen gefunden. Mir fällt das Arbeiten sehr leicht, und ich kam auf alle möglichen Ideen. Leichte, hübsche, luftige Sachen. In der zweiten Sitzung sagte die Therapeutin zu uns, wir sollten versuchen, ein Gefühl auszudrükken, ohne darüber nachzudenken, es einfach zeichnen. Ich habe ein Gefühl empfunden, das mich oft überkommt. Ich spürte etwas wie einen schweren, schwarzen Gegenstand, der mich nach unten zog. Manchmal ist er in meinem Bauch, dann wieder lastet er so schwer auf dem Gehirn, daß ich nicht klar denken kann. Mein Kopf ist umnebelt, ich weiß nicht mehr, was ich fühle und möchte nur eines: mich hinlegen und einschlafen.

Ich fing also an zu zeichnen, was ich fühlte. Es packte mich richtig. Ich wußte nicht, was ich tat. Ich wurde ganz hineingezogen. Als ich damit fertig war und es an die Wand hängte, war ich tief bewegt von meiner Zeichnung, auch ein bißchen geängstigt. Zum erstenmal in meinem Leben sind meine häßlichen Gefühle herausgekommen. Meine unschönen, scheußlichen Gefühle. Die Zeichnung war ein einziges großes Symbol. Sie war ungefähr dreißig mal sechzig Zentimeter groß und in der Hauptsache schwarz und rot. Blut und Stacheldraht. Sie zeigte einen einzigen Stern, einen kleinen, gelben Davidstern. Geisterhafte Gestalten. Während ich zeichnete, hatte ich keine Vorstellung, was ich da zu Papier brachte, doch dieses schwarze Ding, das ich immer gespürt hatte, wurde mir von den Schultern genommen, wie ein Cape.

Dann haben mich die kanadischen Damen gebeten zu erklären, was die Zeichnung darstelle. Sie wußten nicht viel über die Zeit der Verfolgung. Ich habe ihnen gesagt, daß meine Eltern in Konzentrationslagern gewesen waren, daß ein großer Teil meiner Familie dort umgebracht worden ist, unter ihnen Vaters erste Frau, seine Söhne, Mutters Verlobter und ihre Eltern und Brüder. Die Damen aus Toronto waren noch nie vorher einem Menschen wie mir begegnet. Sie haben alle möglichen Fragen gestellt, und ich war froh, daß sie gefragt haben. Es hat mir die Möglichkeit gegeben zu antworten.

Ich glaube, daß diese Frauen keine Schuldgefühle hatten, weil sie nichtjüdisch waren. Dieser Reaktion bin ich auch bei vielen Juden begegnet, die oder deren Eltern es nicht durchgemacht haben. Ich spürte bei diesen Frauen ein echtes Mitgefühl, merkte, daß sie ziemlich objektiv erfaßten, was ich sagte. Ich fühlte, daß sie sich wirklich bemühten, mich zu verstehen, und das hat mir sehr viel gegeben. Ich habe mich wirklich befreit gefühlt. So beschwingt. Sehr klar im Kopf, ganz rein geblasen. Dieses umnebelte Gefühl war verschwunden. Ich nehme an, ich hatte die ganze Zeit mit solcher Anstrengung versucht, nichts zu empfinden, daß mir die Hälfte meiner Empfindungen abhanden gekommen war. Jetzt aber sah ich tausend Bilder auf einmal. Alle diese Bilder, die ich mir als junger Mensch ausgemalt hatte, in meiner Phantasie oder nach den Dingen, die ich gehört hatte. Starke, heftige

Gefühle, von denen ich nie gedacht hätte, daß ich ihnen Ausdruck geben dürfte. Es war das erste Mal überhaupt, daß die ganze Sache bei mir ein Gefühlsecho fand."

Rochelle und ich saßen da und schauten einander an. Im Geist sah ich schemenhaft, wie in einer Wolke, Frauen neben einer Baracke in einer Reihe angetreten. Rochelles und meine Mutter standen nahe beieinander. Plötzlich war es für mich absolute Gewißheit, daß sie zur selben Zeit in Auschwitz gewesen waren und daß dies Rochelle und mich schwesterlich verbinde. Doch der Gedanke erschien mir derart abstrus, daß ich ihn abschüttelte. Erst als unsere Mütter ein Jahr später einander kennenlernten, stellten wir fest, daß sie mit nur zwei Tagen Abstand nach Auschwitz gekommen waren, daß sie gleich alt und gleich groß waren, die gleiche Figur hatten, daß sich in der Masse der Häftlinge im Frauenlager wahrscheinlich ihre Wege gekreuzt hatten.

Von allen Kindern von Überlebenden, die ich kennengelernt hatte, brachte Rochelle am stärksten eine verwandte Saite in mir zum Klingen. Auch ich war nicht imstande gewesen, mich in das einzufühlen, was nach meiner Vorstellung Menschen empfanden, wenn sie von der Verfolgung sprachen. Auch ich hatte bei Gedenkgottesdiensten oder in Filmen über den Holocaust andere Menschen weinen sehen. Ich hatte nicht weinen können, hatte nichts gespürt als eine innere Starre, eine kalte, abstumpfende Schicht, die mich wie ein Nebelschwaden bedeckte. Während ich in Rochelles Wohnzimmer saß, spürte ich, wie sie wieder über mich kroch. Doch darunter, tief darunter gab etwas nach, wie eine Sandbank, die sich unter einer Meereswoge langsam auflöst. Als ich am Abend dieses Tages über meine Schreibmaschine gebeugt saß und Rochelles Stimme lauschte, die leise und zögernd aus meinem Tonbandgerät kam, begann ich zu weinen. Durch die Tränen sah ich verschwommen das Papier, auf das ich ihre Worte übertrug, und allmählich kehrten Dinge in die Erinnerung zurück, an die zu denken ich mir vorher nicht gestattet hatte.

4

Um halb sechs Uhr, nachdem ihre Mädchen den Boden gefegt hatten und nach Hause gegangen waren, saß meine Mutter allein in ihrem

Atelier und zündete sich die sechzehnte oder siebzehnte Zigarette des Tages an. Sie stützte den Kopf in die geöffnete Hand und blickte hinaus auf die düsteren Etagenhäuser zu beiden Seiten der 67. Straße. So saß sie ein paar Augenblicke in dem einzigen Winkel unserer Wohnung, den sie für sich hatte. Ein Regal voll alter Schuhkartons bildete die Trennwand zum Wohnzimmer, wo sie und Vater nachts schliefen. Die Kartons waren gefüllt mit Knöpfen und Reißverschlüssen, Ziermünzen, Elastikbändern, Druckknöpfen und künstlichen Blumen und alle in Mutters unleserlicher Handschrift beschriftet. Daneben lagen Stoffe: Satin, Wolle, Organza und glänzender Brokat für die Kundinnen aus Palm Beach. Ihre Schneiderpuppe stand in der Mitte des Raums neben der betagten Singer-Nähmaschine, ihrer ersten großen Anschaffung in den Vereinigten Staaten. Manche ihrer Prager Kundinnen waren vor ihr nach New York gelangt. Sie hatte sofort nach der Ankunft zu arbeiten begonnen.

Mutter blickte zu dem Porträt hinauf, das sie in einem mit Leder bezogenen Rahmen über ihren Zuschneidetisch gehängt hatte. Es war eine alte Photographie, sepiabraun, die das Gesicht einer Frau zeigte. Ein dunkler Pelzkragen umschmiegte ihre Wange und ließ die Haut sehr weiß erscheinen. Sie hatte dunkles Haar, starke Augenbrauen und traurige, glänzende Augen.

„Wer ist das?" hatte ich wissen wollen, als ich drei war.

„Das ist Pepi", sagte Mutter. „Großmutter Pepi."

„Und wo ist sie?"

„Sie ist gestorben. Sie ist umgebracht worden."

„Hat sie etwas Böses getan?"

Mutter war verblüfft. „Nein, die Deutschen, sie waren böse. Sehr böse."

„Wo ist sie?"

„Ich hab' dir doch gesagt, daß sie gestorben ist", sagte Mutter. „Ich weiß nicht, wo sie gestorben ist. Die Deutschen haben es mir nicht gesagt. So, und jetzt laß mich weiterarbeiten."

Mutter hatte die Augen ihrer Mutter: dunkelbraun und von einer so geheimnisvollen Tiefe, daß man den Eindruck hatte, man könnte nicht auf den Grund blicken. Es waren lockende Augen, die einen in sich hineinzogen und den Wunsch weckten zu erfahren, was für ein Mensch sie gewesen war.

„Warum haben die Deutschen sie umgebracht?"

Mutter wußte nicht, wie sie mir antworten sollte. Welche Gründe nannten andere Eltern? Warum mußte dieses Kind unaufhörlich Fragen stellen? Eine nach der andern: „Wer hat die Nummer auf deinen Arm getan? Warum läßt du sie dran? Warum geht sie nicht ab. Hat es weh getan, als sie sie drangemacht haben? Warum hat Papi keine?"

Die Fragen machten Mutter zu schaffen und ebenso – wie auch Vater – die Antworten. Meine Eltern hatten sich vorgenommen, mich nicht mit ihren Erinnerungen zu ängstigen, aber lügen wollten sie auch nicht. Sie hatten nicht geahnt, wie groß die Neugier eines Kindes sein kann, sowenig wie sie darauf gefaßt gewesen waren, welchen Wirbel mein jüngerer Bruder und ich veranstalten konnten.

„*Mammi!*" schrie ich oft ins Atelier. „Tommy schlägt mich!"
„Ist gar nicht wahr!" rief mein Bruder nach mir hinein.

Mutter seufzte, drückte die Zigarette aus und stand auf, als wir beide ins Atelier gelaufen kamen. Unser ständiges Zanken bereitete ihr beinahe ebensoviel Kummer wie meine Fragerei. Sie wußte nicht viel über Kinder. Sie selbst war ein Einzelkind gewesen, mit Großmutter Pepi als ihrer besten Freundin. Im Alter von fünfzehn Jahren, nach dem Besuch französischer und deutscher Schulen, hatte sie ihre Ausbildung abgebrochen, um ins Geschäft ihrer Mutter einzutreten. Es war ein *Haute-couture*-Salon in der Prager Innenstadt, mit fünfzig Näherinnen im Atelier und einer kosmopolitischen Kundschaft. Mutter erinnerte sich an Eisenbahncoupés, in denen man während der Saison nach Paris und Berlin gereist war, um Stoffe einzukaufen und die neuen Kollektionen anzusehen. Sie hatte mit ihrer Mutter dort lange Spaziergänge unternommen, und nachmittags waren sie in elegante Hotels zum Tanztee gegangen.

In New York wählte Mutter die Schnitte und Stoffe nach den Anregungen, die sie in *Vogue*, *l'Officiel* und *Bazaar* fand. In ihrem Atelier arbeiteten nur zwei Näherinnen, und im Sommer, wenn ihre Kundinnen New York mit Connecticut oder Long Island vertauschten, saß sie allein in ihrem Arbeitsraum.

Um halb sechs waren ihre Gesichtszüge abgespannt und die Augen von der Anstrengung trübe geworden, die Bewegungen der Nadel zu verfolgen. Obwohl sie tiefbraunes Haar hatte und sich beim Lächeln mädchenhafte Grübchen in ihren Wangen bildeten, wirkte sie älter als fünfunddreißig. Oft saß sie nähend allein in dem halbdunklen Raum – so sehe ich sie in meiner frühesten Erinnerung. Sie wirkte wie betäubt von Einsamkeit. Wenn ich zu ihr hinaufsah, erschien sie mir wie hinter einer Glasscheibe.

Wenn Mutter nicht arbeitete, war sie meistens mit Lesen beschäftigt, und an den Samstagnachmittagen verbrachte sie drei Stunden am Radio und hörte sich die von Texaco finanzierte Opernsendung an. Doch ich erlebte nur selten, daß sie sich ein Vergnügen gönnte. Da Vater chronisch arbeitslos war, nähte sie die meiste Zeit. Sie schneiderte Mäntel und Kostüme für Mrs. Lewis, Mrs. Chauncey, Mrs. Glucken und die anderen Frauen, die sich auf die Betten meiner Eltern im Wohnzimmer setzten, in glänzenden Modejournalen blätterten, diskutierten, welche Möglichkeiten Ausschnitte und Säume boten, und sich kaum dafür interessierten, wer Mutter war und woher sie kam. Für die Kundinnen war sie eine Entdeckung, ein Flüchtling, eine gute Schneiderin mit – wie sie sagten – goldenen Händen.

Ihre Kundinnen in Prag, sagte Mutter, seien kultivierte Leute gewesen. In Amerika waren sie größtenteils weder von Familie noch von kultivierter Lebensart. Die meisten bezahlten zwar ihre Rechnungen rechtzeitig – eine Frau allerdings, die Mutter 800 Dollar schuldete, hatte sich nach Yucatán aus dem Staub gemacht –, doch nur wenige wußten zu schätzen, wieviel Geduld sie für sie aufbrachte. Sie plapperten über ihre Ehemänner und Liebhaber, über die schlechter werdende Qualität des Personals fürs Haus in St. Thomas, die Schwierigkeiten, zu ihren Kleidern passende Hüte und Schuhe aufzutreiben. Hin und wieder vergaßen sie, wer meine Mutter war, und jammerten, daß New York „von Flüchtlingen überschwemmt" werde oder daß ein bestimmter Makler versucht habe ihnen „wie ein Jude das Fell über die Ohren zu ziehen". Mutter ließ sich, wenn so etwas vorkam, nicht anmerken, was sie dachte. Wir hörten später beim Abendessen darüber. Am nächsten Tag kam dann eine telephonische Entschuldigung oder vielleicht ein paar Handschuhe aus dem Luxuskaufhaus Saks. Mutter ließ nicht zu, daß sich zwischen ihr und den Kundinnen „Szenen", wie sie es nannte, abspielten. Sie ließ sie die Gönnerinnen spielen, und wenn sie ins Theater oder die Oper eingeladen wurde, nahm sie an. Die Schecks der Kundinnen zahlten unsere Miete. Die Kundschaft, mochte sie sich auch noch so taktlos, lästig oder kränkend benehmen, sicherte den Lebensunterhalt.

Doch um halb sechs, wenn mein Bruder und ich ins Atelier stürmten, waren ihre Geduldreserven erschöpft. Sie drohte mit Ohrfeigen und verpaßte uns auch manchmal eine, daß die Haut brannte. Dann schickte sie meinen Bruder auf sein Zimmer und kommandierte mich in die Küche ab. Gegessen wurde um Punkt sechs, eine Verzögerung kam nicht in Frage. Die Vorstellung, daß man vorher vielleicht noch ein Nickerchen halten oder Cocktails trinken könnte, fand bei meinen Eltern keinen Anklang. Wenn es auf sechs Uhr zuging, wurde in unserem Haushalt eine Spannung spürbar. Sie erinnerte an die Unruhe von Reisenden auf dem Weg zum Bahnhof oder zum Flugplatz: Wenn sie sich zuviel Zeit gelassen haben, wenn ihre Uhren stehengeblieben sind, wenn sie den Fahr- oder Flugplan falsch gelesen haben, bleiben sie auf ihren Koffern sitzen.

Während ich in der Küche den Tisch deckte, stand Mutter am Herd, schnitt Kartoffeln in Scheiben und bereitete das Fleisch zu. Sie zündete sich noch eine Zigarette und eine zweite an, hielt in der Arbeit inne und griff sich ans Kreuz oder stöhnte leise auf, wenn sie ein Bein zu lange einseitig belastet hatte und es in einem Krampf erstarrte. Sie war im Konzentrationslager verletzt worden, als ein Dach zusammengebrochen und ihr auf den Rücken gestürzt war. Seitdem litt sie an einem Bandscheibenvorfall. Manchmal, wenn sie sich durch die Küche schleppte, sagte sie, sie habe einen Darmkatarrh. Oder Migräne. Oder einen Muskelkrampf. Oder einen Anfall von Melancholie. An Melancholie hätten alle Frauen in unserer Familie gelitten, sagte sie. Meine Urgroßmutter sei aus einem Fenster im zweiten Stock gesprungen und dabei umgekommen.

Die Schmerzen waren ihr anzumerken. Sie entzogen der Haut das Blut, so daß Mutter noch bleicher aussah als sonst schon und die auf den einen Unterarm tätowierten blauen Ziffern förmlich zu glühen schienen. Ich beobachtete sie, wie sie Servietten faltete, Gläser, Silberbesteck und Teller herausholte. Ich sah, wie der Schmerz durch ihren Körper kroch, darin gefangen, von einer Region zur andern wechselnd, ungreifbar für die Spezialisten, deren Liste mit jedem Jahr länger wurde. Internisten, Neurologen, Osteopathen, Chiropraktiker, sogar Hypnotiseure hatten Mutter schon behandelt. Sie traktierten sie mit Extensionsbehandlungen und verschrieben ihr Mittel zum Einreiben, Tabletten, Injektionen, gymnastische Übungen, Diäten. Doch die Schmerzen wollten nicht weichen. Manchmal, wenn sie las oder Musik hörte oder wenn wir auf dem Land waren und unsere Eltern sich entspannten, klangen sie etwas ab. Doch dann kehrten sie unvermittelt wieder, ausgelöst von einer harmlosen Arm- oder Beinbewegung. „Steh nicht herum wie eine dumme Ziege! Hilf mir, mich hinzusetzen!" befahl sie mir mit angespannter, gequälter Stimme. Oder, schlimmer, sie sagte gar nichts. Dann stöhnte sie auf und verharrte in der Stellung, in die der Schmerz sie gebannt hatte, die Augen wie offene Wunden.

Ich unterbrach, womit ich gerade beschäftigt war, bot ihr einen Arm an, zog irgend etwas heran, worauf sie sich setzen konnte. Ich hatte keine Ahnung, was ihr geschah, wenn sie mitten in einer Bewegung erstarrte, unfähig, sich von der Stelle zu rühren. Ich war sieben Jahre alt, laut, frech, hyperaktiv, all das, was die Eltern meinten, wenn sie mich ein „amerikanisches Kind" nannten. Daß Mutter, bei der im Konzentrationslager drei Jahre lang die Regel ausgeblieben war, ein so gesundes Kind zur Welt hatte bringen können, hatte in ihren Augen noch immer etwas von einem Wunder an sich. Verwandte in Amerika hatten jeden Monat Päckchen mit Trockenmilch für mich nach Prag geschickt, gleichsam als Einzahlungen auf das Bankkonto eines neuen Lebens. In New York wurde ich mit Essen vollgestopft, mit Büchern, Malerei, Musik und Tanzstunden traktiert; ich mußte Schlittschuh- und Skilaufen, das Radfahren lernen, wurde in die Oper, in Konzerte, ins Theater mitgenommen – all das wurde aus einem Haushaltsbudget bestritten, das kaum für die Miete reichte. Für Mutter war ihr Kind mehr als ein neues Blatt am Baum. Ich konnte das Beste aus ihrer Vergangenheit zurückholen.

Wir plauderten, während ich den Tisch deckte. Das heißt, ich plapperte über meine Schreibkünste und Rechennoten, unseren Wettbewerb in Rechtschreiben, unsere Ausflüge in Museen und Süßwarenfabriken. Ich erzählte Witze. „Mammi, warum hat der Irre vor dem Kühlschrank salutiert?"

„Warum hat der Irre ...", wiederholte Mutter in ihrem Englisch, das einen starken Akzent hatte. „Ich weiß nicht. Warum?"

„Weil ihn die Firma General Electric gemacht hat", jubelte ich.

„Warum hat der Irre die Uhr vom Empire State Building geworfen?"

„Keine Ahnung."

„Weil er sehen wollte, wie die Zeit *dahinfliegt.*"

„*Ojeoje!*" sagte Mutter.

„Möchtest du noch einen Witz hören?"

„Später", sagte sie auf tschechisch, während sie ihrer Arbeit mit einer Konzentration nachging, die ich an anderen Müttern nie feststellte. Ihre Bewegungen waren genau abgemessen, ungemein gesammelt. Manchmal, wenn sie einen ihrer guten Tage hatte, lachte sie über meine Geschichten aus der Schule, meistens aber hieß es, ich solle nicht herumtrödeln, weil sonst der Tisch nicht fertig gedeckt wäre, wenn Vater nach Hause kam.

Vater kam mit einem Wolfshunger heim, als hätte er seit Tagen nichts gegessen, während er doch tagtäglich drei rechtschaffene Mahlzeiten zu sich nahm. Er war einundfünfzig, ein hochgewachsener, kräftiger, lebenszugewandter Mann mit den breiten Schultern und schmalen Hüften eines Wassersportlers. Seine Stirn war hoch, die Augen unter den buschigen Brauen blickten lebhaft in die Welt. In Prag war er Wasserballspieler gewesen und hatte lange Jahre dem Olympischen Nationalkomitee der Tschechoslowakei angehört. Er hatte sich die Statur eines Mannes bewahrt, der, längst aus der Konkurrenz ausgeschieden, weiter an einer sportlichen Lebensweise festhält. *Mens sana in corpore sano,* rezitierte er am Morgen, wenn er uns um sieben Uhr weckte, noch naß von seiner kalten Dusche, ein Handtuch locker um die Taille geschlungen. Er war sechzehn Jahre älter als Mutter, ein Mann, der in den Prager Restaurants selbstverständlich die besten Tische bekommen hatte und jetzt keine Arbeit finden konnte.

Gleich nach unserer Ankunft in New York, 1948, hatte Vater den *New York Athletic Club* an der Südseite des Central Park aufgesucht. Er glaubte fest an die Bruderschaft der Sportler. 1936 hatte er an den Olympischen Spielen in Berlin teilgenommen, bei denen „der amerikanische Neger", wie er Jesse Owens nannte, vier Goldmedaillen gewonnen hatte. Der *New York Athletic Club,* so dachte er, würde ihm sicher behilflich sein, einen Job als Schwimmlehrer zu finden. Mutter und er wurden eingeladen, sich ein Wasserballspiel anzusehen, doch der Empfang, den man ihm bereitete, war ausgesprochen kühl. Vater sprach kaum englisch, und erst nach einigen Tagen eröffnete ihm jemand, daß der Klub keine Juden als Mitglieder aufnahm.

Vater nahm eine Stelle nach der anderen an. Er arbeitete in einer Versandabteilung, als Vertreter, als Buchhalter. Schließlich brachte ihm eine Nachbarin, deren Mann gestorben war, den Umgang mit der Zuschneidemaschine bei, die die beiden in ihrer T-shirt-Firma verwendet hatten. Er wurde Zuschneider im Konfektionsviertel, wo er für andere Flüchtlinge arbeitete. Jeden Abend kam er aus den Betrieben in der 7th Avenue, wo Stoffetzen die Böden bedeckten, müde zurück, aufgebracht über den Schmutz und den groben Ton in der Untergrundbahn. Er kam mit einer zerknautschten *New York Post* eilig in die Wohnung geschritten, gab Mutter einen Guten-Abend-Kuß und stand dann als ‚Verkehrshindernis' in der Küche umher.

„Was gibt's zum Abendessen?" fragte er auf tschechisch und zog, ohne die Antwort abzuwarten, die Kühlschranktür auf, nahm eine geöffnete Dose Sardinen oder einen Zipfel Salami heraus und begann zu schlingen, wobei er ein Stück Brot als „Unterlage" benützte. So stand er ein paar Augenblicke lang da, noch im Mantel, über die Anrichte gebeugt. Dann, offenbar gesättigt, wandte er sich uns mit einer seiner täglichen Anekdoten aus dem Konfektionsviertel zu und bot mir einen Schnitz Salami an.

„Ich bitte dich, Kurt", unterbrach ihn Mutter. „In ein paar Minuten steht doch das Essen auf dem Tisch."

„Ich bin hungrig. Ich hab' den ganzen Tag gearbeitet", antwortete Vater und kaute dabei so heftig, als wollte er zu verstehen geben, daß er ohne weiteres tot auf den Küchenboden sinken könnte, wenn ihm, dem Ausgehungerten, dieser Bissen vorenthalten bliebe.

Mutter schwieg. Sie zündete sich wieder eine Zigarette an, schob die Pellen der Salamischeiben, die auf der Anrichte lagen, zu einem Häufchen zusammen und warf sie in den Abfalleimer. Vater fragte mich, was ich in der Schule getan, ob ich mich im Rechtschreibwettbewerb gut gehalten hätte. Wir lernten gemeinsam die englische Orthographie: ich in der Schule, er in dem Sprachkurs, den er abends besuchte. Er kam mit Passagen aus Shakespeare, mit Predigttexten und Sprichwörtern nach Hause und rezitierte sie, eine Hand in napoleonischer Geste auf der Brust, das Kinn nach vorne gereckt. Er sprach die einzelnen Silben derart entstellt aus, daß der Sinn dessen, was er sagte, auf der Strecke blieb. „*Ehr*-ly to *bed*", sagte er auf, „*Ehr*-ly to *rise*. Makes a Man *heal*-thy, *weal*-thy and *wise*."

„Tommy! Gehst du dir die Hände waschen?" rief Mutter hinaus.

„Ist Post gekommen?" fragte Vater, womit er meinte, ob Schecks von Kundinnen eingetroffen seien.

Mutter schüttelte den Kopf und teilte das Fleisch aus. Wir aßen kalten Braten zum Frühstück, übriggebliebenes Fleisch zum Mittag- und Braten oder Stew oder Koteletts zum Abendessen. Als ich Mutter fragte, warum es bei uns nie Thunfischauflauf gebe wie bei anderen Leuten, sagte sie, sie hätte drei Jahre ohne Fleisch leben müssen und das sei genug. Was der Supermarkt zu bieten hatte, fand keine Gnade vor ihren Augen. Sie kaufte im ‚Nevada-Fleischmarkt', dessen Eigentümer ihre blaue Tätowierung bemerkt hatten und sie anschreiben ließen, wenn sie ihre Einkäufe nicht bezahlen konnte.

Die Tätowierung war wie ein geheimnisvolles Flaggensignal. Manche Leute erröteten bei ihrem Anblick, wandten die Augen ab und murmelten sonderbare, wirre Sätze. Andere verhielten sich, als wäre Mutter eine Heilige. Ich sah sie auf die einen wie auf die anderen mit einem schroffen Stolz reagieren. Ihre Art, auch sonst schon brüsk, wurde abweisend. Sie zog zwischen ihnen und sich eine Mauer hoch.

„Tommy! Komm zum Essen!" rief sie jetzt, wie ein Zugschaffner.

Mein Bruder hatte den Kopf voll mit Spielzeuglastern, Eisenbahnen und Aufzügen. Er war vier Jahre alt, ein mageres Bürschchen, das sich ohne Begeisterung an den Tisch setzte. Er zappelte auf seinem Stuhl herum und schob das Essen auf seinem Teller um einen Bissen in der Mitte zu einem Kreis zusammen, was unsere Mutter noch nervöser machte. Mit schwacher Stimme bat er um Schokoladenmilch, doch sonst verhielt er sich meist still, besonders dann, wenn bei den Mahlzeiten eine gewittrige Atmosphäre herrschte.

Vater saß bereits am Tisch, leicht vornübergebeugt, mit gesenktem Kopf. Er schlang das Essen so rasch hinunter, daß er überhaupt nicht zu kauen schien, und hob nur den Blick, um nachzusehen, was Mutter tat, warum sie sich noch nicht zu Tisch gesetzt hatte.

„Papi hat nicht immer so gesessen wie heute", sagte Mutter manchmal zu mir. „Seine Familie hatte Lebensart. Sie hatten eine Köchin und Hauspersonal." Vater selbst wollte nicht einsehen, daß an seinen Eßgewohnheiten etwas Eigenartiges sei. „Wenn man sich zum Essen an den Tisch setzt soll man essen und sonst nichts", sagte er. „Das ist ja das Elend in Amerika. Alle wollen mit einem halben Hintern auf drei Hockern sitzen. Sie wollen beim Essen fernsehen. Sie wollen ein Buch dabei lesen. Sie wollen eine Debatte dabei führen!" Als Mutter den Salat angemacht und sich zu uns gesetzt hatte, war sein Teller leer. Er ließ darauf nie auch nur den kleinsten Rest, nicht einmal einen Streifen Bratensoße, zurück.

Mutter setzte sich und füllte ihren Teller.

„Papi?" sagte ich.

„Ja." Er wischte sich das Kinn ab.

„Du bist schon fertig, und wir andern haben noch gar nicht angefangen."

Er warf Mutter einen Blick zu.

„Sei nicht frech zu deinem Vater", sagte sie automatisch. Sie nahm den Teller meines Bruders und begann das Fleisch darauf mit raschen Bewegungen in Stücke zu schneiden. Ihr Gesicht war angeschwollen, so wie es aussah, ehe sie zu weinen begann. Mein Bruder hielt den Blick auf die Tischplatte gesenkt. In der Küche herrschte Schweigen.

Vater nahm sich noch einmal vom Fleisch, aber wir spürten, daß sich ein Ausbruch zusammenbraute. Es brauchte nicht viel, daß er sich mit anderen Leuten anlegte. Fast jeden Abend, wenn er von der Arbeit nach Hause kam, verkündete er, daß er zu irgend jemandem im Konfektionsviertel die Beziehungen abgebrochen habe. Ein Kellner hatte ihm die Suppe lauwarm serviert. Ein anderer Zuschneider hatte eine beleidigende Bemerkung über Flüchtlinge gemacht. „Und du, Izzy?" hatte Vater geantwortet. „War dein Vater vielleicht ein Indianerhäuptling?"

Selbst sein Chef war vor Vaters chronischen Wutausbrüchen nicht sicher. Dieser Mann, gleichfalls ein Flüchtling, dem es gelungen war, aus dem Warschauer Getto zu entkommen, machte sich die Lage meines Vaters zunutze. Er zahlte unterdurchschnittliche Löhne und konnte keine feste Beschäftigung garantieren, aber er verstand immerhin, daß Vater in Ruhe gelassen werden mußte, wenn er seine Arbeit tat, daß es ihm schwerfiel, sich unterzuordnen.

Vater karrte Stoffballen durch den Betrieb, rollte sie auf langen, schmalen Tischen aus, bis die Schicht sieben Zoll dick war, und schnitt sie dann mit einer fünf Zentimeter langen Klinge, scharf wie ein Rasiermesser, durch. Manchmal kam es vor, daß seine Gedanken von den Blusen- und Schürzenstücken unter ihm zu der Olympiade oder zu der kleinen Stadt zurückschweiften, wo er noch unter Kaiser Franz Joseph geboren worden war, und die Klinge schnitt ihm zusammen mit dem Stoff ein Stückchen Haut und Fleisch ab. Dann kam er mit einem dicken Verband um die Hand nach Hause. Nach dem Abendessen nahm er ihn ab, um uns zu zeigen, daß er den Finger nicht verloren, daß das Bluten aufgehört hatte, daß ihm nichts fehlte.

Das Konfektionsviertel war für Vater ein relativ sicherer Ort. Er konnte sich tagtäglich einen Wutanfall erlauben, seine Arbeitskollegen in gebrochenem Englisch beschimpfen und riskierte nicht mehr als eine Schimpfkanonade zur Revanche. In den Imbißstuben in der 7th Avenue, nahe seiner Arbeitsstätte, war er für die Kellnerinnen Mr. Epstein, der Gentleman aus Prag. Er grüßte morgens mit erhobener Hand den Liftführer und den Pförtner mit der ausgesuchten Höflichkeit, die er von seinem Vater gelernt hatte. Sein Stil war k. u. k., etwa um 1910.

Obwohl wir nicht einmal in Umrissen eine Vorstellung davon hatten, woher Vater kam, erwartete er, daß wir uns benahmen, wie die Kinder seinerzeit in Roudnice-nad-Labem (Raudnitz an der Elbe). Das hieß, daß wir ihn, wenn er von der Arbeit kam, an der Türe erwarteten, das Haar hinter die Ohren gebürstet, Hände und Gesicht sauber gewaschen, lächelnd, brav und gesittet. Wir sagten: „Guten Abend, Papi", verzehrten unser Abendessen, badeten, und dann ging es ab ins Bett. Daß Mutter, die im Gegensatz zu ihm kein Personal zur Unterstützung hatte, zur Abendessenszeit erschöpft war, war für ihn rätselhaft.

Da er im Getto von Theresienstadt von seinen Angehörigen getrennt gewesen war, hatte er seine Mutter wie den allgemeinen Ton bei ihnen zu Hause idealisiert. Er hatte mir ihren Namen gegeben, und wenn ich diesem Vorbild, das ich selbst nie erlebt hatte, nicht entsprach, war er perplex und manchmal traurig. „Wie kannst *du* nur vor dem Frühstück pfeifen?" tadelte er mich öfter. „So etwas hat Großmutter Helena nie getan. Weißt du denn nicht, daß eine junge Dame nicht pfeift? Du wirst einmal einen Verrückten zum Mann bekommen."

Seine Ansprüche, sein frustrierendes Arbeitsleben in beengenden, schlecht gelüfteten Räumen und unser Benehmen führten häufig zu Kollisionen. Wenn er müde war, wenn Sorgen ums Geld oder Mutters Gesundheit seinen Optimismus zermürbten, brach oft in schrecklichen Eruptionen der Zorn aus ihm heraus. Sein Gesicht lief dunkelrot an, und wenn er zu brüllen begann, war sein Grimm wie ein jäher Hagelsturm.

Um den Tisch herrschte tiefes Schweigen. Mutter begann zu essen. Ich aß. Mein Bruder aber rührte seinen Teller nicht an. Sein Mund, der nicht so sauber war, wie Vater es gerne gesehen hätte, stand offen, während er zur Decke hinauf- und dann zwischen den Beinen auf den Boden blickte. Er spielte mit seiner Gabel, und wenn sie gegen das Glas mit der Schokomilch schlug, gab es ein schwaches *Ping!*

Vater blickte auf. Er holte Luft, und seine Brust wurde noch breiter, als sie ohnedies schon war. Seine Schultern dräuten über dem Tisch. „Sag mal, worauf wartest du eigentlich noch?" wollte er wissen. „Glaubst du, das Essen bleibt ewig warm? Oder bist du dir zu gut für diese Sorte Fleisch? Vielleicht hättest du gern ein Filet Mignon?"

Die Augen meines Bruders wurden größer, während sich Vaters

Stimme hob und sich in sein Tschechisch auch Kraftausdrücke mischten, deren Bedeutung wir mehr ableiteten als verstanden. *„Hajzle!"* brüllte er, *„Svine!"* Die Worte bedeuteten „Dreckskerl" und „Sau". Er schien in einer anderen Welt zu sein, gegen Menschen zu wüten, die wir nicht sehen konnten. Wenn wir uns nicht richtig benahmen, diente dies nur als Auslöser für einen Grimm, der immer da war, in sein Inneres eingesperrt, wie es bei Mutter die Schmerzen waren. Sobald das Schloß geöffnet war, schoß er wie ein wütender Lavastrom aus ihm heraus, unmöglich zu bändigen.

„Starr mich nicht an wie ein Schwachkopf! Iß!"

„Kurt, hör *auf* damit!" meldete sich Mutter, ebenfalls auf tschechisch und in einem schrecklich leisen, doch scharfen Ton.

„Verzogene Bälger!" murmelte Vater, und eine Sekunde lang herrschte Stille.

Mein Bruder ließ die Gabel fallen und verspritzte Bratensoße auf dem Tisch.

„Schweine! Ihr eßt wie die Schweine in einem Schweinestall – nicht wie Kinder aus guter Familie. Du solltest dankbar sein, daß du Fleisch essen kannst, und statt dessen stocherst du auf deinem Teller herum. Bälger! Wißt ihr, was wir für ein solches Essen gegeben hätten? 700 Kalorien pro Tag haben wir bekommen! Und wir haben den Tag nicht in der Schule zugebracht."

„*Kurt!*" sagte meine Mutter.

„Unterbrich mich nicht. Als . . ."

„Ich *halte* das nicht mehr aus!" überschrie sie ihn. „*Jedesmal* beim Abendessen! In diesem Haushalt geht es beim Abendessen *nicht ein einziges Mal* friedlich zu! Immer *muß* es eine Szene geben! Du kannst keinen Tag deines Lebens vergehen lassen, ohne durchzudrehen!"

Auch sie schien von etwas gepackt worden zu sein, das mit uns beim Abendessen in unserer Küche in New York nichts zu tun hatte. Ihr Unterkiefer spannte sich an, um die Augen erschienen rote Ränder. Sie stöhnte auf, als ein Schmerz ihren Rücken durchzuckte. Dann brach sie in ein Schluchzen aus und lief aus der Küche.

Mein Bruder und ich saßen regungslos da. Wir horchten auf die Geräusche, die Mutter machte, als sie ins Badezimmer rannte, die Tür hinter sich schloß und absperrte. Vater ging ans Spülbecken, um sich ein Glas Wasser zu holen. Er trank es dort aus und begann dann zwischen Herd und Tisch hin und her zu gehen.

„Eßt!" befahl er. „Oder wollt ihr eine fangen?"

Er fand nichts Widersinniges an der Frage, genauso wie es für ihn etwas ganz Natürliches war, daß er zornig wurde, wenn mein Bruder und ich uns weh taten. Alles, was die Gesundheit seiner Kinder gefährdete, war für ihn eine persönliche Bedrohung, und daß wir unser Essen nicht aßen, bildete davon keine Ausnahme. Doch damals verstand ich das nicht. Ich haßte Vater, wenn er in Wut geriet. Er verleidete uns das Abendessen, er brachte Mutter zum Weinen, er beleidigte uns mit Schimpfnamen. Er war ein Tyrann.

Ich sprach nicht aus, was ich dachte. Ich hatte Angst, daß er mich schlagen würde, und ich wußte auch, daß er in diesem Zustand nichts, was man zu ihm sagte, verstand. Es blieb nichts übrig, als zu warten, bis sein Grimm sich ausgetobt hatte. Mein Bruder zog sich immer, wenn so etwas geschah, in sich zurück. Seine hellen Augen, das blasse Gesicht, das blonde Haar schienen in die gelbe Wand hinter ihm zu schmelzen. Sein Gesichtsausdruck war leidvoll-verschlossen. Ich wußte nicht, was in ihm vorging. Im Unterschied zu mir konnte er nicht einmal so tun, als äße er.

„Fort mit dir in dein Zimmer!" befahl ihm Vater.

Mein Bruder, die Gabel in der Hand, erstarrte wie ein kleines, verängstigtes Tier. Dann rutschte er vom Stuhl herunter und verdrückte sich, froh, einer Tracht Prügel entronnen zu sein.

Auch Vater verließ die Küche. Er ging zu seinem Schreibtisch im Wohnzimmer und schaltete die kleine Lampe darüber an. Schon Minuten später war er in Mutters Geschäftsjournal vertieft und stellte in seiner schönen, anmutigen Handschrift Schecks für Rechnungen aus. Mit geschickter Hand trug er kleine Anmerkungen in das Buch ein, wobei er die Stirne so zusammenzog, daß sie zu einem Dickicht von Runzeln wurde. Wenn man ihn jetzt gefragt hätte, warum es im Haus so still war, warum sich alle verkrochen hatten, hätte er keinen Grund angeben können. Für ihn war der Sturm vorüber.

Für mich hatte der Teil, der mich wirklich ängstigte, erst begonnen. Die Stille war wie ein großes, tiefes, offenes Loch, in das ich fallen konnte, wenn ich mich nicht vorsah. Es kam oft vor, daß Vater auf diese Weise verschwand. Dann blieb er mitten in einem Satz stecken, und in seine Augen trat ein unbestimmter Blick. Die Unterlippe sank herab, und er war nicht mehr zu erreichen. Ich tippte ihn auf die Schulter oder rief seinen Namen – vergebens. Für mich stand fest, daß er in jener Welt sepiabrauner Photographien war, unter all den Menschen, die in dem gelben Kuvert in seinem Schreibtisch lebten.

Mutter bewegte sich nicht so leicht aus einer Welt in eine andere. Ihre Abgänge und Auftritte waren theatralisch, schrill und voll von mühsam unterdrückter Bewegung. All der Grimm, den Vater an Taxifahrern, Bankkassierern und anderen Leuten ausließ, die ihm nicht den gehörigen Respekt entgegenbrachten, wandte sich bei meiner Mutter nach innen. Er schwärte in ihr und kam erst heraus, wenn sie sich stundenlang im Badezimmer verbarrikadierte und durch die versperrte Tür ein immer wieder unterbrochenes Gespräch mit mir führte.

Dort postierte ich mich nach einer Explosion – mit Vorwänden, um sie zum Sprechen zu bringen, Maskierungen meines Bedürfnisses nach tröstendem Zuspruch.

„Mammi? Ich brauche jemanden, der mich abhört, weil ich morgen in Sozialkunde ausgefragt werde." Oder: „Mammi? Der Kühlschrank ist undicht." Wenn es in der Wohnung etwas zu reparieren gab, besorgte sie, nicht Vater, das. Als in Auschwitz die Gefangenen selektiert worden waren, zur Arbeit oder zum Sterben, hatte sie als Beruf nicht Schneiderin, sondern Elektrikerin angegeben. Sie war am Leben geblieben, weil sie behauptete, sie könne schadhafte Stromleitungen reparieren, und hatte es darin zu einer solchen Geschicklichkeit gebracht, daß sie nun nur selten einen Handwerker zu rufen brauchte.

„Mammi?"

Sie gab keine Antwort. Hinter der verschlossenen Türe war kein Geräusch zu hören. Im Bad hing ein Arzneischränkchen, vollgestopft mit Pillenfläschchen, Tablettenröhrchen, vergilbten Rezeptetiketten und ein paar Injektionsnadeln, die ein Arzt ihr gegeben hatte. Mutter kannte ihre Pillen auf Anhieb. Ich kannte mich mit ihnen so gut aus wie mit den Süßigkeiten in der Apotheke, in die ich jede Woche geschickt wurde. In dem Schränkchen waren Darvon, Morphium, Butazolidin. Wie der Fleischer ließ uns auch der Apotheker anschreiben.

„Mammi?" Ich berührte mit den Fingerknöcheln die Türe.

„Laß mich in Ruhe. Ich möchte allein sein."

„Geht es dir gut?"

Mutter weinte. „Ich will nicht mehr weitermachen. Ich kann das nicht mehr ertragen."

Ich horchte angestrengt. Durch Lauschen, dachte ich, könnte ich irgendwie die Schmerzen aus ihr heraussaugen. Sie würden aus ihrem Körper in meinen übergehen und nachlassen, weil sie geteilt wurden. Sonst, dachte ich, würden sie Mutter eines Tages umbringen. Sie könnte sich hinter der versperrten Türe leicht etwas antun. Sie könnte sich etwas spritzen oder den Inhalt eines Pillenfläschchens schlucken, während ich draußen vor der Türe wartete.

„Mammi?"

Keine Antwort.

Mittlerweile war es fast acht Uhr, und ich ging ins Wohnzimmer, wo Vater eingenickt war. Wenn Mutter sich im Badezimmer einschloß, verlangte er irgendwann, daß sie die Türe öffnete, weil er die Toilette benützen müsse. Einmal hatte er sogar gedroht, sie von der Feuerwehr herausholen zu lassen. Doch wenn nach seiner Meinung die Situation unter Kontrolle war, ging er einfach schlafen. Ich verstand das damals nicht. Für mich war nur klar, daß Mutter nicht mehr da war und daß sie vielleicht verschwinden würde, so wie sie es von ihren Eltern berichtet hatte, ohne Ankündigung, völlig geräuschlos.

„Mammi!" Ich hieb gegen die Türe.

„Was denn? Was willst du denn?"

Es war keine richtige Frage, aber alles, was mir im Augenblick nottat. Mein Bruder war im Einbauschrank im Flur und spielte mit den Schiebetüren Aufzug.

„Nach oben?" fragte er ruhig. „Fünfte Etage?"

Dann schloß er die Türen, wartete und ließ die imaginären Leute aussteigen.

Ich ging in Mutters Atelier, wo ich mir einbilden konnte, hinter den Schuhkartons voller Bänder und Reißverschlüsse seien Paneele, Türen und Schränke verborgen. In diesem Raum konnte ich mich, wenn es dunkel war, als Nancy Drew oder die Hardy Boys fühlen. Mutters Atelier war mein Speicher, und es barg Geheimbotschaften aus der Vergangenheit, die man in Schatztruhen, alten Hüten und zwischen Tischtüchern entdecken konnte. Unten, in ihrem gutbürgerlichen Salon, stellte ich mir die Großeltern vor. Großvater hatte die Schuhe ausgezogen, saß da, rauchte seine Pfeife und erzählte, wie mein Vater als kleiner Junge wirklich gewesen war. Großmutter Helena sagte zu mir, manchmal sei nichts dagegen zu sagen, wenn ein Mädchen pfiff. Aber ich konnte mir kein sehr gutes Bild davon machen, wie sie gekleidet gewesen waren, wie sie gesprochen hatten oder wie sie zu mir gewesen wären. Die bräunlichen Photographien entrückten sie in eine andere Zeit, und da die knappen Sätze, mit denen mein Vater sie beschrieb, so allgemein gehalten waren, hatte ich keine Ahnung, wie die beiden wirklich gewesen waren.

Bei Großmutter Pepi war es anders. Ihre Photographie über Mutters Zuschneidetisch war in der Dämmerung sogar noch hübscher. Ihre Augen glühten. Ich konnte nicht glauben, daß sie tot war. Sie sah nicht alt genug zum Sterben aus, und was Mutter zu mir sagte – daß die Deutschen sie ermordet hätten – leuchtete mir nicht ein. Sie war nie müde gewesen wie Mutter, hatte nie zu Zornausbrüchen geneigt. Ihr Blick war wie eine Liebkosung. Ihr Mund schien im Begriff, ein Wort zu bilden. Ich fragte mich, wie sie jetzt wohl sei und wann sie zurückkommen werde. Mutter sagte, sie liege nicht in einem Grab. Niemand sei begraben worden. Eines Tages, so dachte ich, wird Großmutter Pepi aus ihrer Photographie ins Zimmer herabsteigen wie eine der feenhaften Patentanten in Märchenbüchern. Sie würde dann bei uns leben, und Mutter würde nie mehr so einsam sein.

Ich ging wieder zum Badezimmer und klopfte an die Türe.

„Was ist?" Mutters Stimme war jetzt klar, nicht mehr von Tränen verschleiert.

„Wie fühlst du dich?"

„In Ordnung. Ich bin nur deprimiert."

„Kommst du jetzt heraus?"

„Ich bin bald wieder draußen. Mach dich jetzt zum Schlafen bereit. Hilf Tommy beim Ausziehen."

Aber ich ging nicht.

„Mach dir keine Gedanken. Ich bin wieder in Ordnung. Ich möchte nur noch ein bißchen für mich sein."

Ich zog meinen Bruder aus dem Einbauschrank im Flur und sagte ihm, er sollte sich zum Schlafengehen bereit machen. Dann ging ich in die Küche und räumte den Tisch ab. Ordnung schaffen – damit gaukelte ich mir vor, daß alles in Ordnung sei. Diese Taktik benutzte ich auch oft, um Schmerz abzuwehren. Ich konnte unmöglich Vater anschreien, so wie er uns anbrüllte; es kam nicht in Frage, daß ich Mutter Vorwürfe machte. Was blieb mir anderes übrig, als nach alledem, was sie durchgemacht hatten, ein glückliches, gesundes, braves Mädchen zu sein? Vater wurde ärgerlich, wenn ich mich hängenließ oder traurig war, genauso wie es ihn aufbrachte, wenn mein Bruder oder ich hinfielen und uns die Knie aufschürften. „Nach'm Krieg hab' ich drei Ziele gehabt, wo mir ganz wichtig waren", sagte mein Vater oft zu anderen

Leuten. „Erstens Freiheit. Dann Gesundheit. Und das dritte war Zufriedenheit. Ich wollte, mein Kind sollte in einem freien Land leben, und nie das durchmachen, was sie mit mir gemacht haben."

Mir war es unangenehm, wenn Vater solche Dinge sagte. Er sagte sie immerzu, zu jedem, der bereit war, zuzuhören. Er sprach laut, emphatisch und in einem so eigenartig rhythmisierten Englisch, daß es sich anhörte, als spräche er tschechisch. Ich wollte nicht hören, daß mein Vater im Gefängnis gewesen war, daß andere Männer ihn bespuckt, getreten, geprügelt hatten. Er erwähnte diese Dinge nicht, aber wir wußten sie trotzdem. Das Aussehen seiner Füße, die gelblichen Zehen, die deformierten Nägel, seine Art zu essen, auf Forderungen an ihn zu reagieren – all das sagte mehr als Worte. Wie hatte Vater, dieser große, starke Mann, sich so etwas gefallen lassen können. Und wie konnte er auch noch anderen Leuten davon erzählen?

„Als wir in Auschwitz angekommen sind", erzählte Vater, „sind wir aus dem Zug gestiegen, und ich bin zu Dr. Mengele hinmarschiert, der gerade selektiert hat. Er hat hin und wieder eine Frage gestellt und ‚rechts' oder ‚links' gesagt, aber wir haben nicht gewußt, was das bedeutete. Als ich vor ihm stand, fragte er mich: ‚*Sind Sie wirklich gesund?*' Weil ich nach einer Krankheit war und mitgenommen wirkte. Ich habe gesagt: ‚Jawohl!', worauf er mich auf die gute Seite geschickt hat. Von 1500 Menschen sind gerettet worden 300. So habe ich die erste Prüfung bestanden. Nach zwanzig Minuten sind wir in eine Baracke gegangen, wo ein SS-Offizier kam und nach Leuten fragte, die sich zum Arbeiten melden wollten. Die meisten meiner Bekannten haben sich diesen Gruppen angeschlossen. Ich wollte es auch, hab' es mir aber in letzter Sekunde überlegt und bin beiseite getreten. Es waren drei Gruppen. Die erste ist in die Grube gegangen, niemand davon zurückgekommen. Die dritte Gruppe, keiner ist zurückgekommen. Die zweite Gruppe, die, wo ich dabei war, 69 Leute kamen zurück. Sie sehen also..."

Dabei lächelte mein Vater und entblößte Zähne, an denen die Verfolgung ebenfalls ihre Spuren hinterlassen hatte. „Immer wieder seitdem habe ich überlegt, was es war, ob es ein sechster Sinn, ob es Gott, ob es eine Vorsehung gewesen ist. Denn daß ich jetzt hier stehe und Ihnen davon berichten kann, das ist durch eine Entscheidung von mir, im Bruchteil einer Sekunde."

Ich ging ins Wohnzimmer, um Vater einen Gutnachtkuß zu geben, und dann ins Kinderschlafzimmer, das ich mit Tommy teilte. Ich lag wach im Bett und lauschte auf das Geräusch der Badezimmertür. In der Wohnung war es still. Von draußen waren die langgezogenen Klagetöne von Funkstreifensirenen zu hören.

Als Mutter dann schließlich hereinkam, um Gute Nacht zu sagen, stellte ich mich schlafend. Auch ich konnte Mauern um mich hochziehen. Ich konnte sie warten lassen.

„Bist du noch wach?" fragte sie.

Ich gab keine Antwort.

„Du weißt schon, daß Papi es eigentlich nicht ernst meint, wenn er so brüllt", sagte sie. „Du weißt, daß er dich lieb hat."

Sie gab von sich aus keinerlei Erklärung für ihr eigenes Verhalten, als wäre ganz und gar nichts Besonderes daran, sich zwei Stunden lang im Bad einzuschließen. Mit keinem Wort nahm sie darauf Bezug. Und jedes Wort, das ich selbst darüber gesagt hätte, wäre ein Vorwurf gewesen. Ich konnte Mutter keine Vorwürfe machen. Ich kannte mich aus. Sie gab sich alle Mühe. Selbst sie mit anderen Müttern zu vergleichen wäre ein Akt des Verrats gewesen.

Aber als sie aus dem Zimmer gegangen war, tat ich es doch. Ich stellte mir andere Mütter, andere Abendbrottische, weiß gedeckt, vor, an denen die Familien sich gesittet betrugen, leise unterhielten, kein böses Wort fiel. Dann stellte ich mir andere Väter vor, die tagsüber als Ärzte oder Anwälte arbeiteten und nicht unbedingt jedem Parkwächter widersprechen mußten, wenn er ihnen sagte, wo sie ihren Wagen abstellen sollten. Bei ihnen zu Hause, dessen war ich gewiß, kamen solche Dinge nicht vor. Die Kinder benahmen sich zwar daneben, die Eltern zankten sich, aber anders als bei uns schwebte nicht auch noch ein Gespenst in der Luft.

Bei uns zu Hause flogen Wörter zwischen verschiedenen Welten hin und her, und ihr Sinn war ungewiß. Meine Eltern erzählten, doch was sie erzählten, machte nie etwas klar. Sie sprachen über Menschen, aber diese Menschen waren alle nicht mehr da. Ganz einfache Fakten verlangten lange Erklärungen. Nur weniges konnte als selbstverständlich genommen werden, beginnend damit, daß wir, wir alle, überhaupt am Leben waren.

Ich hörte, wie sich Mutter im Wohnzimmer zum Schlafengehen auszog. Vater schlief bereits; alle paar Minuten hörte ich ihn schnarchen. Bald darauf ging das Licht aus. In der Wohnung war es stockdunkel. Ich schlief ein.

Am Morgen dann stieg Vater naß aus der Dusche. Das Wasser

tropfte auf den Boden. Sein Blick war frisch und fröhlich. Wenn er besonders gut aufgelegt war, pfiff er das Signal zum Wecken, und sprangen mein Bruder und ich nicht sofort aus den Betten, ging er hinaus und kam mit einem nassen Waschlappen wieder, den er genüßlich über unseren Köpfen ausdrückte. Lachend zappelten und purzelten wir in einen neuen Tag.

In der Küche hatte Mutter bereits das Frühstück fertig. Sie war morgens flink, und jeder ihrer Handgriffe saß, obwohl ihr Rücken steif war. Sie wickelte belegte Brote in Butterpapier, suchte unsere Sachen zum Anziehen heraus und schleppte mich weg, um mir das Haar zu bürsten und zwei kräftige Zöpfe zu flechten. Sie war tüchtiger als andere Mütter, weil sie fünf Dinge auf einmal machte, als wäre nichts dabei. Ihr Gesicht zeigte sich so lebhaft, die Augen waren so ganz damit beschäftigt, sich den Tag auszumalen, der vor ihr lag, daß ich vergaß, wie leer ihr Ausdruck am Abend zuvor gewesen war. Am Morgen zeigte Mutter keine Schwäche. Sie brauchte keine Hilfe. Sie stellte ihr Recht, am Leben zu sein, nicht in Frage.

Wenn ich morgens zur Schule ging, bewegten auch mich keine Fragen. Ich fragte mich nicht, warum anständige Menschen umgebracht oder eingesperrt wurden, obwohl sie nichts Unrechtes getan hatten. Ich fragte mich nicht, warum wir kein Geld hatten, obgleich meine Eltern früher doch sehr wohlhabend gewesen waren. Ich dachte nicht darüber nach, woher sie gekommen waren oder warum sie von dort hatten fortgehen müssen.

Ich küßte Mutter zum Abschied, klemmte meine Lone-Ranger-Lunchbox unter den Arm und machte mich auf den Weg zur Schule. In der Pause rannte ich mit anderen Kindern um die Wette und während der ‚Vorführ-und-Erzählstunde' produzierte ich mich mit Liedern aus Broadway-Musicals. Ich war Peter Pan und Cinderella und einer der Musketiere aus dem Mickey Mouse Club. In der Schule lernten wir Naturkunde, hörten Lektionen über den Staatsaufbau, Dinge, die Hand und Fuß hatten und von einer unerschütterlichen Ordnung waren. Im Rechen-, Grammatik- und Sportunterricht war leicht wegzuschieben, was ich am Abend vorher gesehen, gehört und phantasiert hatte. Es muß alles Einbildung gewesen sein, dachte ich. Niemand sonst sprach über solche Dinge. Nichts stand darüber in den Büchern, die ich las, nichts davon war in der Welt anzutreffen, in der ich lebte. Sie waren nicht geschehen. Ich weigerte mich zu glauben, daß sie jemals geschehen waren.

5

Am Morgen des 15. April 1945 erwachte Franci Solar, meine Mutter, im Konzentrationslager Bergen-Belsen unter Tausenden von Menschen, die noch atmeten. Zwischen ihnen lagen 10000 andere, die tot waren. Sie war damals fünfundzwanzig, ihre Kusine Kitty dreiundzwanzig Jahre alt. Den beiden war es seit ihrem Abtransport aus Prag, 1942, gelungen, beisammen zu bleiben. Der erste Zug hatte sie ins Konzentrationslager Terezin (Theresienstadt) gebracht, weniger als eine Stunde Fahrt von der Stadt entfernt, in der sie aufgewachsen waren. Mit einem zweiten Zug waren sie nach Auschwitz, in Polen, geschafft worden, und ein dritter Zug hatte sie nach Norddeutschland transportiert, zu einer Fabrik in Hamburg. Drei Wochen vor dem 15. April 1945 waren sie, mit einem vierten Zug, nach Bergen-Belsen gekommen. In Bergen-Belsen starben Tausende von Männern und Frauen an Typhus dahin. Es gab nichts zu essen. Aus den paar gemeinschaftlichen Wasserzapfstellen tröpfelte es nur. Meine Mutter und ihre Kusine rochen den Gestank nicht mehr, spürten nichts mehr von der Kälte oder dem harten, nackten Fußboden oder von den Läusen, die sich darauf angesiedelt hatten. Sie dachten nur noch einen einzigen Gedanken: Was wird zuerst kommen – der Tod oder die britische Armee?

Kurz nach Tagesanbruch am 15. April sagte eine Frau, die nahe der Barackentür lag, sie sehe mehrere Panzer auf der Straße daherrollen.

Niemand glaubte ihr oder regte sich auch nur.

Doch dann bestätigte eine zweite und darauf eine dritte Stimme, daß sich ein Panzer mit einem weißen Stern auf dem Turm näherte. Niemand brach in Jubel aus. Niemand hatte die Kraft, sich zu freuen. Diejenigen, die sich noch aufraffen konnten, wankten ins Freie, um zu sehen, was da kam.

Die bunte englische Fahne, rot-weiß-blau, flatterte unter dem Himmel, während Panzer um Panzer auftauchte – eine Kolonne, so weit die beiden Kusinen sehen konnten. Auf den Panzern standen Männer in Khakiuniformen, die Arme über den Kopf gereckt, die Finger breit zu einem ‚V' für ‚victory' (Sieg) gespreizt. Als die ersten Panzer sich der Stacheldrahtumzäunung näherten, die das Lagergelände umgab, schwankten ein paar Frauen an Mutter und ihrer Kusine vorbei und auf die Fahrzeuge zu. Einen langen Augenblick schienen die vorüberfahrenden Männer und die unsicher dastehenden Frauen einander mit den Blicken zu fixieren. Der Gesichtsausdruck der Soldaten veränderte sich, die Hände gruben sich in Hosentaschen, Tragbeutel und Tornister. Plötzlich regnete es Schokoladetafeln, Zigaretten, Proviantdosen über den Stacheldraht. Die Frauen jagten wie Hunde hinterher und balgten sich beißend und kratzend um die eßbaren Dinge.

Die beiden Kusinen sahen zu, hielten einander mit der Versicherung zurück, daß es schon bald viel, viel mehr zu essen geben werde. Der Krieg hatte sie gleichgemacht. Vor 1942, in Prag, so sagte Mutter, sei Kitty die fügsame Kusine gewesen, die sich nach ihr gerichtet habe, ein blondes, fröhliches Mädchen mit rosiger Haut, das zu flirten gelernt hatte, noch ehe es gehen konnte. Mutter, zwei Jahre älter und dunkelhaarig, war mehr praktisch eingestellt gewesen, jungenhafter, entschlossener. Jetzt waren sie kaum mehr voneinander zu unterscheiden. Die beiden jungen Frauen waren matt bis zur Teilnahmslosigkeit, am ganzen Körper mit einer grauen Schmutzkruste bedeckt. Ihr Haar, schmuddelig-braun, verfilzt und brüchig geworden, hing bis zum Kinn herab. Kittys Körper, zum Skelett abgemagert, war mit Furunkeln und offenen Wunden bedeckt, der meiner Mutter von Ödemen angeschwollen. Sie sah mehrere Kilogramm schwerer aus, als sie war. Nur die Augen der beiden, von einem auffallend tiefen Braun, wirkten lebendig.

Das Drama, das sich vor ihren Augen entrollte – und das Mutter, wie sie sich noch erinnert, ohne Gemütsbewegung beobachtete –, wiederholte sich im Frühjahr 1945 überall in Europa in den Konzentrations-, Vernichtungs- und Zwangsarbeitslagern der Nazis. Im Osten, wo mein Vater inhaftiert war, brachte die Rote Armee die Befreiung. Die Russen, berichtete er, waren auf Pferden durch das kleine Lager Friedland gekommen. Sie hatten Wodka und Speckseiten dabeigehabt und sich Armbanduhren wie ägyptische Armbänder über die Ärmel geschnallt. Sie waren durch Maidanek, Auschwitz, Chelmno, Belzec, Treblinka, Sobibor und kleinere, weniger bekannte Lager gekommen, hatten den Häftlingen ihre Befreiung verkündet und waren dann weitergezogen. Im Westen bemühten sich die Armeen der Vereinigten Staaten und Großbritanniens mit administrativen Maßnahmen, das Chaos zu lindern, das sie vorfanden. In Dachau und Bergen-Belsen verteilten die Befreier Nahrungsmittel, registrierten die Häftlinge und brachten, soweit dies möglich war, die Kranken in Hospitälern unter.

Sieben Tage, nachdem die ersten englischen Soldaten am Ende der Lagerstraße von Bergen-Belsen erschienen waren, wurden Mutter und Kitty in einem Jeep zur ehemaligen deutschen Garnisons-Kaserne in Celle gebracht, die in ein Verwaltungszentrum der britischen Militärregierung umgewandelt worden war. Beide Frauen sprachen fließend englisch und französisch wie auch tschechisch und deutsch. Sie hatten sich mit mehreren anderen ehemaligen Häftlingen als Dolmetscher zur Verfügung gestellt.

Sie fuhren in verblichenen, aber sauberen Mechanikeranzügen durch das Tor von Bergen-Belsen, ihr Haar war gewaschen, geschnitten und im Rahmen einer allgemeinen Entlausungsaktion mit DDT besprüht worden. Sie hatten regelmäßig Verpflegung erhalten, und Kittys Gesicht und Körper ließen bereits erste Anzeichen erkennen, daß ihre Wunden heilten. An Mutter hingegen war eine solche Veränderung nicht zu bemerken. Ihre Arme und Beine waren noch immer aufgedunsen, das Fleisch hing angeschwollen an den Knochen und schmerzte bei jeder Berührung. Der Geruch nach Essen erregte ihr Übelkeit. Ihr Körper lehnte sich gegen die Aufnahme von Nahrung auf: Sie konnte weder kauen noch schlucken. Sie spürte, daß sie Fieber hatte, als der Jeep zum Tor des Konzentrationslagers hinausfuhr. Um Bergen-Belsen schien sich eine Dunstwolke zu bilden, während es in die Landschaft zurückglitt. Ein- oder zweimal, wenn der Jeep um eine Ecke bog, mußte der Leutnant am Steuer sie an der Schulter festhalten, damit sie nicht aus dem Fahrzeug stürzte, das keine Türen hatte.

Der Offizier fuhr vor einem großen Gebäude auf dem Hauptplatz von Celle vor und stieg aus, um den beiden Frauen hinauszuhelfen. Mutter blickte hinauf zu den Fenstern des Gebäudes der Militärregierung, dann hinab zu dem Leutnant, der ihr die Hand bot. Es war ihr, als käme ihr das Straßenpflaster entgegen.

,,Die junge Frau ist sehr krank", hörte sie jemanden sagen.

Dann sank sie bewußtlos nach vorne.

,,Wie heißen Sie? Sie müssen doch wissen, wie Sie heißen!"

Als Mutter nach ihrer Erinnerung das nächste Mal die Augen aufschlug, sah sie eine winzige Frau in einem weißen Kittel, die sich über das Bett beugte. Hinter ihr waren weiße Wände, weiße Betten und weißgekleidete Gestalten.

,,Ihr Name? Wissen Sie Ihren Namen nicht mehr?" wiederholte die Frau in Weiß. ,,Wo sind Sie geboren?"

Mutter schloß die Augen und versuchte sich zu erinnern. Doch es kam nichts. Sie glitt wieder in den Schlaf. Auch sie hatte sich Typhus zugezogen.

Die drei Wochen, in denen sie, nur halb bei Bewußtsein, in dem Krankenhaus in Celle lag, hatte Mutter als einziges Identitätsmerkmal die in einen Unterarm eintätowierte blaue Nummer, die mir einfach nicht einfallen will. In dem Durcheinander, das nach ihrem Eintreffen in Celle entstanden war, hatte man sie in einem von Ungarinnen belegten Saal untergebracht, die, von den übrigen Lagerinsassen abgesondert, in Quarantäne lagen, und dabei war ihr Name verlorengegangen.

Am 8. Mai 1945 setzte sie sich plötzlich im Bett auf, vom Geräusch von Schüssen geweckt.

„Helft mir!" schrie sie in den Saal. „Jemand soll die Fenster aufmachen, bitte!"

Zwei Frauen in Weiß kamen an ihr Bett, verstanden aber die Sprache nicht, in der sie sprach.

„Da schießen nicht die Deutschen", erklärte ihr die eine Frau langsam auf deutsch. „Heute ist Waffenstillstandstag. Sie schießen, um ihn zu feiern. Die Engländer sind es, die da schießen."

Mutter starrte die beiden skeptisch an. Dann lauschte sie dem Donner der Geschütze, die anscheinend – so kam es ihr vor – dicht unter dem Fenster feuerten.

„Waffenstillstandstag", wiederholte sie. „Waffenstillstandstag."

Sie kann sich noch erinnern, daß ein englischer Soldat einen Teewagen durch den Krankensaal schob, als sie am nächsten Tag aufwachte. Er hatte lockiges Haar und blaue Augen und blieb an ihrem Bett stehen.

„Hätten Sie einen Wunsch?" fragte er liebenswürdig, und Mutter wurde an den Schauspieler Leslie Howard aus den Filmen erinnert, die sie als Mädchen in Prag so geliebt hatte.

Sie musterte den Wagen, der mit Büchern, Zeitungen, Süßigkeiten, Zahnbürsten und Seife beladen war. Die Überfülle der Dinge und der Farben verwirrte sie. Zum erstenmal seit drei Jahren war sie aufgefordert worden, sich ein Geschenk auszusuchen.

„Kann ich bitte eine Packung Players haben?" fragte sie.

Der Soldat sah mit bedenklicher Miene zu ihr hinab. „Dürfen Sie denn rauchen?" fragte er.

„Ich glaube, nein", gestand sie. „Aber ich habe das Bild auf der Packung so gern."

Lächelnd reichte ihr der Soldat die Zigaretten.

„Möchten Sie sonst noch etwas?"
„Sonst noch was?"
„Wie wär's mit einem Stück guter Seife?" Er legte ihr ein zweites kleines Päckchen aufs Bett. Dann sagte er, er werde am nächsten Tag wiederkommen.

Mutter verstaute die beiden Geschenke unter ihrem Kopfkissen. Von Zeit zu Zeit griff sie nach hinten und zog die Packung Zigaretten hervor. Die Abbildung darauf, ein bärtiger Matrose, umgeben von einem Rettungsring, erschien ihr wie ein künstlerisches Meisterwerk. Sie betrachtete sie immer wieder lange, sah sonst nichts in dem großen, weißen Raum. Sie hörte auch nichts. Mit ihrem Gehör, stellte sie fest, war irgend etwas nicht in Ordnung. Nur hin und wieder drang ihr ein Geräusch in die Ohren.

Am Nachmittag blieb wieder ein Teewagen an ihrem Bett stehen.

„Hätten Sie gern einen Schlafanzug?" fragte ein anderer Soldat.

Sie verstand nicht ganz, nickte aber, und er legte einen weißen Baumwollpyjama, mit roten Rosenknospen bedruckt, auf ihr Bett. Auf dem Etikett stand *Made in Canada*. Sie las die Wörter, las sie wieder und wieder, ohne daß es ihr zuviel wurde, bis eine Krankenschwester erschien und ihr den Schlafanzug anzuziehen half. Einige Zeit später – Mutter weiß nicht mehr, wann – setzte sie sich im Bett auf und versuchte, mit ihren Nachbarinnen eine Unterhaltung anzufangen.

Es war unmöglich. Die beiden waren aus Ungarn und sprachen keine andere Sprache als Ungarisch. Sämtliche Frauen im Saal waren Ungarinnen, und nach ein paar Tagen, in denen Mutter sich mit Gesten und lächelnden Blicken behalf, „Guten Morgen", „danke" und „bitte" auf ungarisch lernte, wurde sie unruhig. Sie konnte inzwischen bis zum Korridor gehen und mehrere Stunden im Bett sitzen, ohne zu ermüden. Sie war nun auch imstande, kleine Mahlzeiten zu sich zu nehmen. Sie begann sich zu fragen, was wohl aus Kitty geworden sei. Wie hatte ihre Kusine sie einfach so im Stich lassen können?

„Wir haben keinen Telephonanschluß", erklärte eine der Schwestern, als Mutter danach fragte. „Die Abteilung hier steht noch unter Quarantäne."

Jeden Tag, so erschien es Mutter, kam ein Verbindungsoffizier aus einem anderen Land durch den Saal. Vertreter der Franzosen, der Holländer, der Polen und der Ungarn erschienen. Obwohl Mutter noch längst nicht über den Berg war, genügte das Bild des Matrosen auf der Players-Packung ihren geistigen Bedürfnissen nicht mehr. Sie wollte wissen, was außerhalb des Krankenhauses vor sich ging. Sie wollte sich mit Menschen unterhalten. Als schließlich eines Vormittags eine Frau in den Saal kam und fragte, ob jemand von den Anwesenden aus der Tschechoslowakei sei, rief Mutter: „Ich!"

Eine Stunde später fegte Kitty an den Wachtposten am Eingang des Krankenhauses vorbei und in den Saal. Sie trug ein Sommerkleid und weiße Sandaletten mit hohen Absätzen. Ihr Mund war mit Lippenstift bemalt, das Haar ein glänzendes Blond mit dunkleren Strähnen. Auf Mutter wirkte sie wie Ginger Rogers. Alles, was jetzt geschah, kam ihr vor wie ein Film. Kitty grüßte die Schwestern und die Patientinnen mit einer knappen Kopfbewegung und setzte sich.

„Wir müssen dich hier rausbekommen, das steht fest", sagte sie zu Mutter. „Ich verstehe einfach nicht, wie das hat passieren können, daß du hier festsitzt. Warum hast du ihnen denn nicht gesagt, daß du meine Kusine bist. Ich hab' schon gedacht, du bist gestorben. Du kommst bestimmt um, wenn du hier bleibst. Ich werd' dich auf der Stelle hier rausholen."

Mutter starrte sie an. Ihr Gehör setzte wieder aus. Sie konnte kaum verstehen, was Kitty sagte.

„Denk dir nichts. Ich werd' das alles in Ordnung bringen. Ich bin der Verbindungsoffizier des Tschechoslowakischen Repatriierungskomitees und hab' unten ein Auto stehen. In einer halben Stunde hol' ich dich raus. Glaub mir, es wird alles ganz glatt gehn."

Kitty fegte aus dem Saal, und Mutter starrte auf den Platz, wo ihre Kusine gesessen war. Seit ihren gemeinsamen Kindertagen in Prag war Mutter diejenige gewesen, die Anweisungen erteilte, und Kitty hatte sie ausgeführt. Wenn sie zusammen gespielt hatten, war Mutter immer die Kaiserin und Kitty ihre Hofdame gewesen. Und nun war Kitty also Verbindungsoffizier geworden. Schon die Bezeichnung wirkte absurd. Sie erteilte anderen Leuten Anweisungen. Als hätte es keine Verfolgung, kein Konzentrationslager gegeben. Kittys Auftreten hatte sich verändert. Ihr Blick war klar und energisch. Autorität schien ihr zu stehen.

Als Kitty wiederkam, hatte sie eine kleine Ärztin im Schlepptau.

„Ich kann sie nicht gehen lassen", protestierte die Doktorin. „Sie verstehen nichts von Medizin. Sie kann unmöglich entlassen werden. Sie kann noch nicht richtig essen. Sie muß gefüttert werden, Bissen für Bissen, Gramm für Gramm. Jeden Tag ein bißchen mehr. Sie muß sorgfältig beobachtet werden. Wenn ein Typhuskranker einen Rückfall hat, geht die Sache fast immer tödlich aus. Ihr ist noch schwindlig. Sie ist halb taub. Sie kann nicht einmal richtig auf den Beinen stehen. Sie sollte mindestens noch eine Woche hierbleiben."

„Sie ist *meine* Kusine. Die Verantwortung für sie trage *ich*", antwortete Kitty. „Ich werde unterschreiben, daß ich die Verantwortung übernehme. Ich bringe Ihnen eine Bestätigung vom Tschechoslowakischen Repatriierungskomitee, wenn Sie darauf bestehen."

Die Ärztin schüttelte den Kopf und zog sich zurück. Kitty griff in ihre Tasche aus geflochtenem Stroh und zog ein Sommerkleid, ein Paar hochhackige Sandaletten wie ihre eigenen und ein Paar Nylonstrümpfe heraus.

„Zieh den Fetzen da aus", befahl sie und zog verächtlich an Mutters Schlafanzug. „Du kannst ihn hierlassen."

Mutter entzog sich ihr. „Aber ich möchte ihn behalten."

„Das geht nicht. Er muß wegen der Quarantäne hierbleiben."

„O nein", sagte Mutter und schob sich wieder unter die Bettdecke. „Ich möchte ihn behalten. Er ist mir von einem englischen Soldaten geschenkt worden. Er stammt aus Kanada."

Kitty packte mit fester Hand die Bettdecke und zog ihre Kusine im Bett hoch. „Mach keine Geschichten. Ich kauf' dir ein halbes Dutzend davon, wenn du möchtest."

Kaufen? dachte Mutter. Wie konnte Kitty ein halbes Dutzend von irgend etwas kaufen? Plötzlich bekam sie Angst, den Krankensaal zu verlassen, in dem sie sich seit beinahe einem Monat befand.

„Aber meine Zigaretten nehme ich mit", sagte sie trotzig. „Und meine Seife. Und meine Zahnbürste."

„Meinetwegen. Und jetzt zieh dich an, damit wir gehen können."

Kitty half Mutter in einen Rollstuhl und schob sie aus dem Krankenhaus zu einem davor geparkten Jeep. Ein rothaariger Engländer namens Sunshine hob sie hinauf auf den Beifahrersitz. Sie sah, daß er beim Fahren die Lippen bewegte, verstand aber kein Wort von dem, was er sagte. Er sei ein Cockney, erklärte Kitty ihr lachend. Mutter versuchte sich zusammenzureimen, was er von sich gab, aber es hörte sich alles wie sinnloses Kauderwelsch an. Sie fragte sich, ob die Krankheit vielleicht ihren Verstand in Mitleidenschaft gezogen habe.

Sie hielten auf dem Hauptplatz von Celle an, wo sie einen Monat vorher ohnmächtig geworden war. Kitty und Sunshine machten mit gekreuzten Händen einen Sitz, und mit den Armen um ihre Hälse wurde Mutter in Kittys Zimmer getragen, das früher ein deutscher

Offizier bewohnt hatte. Auf ihrem Bett lag eine schön, weiße Steppdecke. Daneben befand sich ein Nachtkästchen. Im Zimmer standen außerdem ein großer Tisch mit vier Stühlen und zwei hohe Kleiderschränke. Sunshine verließ sie hier mit einem Abschiedsgruß, von dem Mutter kein Wort verstand. Dann holte Kitty aus einem der beiden Schränke ein Nachthemd und brachte sie ins Bett.

,,Ich muß in meinem Dienstzimmer noch ein paar Sachen erledigen", sagte sie. ,,Im Nachtkästchen ist ein Nachttopf. Versuch nicht ins Bad zu gehen. Der Weg ist zu weit. Bemüh dich, ein bißchen zu schlafen. Ich komme zurück, sobald ich kann."

Zum erstenmal seit drei Jahren war Mutter allein.

Sie lag still da, freute sich an dem reinlichen Geruch der gestärkten Bettwäsche und dem Anblick von Flaumfedern, die in kleinen Büscheln aus den Säumen der Steppdecke kamen. Sie fühlte sich unglaublich warm und behaglich. Die Nylonstrümpfe, die sich an ihren Beinen so wunderbar glatt angefühlt hatten, hingen über der Lehne eines Stuhles, der so nahe am Bett stand, daß sie sie ansehen konnte. Ich bin hier im Zimmer eines Offiziers, dachte sie ein ums andere Mal, bis sie in den Schlaf glitt.

Als sie aufwachte, war Kitty noch nicht da. Sie musterte mehrmals das Zimmer ganz genau, bis nichts mehr übrig war, was sie nicht in Augenschein genommen hatte. Plötzlich blieb ihr Blick auf etwas haften, das wie eine große Schüssel aussah, auf einem der hohen Schränke nach hinten geschoben. Es war eine Schüssel von der Art, an die sie sich aus ihrer Prager Zeit erinnerte. Vielleicht benutzte Kitty sie, um darin Kuchenteig zu machen.

Sie setzte sich im Bett hoch, stand dann auf und zog einen Stuhl zum Schrank hin. Sie holte die Schüssel herunter und stellte fest, daß sie bis zum Rand mit Sauerkraut und Schweinegulasch gefüllt war. Sie hatte in ihrem ganzen Leben noch nie etwas so Köstliches gerochen. Es schien ihr für ein Dutzend Leute zu reichen, so viel war es. Niemand würde etwas merken, wenn eine Kleinigkeit davon fehlte. Sie begann, davon zu essen und konnte nicht mehr aufhören. Sie aß, bis die Schüssel leer war. Erst dann spürte sie, wie ihr die Übelkeit in Brust und Kehle stieg. Sie preßte krampfhaft die Lippen zusammen und schaute rasch um sich. Dann lief sie zur Türe hinaus, den Korridor hinunter, blind und immer schneller, bis sie sich schließlich über der Kloschüssel erbrach und nach Luft ringend auf die Knie sank. Eine Stunde später fand Kitty sie dort.

Kitty befand, daß ihre Kusine keine Minute allein gelassen werden dürfe, und organsisierte einen Wachdienst in Schichten. Ehemalige KZ-Häftlinge, englische Infanteristen und sogar die mit Kitty befreundeten Offiziere wechselten einander an Mutters Bett ab. Jedesmal, wenn sie aufwachte, war jemand mit einer Tasse Tee oder einer Kurzfassung der neuesten Zeitungsmeldungen zur Hand. Noch immer sah sie elend aus, und das Haar fiel ihr in dicken Büscheln aus, doch die Männer, die neben ihrem Bett saßen, behandelten sie, als wäre sie eine schöne Frau. Die ganze Lagerzeit hindurch hatte sie sich als einen Soldaten betrachtet. Sie hatte gelernt, in einer Gruppe aufzugehen, sich unauffällig und so anonym zu machen wie die blaue Nummer an ihrem Unterarm. Ihr weiches Haar, das Gefühl beim Lippenstift-Auftragen, all das waren für sie nur Erinnerungen gewesen. Erst jetzt begann sie wieder daran Gefallen zu finden, sich die Fingernägel zu maniküren, sich Kölnisch-Wasser hinter die Ohren zu tupfen, das Gesicht einzucremen. Die Offiziere, mit denen Kitty befreundet war, nahmen sie zu Ausflügen aufs Land mit. Es war Juni, und alles grünte. Kitty hatte ein Verhältnis mit einem englischen Militärarzt angefangen, und alsbald wurde auch gemunkelt, daß ihre ältere Kusine mit einem Hauptmann liiert sei.

Mutter lehnte es ab, sich dazu zu äußern. In ihren Augen hatte der Gedanke, daß jemand so rasch eine Beziehung eingehen könnte, etwas Vulgäres. Sie war nicht Kitty, die schon von klein auf nichts davon gehalten hatte, das Leben ernst zu nehmen. Außerdem war sie im Unterschied zu Kitty eine verheiratete Frau. Zumindest hatte sie vor dem Krieg einen Ehemann gehabt.

Jeden Vormittag ging sie zum Anschlagbrett des Roten Kreuzes im Garnisonsgebäude. Sie suchte in den langen Totenlisten nach seinem Namen, aber er befand sich nicht darunter. Nach den Namen ihrer Eltern suchte sie nicht mehr, sie wußte, daß sie tot waren. Ein Bekannter, ebenfalls ehemaliger KZ-Häftling, war mit einem der ersten Repatriierungsbusse nach Prag gefahren und mit bedrückenden Nachrichten zurückgekommen: Mutters Eltern waren tot, Kittys Eltern waren tot, Mutters Ehemann war vermißt, und Kittys Verlobter hatte zwei Monate vor Kriegsende ein anderes Mädchen geheiratet.

Diese Nachrichten waren nicht dazu angetan, Kitty und Mutter zu einer raschen Rückkehr nach Prag zu bewegen. Jedesmal, wenn ein Repatriierungsbus aus Celle abgehen sollte, sagte Kitty zu ihrer Kusine: „Du bist für die Fahrt noch nicht kräftig genug." Oder: „Es ist

nicht daran zu denken, solange die Gefahr eines Rückfalls besteht."
Immer wieder sagte eine Kusine zur andern: „Ach, nehmen wir den nächsten Omnibus." Der nonchalante Ton sollte ihre tiefe Angst vor der Heimkehr überspielen. Sie lebten von einem Tag auf den nächsten, nicht bereit, an die Zukunft zu denken. Tagsüber nähte Mutter aus den Wolldecken, die ihnen geschenkt worden waren, Röcke. Abends gab es vom Roten Kreuz organisierte Tanzveranstaltungen und Filmvorführungen oder kleine Gesellschaften in den Räumen der Offiziere. Sie brauchten keine Miete zu zahlen, nichts zum Essen zu kaufen. Als zivile Hilfskräfte der britischen Armee wollten sie den Augenblick der Bestandsaufnahme dessen, was ihnen von ihrem Zuhause geblieben war, hinausschieben. Doch der mit Kitty befreundete Arzt begann die beiden zu drängen, sich Gedanken über ihre Rückkehr nach Prag zu machen. Er werde in Kürze mit seiner ganzen Kompanie nach England zurückkehren und an deren Stelle werde eine neue Einheit treten. Diese Soldaten, sagte er zu ihnen, hätten die Befreiung von Bergen-Belsen nicht selbst erlebt. „Ein Soldat in einem besetzten Land nimmt sich ohne Bedenken, was er haben möchte. Er weiß nicht, daß zwischen einer Tschechin und ehemaligen KZ-Insassin und einem deutschen *Fräulein* ein Unterschied besteht."

Doch die Kusinen ignorierten seinen Ratschlag, bis eines Abends Mutter mit einem kurz vorher eingetroffenen Major, einem Schotten, tanzte.

„Bizarr, diese Angewohnheit, sich die Telephonnummer auf den Arm zu schreiben", sagte er, während sie sich auf der Tanzfläche drehten. Mutter blickte zu ihm auf, unsicher, ob dies nicht einer der trockenen Witze war, wie Engländer sie gerne machen.

Dann sagte sie: „Wissen Sie, daß ist keine Telephonnummer. Das habe ich in Auschwitz bekommen. Haben Sie davon schon gehört?"

„O ja", antwortete er. „Habe neulich einen Film darüber gesehen. Wenn ich mir meine Frau oder meine Töchter in einem solchen Lager vorzustellen versuche – ich glaube nicht, daß sie es auch nur zwei Tage überleben würden."

Mutter, seit der Befreiung gewohnt, daß die englischen Offiziere, denen sie begegnete, immer große Feinfühligkeit an den Tag legten, ließ den Arm sinken und den schottischen Major mitten auf der Tanzfläche stehen. Sie wehrte die Fragen der Soldaten und der anderen Frauen ab, die wissen wollten, was geschehen war, ging in ihr Zimmer und legte sich aufs Bett. Es war an der Zeit, nach Hause zu fahren. Die

Befreiung lag schon beinahe vier Monate zurück. Man konnte nicht weiter so tun, als wäre man in einer Dienststelle der britischen Militärregierung zu Hause. So machten sich die beiden Kusinen in der ersten Augustwoche 1945 mit elf Gepäckstücken per Omnibus und Lastwagen auf den Weg nach Prag. Sie reisten langsam, von der britischen in die amerikanische und dann in die russische Besatzungszone, quer durch das in Trümmern liegende Land, das Deutschland hieß.

Eine Woche später kamen sie um vier Uhr morgens in Prag an. Der Fahrer des Lastwagens drückte in der dunklen, leeren Straße vor dem Haus, in dem ein früherer Klassenkamerad Kittys wohnte, auf die Hupe. Die Wohnungen, in denen Mutter und Kitty vor dem Abtransport gelebt hatten, waren jetzt mit fremden Leuten belegt, und Kittys Freund hatte sie netterweise eingeladen, bei ihm zu logieren. Er kam jetzt herab, um sie zu begrüßen, und nach ihm erschienen mehrere Nachbarn, die den Kusinen halfen, ihr Gepäck abzuladen, und sie mit Backwerk und Kaffee verwöhnten, bis Mutter sich von ihrer Fürsorglichkeit geradezu gelähmt fühlte.

„Ich weiß nicht mehr, was ich damals erwartet hatte", sagte sie zu mir, als ich größer war. „Aber was es auch gewesen war, wie ich es mir in meinen Träumen auch vorgestellt hatte – es war anders. Ich bin den Gedanken nicht losgeworden: Ich bin nach Hause, aber zu fremden Menschen nach Hause gekommen. Ich bin in Prag, der Stadt, in der ich mein ganzes Leben zugebracht hatte, und habe bei fremden Menschen Unterschlupf suchen müssen."

Später an diesem Morgen fuhren Mutter und Kitty in die Innenstadt. Sie gingen durch den Straßenbahnwagen bis zur hinteren Plattform, obwohl sie freie Sitzplätze sahen. Sie hatten sich in den paar Stunden noch nicht daran gewöhnen können, daß die Vorschriften der Nazis über Juden in öffentlichen Verkehrsmitteln außer Kraft gesetzt worden waren. Während der rote Straßenbahnwagen durch die morgendlichen Straßen rumpelte, verdüsterte sich Mutters Stimmung. Es schien ihr, als hätten Krieg und Verfolgung einen Bogen um die Menschen gemacht, die sie hier sah. Sie verglich den Stoff ihrer Anzüge und Kleider mit dem dünnen Baumwollstoff ihres eigenen schulterfreien Sommerkleids, das ihr nur vier Monate vorher als etwas Wunderbares erschienen war. Die Gespräche der Leute um sie, die sie mitanhörte, schienen ihr gespickt mit neuen tschechischen Ausdrücken, die drei Jahre vorher noch nicht gebräuchlich gewesen waren. Sie stellte kleine Veränderungen an den Schaufenstern und Ladenschildern in der Stadt fest. Hier, konstatierte sie, war das Leben weitergegangen, während es für sie selbst drei Jahre lang stehengeblieben war.

Kitty, die neben ihr in der Straßenbahn stand, schien blind für all dies zu sein. Sie war ganz damit beschäftigt, Vertrautes in sich aufzunehmen, und plapperte mit heller fröhlicher Stimme über die Veränderungen, die sie registrierte. Als die beiden Frauen die Stadtmitte erreichten, trennten sich ihre Wege. Mutter hatte eine Verabredung mit Max, der mit ihren Eltern befreundet gewesen war. Bei ihm zu Hause, so hatte die Familie vereinbart, wollte man sich nach Kriegsende wiedertreffen. Auf dem Weg zu dem Kaffeehaus, wo sie sich verabredet hatten, musterten ihre dunklen Augen die Gesichter der Passanten, ob darunter nicht ein bekanntes war. Jedesmal, wenn sie um eine Straßenecke bog, sah sie im Geist die Gestalt ihrer Mutter vor sich, klein, elegant, mit weichen Linien. Sie selbst war inzwischen eine Frau von fünfundzwanzig Jahren, die Hitler und sogar den Typhus überstanden hatte, aber ihre Füße schleppten sich über das Pflaster, und sie kam sich vor wie ein Kind, das sich verirrt hat.

„Franci?" fragte ein Mann, als sie in das Kaffeehaus trat.

Sie setzte sich zu Max, und die beiden wußten nicht, was sie sagen sollten. Dann teilte er Mutter mit, daß ihr Ehemann, Pepik Solar, tot war. Er gab ihr einen Brief zurück, den sie an ihren Mann in der Annahme geschrieben hatte, er lebe noch. Sie hielt den ungeöffneten Umschlag zwischen den Fingern und empfand nichts. Eine Gefühlsversteinerung drang ihr in die Seele. Sie hatte diese Lähmung zum erstenmal in Auschwitz bemerkt, nachdem ihr die blaue Nummer eintätowiert worden war. Sie war auf der Pritsche gesessen und hatte einen jüdischen Kapo beobachtet, der sich über ein paar Mithäftlinge lustig machte. *Ein SS-Mann in Häftlingskleidung,* hatte sie stumm zu sich gesagt. *Was für ein sonderbarer Anblick.* Dann hatte sie ihren Unterarm angesehen, der sich dabei verdoppelte – der eine Arm gehörte zu ihr, Franci Solar, der andere zu einer andern Frau, die genauso aussah wie sie, aber eine Nummer am Arm trug. In diesem Augenblick hatte sie sich in zwei Menschen aufgespalten: in einen, der handelte, und einen, der nur beobachtete. Sie beobachtete sich jetzt selbst, während sie das ungeöffnete Kuvert zwischen den Fingern hielt. Sie beobachtete auch Max.

„Vera hat mir aufgetragen, dich für heut' abend zum Essen einzuladen", sagte er. „Vorausgesetzt, du hast nichts anderes vor."

„Nein, ich hab' nichts anderes vor", antwortete sie, starrte dabei sein Gesicht an und fand es unsäglich töricht. Was sonst könnte sie schon vorhaben? Sie hätte von Max gerne gehört, daß er sich über ihre Rückkehr freue und froh sei, daß sie am Leben geblieben war. Doch es schien, als wäre ihm die Zunge gelähmt. Warum begriff er nicht, daß sie mit diesem betretenen Schweigen, dieser unbeholfenen Art nichts anfangen konnte? Nach Wärme hätte es sie verlangt.

Max streckte ihr die Hand hin, in der er etliche Geldscheine hielt. „Nur, damit du über die Runden kommst", sagte er und errötete, was seine sommerliche Bräune noch vertiefte. „Es ist bei weitem nicht so viel, wie es ausschaut. Die Währung ist so oft abgewertet worden. Ich seh' dich also heute abend."

Nachdem er gegangen war, saß Mutter mehrere Minuten mit dem abgewerteten Geld in der Hand da. Dann ging sie aus dem Kaffeehaus und schlug die Richtung zum Jüdischen Rathaus ein, wo nach Prag zurückkehrenden Juden Personalpapiere als Ersatz für die drei Jahre vorher von der Gestapo beschlagnahmten Dokumente ausgestellt wurden. Wäre Mutter in diesem Augenblick von einem Polizisten angehalten oder eines Verbrechens beschuldigt worden, hätte sie sich nicht ausweisen können. Sie besaß kein einziges Papier, das ihre Identität bescheinigte. Ihre Geburtsurkunde, ihr Paß, ihre Arbeitspapiere, das Gesundheitszeugnis, alles war ihr 1942 abgenommen worden. Sie beobachtete sich, wie sie wartete, bis sie an die Reihe kam, dann monoton Fragen beantwortete und Formulare ausfüllte.

„Wo kann ich ein Zimmer finden?" fragte sie einen Kanzlisten.

„Sind Sie verheiratet?"

„Mein Mann ist tot."

„Kinder?"

„Keine."

„Wir haben eine schreckliche Wohnungsknappheit", sagte der Mann geduldig. „Die Lage ist schwierig. Erst kommen Familien dran. Danach Ehepaare."

Das, sagte sich Mutter, ist nur recht und billig. Aber ein schrecklicher Zorn loderte in ihr, während sie durch die Straßen wanderte, um sich die Zeit bis zum Abendessen bei Max zu vertreiben. Mit welchem Recht wohnten fremde Leute im Haus ihrer Eltern? Sah so die sogenannte Repatriierung aus: nach Hause geschickt zu werden, nur um dort kein Dach über dem Kopf zu finden? Warum war sie nicht in Celle geblieben? Oder warum hatte sie nicht einen Engländer geheiratet wie einige der anderen jungen Frauen? Sie wanderte an den Buchhandlungen vorüber, in denen sie vor dem Abtransport stundenlang geschmökert hatte, sah nichts, ging ziellos, mit leerem Kopf dahin. Als sie stehenblieb, stellte sie fest, daß sie vor dem Eingang des Modesalons ihrer Mutter stand. Ohne zu überlegen, läutete sie, und die Tschechin Marie, die die rechte Hand ihrer Mutter gewesen war, öffnete.

„Franci, Sie sind wieder da!"

Der Ton von Maries Stimme, fand Mutter, klang weder erfreut, noch herzlich, sondern drückte nur Überraschung aus. Sie stellte sich vor, daß die frühere Angestellte jetzt dachte: *Was will die denn? Wie hat sie es geschafft zurückzukommen? Was hat sie getan, daß sie am Leben geblieben ist?*

„Kommen Sie rein. Bitte, so kommen Sie doch." Marie fing sich rasch. Sie führte Mutter ins Atelier, wo Franci als heranwachsendes Mädchen gelernt hatte, nach den Entwürfen ihrer Mutter Kleider und Mäntel zuzuschneiden, provisorisch zusammenzuheften und fertigzunähen.

„Von den Sachen, die Ihnen gehört haben, ist fast nichts mehr da", sagte Marie. „Ich habe alles eingelagert. Ich wollte nicht, daß wir mit den Behörden Scherereien bekommen. Ich will damit sagen, wir haben uns gegen den Vorwurf absichern müssen, daß wir uns an jüdischem Eigentum bereichern. Sie verstehen, was ich meine?"

Mutter nickte, verstand aber gar nichts. Was Marie sagte, kam ihr wie sinnloses Gefasel vor. Im Atelier stand nichts an seinem richtigen Platz. Ihre Lieblingsnähmaschine war verschwunden. Es waren weniger Zuschneidetische da. Der Raum war nicht ordentlich gefegt. Die Fenster waren verdreckt.

„Das Geschäft geht schlecht", redete Marie weiter. „Was mit den alten Kundinnen ist, die damals zu Ihrer Frau Mutter gekommen sind? Sie kommen nicht mehr. Ein paar von ihnen sind ausgewandert, hab' ich gehört. Jedenfalls seh' ich nichts von ihnen. Wir haben den Raum neu eingerichtet, wie Sie sehn. Und letztes Jahr ist der Mietvertrag abgelaufen. Wir haben ihn auf unseren Namen erneuert. Wir haben ja keine Ahnung gehabt, wo Sie waren ."

„Ja", sagte Mutter.

Irgend etwas an ihrem Gesichtsausdruck schien Marie zu ängstigen.

„Es war nichts anderes zu machen", sagte sie laut. Wir haben nicht geahnt, daß Sie zurückkommen würden. Wir haben ja nicht gewußt, daß Sie noch am Leben sind."

Mutters Mund war angeschwollen, und der Unterkiefer nach vorne geschoben so wie damals, wenn sie als Kind Gleichgültigkeit geheuchelt hatte.

„Ihre Frau Mutter ..."

„Ist tot."

„Oh, das tut mir aber leid", sagte Marie, und jener Teil von Mutter, der die Szene beobachtete, stellte fest, daß Marie aufrichtig bekümmert wirkte.

„Danke Ihnen", sagte Mutter automatisch und fragte sich gleich darauf, wofür sie Marie eigentlich dankte.

„Ich muß Ihnen die Adresse des Magazins geben, wo die Sachen Ihrer Frau Mutter eingelagert sind. Es dürfte keine Schwierigkeiten machen, sie herauszuholen. Jetzt nicht mehr. Die letzten Jahre waren sehr schwer, aber heut' ist es einfacher." Sie gab Mutter einen Zettel mit der Adresse des Möbellagers. „Jetzt, wo Sie wieder da sind, werden wir uns bestimmt öfter sehn. Schließlich sind wir ja in derselben Branche, nicht?"

Die Türe schloß sich, und Mutter setzte ihre Wanderung durch die Straßen fort. Ein diesiges Augustlicht hatte sich auf die Stadt gesenkt, erwärmte den grauen Stein der Gebäude und ließ die Spitzen der Kirchtürme aufblitzen. Leute eilten mit eingepackten Brotlaiben oder Tüten voll Kartoffeln nach Hause. Prag war, da während des Krieges weniger bombardiert als andere europäische Großstädte, größtenteils intakt, genauso wie in Mutters Erinnerung. Nur sie selbst war anders geworden.

Um sieben Uhr fand sie sich im Haus von Max und Vera Boček ein. Ihre Mutter hatte das Paar sehr gern gehabt. Sie waren Menschen, denen man vertrauen konnte. Sie hatten zwei Söhne, die Mutter von Säuglingen zu großen Jungen hatte heranwachsen sehen. Die Bočeks waren alte Freunde der Familie. Alles würde sein wie früher.

Als Vera Boček die Haustüre öffnete, lag ein einstudiertes Lächeln auf ihrem Gesicht. Sie trug beinahe sofort nach Ankunft meiner Mutter das Abendessen auf und beschäftigte sich dann so angelegentlich damit, die Suppe auszuteilen und Brot aufzuschneiden, daß sie die dürftige Konversation nicht zu bemerken brauchte.

Mutter hatte sich an den Tisch gesetzt und sogleich das eingestickte ‚R' an der Tischdecke bemerkt. Das Monogramm stand für ‚Rabinek'. Das Messer und die Gabel neben ihrem Teller, aus massivem Silber, gehörten zum Tafelsilber der Rabineks. Beim Polieren dieses Bestecks hatte Mutter als kleines Mädchen oft mitgeholfen. Das kristallene Weinglas, das sie zwischen den Fingern hielt, stammte aus dem Gläserschrank in dunklem Holz, der bei ihnen im Speisezimmer gestanden hatte. Sie hatte ihrer Mutter geholfen, die Gläser sorgsam zu verpacken, und sie zu den Bočeks hinübergebracht, die sie bis zum Kriegsende hüten wollten. Zuerst dachte Mutter, all diese Dinge seien ihr zu Ehren ausgepackt worden. Doch als das Essen dem Ende zuging, ohne daß ein Wort darüber gefallen war, begriff sie: Vera Boček hatte vergessen oder verdrängt, daß diese Sachen nicht ihr gehörten.

Mutter ertappte sich dabei, wie sie unverwandt auf das ‚R' in der Tischdecke starrte, und wurde verlegen. Sie wollte von dem Thema weg, das ihre Gedanken beschäftigte, und fragte deshalb nach den Kindern der Bočeks. ,, Wie alt sind sie inzwischen? Was machen sie?"

Zu der Zeit, als Mutter und ihre Eltern nach Theresienstadt deportiert worden waren, waren Pavel und Edvard Boček zwölf, beziehungsweise dreizehn Jahre alt gewesen.

,,Du wirst die Buben nicht mehr erkennen, so groß sind sie geworden", sagte Vera Boček, und noch während sie sprach, kam Pavel herein, größer und magerer, als Mutter ihn in Erinnerung hatte. Er trug einen von Pepik Solars Anzügen, eines der vielen Kleidungsstücke, die Mutter zur Aufbewahrung ins Haus der Bočeks gebracht hatte.

Doch aus Gründen, die ihr nicht klar wurden, geriet sie – nicht Vera Boček – beim Anblick des Anzugs ihres toten Mannes, den nun Pavel trug, in Verlegenheit. Ihre Verlegenheit wuchs noch, als sie nach dem Essen zum Kaffee ins Wohnzimmer überwechselten. Max hatte wenig gesprochen. Die Unterhaltung war gezwungen, und Mutter sah keine Möglichkeit, die Frage, die sie stellten mußte, unbefangen vorzubringen. Schließlich holte sie Luft und sprach sie aus.

,,Du erinnerst dich doch an den Schmuck, den Mutter bei euch gelassen hat", sagte sie zu Vera Boček. ,,Ich hab' mir überlegt, vielleicht verkauf' ich einen von den Ringen. Ich habe kein Quartier. Ein paar Koffer, das ist mein ganzer Besitz."

Vera wechselte rasche Blicke mit ihrem Mann. ,,Es tut mir schrecklich leid", sagte sie dann, ,,aber im letzten Kriegsjahr ist es uns sehr schlecht gegangen. Da sind wir auf die gleiche Idee gekommen und haben den Schmuck deiner Mutter verkauft. Es ist weg."

Mutter empfand das gleiche wie am Nachmittag, als sie sich im Jüdischen Rathaus nach einer Unterkunft erkundigt hatte. Es gab nichts zu sagen, es war nichts zu machen. Sie konnte schwerlich Vera

Boček wegen Diebstahls vor Gericht ziehen. Sie hatte ja nicht einmal eine eigene Adresse, nicht einmal ein Stück Papier, das bewies, daß sie tschechoslowakische Staatsbürgerin war. Außerdem waren Vera und Max enge Freunde von Mutters Eltern gewesen. Auch sie hatten es im Krieg schwer behabt. Und sie hatten nicht damit gerechnet, daß sie zurückkommen werde.

Was sie bei den Bočeks erlebt hatte, war typisch für mehrere Wiederbegegnungen in den folgenden Wochen und Monaten. So oft liefen die Gespräche im Kern auf das gleiche hinaus, wurden gewisse Dinge verlegen übergangen, daß Mutter schließlich schon vorher damit rechnete. Bald wollte sie nur noch Menschen sehen, die sie aus der Lagerzeit kannte. Oder ganz neue Leute, Leute, die sie vor dem Abtransport überhaupt nicht gekannt hatte, die sie nicht mit der Franci Solar vergleichen konnten, die sie einmal gewesen war. Tagsüber wanderte sie durch Prag und bog oft mit der aussichtslosen Hoffnung um eine Ecke, ihre Eltern Arm in Arm, so wie sie sie in Theresienstadt auf dem Weg zum Abtransport nach Polen verlassen hatten, auf sich zukommen zu sehen. Abends traf sie sich mit Kitty in kleinen gemieteten Zimmern anderer KZ-Überlebender, die Ersatzkaffee tranken und politische Streitgespräche führten. Nur der Kommunismus, sagten die einen, könne ein zweites faschistisches Regime in der Tschechoslowakei verhindern. Die anderen meinten, allein eine starke sozialistische Partei wäre imstande zu verhindern, daß die Kommunisten sich zu neuen Faschisten entwickelten. Sie saß teilnahmslos da, da sie an Politik nicht interessiert war, und ging dann mit einem der Diskutanten nach Hause. Weder ihr noch Kitty war es gelungen, ein eigenes Zimmer zu finden. Sie zogen von einer Bleibe zur anderen, immer unter der stillschweigenden Voraussetzung, daß es nur ein vorübergehendes Quartier war. Wohnungen waren nicht zu bekommen.

Der Herbst zog in Prag ein, brachte schlechtes Wetter und eine neuerliche Abwertung der Währung mit. Mutter hatte bei Freunden deponierte kleine Barbeträge abgeholt, doch ihr Wert war durch die Abwertungen auf ein Zehntel gesunken. Der Regen bereitete ihren Wanderungen durch die Stadt ein Ende, und sie geriet nun in solche Geldnöte, daß sie eine Stelle als Gehilfin einer früheren Konkurrentin ihrer Mutter annahm.

„Franci Solar!" riefen alte Kundinnen aus, wenn sie Mutter beim Einkaufen in den Stoffgeschäften begegneten. „Sie sind wieder da! Haben Sie das Geschäft schon aufgemacht?"

Mutter schüttelte den Kopf. „Ich brauche eine Lizenz", sagte sie. „Der Papierkrieg ist fürchterlich. Ich brauche Dokumente, die ich nicht habe. Ich brauche einen Platz, wo ich arbeiten kann. Ich habe keine Geräte zum Arbeiten. Ich müßte ganz von vorn anfangen und mir alles erst kaufen."

Daß die langen Schlangen im Jüdischen Rathaus, die Fragen, die ihr dort gestellt wurden, und die Formulare, die sie ausfüllen mußte, ihre Angst machten, davon sagte sie nichts. Sie hatte Angst vor Autorität in jeglicher Gestalt. Wie sollte sie da ein Geschäft führen können? Sie würde ihren Angestellten Anweisungen erteilen müssen, und sie war außerstande, irgend jemandem Anweisungen zu geben. Sie kam ja selbst kaum zurecht.

Der Herbst ging in den Winter über. Auf den Straßen waren weniger Menschen zu sehen. Viele der ehemaligen KZ-Häftlinge, die wie Mutter nach Prag zurückgekehrt waren, heirateten und emigrierten nach England oder Amerika, von der Furcht getrieben, die Russen würden sich Osteuropa Stück für Stück einverleiben, so wie Hitler es weniger als ein Jahrzehnt vorher getan hatte. Mutter verbrachte lange Abende allein. Eine Zeitlang hatte sie ein Hündchen, einen Terrier, der sie an ihren jungen Hund aus der Zeit vor dem Abtransport erinnerte. In den letzten Monaten vor der Deportation, als es zu gefährlich für sie geworden war, sich noch im Atelier zu zeigen, hatte sie Stunden damit zugebracht, phantasievolle Bezüge für sein Halsband zu nähen. Einmal hatte sie einen gelben Davidstern für das Tier gemacht. „Nimm ihm den wieder ab!" hatte ihre Mutter sie gemahnt, als sie zu einem Spaziergang aufbrachen, weitab von der Innenstadt. Das Hündchen war in einer Wiese voll wildwachsender Blumen verschwunden und schließlich am Abend gefunden worden. Irgend jemand hatte es umgebracht. Mutter kam zu der Überzeugung, wenn sie das zweite Hündchen behielte, würde es ebenfalls umkommen, und so gab sie es eines Tages weg.

Am Silvesterabend 1946 lag sie in einem lauwarmen Bad und lauschte den Rufen und Liedern, die von der Straße durchs Fenster hereindrangen. Sie war von verschiedenen Leuten eingeladen worden, hatte aber keine Lust hinzugehen. Die Einsamkeit bedrückte sie zu sehr. Ihre Papiere waren noch immer nicht in Ordnung. Noch immer hatte sie kein eigenes Quartier. Sie hatte alles Interesse an Männern verloren und beschlossen, nie wieder zu heiraten. Jeden Tag bildete sie sich ein zu hören, wie ihre Mutter sie korrigierte, während sie an

Kleiderpuppen, die keinen Kopf hatten, mit Stecknadeln Kleider feststeckte. All die Geräusche in ihrem Kopf, all die Bilder, die Tag und Nacht durch ihn hindurchgingen – wenn es damit nur ein Ende hätte!

Sie stieg aus der Wanne, zog sich an und machte sich auf den Weg zur Moldau, die mitten durch Prag fließt. Sie begegnete gegen die Kälte vermummten Menschen, die zu Silvesterfeiern unterwegs waren. Ein paar Betrunkene wünschten ihr ein frohes Neues Jahr. Doch abgesehen von ihnen waren die Straßen menschenleer. Einmal in ihren Kindertagen hatte sie, als sie mit ihrer Erzieherin von der Schule nach Hause ging, einen toten Mann gesehen, den man aus der Moldau geborgen hatte. Die Leiche war grünlich verfärbt und roch stark wie nach toten Fischen. Danach hatte sie mehrere Nächte hintereinander von dem mythischen Wassermann der tschechischen Volkssage geträumt, von dem es hieß, er habe kleine Mädchen ins Wasser gelockt. Die Dienstmädchen hatten ihr oft erzählt, daß der Wassermann sie holen werde, wenn sie nicht artig sei. Solche Geschichten fielen Mutter jetzt ein. Im Dunkel der Nacht blickte sie immer wieder zur Moldau hinab und dachte, welchen Frieden es schenken würde, im Wasser zu versinken und alles zu vergessen.

Sie ging den Fluß entlang, bis ein Polizist sie anhielt. Es sei schon ein Uhr, sagte er. Nicht gerade die richtige Zeit, allein an einem halb zugefrorenen Fluß spazierenzugehen. Er lächelte sie an und erbot sich, sie nach Hause zu begleiten. Es war der erste Tag des neuen Jahres, 1946, achteinhalb Monate, nachdem die englischen Panzer in das Konzentrationslager Bergen-Belsen hineingerollt waren.

Im Februar 1946 wurde Mutter sechsundzwanzig. Fremden Leuten fiel es schwer zu glauben, daß sie jemals Häftling in einem Konzentrationslager gewesen war. Ihr Gesicht war glatt und rund. Sie trug Lippenstift und ummalte die großen, dunklen Augen mit Mascara. Sie kleidete sich modisch. Doch wenn sie am Morgen, ehe sie zur Arbeit ging, in den Spiegel schaute, sah sie eine Hülse, eine Kleiderpuppe, die sich zwar bewegte und sprach, mit ihrem wahren Ich jedoch nur eine oberflächliche Ähnlichkeit hatte. Die Menschen, die ihr am nächsten gestanden hatten, waren verschwunden. Sie hatte keinen Beweis dafür, daß sie wirklich tot waren. Es waren keine Augenzeugen am Leben geblieben, die den Tod ihres Ehemannes bestätigen konnten. Kein noch lebender Mensch hatte ihre Eltern sterben sehen. Die Ungewißheit peinigte sie. Abends vor dem Einschlafen oder tagsüber, während sie Kleider absteckte, ging ihr der Gedanke durch den Kopf, ob ihre Eltern nicht vielleicht durch irgendeinen Zufall den Deutschen entkommen oder aus dem Massengrab gekrochen seien, an dessen Rand man sie erschossen hatte, und nun alt und hilflos irgendwo in Polen lebten. Und wenn nur ein Elternteil umgekommen war? Wenn sie das Konzentrationslager überlebt hatten und nach der Befreiung an Kälte oder Hunger gestorben waren, während sie in Celle mit englischen Offizieren tanzte?

Sie sprach zu keinem Menschen über all dies. Es würde ja, so dachte sie, niemanden interessieren. Sie wachte morgens auf, ging zur Arbeit, kaufte Lebensmittel ein, ging wie ein Roboter zum Jüdischen Rathaus und zum Wohnungsamt.

Eines Nachmittags, als sie – wie üblich mit leeren Händen – das Wohnungsamt verließ, rief von der anderen Straßenseite ein hochgewachsener Mann ihren Namen und kam mit einem breiten Lächeln auf sie zugelaufen. Sein ganzes Gesicht schien vor Freude zu strahlen.

Als sie ihn sah, entfaltete sich ihre Kindheit vor ihr. Sie war dreizehn und Kitty elf gewesen, als sie Kurt Epstein zum erstenmal begegneten. Zweimal wöchentlich waren sie nach der Schule mit der Straßenbahn zum Schwimmklub gefahren, dem kalten Wasser und ihrem strengen Schwimmlehrer entgegenzitternd. Zu den angesehensten Schwimmlehrern gehörte Kurt Epstein, der immer dort anzutreffen war, wenn er nicht irgendwo im Ausland an Wasserballturnieren teilnahm. „Guten Tag, Herr Epstein", murmelten die beiden Kusinen höflich, wenn sie auf den feuchtkalten Fliesen an ihm vorüberkamen. Er erwiderte brummig den Gruß, ohne stehenzubleiben. Er war damals neunundzwanzig, über 1.80 Meter groß und unnahbar. „Er nimmt sich wunder wie wichtig", wisperte Kitty dann Franci zu. Während ihres Unterrichts kam Kurt Epstein häufig und ohne ersichtlichen Grund zum Schwimmbecken geschlendert. Er übte Kritik an ihrer Form und wies dann ihren Lehrer an, sie zehn oder fünfzehn Beckenlängen mehr als üblicherweise schwimmen zu lassen.

„Wie ich mich freue, Sie zu sehen", sagte Kurt Epstein jetzt.

Er war viel magerer, als sie ihn in Erinnerung hatte. Die Schultern seines Anzugs standen von selbst hoch. In seine Wangen hatten sich lange, graue Vertiefungen eingegraben. Er belastete soweit wie möglich das eine Bein, da am andern ein Abszeß noch nicht ausgeheilt war, der sich während seiner KZ-Haft gebildet hatte. Er fragte Mutter, warum er sie noch nicht im Schwimmklub gesehen habe. Es sei doch schon Mitte Mai, teilte er ihr mit, als hätte sie es nicht bemerkt. Sie werde doch nicht darauf warten wollen, daß es noch wärmer würde. Mutter sagte zu ihm, sie scheue sich davor, an die Stätten zurückzukehren, an denen sie vor dem Krieg häufig gewesen war. Sie sei sich nicht sicher, wie man sie aufnehmen werde.

„Sind Sie nicht bei Trost?" sagte Kurt Epstein. „Alle werden sich freuen, Sie zu sehn. Wir veranstalten morgen ein Wettschwimmen. Kommen Sie doch hin."

„Vielleicht", sagte Mutter. „Vielleicht komme ich."

Der nächste Tag war sonnig und warm. Sie kaufte sich eine Tüte Pflaumen und fuhr mit der Straßenbahn zum Schwimmklub. Kurt Epstein war ganz damit beschäftigt, den Schwimmwettbewerb am Nachmittag zu organisieren, und spannte Mutter sofort für den Kartenverkauf ein. Als das Wettschwimmen begann, setzte sie sich, von ihm dazu aufgefordert, zu den Mitgliedern des Klubvorstands. Die Männer, die in Mutters Kindheit Trainer gewesen waren, erinnerten sich alle noch an sie und begrüßten sie herzlich. Kurt Epstein pendelte zwischen Zuschauertribüne und Becken und blieb alle paar Minuten stehen, um eine Pflaume aus Mutters Tüte zu stibitzen. Die Sonne schien. Mutter überkam ein sonderbares Gefühl: Sie war glücklich.

Nach dem Wettschwimmen begannen Kurt Epstein und ein Trainerkollege auf dem Rasen eine Partie Schach zu spielen. Sie setzte sich zu ihnen und betrachtete ihre Gesichter. Kurt Epstein war zweiundvierzig, sah jedoch jünger aus. Er war nicht so stark gealtert wie andere Überlebende der Konzentrationslager. Er hatte seine athletische Figur behalten und ging kameradschaftlich-locker mit seinen Kollegen um, zumeist Nichtjuden, die nicht in den Lagern gewesen waren. Mutter kannte nicht viele Sportler. Aber sie strahlten eine Lebensfreude und Solidität aus, die bei Mutter den Wunsch weckte, ihnen nahe zu bleiben. Sie waren einfacher als die Männer, die sie gewohnt war, und auch schüchterner. Der Wassersport schien ihnen alles zu bedeuten. Sie interessierten sich weder für Politik noch für das intellektuelle Kaffeehausleben, und sie hatten Kurt nach seiner Rückkehr ganz selbstverständlich wieder in ihren Kreis aufgenommen.

Auf dem Rasen lagen die langen Schatten der Bäume, als die Schachpartie zu Ende war. Kurt Epsteins Partner stand auf, verabschiedete sich und ließ ihn mit der jungen Frau allein, an die er sich als ein Kind erinnerte. Er war ein zurückhaltender Mann von höflichen Manieren und galt als sittenstreng. Er war mit dem ersten Transport nach Theresienstadt gebracht worden, und selbst dort, wo die Klatschmäuler sich gern über Mithäftlinge den Mund zerrissen, hatte er als ein rechtlich denkender, prinzipienfester Mann gegolten. Aber er verstand nicht, mit Frauen umzugehen, und Mutter wurde ungeduldig.

„Was machen Sie heute abend?" fragte sie schließlich.

„Ich?" sagte er überrascht und errötete. „Warum? Würden Sie gern essen gehen?"

Mutter genoß das Abendessen zu zweit und war über ihre Gelöstheit erstaunt. Ihr Begleiter stammte aus Roudnice, aus der Provinz. Sie hatte ihn bei der Wahl des Weins beraten müssen. Doch als Mann gefiel er ihr. Als er sagte: „Ich hab' gerade eine Wohnung gefunden. Möchten Sie sie anschaun?" vergaß sie, daß das der älteste Vorwand der Welt war. Denn da die Einladung aus Kurt Epsteins Mund kam, der den anderen Schwimmlehrern immer Moralpredigten gehalten hatte, wenn er sie beim Flirten mit Mutters Freundinnen ertappte, mußte sie aufrichtig gemeint sein.

„Einverstanden", sagte sie. „Gehn wir hin."

Seine Wohnung war in einem Haus an der Moldau. Sie enthielt einen leeren Bücherschrank, einen Teetisch mit zwei Fauteuils, einen Eßtisch, eine Couch und ein Klavier. Im Waschbecken im Bad standen ungespülte Kaffeetassen. Sonst deutete nichts darauf hin, daß hier jemand wohnte. Kurt entkorkte die Flasche Wein, die sie aus dem Restaurant mitgenommen hatten, und Mutter blieb für die Nacht.

„Ich möchte nicht, daß du denkst, ich wollte dich nur verführen", hörte sie ihn sagen, als sie am nächsten Morgen die Augen aufschlug. „Ich möchte heiraten und eine Familie gründen."

Mutter blickte zu ihm hoch, der naß von der morgendlichen Dusche vor ihr stand. Er macht wohl Witze, dachte sie. Wer will denn nach einer einzigen Nacht gleich heiraten? Sie versuchte sich zu erinnern, was zwischen ihnen vorgegangen war. Es dämmerte ihr, daß sie sich beklagt hatte, weil in der Couch Wanzen waren. Sie hatten sich auf den Boden gelegt, wobei Epstein seinen Monolog kaum unterbrach. Er hatte die ganze Nacht gesprochen, über Roudnice und seine Eltern und seine zwei Brüder. Er hatte über seine Zeit in Theresienstadt und in Friedland gesprochen, wo er von den Russen befreit worden war. Er hatte gesagt, daß er ein Jahr lang um seine Familie getrauert habe und daß nun für ihn die Trauerzeit zu Ende sei. Er sei zweiundvierzig Jahre alt und bereit, eine eigene Familie zu gründen. Mutter taten Rücken und Arme weh. Es war noch nicht einmal acht Uhr. Es war ein Sonntag.

"Du wirst dich besser fühlen, wenn du erst ein bißchen geschwommen bist", sagte Epstein und half ihr, vom Boden aufzustehen.

Eine knappe Stunde später fuhren sie mit der Straßenbahn zurück zum Schwimmklub.

"Also", sagte er, "wann wollen wir heiraten?"

"Ich weiß nicht", antwortete sie verwirrt. Der Mann, der in der Nacht vorher so fürsorglich-beschützend auf sie gewirkt hatte, erschien ihr mit einem Mal wie ein Fremder. Wie kam er auf die Idee, sie nach nur vierundzwanzig Stunden heiraten zu wollen? Und wie brachte er es fertig zu sagen, er habe seine Trauerzeit hinter sich? Glaubte er denn, er könnte hinter den vergangenen fünf Jahren ganz einfach die Türe schließen? Wußte er ein Mittel, die Vergangenheit von seinen nächtlichen Träumen fernzuhalten? Wie stellte er sich die Zukunft vor?

Er ist kein zartfühlender Mensch, sagte sie zu sich. Er ist starrsinnig, schulmeisterlich, autoritär. Er war sechzehn Jahre älter als sie. Er war zu einer Zeit geboren, als noch Kaiser Franz Joseph regierte. Seine Wertmaßstäbe waren die einer anderen Zeit. Allerdings, dachte Mutter, haben diese Werte die Verfolgung überdauert. Sie waren stärker als alles, was gegen sie aufgeboten worden war. In diesem Augenblick, während der Fahrt zum Schwimmklub, erschien ihr Kurt Epstein als ein Anker, als ein Mensch, der ihrem ziellosen Dahintreiben ein Ende machen werde.

"Wenn du es übernimmst, die Papiere zu beschaffen", sagte sie, "dann heiraten wir."

Er brauchte bis zum Dezember, um sie zusammenzubringen, doch für Franci Solar veränderte sich nun das Leben so rasch, daß Dokumente ihre Bedeutung, ihre lebensbestimmende Macht verloren. Die Tage, die ihr vorher so endlos lang erschienen waren, waren nun nicht lang genug, einen Haushalt zu führen und die Wiedereröffnung des Modesalons zu betreiben. Das Paar wurde zum Essen bei anderen Leuten eingeladen. Möbel mußten gekauft werden, Sportveranstaltungen waren zu besuchen. Sie planten eine kleine Hochzeitsfeier, die kurz vor Weihnachten stattfinden sollte, und sie dachten an Nachwuchs.

Als er zum erstenmal über Kinder sprach, schwieg sie dazu. Der Gedanke an eine Schwangerschaft hatte sie immer geängstigt. Sie konnte sich – eine Frau, die ein Geschäft führte – nicht als Mutter sehen. Sie hatte nicht die geringste Ahnung, wie man mit Kindern umging. Sie selbst war als Kind meistens mit Erwachsenen zusammen gewesen. Wenn sie nun unter der Dusche stand oder sich zum Schlafengehen bereit machte, untersuchte sie sich oft nach einer auf Mutterschaft deutenden Rundung, fand aber keine. Der Körper, den sie, auf einer Pritsche in Auschwitz sitzend, sich hatte verdoppeln sehen, konnte kein Kind tragen. So dachte sie. Und sollte sie doch ein Kind zur Welt bringen, würde es an Kalzium- oder Vitaminmangel leiden. Ihr Baby würde mit weichen Knochen oder ohne Arme oder blind geboren werden. Oder es würde ihr ergehen wie einigen der anderen Frauen die in Theresienstadt und Bergen-Belsen gewesen waren. Sie würde ein paar Wochen schwanger sein, dann Blutungen bekommen und das Kind verlieren. Abermals ein Verlust. Ihr Körper lehnte einen weiteren Verlust ab: Sie wurde nicht schwanger.

Doch Vater war ein eigensinniger Mann. Er hörte nicht auf, über Kinder zu sprechen. Für ihn stand bereits fest, daß das erste ein Mädchen sein werde, dem sie den Namen seiner Mutter, Helena, geben würden. Kinder verkörperten das Leben, die Zukunft, sagte er zu Mutter. Warum sie beide die Vernichtung überlebt hätten, übersteige sein Begriffsvermögen, aber gewiß gehöre es zu ihrer Bestimmung, eine Familie aufzubauen. Vater hatte mit einem Freund, mit dem er in den Lagern gewesen war, eine Firma gegründet, und das Geschäft ging gut. Sie hatten eine neue Wohnung. Mutters Salon florierte. Was sprach gegen Kinder?

Behutsam begann Mutter ihre Freundinnen zu befragen, die bereits eine Geburt hinter sich hatten. Sie machten ihr Vorhaltungen. Ob sie nicht bei Trost sei, sagten sie. Jede Frau, die dazu imstande sei – und das seien nicht alle – bekomme Kinder. Und diejenigen, denen gesagt wurde, es bestehe keine Hoffnung, versuchten es trotzdem mit Spezialdiäten und Pillen, trugen ihr Geld zu Quacksalbern für das Versprechen, sie fruchtbar zu machen. Allmählich regte sich bei Mutter der Wunsch nach einem Kind.

Meine Eltern wurden vier Tage vor Weihnachten 1946 getraut, und kaum waren sie aus den Flitterwochen zurückgekommen, begannen Mutters Angestellte nach Anzeichen einer Schwangerschaft Ausschau zu halten.

„Wie fühlen Sie sich?" erkundigten sie sich hoffnungsvoll, wurden aber von Mutter brüsk abgefertigt. Es schien ihr, daß jede Frau aus ihrem Bekanntenkreis ein Kind erwarte und daß allein sie zur Unfruchtbarkeit bestimmt sei. Wenn Vater abends mit seinen Sportkameraden beisammensaß, ging sie oft durch die Wohnung zu dem Raum, der als Kinderzimmer vorgesehen war. Alle Besorgnisse, die früher mit der Frage des Kinderkriegens verbunden gewesen waren, verschoben sich nun auf die Möglichkeit, sie könne vielleicht nie schwanger werden. Selbst Frauen mit einer Fehlgeburt sind noch besser dran, dachte sie. Es war ihnen doch wenigstens gelungen, schwanger zu werden. Sie aber brachte nicht einmal das zuwege. Oft betrachtete sie die blaue Nummer an ihrem Arm und grübelte, ob vielleicht die Konzentrationslagerhaft sie um die Fähigkeit gebracht habe, Kinder zu bekommen. Dann wieder beunruhigte sie der Gedanke, sie sei seit ihrer Rückkehr nach Prag mit zu vielen Männern zusammen gewesen und habe sich dabei vielleicht irgendeine seltene, nicht diagnostizierte Geschlechtskrankheit zugezogen.

Ein paar Tage nach ihrem siebenundzwanzigsten Geburtstag spürte sie eine leichte Übelkeit und vereinbarte sofort einen Termin mit ihrem Frauenarzt.

„Was bringt Sie darauf, daß Sie schwanger sind?" fragte er.

„Die Periode ist schon zwei Tage ausgeblieben", antwortete Mutter.

Er seufzte.

„Es ist wirklich viel zu früh, etwas Eindeutiges zu sagen", fuhr er fort, nachdem er sie untersucht hatte.

„Sind Sie sicher?"

„Nein." Er schüttelte den Kopf. „Ich habe gelernt, dem Instinkt meiner Patientinnen zu vertrauen. Wenn Sie glauben, schwanger zu sein, Frau Epstein, dann wollen wir annehmen, Sie sind es."

Als Mutter die Praxis des Arztes verließ, streckte sie den Bauch so weit heraus, wie sie nur konnte. Sie ging sofort in eine Buchhandlung, um sich einen Leitfaden für Säuglingspflege zu kaufen, und am Abend dieses Tages machten meine Eltern den ersten ihrer fortan regelmäßigen Abendspaziergänge. Kitty begann, Zitronen und Orangen zu bringen, die sie auf dem Schwarzmarkt erstanden hatte. Der Fleischer reservierte für Mutter Kalbshirn, das damals als besonders zuträglich für Schwangere galt.

Sechs Wochen nach der Untersuchung beim Frauenarzt erwachte Mutter eines Morgens und stellte fest, daß die Innenseiten ihrer Schenkel klebrig von Blut waren. „In ein, zwei Tagen wird es wahrscheinlich aufhören", sagte der Frauenarzt zu ihr. „Legen Sie sich nur ins Bett und verhalten Sie sich ruhig."

Sie lag regungslos im Bett. Am nächsten Morgen war die Blutung stärker. „Sei vernünftig", redete Vater ihr zu, doch sie konnte nicht aufhören zu weinen.

„Ich möchte meine Mutter bei mir haben", sagte sie immer wieder mit tränenerstickter Stimme. „Ich möchte mein Kind behalten, und ich werd' es verlieren, wie ich alle verloren habe."

Vater ging neben ihrem Bett auf und ab. Worte waren nicht seine Stärke. „Wenn wir das Kind verlieren, bekommen wir ein anderes", sagte er zu Mutter. „Wir haben ja Zeit. Es pressiert nicht."

„Aber ich will *dieses* Kind!" wiederholte Mutter.

Der Arzt kam wieder. Diesmal mit einem neuen Medikament aus Amerika, aber er sagte auch, es wäre vielleicht am besten, wenn sie das Kind verlöre. Schließlich habe sie drei Jahre an Unterernährung und dazu an einer schweren Typhuserkrankung gelitten. Sie sei auch schweren psychischen Belastungen ausgesetzt gewesen. „Es ist möglich, daß Ihr Körper einfach noch nicht kräftig genug ist", meinte er.

Am fünften Tag hörten die Blutungen auf. Mutter bewegte sich vorsichtig durch die Wohnung, bereit, sich bei der geringsten Unpäßlichkeit niederzulegen. Doch die Blutungen blieben aus, und in der folgenden Woche war sie wieder in ihrem Modesalon tätig. Zu Beginn des achten Schwangerschaftsmonats, im Oktober 1947, wog sie über fünfundachtzig Kilo, beinahe doppelt soviel wie bei Kriegsende. Erleichterung verschaffte es ihr nur, wenn sie an ihrem Arbeitstisch stand und ein Kleid zuschnitt. Eines Abends, etwa zwei Wochen vor der Zeit, spürte sie, während sie dort arbeitete, daß es an ihren Beinen feucht hinabrann. Sie sah, daß sich auf dem Boden unter ihr eine kleine Pfütze bildete.

Sie telephonierte nach einem Taxi. Vater war wieder in einer Besprechung mit seinen Sportkameraden. Mutters Freundin Margot, mit der sie in Auschwitz eine Pritsche geteilt hatte und die damals bei meinen Eltern zu Besuch war, half ihr, ins Krankenhaus zu kommen. Für eine Narkose war keine Zeit mehr. Im letzten Augenblick traf der Arzt ein und konnte sich gerade noch die Hände waschen. Mutter lag auf dem Operationstisch und blickte auf die Uhr: Es war kurz vor zwei Uhr morgens.

„Herr Doktor, kommen Sie", hörte sie über sich die Stimme der Hebamme.

Mutter stöhnte auf, preßte noch einmal keuchend, und damit kam ich, mit dem Kopf voran, auf die Welt.

6

Als das Jahr 1947 zu Ende ging, hatten Tausende von Überlebenden des Holocaust eine neue Generation hervorgebracht. Im Laufe der Sommermonate 1945 waren sie in ihre Heimatstaaten Ungarn, Polen, die Tschechoslowakei, Österreich, Jugoslawien und Rumänien zurückgelangt. Die meisten fanden eine weniger freundliche Aufnahme, als sie meinen Eltern in Prag zuteil geworden war. Auch ihre Häuser und Wohnungen waren von fremden Leuten belegt, ihre Habe gestohlen oder konfisziert worden oder verlorengegangen. Sie hatten kein Dach über dem Kopf, fanden keine Arbeit. Doch bei ihnen kam noch dazu, daß viele ihrer Gemeinden ausgelöscht, ihre Friedhöfe und Synagogen entweiht worden waren. Besonders in Polen begegneten die Überlebenden bei ihrer Rückkehr häufig offener Feindseligkeit. Hunderte von Männern und Frauen, die aus den Konzentrationslagern zurückkamen, wurden von Polen erschossen. Im Juli 1946 entwickelte sich aus den willkürlichen Einzelmorden ein umfassendes Pogrom in Kielce, wo fast fünfzig Juden niedergemetzelt wurden.

Die Nachricht von diesem Massenmord verbreitete sich durch die noch bestehenden jüdischen Gemeinden in Osteuropa. Die meisten Überlebenden, die in ihre Heimat im Osten zurückgekehrt waren, packten ihre paar Habseligkeiten zusammen und machten sich auf den Weg nach Westen, zu den von den Alliierten besetzten Gebieten. 250 000 von diesen staaten- und mittellosen Menschen sammelten sich in Lagern einer neuen Art, wo sie auf eine Gelegenheit zur Emigration warteten. Manche mußten beinahe zehn Jahre auf ein Visum warten. Das letzte DP-Lager – Föhrenwald in Bayern – wurde erst 1957 aufgelöst.

Die Bedrängnis dieser Überlebenden des Holocaust, von denen viele seit 1940 in Lagern waren, erhielt in der westlichen Presse den Namen ‚das Flüchtlingsproblem'. Der amerikanische Präsident Harry S. Truman entsandte eine Kommission, die die Situation in den DP[Displaced Persons]–Lagern untersuchen sollte. Sie kam zu dem Ergebnis, daß mindestens 100 000 der Insassen gestattet werden sollte, nach Palästina auszuwandern. In einem Schreiben an Clement Attlee, den Chef der neuen Labour-Regierung in Großbritannien, stellte Präsident Truman fest: „In erster Linie scheint die Lösung darin zu bestehen, möglichst viele der nicht repatriierbaren Juden, sofern sie es wünschen, rasch nach Palästina umzusiedeln. Ein solcher Schritt sollte, wenn er Erfolg haben soll, nicht hinausgezögert werden." Attlee erwiderte, es spreche nichts dafür, daß jüdische DPs mehr gelitten hätten als nichtjüdische Opfer des Nazismus, und regte an, die Überlebenden in Lager in Nordafrika zu bringen. Ende 1945 wurde ein angloamerikanisches Untersuchungskomitee eingesetzt, das die Situation prüfen sollte. Sein Bericht wurde am 1. Mai 1946 veröffentlicht, und Präsident Truman stellte sich öffentlich hinter die Empfehlung des Gremiums, 100000 Juden nach Palästina ausreisen zu lassen. Der britische Außenminister Ernest Bevin hielt dagegen, die Empfehlung der Amerikaner habe ihren Grund darin, daß „sie nicht zu viele jüdische Flüchtlinge in New York haben wollten", und London lehnte den Bericht des Komitees ab.

Unterdessen hatte die Jewish Agency in der Drangsal der Flüchtlinge ein wirkungsvolles politisches Werkzeug erkannt, die Notwendigkeit eines jüdischen Staates herauszustellen. Eine umfassende illegale Einwanderungsaktion lief an. Gruppen jüdischer DPs wurden aus Lagern in der amerikanischen Besatzungszone in Deutschland herausgeholt, zu Häfen in Frankreich und Italien gebracht und auf altersschwachen Segelschiffen nach Palästina in Marsch gesetzt. Die Engländer, die die palästinische Küste abgeriegelt hatten, fingen die Fahrzeuge ab und brachten die Passagiere nach Zypern, in ein Internierungslager. Zwischen 1945 und 1948 wurden von den dreiundsechzig Schiffen, die illegale Einwanderer an Bord hatten, alle bis auf fünf abgefangen, und 26000 Juden in Zypern interniert.

So standen mindestens fünf Jahre nach Kriegsende Überlebende des Holocaust im Brennpunkt des öffentlichen Interesses. Pressephotos aus dem Nahen Osten zeigten sie auf Schiffen, umringt von britischen Soldaten und Spruchbänder mit Texten wie ‚Wir haben Hitler überlebt. Der Tod ist uns nicht fremd' hochhaltend. In den Vereinigten Staaten, Australien und Kanada gewannen die Zeitungen dem Thema eine neue Variante von Lokalmeldungen ab. „Mr. und Mrs. Motel Fiszman und ihre zweijährige Tochter sind heute mit der S. S. *Marine Flasher* hier eingetroffen und werden im Hause von Max Keiter, Chelsea, Clark Avenue, ein neues Leben beginnen können", heißt es in einem Zeitungsausschnitt aus dem Bostoner *Herald-Traveler* vom 9. Februar 1949. „Mr. Fiszman war drei Jahre lang in Buchenwald, und seine Frau mußte sechs Jahre lang Zwangsarbeit in Sibirien leisten, ehe sich die beiden in Landsberg, Deutschland, kennenlernten und heirateten.«

Die Fiszmans gehörten zu den mehr als 92 000 Überlebenden, die in die Vereinigten Staaten auswanderten. In manchen Fällen war Amerika das einzige Land, wo Überlebende des Holocaust überhaupt noch Verwandte hatten. Es war ein Symbol der Freiheit und der Sicherheit, und beides hatte, seit ihnen vom Nazismus Freiheit wie Sicherheit genommen worden waren, eine unvergleichliche Bedeutung für sie gewonnen. Dieser ersten Einwanderungswelle nach Kriegsende folgte im Lauf der fünfziger Jahre eine zweite, als 1953 und 1957 polnische und ungarische Juden ihre Heimat verließen.

Mehr als 25 000 Überlebende emigrierten nach Kanada. Etliche Tausend gelangten nach Südamerika und Australien, entschlossen, Europa möglichst weit hinter sich zu lassen. Andere – französische, holländische, belgische, tschechische, ungarische und sogar deutsche Juden – entschieden sich dafür, in ihren Herkunftsländern zu bleiben.

Die größte Gruppe von Holocaust-Überlebenden – schätzungsweise 250 000 Personen – wanderte in den neugegründeten Staat Israel aus. Zwischen September 1948 und August 1949 wurden in Europa zweiundfünfzig Flüchtlingszentren geschlossen, und die Überlebenden der nazistischen Verfolgung in den Nahen Osten gebracht. Die 26 000 Überlebenden, die in Zypern interniert gewesen waren, wurden gleichfalls nach Israel transportiert. Zusammen stellten sie fast siebzig Prozent der Einwanderer, die in den ersten anderthalb Jahren nach dem Unabhängigkeitskrieg im Land eintrafen. Sie kamen in ein Israel, das vom Krieg schwer mitgenommen und kaum imstande war, für die plötzlich so stark gestiegene Zahl seiner Bürger Nahrung und Unterkunft bereitzustellen. Viele der Menschen, die schon die Konzentrationslager, die DP-Lager und die britischen Internierungslager auf Zypern hinter sich gebracht hatten, wurden fürs erste in *ma'abarot*, provisorischen Immigrantenlagern, untergebracht. Bis 1952 verließen beinahe 40 000 Neueinwanderer Israel wieder, ein großer Teil von ihnen Holocaust-Überlebende.

Doch 1952 waren die Überlebenden und ihre Schwierigkeiten bei der Presse, der Öffentlichkeit und sogar bei großen Teilen der jüdischen Gemeinschaft weitgehend in Vergessenheit geraten. In den Vereinigten Staaten hielt die Hilfsorganisation *Hebrew Immigrant Aid Society*, die die große Mehrheit von Überlebenden ins Land gebracht hatte, enge Verbindung zu ihnen und unterstützte sie bei der Arbeits- und

Wohnungssuche. In Kanada widmete sich die *Jewish Immigrant Aid Society* der gleichen Aufgabe. Doch im allgemeinen waren die Holocaust-Überlebenden aus dem Blickfeld der Öffentlichkeit verschwunden.

Manche veränderten nach der Ankunft in der neuen Heimat ihre Namen und ließen ihre Kinder protestantische Sonntagsschulen besuchen. Ein Ehepaar, das sich im Süden von Ontario niederließ und – wie andere – kein Stigma an ihre Kinder weitergeben wollte, weigerte sich, seinen Sohn beschneiden zu lassen, und klärte ihn erst mit dreizehn darüber auf, daß er Jude war. Einige, wie die Überlebenden, die sich in großer Zahl in Williamsburgh, Crown Heights und Boro Park in Brooklyn niederließen, bildeten starke, einheitliche Nachbarschaften, und manche Kinder dort wuchsen in dem Glauben heran, ,,daß die Eltern von allen in Konzentrationslagern gewesen waren."

Einige kamen in einem neuen Ort an, wurzelten sich ein und verließen die Umgebung nie wieder. Andere wanderten aus, blieben irgendwo einige Zeit und zogen dann weiter in eine andere Stadt oder ein anderes Land. Viele emigrierten aus Europa nach Israel, dann nach Nord- oder Südamerika und ließen sich erst in den späten fünfziger Jahren irgendwo fest nieder.

Die Holocaust-Überlebenden bildeten vielleicht die heterogenste Gruppe, die jemals eine Massenmigration unternahm. Manche, die aus osteuropäischen *Stedtls* gekommen waren, hatten nie zuvor unter Christen gelebt. Andere hatten sich der Nationalkultur ihrer Länder so stark assimiliert, daß ihnen erst die Verfolgung bewußt machte, Juden zu sein. Manche entstammten wohlhabenden, gebildeten Familien, andere hatten nicht einmal die Grundschule abgeschlossen. Einige hatten es in den freien Berufen oder im Handwerk zu Ansehen gebracht, andere besaßen kein Talent oder nicht die notwendige Vorbildung als Basis für ihren Lebensunterhalt. Unter den Einwanderern waren kleine Kinder, Heranwachsende, junge Erwachsene, ältere Männer und Frauen. Manche – die deutschen und die polnischen Juden – hatten sieben Jahre in Gettos und Lagern gelebt, andere wieder – wie die Juden aus Ungarn – weniger als ein Jahr.

Die Umwelt jedoch, in der sie sich niederließen, betrachtete sie als eine einheitliche, klar definierbare Gruppe. Sie waren *greeners*, Neu-Amerikaner, Neu-Australier – Juden ohne Geld, soziale Stellung oder gesicherte Position. In England, den Vereinigten Staaten und Kanada, wo Juden schon seit Generationen ansässig waren, wurden die neu ins

Land Gekommenen häufig als eine Bedrohung und als lebender Beweis für ein Ereignis gesehen, das die meisten lieber vergessen wollten. In manchen Fällen wurden die Überlebenden für ihre Verwandten zu einer finanziellen Belastung. Allgemeiner gesprochen: Sie wurden mit ambivalenten Gefühlen betrachtet, mit einer Mischung aus Hochachtung und Mißtrauen. Man fragte sich, wie sie es geschafft hätten, die Verfolgung zu überleben. Man spekulierte über Möglichkeiten wie Kollaboration mit den Nazis, unlautere Machenschaften, Prostitution. Manche stellten solche Fragen laut, andere stumm. Beides war einer Vertrauensbildung nicht zuträglich.

Die Überlebenden ergriffen zumeist nicht von sich aus die Initiative, um enge Beziehungen zu Menschen herzustellen, die keine Flüchtlinge waren. Sie wollten nicht als Belastung empfunden werden. Zudem waren sie damit beschäftigt, neue Sprachen zu erlernen, Arbeitsmöglichkeiten zu suchen und die Kinder aufzuziehen, die sie in ihrer überwältigenden Mehrheit so früh wie möglich hatten haben wollen.

Nur wenige bemühten sich um zusätzliche Hilfe, nachdem sie Arbeit und ein Zuhause gefunden hatten. Sie wollten einen Schlußstrich unter ihre Vergangenheit ziehen. Weder sie selbst noch sonst jemand erkannte, daß sie außer materieller Unterstützung vielleicht noch etwas anderes brauchten. „Heute erscheint es völlig unglaublich, daß der psychiatrische Aspekt des Problems völlig übersehen wurde, als die ersten Pläne für eine Eingliederung der überlebenden europäischen Juden entworfen wurden", schrieb Paul Friedman 1949 im *American Journal of Psychiatry*. „Alle, die an der Steuerung der Hilfsmaßnahmen beteiligt waren, dachten nur im Sinne von materieller Unterstützung."

Dennoch waren es die Psychiater und eine kleine Gruppe von Rechtsanwälten, die mit Überlebenden während der ersten Dekade ihrer Eingliederung in engem Kontakt blieben. Der Grund dafür war das Luxemburger Abkommen vom 10. September 1952, in dem sich die Bundesrepublik Deutschland verpflichtete, den dem jüdischen Volk unter dem Nazismus entstandenen materiellen Schaden teilweise zu ersetzen. Im ersten Teil des Abkommens war festgelegt, daß die Bundesrepublik dem Staat Israel rund 714 Millionen Dollar in Form von Waren und Dienstleistungen zahlen sollte – die Lieferungen schlossen Kraftwerke, Lokomotiven, Fernschreiberausrüstung, Maschinen und Rohstoffe ein. Außerdem wurden 107 Millionen Dollar einer *Claims Conference* zugesagt, die verschiedene jüdische Organisationen vertrat. In einer anderen Klausel verpflichtete sich die Bundesrepublik zur Einleitung umfassender legislativer Schritte, um individuelle Opfer zu entschädigen.

Das Bundesrückerstattungsgesetz, 1957 in Kraft getreten, gewährte Naziopfern Entschädigung für Hausrat, Schmuck, Edelmetalle, Bankguthaben, Wertpapiere und andere bewegliche Gegenstände, welche die Behörden des ‚Dritten Reiches' beschlagnahmt hatten. Die Entschädigungszahlungen sollten an die Stelle einer Rückerstattung der Besitzgüter selbst treten. Das Bundesgesetz zur Entschädigung für Opfer der nationalsozialistischen Verfolgung, das 1953 in Kraft trat und 1956 novelliert wurde (BGBl 53 I 1387), sollte an Überlebenden persönlich erlittenes Unrecht wiedergutmachen. Dazu wurden gesundheitliche Schäden, Verlust der persönlichen Freiheit, Beschädigung von Eigentum, Beeinträchtigung des beruflichen oder wirtschaftlichen Fortkommens und andere Benachteiligungen gerechnet.

Die Bestimmungen dieser beiden Gesetze waren derart kompliziert, daß eine ganze Subspezies von Rechtsanwälten entstand, die damit beschäftigt waren, sie zu entwirren, und noch 1978/79 waren einige Fälle vor Gericht anhängig. Die Überlebenden selbst reagierten in ganz unterschiedlicher Weise auf die bundesdeutsche Wiedergutmachungsgesetzgebung. Die Bezeichnung ‚Wiedergutmachung' erbitterte viele Naziopfer. Manche lehnten es ab, ‚Blutgeld' – wie sie es nannten – anzunehmen, und erklärten, keine Summe, und wäre sie noch so hoch, könnte ihnen ihre Angehörigen zurückgeben oder das Unrecht ungeschehen machen, das ihnen zugefügt worden war. Andere, namentlich Personen, die Not litten und dringend finanzieller Hilfe bedurften, beschlossen, ihre Ansprüche, insbesondere solche auf Schadensersatz für Gesundheitsschäden, geltend zu machen. Sie mußten sich medizinischen und psychiatrischen Untersuchungen unterziehen, bei denen ein Zusammenhang zwischen den körperlichen und psychischen Behinderungen, an denen sie zu jener Zeit litten, und den während der Zeit der Judenverfolgung erduldeten Mißhandlungen festgestellt werden sollte.

Im Verlauf dieses Prozesses, der in den fünfziger Jahren begann und sich mehr als zwei Jahrzehnte hinzog, entstand eine eigene Zunft von Psychiatern. Da eine enorm hohe Zahl von Holocaust-Überlebenden zu untersuchen war, hatten einzelne der damit beauftragten Fachleute schon bald mehr als tausend Fallgeschichten gesammelt. Zu einer Zeit, als die Überlebenden aus dem Blickfeld der Öffentlichkeit verschwunden waren, bildete dieses psychiatrische Material die einzige umfassende Beschreibung der Überlebenden als einer Gruppe. Aus Fachzeitschriften und den Überlebensberichten, die Psychiater wie Viktor Frankl und Bruno Bettelheim aus eigener Anschauung gaben, sowie aus Büchern von Schriftstellern wie Elie Wiesel und Josef Bor entwikkelte sich ein literarisches Corpus über Holocaust-Überlebende.

Die psychiatrischen Untersuchungen waren von Anfang an mit großen Problemen befrachtet. Die Psychiatrie war noch nie mit einem massenhaft auftretenden Phänomen von solcher Komplexität konfrontiert gewesen. Viele der untersuchenden Psychiater, in streng Freudscher Tradition ausgebildet, waren nicht bereit, die Vorstellung eines in so großer Zahl in Erscheinung tretenden Erwachsenentraumas zu akzeptieren, und wollten nicht glauben, daß der Holocaust mit seinen Nachwirkungen permanente psychologische oder physische Veränderungen hervorrufen konnte. Nach ihren Lehrbüchern war die ‚traumatische Neurose', womit sie beschrieben, was die Überlebenden hatten durchmachen müssen, ein nur kurzzeitig auftretendes, sich selbst begrenzendes Syndrom. Man erwartete, daß die Überlebenden klar ausgeprägte und konsistente Symptome zeigten, die früher oder später verschwinden würden.

Die Realität sah ganz anders aus als das, was in den Lehrbüchern stand. Statt dessen begegnete die Psychiatrie einer verwirrenden Vielfalt von Problemfällen aus allen Gegenden der Welt. Ein kleiner Prozentsatz der Holocaust-Überlebenden war nach der Neuansiedlung wegen schwerer psychiatrischer Störungen hospitalisiert worden. Andere hatten sich relativ gut umgestellt, neigten aber chronisch dazu, in schwierige Perioden zu geraten. Andere zeigten auffallende Persönlichkeitsveränderungen. Wieder andere schienen mehr oder weniger das Leben wiederaufgenommen zu haben, das sie vor dem Krieg geführt hatten. Dazu kam, daß die Probleme, die sie in den späten fünfziger Jahren bei den Untersuchungen zur Sprache brachten, sie in der unmittelbar auf die Befreiung folgenden Periode nicht sehr belastet hatten. Sie waren zunächst verdrängt worden und begannen erst nach vollen zehn Jahren zutage zu treten.

Auch die Dimensionen des Traumas verblüfften die Fachleute. Die Menschen, die sie zu sehen bekamen, waren aus einer geregelten Existenz herausgerissen und in eine ausgedehnte Periode grauenvoller Erlebnisse wie auch – für viele – einer absoluten Wehrlosigkeit gestoßen worden. Viele, die man systematisch hungern ließ, hatten pro Tag nur 1000 Kalorien erhalten, während sie zehn bis zwölf Stunden schwere körperliche Arbeit verrichten mußten. In einer Untersuchung, die 227 Überlebende erfaßte, stellte Leo Eitinger fest, daß 184 Personen mehr als ein Drittel und über siebzig Personen mehr als vierzig Prozent ihres Körpergewichts verloren hatten. Mehr als die Hälfte dieser Überlebenden, die Eitinger untersuchte, hatten Kopfverletzungen, verbunden mit Bewußtlosigkeit, und beinahe ebenso viele hatten Rückenverletzungen erlitten.

Sämtliche Holocaust-Überlebenden, die von den Psychiatern untersucht wurden, hatten psychische Erniedrigungen in extremer Form über sich ergehen lassen müssen. Alle waren Zeugen immer wiederkehrender Selektionen der für die Tötung Bestimmten gewesen. Alle hatten Familienangehörige oder die ganze Familie verloren. Alle waren den Weg aus den Lagern zurück in ihre Heimat und dann in die Emigration samt Eingewöhnung in eine neue Umwelt gegangen. Was die Engländer als ‚das Flüchtlingsproblem' bezeichnet hatten, erhielt nun von der psychiatrischen Zunft einen neuen Namen. Sie nannte es ‚das Überlebendensyndrom'; dieser Terminus wurde von Dr. William C. Niederland geprägt, einem Psychiater, der mit Hunderten von Überlebenden arbeitete und kurz vor Kriegsbeginn München verlassen hatte.

Die Psychiater, die mit diesem Problem konfrontiert wurden, waren ihrerseits eine heterogene Gruppe, vielleicht in noch stärkerem Maße als die Überlebenden selbst. Manche von ihnen waren als Juden in den Lagern gewesen; andere hatten als Deutsche in der Wehrmacht gedient; für wieder andere waren Verfolgung und Vernichtung ein Ereignis, das man nur aus den Zeitungen kannte. Es fiel den Psychiatern schwer, berufliche Distanz gegenüber den Fragen zu wahren, welche die Überlebenden durch ihre bloße Gegenwart aufwarfen. Viele gestanden, daß es ihnen enorme emotionale Schwierigkeiten bereitete, sich auf die Probleme einzustellen, mit denen die Überlebenden sie konfrontierten.

,,Ein Fall pro Woche war so ungefähr das Maximum dessen, was ich verkraften konnte", sagte Robert Gronner, ein Psychiater in Illinois. ,,Erst wenn es mir gelungen war, selbst einen Fall durchzuarbeiten, und ich mir eine gewisse Vorstellung davon machen konnte, war ich in der Lage, mir den nächsten vorzunehmen." Manche Psychiater schützten sich durch eine gespielte Ruppigkeit. Der New Yorker Psychiater aus Central Park West, der unter Tausenden von Überlebenden auch meine Mutter untersuchte, war dafür bekannt, daß er seine Befragungen in einem strengen, beinahe martialischen Ton durchführte. 1961 resümierte er – in einer öffentlichen Erklärung –, daß die Holocaust-Überlebenden als Gruppe eine niedrigere Rate von Geisteskrankheiten aufwiesen als die New Yorker Bürger. „Wir sehen uns dem der Logik widersprechenden Ergebnis gegenüber", bemerkte einer seiner Kollegen trocken, „daß die psychische Gesundheit mancher Leute durch Verfolgung verbessert wird."

Manchen der untersuchenden Psychiater widerstrebte es so sehr, sich nach Details der Leidenserfahrungen ihrer Patienten zu erkundigen, daß sie in ihren Berichten über Verfolgung, KZ und Vernichtung hinweggingen und sich einfach der frühen Kindheit zuwandten. Andere nutzten die Befragungen dazu, über ihren eigenen Leidensweg unter dem Nazismus zu sprechen. Dem holländischen Psychiater Joost A. M. Meerloo berichteten mehrere Patienten, der sie untersuchende Experte habe „eine zwiespältige Rolle gespielt. Einerseits identifizierte er sich mit dem Feind, dessen finanzielle Interessen er verteidigen mußte, aber andererseits mußte er sich auch gegen seinen eigenen inneren Gefühlsaufruhr wehren."

Manche Psychiater identifizierten sich in einem solchen Maß mit ihren Patienten, daß sie die therapeutische Aufgabe nicht wahrzunehmen vermochten.

Noch viel stärker als die Ambivalenz der Psychiater war die der Überlebenden selbst. Die meisten von ihnen wollten überhaupt keine psychiatrische Praxis aufsuchen. Sie erschienen dort gezwungenermaßen – um ein Recht zu fordern, nicht um Behandlung zu suchen. Sie grollten dem Arzt, in dem sie den Vertreter einer Autorität sahen, der sie beweisen mußten, was sie erlitten hatten. In ihren Augen war er ein Richter und Anklagevertreter, ein von der Regierung des Landes, das an ihren Leiden schuld war, bestellter und bezahlter Sachwalter.

Nur wenige Überlebende ersuchten um eine Behandlung, denn das hätte für sie bedeutet, daß die Befreiung Hitler nicht den Garaus gemacht, sondern daß der Nazismus einen nachträglichen Sieg errungen hätte. Außerdem hatten viele Überlebende ein tiefes Mißtrauen gegenüber der Kraft von Worten entwickelt. Für sie war jeder Versuch sinnlos, ihre Leidenserfahrungen anderen zu vermitteln, die nicht das gleiche erlebt hatten. Dr. Henry Krystal, Psychiater in Detroit und selbst ein Holocaust-Überlebender, berichtete, daß von den 697 Überlebenden im Gebiet von Detroit, die von der Bundesrepublik eine Pension erhielten, und Anspruch auf eine vollbezahlte psychiatrische Betreuung hatten, nur einundfünfzig um eine Behandlung ersucht hätten.

1968 schließlich hatte sich die Psychiatrie für das Phänomen des massenhaft auftretenden psychischen Traums zu interessieren begonnen. Man begann ganze Bevölkerungsgruppen, die einer großen Katastrophe entkommen waren, – amerikanische Schwarze und Indianer, japanische Opfer des Atombombenabwurfs, Überlebende großer Brände oder Überschwemmungen –, unter die Lupe zu nehmen. Die Psychiater befaßten sich nun mit der These, daß Extremsituationen von traumatisierender Wirkung die davon Betroffenen dauerhaft veränderten und ihnen häufig Probleme hinterließen, mit denen sie zeit ihres Lebens zu kämpfen hätten. Holocaust-Überlebende stellten eine ideale Gruppe für den Wahrheitsbeweis dieser Annahme dar. Ihre Fallgeschichten standen zu Tausenden zur Verfügung, und zahlreiche darauf basierende Studien waren bereits veröffentlicht worden.

Die Komponenten des ‚Überlebendensyndroms', wie Dr. Niederland sie darstellte, sind von komplexer Vielfalt. ,,Charakteristisch für das Syndrom ist die Persistenz multipler Symptome, unter denen chronisch depressive und Angstreaktionen, Schlaflosigkeit, Alpträume, Persönlichkeitsveränderungen und eine ausgedehnte Somatisierung vorwiegen", schrieb er 1968. ,,Von spezifischerer Bedeutung: Die klinische Beobachtung von rund 800 Überlebenden der nazistischen Verfolgung ergab, daß das ‚Überlebenssyndrom' sich aus folgenden Manifestationen zusammensetzt: Angst; kognitive und Gedächtnisstörungen; chronische Depressionszustände; eine Tendenz zur Isolation, zum Rückzug in sich selbst und grüblerisches Sich-Abschließen; Veränderungen der persönlichen Identität; psychosomatische Symptome und eine äußere Erscheinung vom Typ des ‚lebenden Leichnams'."

Niederland führte als das häufigste psychische Leiden Angst an, verbunden mit der Furcht vor neuerlichen Verfolgungen, Schlafstörungen, multiple Phobien und Alpträume. ,,Die am häufigsten anzutreffende Manifestation des ‚Überlebendensyndroms' ist ein chronischer Zustand von angstvoller, milder Depression", schrieb er. ,,Beim erstmaligen Sehen war der Patient oft bleich, ja, fahl. Er sitzt mit vornübergebeugtem Oberkörper stumm auf dem Stuhl im Wartezimmer. Er zeigt nur wenig oder überhaupt keine spontane Aktivität. In der Regel sind die Beschwerden, die vorgetragen werden, vage und unspezifisch, wie etwa lokal begrenzte anhaltende Schmerzen, Dysfunktion des Magen-Darm-Trakts und rheumatische oder neuralgische Symptome. Häufig wird über Mattigkeit, Antriebslosigkeit und Gefühle der Leere oder Schwere geklagt. Charakteristisch für depressive Mattigkeit ist ein Gefühl tiefen Unbehagens, das Ruhe oder Entspannung nicht zu lindern vermöchten. Äußerst häufig treten Schlafstörungen auf, darunter frühmorgendliches Wachwerden wie auch Angst vor dem Einschlafen, weil man quälende nächtliche Erlebnisse oder Alpträume fürchtet, erschrecktes Aus-dem-Schlaf-Hochfahren, ein halluzinatorisches oder halbhalluzinatorisches Durchleben der Vergangenheit. Verbreitet sind eine Einschränkung des geselligen Verkehrs oder Menschenscheu, eine Abwendung von menschlichem Kontakt, Absonderung, grüblerische Beschäftigung mit der Vergangenheit, chronische Apathie, abwechselnd mit kurzzeitigen Wutausbrüchen, ein Ermatten und Abstumpfen der affektiven Äußerungen und ähnliches. Ein anderes wichtiges Charakteristikum solcher Patienten ist ihre Unfähigkeit, die traumatisierenden Geschehnisse zu verbalisieren. Ja, sie haben derart Schweres durchgemacht, daß es sich vielfach überhaupt nicht vermitteln läßt."

Niederlands Porträt des Holocaust-Überlebenden als Patient ergänzt das Profil des Überlebenden in den Romanen von Elie Wiesel: „Die Nacht zu begraben, Elischa" (d. 1962); „Gezeiten des Schweigens" (d. 1963); „Gesang der Toten" (d. 1968) u. v. a.

Auf der *Wayne State Conference on Massive Psychic Trauma*, die 1968 stattfand, wurde dieses Bild des Holocaust-Überlebenden von fünfzig Spezialisten bestätigt, die immer wieder darauf hinwiesen, daß sie eine „klinische" Beschreibung von Holocaust-Überlebenden gäben, doch ihre Erkenntnisse wurden schließlich als für die ganze Gruppe gültig anerkannt.

„Wenn manche von diesen Patienten ein Klopfen an der Tür hören", bemerkte Dr. Gustav Bychowski aus dem Staat New York, „erscheint ihnen das als etwas Gefahrendrohendes. Wenn sie eine schwarze Limousine die Straße entlangkommen und vor dem Haus halten sehen, werden sie von schrecklicher Angst ergriffen. Wenn sie einen Mann in Uniform sehen, reagieren sie panikartig, weil all dies Erinnerungen an das Grauen der Vergangenheit wachruft."

„Ein den Überlebenden des Holocaust gemeinsames Problem", konstatierte der israelische Psychiater Hillel Klein, „ist eine tiefverwurzelte Furcht, sich darauf einzulassen, einen Menschen zu lieben. Nachdem sie die meisten, wenn nicht alle ihrer frühen Liebesobjekte verloren haben, fürchten sie nun, jemanden zu lieben bedeute, ihn zu verlieren und den Verlustschmerz noch einmal durchleiden zu müssen. Da es ihnen nicht gelungen ist, den Verlust geliebter Menschen durchzuarbeiten, bedroht eine solche Situation sie mit einer überwältigenden Depression."

Zugleich klammerten sich viele Überlebende – trotz aller Aussichtslosigkeit – an den Glauben, daß Angehörige, die während der Verfolgungszeit verschwunden waren, zurückkehren würden. Manche warteten auf sie. Für andere kehrten sie in der Gestalt von Kindern zurück, die nach dem Krieg geboren wurden. „In solchen Situationen", bemerkte Dr. Niederland, „werden die Kinder zu neuen Versionen von Eltern, nahen Verwandten oder Nachkommen, die man durch den Holocaust verloren hat. Wenn daher das Kind eines Überlebenden krank oder verletzt wird, muß die Mutter oder der Vater damit fertig werden, daß alle ihre psychischen Reaktionen, die bis zu diesem neuen Schicksalsschlag verdrängt gewesen waren, wieder zum Vorschein kommen."

Die Depressivität, an der beinahe alle untersuchten Überlebenden litten, war ein komplexeres Phänomen. „Wenn wir versuchen, an die Struktur dieser Depression heranzukommen", stellte Dr. Bychowski bezüglich eines seiner Patienten fest, „sehen wir ein Bild, das gekennzeichnet ist von der Zerstörung seiner Welt, der Zerstörung der Fundamente, auf denen die Welt der Menschen in unserer Zivilisation basiert, das heißt, Grundvertrauen in menschlichen Anstand, fundamentales Selbstvertrauen, fundamentale Hoffnung. Hier ist kein Vertrauen, kein Selbstvertrauen mehr da, alles ist zertrümmert worden."

Eine Hauptkomponente dieser Depression war unverarbeitete Trauer. Als Häftlinge oder auf der Flucht hatten die Holocaust-Überlebenden weder die Möglichkeit, ihre Toten zu bestatten, noch hatten sie sich erlauben können, eine Trauerarbeit zu leisten, die sie Zeit und vielleicht die Freiheit gekostet hätte. Manche Psychiater hörten mit Staunen von ihren Patienten, von allen Entbehrungen, die sie hatten erdulden müssen, sei am schwersten zu tragen gewesen, daß sie auf das Trauerritual verzichten mußten.

Eine zweite Komponente stellte das Phänomen der – wie die Psychiater es nannten – ‚Überlebensschuldgefühle' dar, eine ungewöhnliche Form des Trauerns, bei der der Überlebende „in einer Vergrößerung des Schuldempfindens steckenbleibt, das bei jedem Menschen auftritt, der einen persönlichen Verlust erlitten hat." Dr. Robert

J. Lifton, der sowohl Hiroshima- als auch Holocaust-Überlebende untersucht hatte, stellte fest, daß in beiden Gruppen solche Schuldgefühle stark verbreitet waren. Andere Psychiater, die mit Kriegsveteranen gearbeitet hatten, beschrieben ähnliche Befunde. *Warum ist mein Kamerad umgekommen?* fragten ehemalige Soldaten. *Er war ein besserer Mensch als ich.* Holocaust-Überlebende gerieten jedesmal in eine lange anhaltende verschärfte Depressionsstimmung, wenn Verwandte oder Freunde in ihrer neuen Umgebung starben oder wenn eine öffentliche Figur, wie Präsident John F. Kennedy, einem Attentat zum Opfer fiel.

Eine dritte und nicht zu übersehende Komponente bezeichnete Dr. Lifton als ein „psychisches Abblocken", während andere Psychiater von „Affektmangel" sprachen, einer Unfähigkeit, Gefühle so zu empfinden oder zu projizieren, wie es den Überlebenden vor ihren Leidenserfahrungen möglich gewesen war. In den Lagern und in den Wäldern war das „psychische Abblocken" eine Überlebenstaktik gewesen, eine Technik, sich von einem Tag zum nächsten zu retten, ohne das Leben oder den Verstand zu verlieren. Doch als der Krieg zu Ende war, dieses Anpassungsverhalten aus der Zeit der Verfolgung aber blieb, wurde es aus einem Vorteil zu einem Hindernis. Psychiater berichteten von Überlebenden, die gleichsam Mauern um sich errichtet hatten, die nicht mehr fähig waren, sich für Lebensfreude aufzuschließen, die in ihren Augen den Tod bezwungen hatten, aber im Leben Tote waren. Viele wirkten so, als würden sie bis zum Ende ihres Lebens „abgeblockt" oder emotional eingeengt bleiben.

Da im Mittelpunkt der *Wayne-State*-Konferenz die psychologischen Folgen der Verfolgung standen, kamen nur wenige der Experten auf die körperlichen Beeinträchtigungen zu sprechen, die vielen Überlebenden noch lange nach Kriegsende zu schaffen machten. Diese Nachwirkungen gingen unter anderem zurück auf Knochenbrüche oder Rückgratverletzungen, die während der Haftzeit nicht zureichend versorgt worden waren, auf Narben und deformierte Gliedmaßen, an denen Verletzungen nie ausgeheilt waren. Manche Experten konstatierten eine permanente Schädigung des Zentralnervensystems als Folge zahlreicher Mißhandlungen.

„Wir erleben, daß bei bestimmten Personen mit einer gesunden psychophysischen Konstitution und einer günstigen Vorgeschichte in einem viel zu frühen Alter Symptome von Bluthochdruck, Arteriosklerose und vorzeitiger Senilität auftreten", stellte Dr. Bychowski fest. „Ich möchte die These aufstellen, daß die jahrelang anhaltende extreme Streß-Situation zu dieser vorzeitigen Senilität, verfrüht eintretender Arteriosklerose und sogar zu einigen Veränderungen an der Herzfunktion geführt hat; *zum zweiten* wird dadurch die Hirnsubstanz, unser verletzlichstes Gewebe, in Mitleidenschaft gezogen ... Wir erleben eine Person, die depressiv ist, doch wir haben es auch mit einem Menschen zu tun, dessen Gedächtnis lückenhaft und dessen Orientierungsvermögen beschädigt ist."

Holocaust-Überlebende klagten über eine Vielzahl körperlicher Beschwerden: Kopfschmerzen, Muskelverspannung, Gelenkschmerzen, Störungen des Magen-Darm-Trakts. Doch viele Fachleute vertraten die Meinung, daß die Kombination der Bedingungen, unter denen sie hatten existieren müssen – Hunger, Typhus oder Fleckfieber, Mißhandlungen und allgemeine Streß-Belastung – so komplex gewesen sei, daß Ursache und Wirkung sich nicht voneinander trennen ließen.

Hingegen stand für sie fest, daß die Probleme der Überlebenden sich nicht plötzlich auflösten, als sie Kinder großzuziehen begannen. Im Gegenteil, wenn die Nachkommen von Überlebenden die Pubertät erreichten und sich dem Alter näherten, in dem ihre Eltern in den Lagern gewesen waren, traten neue Probleme auf.

„Wir begegnen heute einer wachsenden Zahl Kinder von Überlebenden, die an depressiven Schwierigkeiten leiden und selbst funktional behindert sind", berichtete Dr. Henry Krystal in Detroit. „Dabei handelt es sich um ein eindeutiges Beispiel der Übertragung von sozialpathologischen Erscheinungen auf die nächste Generation."

Andere Experten hingegen waren nicht bereit, das, was anscheinend geschehen war, als „sozialpathologisch" zu bezeichnen. Statt dessen stellten sie in den Familien von Überlebenden „Störungen in der Eltern-Kind-Beziehung" fest. Sie waren von der großen Zahl von Widersprüchen zwischen den Familien von Überlebenden verblüfft. Viele hatten es in der Immobilienbranche, im Bau- oder produzierenden Gewerbe sehr weit gebracht und imposante Unternehmen aufgebaut. Andere hingegen verrichteten ganz untergeordnete Arbeiten, etwa als Putzkräfte in Fabriken oder Privathaushalten. Manche sprühten vor Optimismus, andere waren mutlos und niedergeschlagen. Kein Psychiater untersuchte, wie Holocaust-Überlebende als Eltern waren; über die Gruppendynamik in Überlebenden-Familien war überhaupt nur wenig bekannt. Die Kinder schienen einer psychotherapeutischen Behandlung ebenso ablehnend gegenüberzustehen wie ihre Eltern.

Wenn sie etwas hatten, was sie aussprechen wollten, hatten sie es jedenfalls nicht öffentlich ausgesprochen.

Nur einige ganz wenige Psychiater, Psychologen und Psychoanalytiker waren an diesem Problem so sehr interessiert, daß sie ihm nachgingen. Für die meisten Mitglieder des psychiatrischen Berufsstandes war – wie für die Welt im allgemeinen – der Holocaust Geschichte.

7

Sara* und Aviva*, deren Eltern zu den 250 000 nach Israel emigrierten Holocaust-Überlebenden gehörten, hatten mich gebeten, ihre Identität geheimzuhalten. Wie viele junge Israelis, denen ich begegnet war, hatten sie eine zwiespältige Einstellung zur nazistischen Verfolgung der Juden. Sie waren öffentliche Diskussionen über den Holocaust gewohnt, denn sie waren in einem Land aufgewachsen, das ihn zu einem zur Institution gewordenen Bestandteil des täglichen Lebens gemacht hatte. Alljährlich hatten Sara und Aviva zusammen mit der übrigen Bevölkerung den nationalen Trauertag für die unter der Nazi-Herrschaft ermordeten sechs Millionen Juden begangen. Sie hatten zu den Tausenden von Schulkindern gehört, die auf Klassenfahrten in Museen und Gedenkstätten, erbaut zur Erinnerung an die Toten, geführt wurden. In politischen und militärischen Debatten in Israel kam der Holocaust häufig zur Sprache. Unausgesprochen war er in den Namen von Siedlungen enthalten, wie dem Kibbuz *Lochamei Ha'Ghetta'ot*, dem Kibbuz der Gettokämpfer. Wahrscheinlich gab es in Israel keinen einzigen Menschen, der nicht in Kontakt mit einem Überlebenden kam, wenn nicht jemandem aus seinem Freundeskreis, dann als Lebensmittelhändler, Rechtsanwalt, Taxifahrer oder Schneiderin. Der Holocaust war in das Bewußtsein der Nation als das krasseste, wenn auch gewiß nicht das letzte Beispiel der Verfolgung der Juden eingemeißelt.

Doch während Aviva wie Sara über Einzelheiten der nationalsozialistischen Judenverfolgung mit einer Unbefangenheit sprechen konnten, die für anderwärts aufgewachsene Kinder von Überlebenden nicht charakteristisch war, zogen beide nicht gern eine Verbindung zwischen

---

* Name von der Autorin geändert

diesen Details und ihrem eigenen Leben. Ihr Zögern war typisch für die Israelis, denen ich begegnete. Obwohl Anfang der fünfziger Jahre Holocaust-Überlebende mehr als zwanzig Prozent der Bevölkerung des Landes stellten, fanden ihre Anpassungsschwierigkeiten keine große Aufmerksamkeit. Sie waren nur eine von mehreren Gruppen neuer Immigranten in einem Land, das mit ernsten wirtschaftlichen und militärischen Problemen zu ringen hatte. Sie waren nicht nur *greeners*, sondern lebende Erinnerung an die Getto-Vergangenheit und entsprachen nicht der Pioniermythologie, die der neue Staat in seiner Kunst, Musik und Literatur geschaffen hatte. Israel hatte bereits damals, in den fünfziger Jahren, eine eigene Hierarchie entwickelt. Viele Mitglieder dieser Hierarchie, die im Land viel galten, waren in Palästina geboren oder Zionisten, die in den zwanziger Jahren Europa den Rücken gekehrt hatten; andere hatten in den dreißiger Jahren heraufziehende Gefahren gewittert und damals, mit hohen Kosten oder unter großen Gefahren, Europa verlassen. Wie zahlreiche Juden, die in den Vereinigten Staaten und in Kanada einen Platz gefunden hatten, legten sie gegenüber den neu ins Land Gekommenen widersprüchliche Haltungen an den Tag: eine gewisse Selbstgefälligkeit, weil man aus eigenem Antrieb weggegangen war, ehe es zu spät wurde; Gewissensbisse, weil man nicht mehr Menschen geholfen hatte herauszukommen, bevor es gefährlich wurde; der Wunsch, das Leben zu vergessen, das man früher geführt hatte.

Israel hatte einen neuen jüdischen Prototyp geformt – den Soldaten, Farmer, Bürger seines eigenen Staates –, dem der Jude aus der Diaspora nicht entsprach. Manche Holocaust-Überlebende machten sich bereitwillig dieses Leitbild zu eigen. Sie kamen, in den Worten eines populären Liedes, „to build and to be rebuilt" („um Neues zu schaffen und neuerschaffen zu werden"), während andere den Sprung vom einen Leben in das andere nicht schafften.

Avivas Eltern hatten ihn anscheinend geschafft, den Eltern Saras war er offenbar nicht gelungen. Beide Familien waren 1948 nach Israel gekommen. Beide Frauen hatten bis in ihre späten Mädchenjahre dort gelebt und waren dann in die Vereinigten Staaten gekommen. Beide hatten einen Amerikaner geheiratet und beide lebten in amerikanischen Vorstädten. Doch abgesehen von ihrem starken Akzent im Englischen und der energischen, direkten Art zu sprechen, in der das Hebräische nachwirkte, hatten sie nur wenig gemeinsam.

Aviva war Musikerin, hochgewachsen, von gesetztem Wesen und

tadellos gepflegter Erscheinung. Sie hatte mit vielen Orchestern der Welt konzertiert und stand bei Musikern wie Publikum in hohem Ansehen. Außerdem war sie dafür bekannt, daß sie für theatralisches Getue nichts übrig hatte, weder auf dem Podium, noch abseits davon. Sie war eine freimütige, überaus disziplinierte Person, die eine klare Grenze zwischen ihrem Privatleben und ihrem öffentlichen Auftreten zog. Sie hatte einen Kreis alter, enger Freunde, bei denen sie sich entspannen konnte; für gesellschaftliche Bekanntschaften und nichtiges Geplauder hatte sie nichts übrig.

Aviva hatte ihr Musikstudium mit acht Jahren begonnen, dazu ermutigt von ihrer Mutter, die Klavierlehrerin war. Schon nach dem zehnten Lebensjahr hatte sie Wettbewerbe gewonnen und war in öffentlichen Konzerten aufgetreten. Ihre Familie lebte in Herzliya, einer freundlichen, kleinen, höchst lebendigen Stadt in der Nähe von Tel Aviv mit seiner Musikhochschule. Aviva hatte das Konservatorium mit dem Diplom verlassen und mit sechzehn ihren Abschluß an der Oberschule gemacht. Anschließend war sie ins Ausland gegangen, um ihre Karriere zu betreiben. Sie hatte sich dem kleinen Zirkel junger Solisten auf dem Weg nach oben angeschlossen. Obwohl sie nun mitten in Amerika lebte, hielt sie weiterhin engen Kontakt zu ihren Eltern und ihrer jüngeren Schwester, die in Herzliya geblieben waren. Die Familie lebte in glücklichem Einvernehmen, und Aviva sprach von ihrer Mutter oft als ihrer besten Freundin.

Die Musikerkreise, in denen Aviva sich bewegte, waren international. Ihre Mitglieder – Koreaner, Israelis, ausgewanderte Russen, Amerikaner – reisten von Land zu Land, um ihren Lebensunterhalt zu verdienen. Ein ausländischer Akzent war geradezu ein Ausweis der Zugehörigkeit. Die meisten der älteren Musiker waren entweder vor den Nazis oder vor den Bolschewiken geflohen. Für viele von ihnen waren Heimatverlust und Flucht vor einem Unterdrückungsregime Teil der Realität des Lebens. Aviva wußte, daß mehrere ihrer Kollegen und Kolleginnen Kinder von Holocaust-Überlebenden waren, doch das machte weder so noch so Eindruck auf sie. ,,Ich habe meine Eltern nie als Überlebende betrachtet", sagte sie mit einer gewissen Ungeduld zu mir. ,,Es war ein Stück ihres Lebens und nicht unbedingt das wichtigste, wie ich es sehe."

Dennoch sprach es Avivas Neugier an, daß mir so viel daran lag, andere Kinder von Holocaust-Überlebenden ausfindig zu machen. Sie selbst glaubte zwar nicht, daß diese Gruppe irgend etwas Besonderes an sich habe, doch sie war bereit, Fragen zu beantworten. „Ich werde einen Artikel über den Holocaust immer zu Ende lesen, auch wenn ich ihn vielleicht uninteressant finde – genauso wie ich einen Artikel über Israel oder über Musik immer zu Ende lese", sagte sie zu mir. „Aber es bringt mich auf, wenn Leute etwas Sensationelles daraus machen wollen, wenn behauptet wird, die Überlebenden oder ihre Kinder seien gestört. Ich finde ganz und gar nicht, daß ich gestört bin. Ich glaube auch nicht, daß meine Schwester gestört ist.

Die Psychologen nehmen fünf Leute, die in ein bestimmtes Schema passen, und dann stellen sie eine Theorie auf. Ich finde es verkehrt, verallgemeinern zu wollen. Es ist falsch. In solchen Studien finde ich niemanden wieder, den ich kenne, und ich kenne gar nicht so wenige Überlebende. Sagen wir, um ein Beispiel zu nennen, unter den 75 000 Menschen, die die Konzentrationslager überlebt haben, findet man 5000, die gestört sind. Heißt das, daß es sich um einen Allgemeinzustand handelt, der auf die Verfolgung durch die Nazis zurückgeht? *Ich* glaube das nicht. Ich müßte eine wissenschaftliche Untersuchung durchführen, um mir Gewißheit zu verschaffen, aber ich glaube es nicht."

Obwohl Aviva die Auswirkungen, die die Leidenszeit ihrer Eltern auf sie selbst gehabt haben mochte, als geringfügig veranschlagte, bestand sie auf Anonymität. Sie wolle nicht, daß Nachbarn oder Konzertbesucher sie auf das Thema ansprachen. Es sei für eine Unterhaltung nicht geeignet. Sie hätte keine Lust, über so etwas mit fremden Leuten zu sprechen.

Sara hatte ganz andere Gründe, anonym zu bleiben, als Aviva, wie ja auch das Leben der beiden sehr unterschiedlich verlaufen war. Sie war klein und achtete nicht auf ihre Kleidung; sie war vorzeitig von der Oberschule abgegangen und hatte sich, wie sie es ausdrückte, „treiben lassen". Sara war, so weit sie zurückdenken konnte, mit ihren Eltern auf Kriegsfuß gestanden. Sie hatte ihre Familie zum frühestmöglichen Zeitpunkt verlassen, weil ihr das ständige Geschimpfe und Manipulieren, wie sie es sah, zuviel geworden waren. Zwei Jahre, bevor ich Sara kennenlernte, war ihre Mutter sehr krank geworden und hatte sie und ihren Ehemann gebeten, ihre Arbeit aufzugeben und in ihre Nähe zu ziehen. Sara hatte es grollend getan und sich dabei „mehr wie eine Mutter als wie ein Kind" gefühlt. Sie lebte in einem komfortablen Mehrfamilienhaus, hatte die Universität viel später als ihre Altersgenossen verlassen und war nun als Lehrerin tätig. Sie interessierte sich für Psychologie, hatte mehrere der Studien über Holocaust-Überlebende gelesen, und als sie erfuhr, daß ich Kinder von Überlebenden befragte, informierte sie sich sofort, wo ich zu erreichen war, und rief mich an.

Im Unterschied zu Aviva erkannte Sara viele der in den Studien beschriebenen Charakteristika nur zu klar, und sie war besorgt, daß sie ihre Probleme an ihren kurz vorher geborenen Sohn weitergeben könnte. Sie wolle mit mir sprechen, sagte sie, aber ich müßte ihren Namen, ihren Geburtsort und alles andere verändern, was auf ihre Identität schließen lassen könnte. Als ich ihr zu bedenken gab, daß eine Viertelmillion Überlebender nach Israel ausgewandert war, daß sie zumindest die gleiche Zahl Kinder auf die Welt gebracht hätten und daß es unwahrscheinlich sei, irgend jemand könnte ihr dreißig Jahre nach dem Krieg Ungelegenheiten bereiten, zuckte sie mit den Achseln, blieb aber fest. ,,Es kostet mich einige Anstrengung, dir Vertrauen zu schenken", sagte sie. ,,Es fällt mir nicht leicht. Es ist zwar kein netter Zug an mir, aber ich bin sehr mißtrauisch. Ich möchte nicht, daß mein Name hineinkommt. Die Sache ist zu persönlich."

Während Avivas Eltern aus einer rumänischen Kleinstadt nach Herzliya, in eine bescheidene, doch ausgesprochen bürgerliche Wohngegend gelangt waren, hatten Saras Eltern ein DP-Lager in Deutschland mit einem heruntergekommenen Stadtviertel in Israel vertauscht. ,,Da, wo wir lebten, gab es eine Menge Araber, Marokkaner, Iraker und Polen", erzählte sie mit einer scharfen, durchdringenden Stimme und sprach immer rascher, während sie die näheren Umstände schilderte. ,,Eine Unmenge Dirnen und Zuhälter und Drogensüchtige. Auf den Straßen wurde gesoffen, gab es immerzu Schlägereien. Und ich war ein Straßenkind. Die ganze Zeit auf der Straße. Ich war nicht gern zu Hause.

Wir wohnten in einem alten arabischen Haus mit feuchten Mauern und vielen Wanzen. Das Klosett bestand aus einem Loch im Boden. Das eine Zimmer war ein Lagerraum, wo man nicht schlafen konnte, weil die Wände zu naß waren. Wir haben alle miteinander in einem einzigen Raum geschlafen, meine Eltern im Ehe-, mein Bruder in seinem, ich in meinem Bett. Wir hatten keine Kissen. Noch heute, wenn ich mich ins Bett lege, finde ich es herrlich, daß ich Kissen habe. Ich habe mich für unser Haus sehr geniert, denn wir sind dort wohnen geblieben, als ich älter wurde, und das hat bedeutet, daß wir es zu nichts brachten. Jedesmal, wenn ich jemanden, den ich kannte, an unserem Haus vorbeigehen sah, habe ich mich versteckt. Ich denke nicht, daß das Geld der Grund war. Ich habe mich geschämt, weil wir in diesem Glasscherbenviertel wohnten."

Sara schob sich das glatte Haar mit den blonden Strähnen aus dem Gesicht.

„Meine Eltern hatten oft Alpträume. Entweder hat sie im Schlaf geweint und damit Vater aufgeweckt, oder er begann zu schreien, wodurch sie wach wurde. Oft hat er mitten in der Nacht aufgeschrien: *Deutsche!* Vater war ein sehr passiver Mensch und hat mit uns Kindern nie was gemacht. Er hat sich im Lebensmittelhandel versucht, ist aber gescheitert. Dann hat er als Gepäckträger gearbeitet, was er als sehr erniedrigend empfunden haben muß. Er hat sich immer bemüht, es Mutter recht zu machen, und sie hat ihn immer herabgesetzt, weil das Lebensmittelgeschäft eingegangen war, weil er ein Versager war, wie sie gesagt hat.

Mutter stammte aus einer wohlhabenden, gebildeten Familie in Polen. Sie wollte in Rußland auf die Universität gehen, aber der Krieg hat ihr einen Strich durch die Rechnung gemacht. Sie hatte die *Stedtl*-Mentalität in einer sehr negativen Form: sich großtun und etwas vorstellen wollen, vor Dingen statt vor Menschen Respekt haben. Sie war sehr verbittert, weil ihre Schwestern mit *vatikim*, alteingesessenen Siedlern in Israel, verheiratet waren, und sie, in der Blüte ihrer Jahre, so toll und so gescheit, lebte mit einem Mann zusammen, der kein Geld ins Haus brachte und den sie in Wahrheit auch nicht liebte. Sie waren in den polnischen Wäldern zusammengetroffen. Vater hatte sie dort gefunden, allein, krank und ohne Schuhe. Er hat sie zu den Partisanen mitgenommen, und so ist es gekommen, daß sie geheiratet haben."

Sie lächelte, ein flüchtiges, bitteres Lächeln, vielleicht ein Fazit der Ehe ihrer Eltern.

„Wir hatten zwar nicht sehr viel zu essen, aber das betraf damals in Israel alle Leute. Es war *tsena*-Zeit, man hat den Gürtel enger geschnallt. Ich weiß noch, wie wir einmal an den Strand gingen und Mutter weit draußen im Wasser einen Apfel sah, der von einem Schiff gefallen sein mußte. Sie schwamm das ganze Stück hinaus wegen dieses Apfels, und als sie hinkam, mußte sie feststellen, daß er innen verfault war. Ich erinnere mich noch, wie sie zu meinem Bruder und mir gesagt hat: *So sieht das Leben aus. Von außen wirkt alles so schön, so nett, und wenn man es berührt, sieht man, wie verfault es innen drin ist.* Ich war damals ungefähr acht, aber ich weiß es noch wie heute.

Vater hatte vor dem Krieg eine Frau und zwei Söhne, die vor seinen

Augen umgebracht wurden. Schon als Kinder haben wir das zu hören bekommen. Immer wieder hat er über sie gesprochen ... mein Sohn wäre jetzt soundso alt ... mein Sohn hätte das getan ... Es kam mir so unwirklich vor, daß er andere Kinder gehabt hatte und daß sie vor seinen Augen ermordet worden waren. Ich erinnere mich nicht, daß ich traurig war. Ich erinnere mich nicht, irgend etwas empfunden zu haben. Das ist ein Punkt, den ich nie begriffen habe.

Mutter hat über ihren Vater gesprochen. Sie sagte, sie hätten ihn in eine Thorarolle gewickelt und bei lebendigem Leib verbrannt. Die Leute im Dorf haben alle Kinder in ein Loch gesteckt. Mutter kroch heraus und versteckte sich in der Scheune irgendwelcher christlicher Polen. Sie sagte, daß Deutsche hineinkamen und aufs Heu urinierten und daß sie drei Tage in ihrem Versteck bleiben mußte. Dann wurde sie eines Tages dort entdeckt und rannte in den Wald, und sie haben hinter ihr hergeschossen. Das war damals, als sie Vater begegnet ist. Ich bin aus ihren Erzählungen nie schlau geworden. Ich denke, sie müssen sie verändert haben. Vater sagte, er sei elfmal aus dem Arbeitslager ausgebrochen. Er wurde schlimm geprügelt. Ich hatte immer das Gefühl, daß Mutter sexuell mißbraucht worden ist. Ich habe keine Fragen gestellt. Ich kann mich nicht erinnern, mit meinen Eltern jemals ein richtiges Gespräch geführt zu haben.

Sara zog an ihren Haaren. Sie fühlte sich unbehaglich.

„Ich weiß nicht, ob du das verstehen kannst, aber meine Familie hat nie etwas gemeinsam getan. Wir haben uns nie zusammen an einen Tisch gesetzt, nie gemeinsam gegessen, nie etwas als Familie gemacht. Gegessen hat jeder für sich. Im Laden, Mutter immer als erste. Vater hat oft gesagt, selbst in den Wäldern hat sie sich immer zu essen genommen, ohne an andere zu denken. Sie sprach immer davon, wie hungrig sie sei. An Yom Kippur essen sie wie die Scheunendrescher."

Irgend etwas an meinem Gesichtsausdruck, ein unwillkürliches Zurückweichen, ein Abwehren dessen, was sie sagte, ließ Sara verstummen. Dann, als verstünde sie, was mir zu schaffen macht, kam sie wieder darauf zurück.

„Versuch mal, dir diese Bitterkeit, dieses Bedrückende vorzustellen, von dem ich spreche. Ich kann mich an keinen einzigen glücklichen Augenblick zu Hause erinnern. Man hat sich dauernd vorsehen müssen, hat sich nie gehen lassen können. Mutter hat mir nicht beigebracht, stolz auf mich zu sein. Sie hat mir nicht beigebracht, wie man sich um einen Haushalt kümmert, sie hat mir nie etwas über meinen

Körper gesagt, nie mit mir *gesprochen* – kannst du das verstehen? In unserer Familie hatte man eine Scheu davor, einander anzufassen. Ich habe nie gespürt, daß wir geliebt wurden. Es ist mir vorgekommen, als wären wir dazu da, benutzt zu werden. Ich glaube, daß sie an ihren Kindern die Überlebenstechniken angewandt haben, die sie in den Wäldern gelernt hatten. Die normale Ordnung des Lebens war für sie während der Verfolgung derart aus den Fugen geraten, daß Abnormales zu Normalem wurde. Die Menschen waren zu allem fähig. Wenn es einen am Leben erhielt, war alles erlaubt. Ihre Bedürfnisse wurden zum Mittelpunkt ihres Universums. So war Mutter. Ich glaube, als ich noch ein kleines Kind war, hat sie selber mehr gegessen, als sie uns gab. Wir waren dazu da, ihre Bedürfnisse zu befriedigen, nicht umgekehrt.

Ich war als Kind sehr aufgeweckt und lebendig. Niemand hat mich im Zaum halten können, schon als ich erst vier oder fünf war. Als ich dann zwölf wurde, habe ich mich aus den Slums herausgearbeitet und mich einer Jugendgruppe im besseren Teil der Stadt angeschlossen, als einzige, die das geschafft hat. Meine Eltern haben mir nie etwas gegeben, und als Reaktion darauf bin ich sehr unabhängig geworden. Ich hatte Freunde in dieser Jugendgruppe. Für mich lief alles bestens, und Mutter war sehr neidisch auf mein Leben. Ich hatte keine Lust, zu Hause zu sein. Wenn ich weggeblieben bin, haben sie mich eine Dirne, eine Diebin, eine *meschugga*, eine *stoup* genannt – das polnische Wort für Idiotin. Wir sind als Kinder geschlagen worden. Und wenn sie einen die ganze Zeit so behandeln, denkt man schließlich, daß man vielleicht wirklich eine *stoup*, vielleicht wirklich eine Dirne ist. Auch wenn man erst dreizehn ist."

Sara holte tief Luft.

„Es hat mich zornig gemacht. Es hat mich schrecklich zornig gemacht. Ich wurde als Kind sehr herabsetzend behandelt. Ich war ihnen nicht helle genug. Ich war nicht hübsch. Ich war eine Schlampe. Ich war eine Lesbische. Ich hatte zu viele Jungs als Freunde. So hat Mutter immer geredet, wenn ich spätabends nach Hause kam. Dann hat sie mich geschlagen, und ich habe zurückgeschlagen. Vermutlich war ich wirklich schlimm, ein Superrebell. Mein Bruder war gehorsam und lerneifrig. Über alle diese Dinge spricht er nicht, auch heute noch nicht. Er gibt ihnen einen Blankoscheck, für ihn dürfen sie sich benehmen, wie sie wollen, weil sie so viel durchgemacht haben. Ich habe damals diese Behandlung aus dem gleichen Grund hingenommen. Ich habe es als ein solches Glück betrachtet, daß ich die Zeit der Verfolgung nicht erleben mußte. Ich habe gefunden, daß mir kein Urteil über sie zusteht, daß ich sie so nehmen müßte, wie sie waren. Ich wollte, daß sie mich gern haben, ich wollte mit Respekt behandelt werden. Aber meine Eltern hatten im Grund keinen Respekt vor Menschen. Ich weiß nicht, ob sie schon vor der Zeit der Verfolgung so waren, aber sie waren einfach keine Leute von Klasse.

Ich habe bei ihnen in diesem scheußlichen Haus gewohnt, bis ich vierzehn war. Dann haben meine Lehrer sich sehr um mich zu sorgen begonnen. Sie fanden mich hochintelligent, aber ich habe in jedem Fach versagt. Also schickte man mich fort, auf eine Landwirtschaftsschule. Meine Eltern machten irgendeinen Dreh mit meinen Papieren. Sie haben mein Geburtsdatum und meinen Geburtsort verändert und irgendwie für mich Geld kassiert. Ich will mich darüber nicht näher auslassen; es könnte sie in Schwierigkeiten bringen. Jedenfalls, ich kam endlich aus diesem schrecklichen Haus heraus und lebte in der Landwirtschaftsschule."

Sara bat um eine Tasse Tee. Ihre Schultern waren nach vorn gesunken, das lange Haar, durch das sie immer wieder mit den Fingern gefahren war, hing ihr zerzaust um den Kopf, und ihre Augen, hart und verschlagen, als sie zu sprechen begonnen hatte, hatten einen weichen Schimmer angenommen. Sie wirkte nicht mehr wie eine abgebrühte Straßengöre. Sie sah traurig aus und ein wenig verloren.

Während ich uns beiden Tee machte, merkte ich, daß ich für die Unterbrechung dankbar war. Ich war aufgebracht, weil Sara meine Fragen so scharf beantwortet hatte. Wie Aviva war ich gegenüber Studien von Psychiatern eher skeptisch. Ich fand ihre Methode weder wissenschaftlich, noch human; ich war erstaunt über die Sorglosigkeit, mit der viele Experten, deren Arbeiten ich gelesen hatte, Daten zusammentrugen und interpretierten. Doch zu diesen Vorbehalten kam noch verstärkend ein Nicht-wahrhaben-Wollen, daß solche Dinge, wie Sara sie beschrieben hatte, wirklich geschehen waren. Ich merkte, daß sich in mir etwas sträubte, ihr abzunehmen, was sie sagte. Ich wollte ihr nicht glauben – es war schlicht zu schmerzlich, zu demütigend. Es war einfacher, über Avivas aktives Leben im selben Land zur selben Zeit nachzudenken. Bei Aviva konnte ich mich darauf verlassen, daß sie unangenehme Dinge herunterspielen würde. Die Würde war ihr sehr wichtig. Sie bestand auf Würde.

„In unserer Familie", hatte Aviva in neutralem Ton gesagt, „war das kein Gesprächsgegenstand. Meine Eltern sind Leute, die nur sehr wenig über die Vergangenheit im allgemeinen sprechen. Und wenn doch, dann reden sie über bestimmte Leute. Jedesmal, wenn die Rede auf die Verfolgungszeit kam, sagte Vater: ‚Genug davon jetzt!' und ich finde, er hatte damit recht. Ich weiß nicht, wie ich zum erstenmal daraufkam. Ich könnte mir aber vorstellen, daß es damals war, als ich Mutter fragte, warum sie diese Nummer am Arm hat – doch ich weiß es nicht. Es kam mir vermutlich sonderbar vor, daß jemand eine in den Arm tätowierte Nummer trug, aber ungewöhnlich war es nicht. Ich hatte den Eindruck, daß gar nicht so wenige Leute eine hatten. In Israel gehört es einfach zum geschichtlichen Erbe. Man kann ihm nicht ausweichen. Ich will damit sagen, offiziell wird die Linie verfolgt, daß es nicht vergessen werden soll, und ich bin ganz dafür. Nicht aus Rachegründen, sondern um dafür zu sorgen, daß so etwas nicht wieder geschieht. Denn möglich ist es. Es könnte in vielen anderen Gegenden dazu kommen.

Vater spricht nicht oft darüber, und wenn Mutter es gelegentlich tut, geht es ganz und gar nicht melodramatisch zu. Soviel ich weiß, kamen die Deutschen relativ spät nach Rumänien. Vater war drei Jahre in einem Arbeitslager, wie das hieß. Ich habe keine Ahnung, wo. Es geniert mich wirklich, das sagen zu müssen. Irgendwie haben wir immer heruntergespielt, was Vater erlebt hat. In Arbeitslagern wie dem, wo er war, wurden die Menschen nicht umgebracht. Sie mußten nur arbeiten, wie Kriegsgefangene, unter sogenannten ‚normalen Bedingungen'."

Aviva hatte gelacht, ein eigenartiges, ironisches Lachen.

„Mutter und ihre Familie wurden in den letzten Kriegsjahren nach Auschwitz transportiert. Sie hat manchmal davon erzählt, wie man Sachen zum Essen stahl oder das System zu hintergehen versuchte, solche Dinge. Aber es hat sich alles im Rahmen gehalten. Ich hatte den Eindruck, daß sie am Leben geblieben ist, weil sie jung und kräftig war und weil sie gearbeitet hat. Wenn ich keine Fragen stellte, so aus dem Grund, daß ich ihnen nicht weh tun wollte. Wenn meine Mutter überhaupt Gefühle zeigt, die die Verfolgungszeit betreffen, dann wenn wir eine Gedenkstätte wie *Yad Vashem* oder das Museum in *Lochamei Ha'Ghetta'ot* besuchen, wo wir Verwandte haben, oder als wir in Paris waren und sie zur Gedenkstätte in der Nähe von Notre-Dame gehen wollte. Sie besteht darauf hinzugehen, und dann regt es sie auf. Sonst ist sie ein gelassener, logischer, warmherziger Mensch. Sie hat keine Komplexe. Meine Eltern haben beide nichts Hysterisches. Meine

Schwester und ich, wir sind viel explosiver. Ich habe von jeher gewußt, daß meine Großeltern in der Nazizeit umgebracht worden waren, aber ich glaube nicht, daß das besonders traumatisierend war. Ich kannte überhaupt niemanden, von dem beide Großelternpaare am Leben waren. Niemanden."

Aviva hatte ihre großen, braunen Augen auf mich gerichtet und mit fester Stimme gesprochen.

„Ich glaube, die Beziehung zwischen meinen Eltern und mir ist sehr eng, sicher eine engere als in den meisten Familien, die ich in Amerika erlebe. Ich habe mich nie gegen sie aufgelehnt. Ich möchte nichts tun, was sie kränken könnte. Zum Beispiel hatte ich immer angenommen, meine Eltern möchten nicht, daß ich in Deutschland auftrete, obwohl sie es nie gesagt haben. Als ich vor einigen Jahren dorthin eingeladen wurde, sagte ich zu meinem Manager, ich werde nicht hinreisen, weil ich annehme, meine Eltern sähen es nicht gern. Mein Manager hat gesagt: ‚Warum fragen Sie sie nicht?' Das erschien mir nur logisch, und so tat ich es. Vater sagte, er selbst würde nicht hinfahren, aber niemanden davon abhalten. Mutter meinte, es wäre albern, darauf zu verzichten. Und so reiste ich hin."

Ob sie ihre Eltern manchmal als überfürsorglich empfinde, fragte ich sie.

„Überfürsorglich? Ich weiß nicht, ob das Wort auf meine Eltern paßt. Doch, ich denke, es wäre das richtige Wort. Sie sind ängstliche Naturen, immer besorgt. Sie sehen immer schwarz. Bei Bagatellen. Zum Beispiel, als ich auf der Grundschule war, wurden alle Klassenausflüge auf Lastwagen, nicht mit Bussen gemacht. Sie wollten mich nicht mitfahren lassen, weil in den zehn Jahren vorher zweimal ein Unfall passiert ist, als Kinder auf Lastwagen befördert wurden. Es ist eine Art stehender Witz bei uns. Man kann nicht ins nächste Zimmer gehen, ohne daß Vater sagt: ‚Sei vorsichtig!' Ich nehme an, das ist bei ihm zu einem automatischen Reflex geworden. Er überlegt nicht einmal, was er sagt. Wenn Mutter ins Lebensmittelgeschäft geht, praktisch auf der anderen Straßenseite, sagt er jedesmal: ‚Sei vorsichtig!'

Ich erinnere mich, daß sie den Eichmann-Prozeß mit großer Aufmerksamkeit verfolgt haben und daß er Mutter ziemlich unter die Haut gegangen ist. Ich erinnere mich, daß sie während der Zeugenaussagen geweint hat. Ich hab' mich sozusagen davor gedrückt. Ich wußte nicht, wie ich mich verhalten sollte. Deshalb hatte ich etwas gegen den

Prozeß und wünschte nur, daß er bald vorbei wäre. Ich kam damit nicht zurecht. Was konnte ich tun? Der Prozeß fand statt, und sie hat sich aufgeregt, weil sie Gründe hatte, sich aufzuregen. Wenn ich mit ihr gesprochen hätte, hätte es doch nichts genützt; sie wäre trotzdem aufgewühlt gewesen.

Zur Zeit des Eichmann-Prozesses wurde auch in der Schule viel diskutiert. Wir durften Transistorradios mitbringen und hörten uns stundenlang Aussagen an. Wir haben darüber gesprochen, warum es dazu gekommen war und warum die Juden so reagierten, wie sie reagierten. Die Gedenkstätten waren in das, wie man es wohl nennen würde, Besichtigungsprogramm integriert..."

Wieder lachte Aviva ironisch.

„Als wir eine Klassenfahrt nach Jerusalem machten, sahen wir Herzls Grab, wir sahen uns den Berg Zion an und gingen dort zu dem kleinen Museum *Martef Ha'shoa*. Ich war damals vielleicht zwölf. Oder dreizehn? Und am stärksten ist mir in der Erinnerung ein Lampenschirm geblieben, der gemacht war aus – was war es? – Haut oder was... und dann sah man Seife und etwas, das aus Haar gemacht war ... ein Besen, ein Pinsel, irgendwas. Das ist alles, was ich noch weiß. Ich hatte *nicht* gewußt, daß sie aus menschlichem Fett Seife gemacht hatten, und ich weiß nicht, wie notwendig es ist, daß man das sieht. Die Lehrerin hatte uns auf diese Fahrt nicht mehr vorbereitet als auf irgendeine andere. Es ist einfach widerlich, sich vorzustellen, daß jemand sich so etwas ausdenken kann. Es ist einfach unmenschlich. Es war die Ausgeburt eines Hasses, der schon krankhaft war. Ich will es nicht verstehen. Es hat mich ergrimmt. Wütend gemacht."

Aviva hielt inne, äußerte sich dann aber nicht weiter über ihre damalige und jetzige Reaktion. Obwohl sie viel las und einem als ein nachdenklicher Mensch erschien, war sie als junges Mädchen nicht nach innen gewandt gewesen. In ihrer Zeit auf der Oberschule hatte sie keine Zeitungen gelesen; sie war immer mit Üben und mit ihren Hausaufgaben beschäftigt gewesen. Worüber sollte man reden?

„Es gab eine Zeit", räumte sie ein, „in der ich viel über die Juden unter den Nazis las. Ich war damals zwanzig oder so ähnlich, ungefähr in dem Alter, in dem Mutter in Auschwitz war. Ich habe mich schon bemüht, mir vorzustellen, was sie alles hat durchmachen müssen. Dann gab uns eine Freundin von mir das Stück *Der Stellvertreter* von Hochhuth, und das hat es irgendwie anschaulicher gemacht. Die Fakten kannte ich. Ich hatte sie schon immer gekannt – die Gaskammern, die grausame Behandlung, die unmenschliche Atmosphäre. All das war mir bekannt. Es war für mich nichts Neues. Doch in der Form eines Theaterstücks erschien es irgendwie viel realer. Es war mit einem Mal nicht mehr Teil der historischen Vergangenheit, und ich konnte es in Beziehung zu Mutter setzen.

Ich habe mir auch *Aufstieg und Fall des Dritten Reiches* [von William L. Shirer] besorgt, das Buch aber nicht zu Ende lesen können. Wenn ich Historisches lese, einerlei, was, wird mir nach einiger Zeit der Kopf leer. Bei dem Stück war es anders. Ich spürte Betroffenheit. Plötzlich ging mir wirklich auf, was das gewesen war, was sie erlebt hatte, und ich war sehr stolz auf sie. Sie muß eine großartige Person sein, daß sie es durchgestanden hat, ohne Narben davonzutragen. Ich will damit sagen, man kann nicht über dreißig Jahre solche Narben verbergen, ohne daß irgendwann *irgend etwas* davon zum Vorschein kommt. Ich glaube nicht, daß sie sich jemals schuldig gefühlt hat, weil sie im Unterschied zu anderen am Leben geblieben ist. Das Thema beschäftigt sie nicht sehr."

„Und dich?" fragte ich Aviva.

„Nur selten. Es kommt, sonderbarerweise, in Gesprächen mit Deutschen zur Sprache, mehr als bei anderen Leuten. Und es passiert nie, weil ich darüber sprechen möchte, sondern weil *sie* es möchten. In Deutschland versucht man mir immer genau zu erklären, was man in der Nazizeit getan hat und wo man damals war, und bisher ist mir noch keiner begegnet, der zugegeben hat, irgend etwas anderes getan zu haben als zu sehen, daß er durchkommt. Einmal kam ich auf einem deutschen Flughafen an, und der Mann, der mich abholte, begann über einen amerikanischen Dirigenten zu sprechen, der in Deutschland nicht auftreten wollte, was er nicht verstehen könne. Was man *ihm* denn getan habe? Ich muß wohl ein befremdetes Gesicht gemacht haben, denn er hat gesagt: ‚Wissen Sie, alles, was über die Nazizeit gesagt wird, ist sehr aufgebauscht. Wir haben genauso gelitten wie alle anderen. Das Schiff, auf dem ich war, ist in der Nordsee gekentert. Können Sie sich vorstellen, wie kalt das Wasser dort war?' Worauf ich, vielleicht dumm von mir, *explodiert* bin! Ich habe zu ihm gesagt, mein Mitleid halte sich in Grenzen angesichts dessen, was meine Mutter in Auschwitz durchmachen mußte, einen ganzen Winter ohne wärmende Kleidung am Leib. Eine Minute lang herrschte tiefes Schweigen. Dann hat er gesagt: ‚Natürlich, Ausnahmen hat es gegeben.'

Was soll man also sagen? Es gibt nichts zu sagen!"

Während des ganzen Gesprächs hatte Aviva mit kaum verborgener Unruhe auf die jeweils nächste Frage gewartet. Anscheinend hatte sie gefunden, es sei schade für unsere Zeit. Wozu der Aufwand?

Sara hingegen konnte ihren Redefluß nicht mehr anhalten, sobald sie sich einmal entschlossen hatte, damit anzufangen. Unser erstes Gespräch hatte bei ihr eine Abfolge von Träumen und lange Weinkrämpfe ausgelöst. Beim zweitenmal erschien sie mit Notizen und einer Fragenliste, entschlossen, Ordnung in ihr Denken zu bringen.

„Ich habe immer zu verstehen versucht, was geschehen war, warum meine Eltern so waren, wie sie waren, warum ich immer einen solchen Zorn auf sie hatte", sagte sie. „Aber in Israel spricht man, im Gegensatz zu Amerika, nicht über seine Gefühle. Im Gegenteil, man wird immer darin bestärkt, über Gefühle zu *schweigen*. In der Landwirtschaftsschule, auf die ich ging, und auch in der Jugendgruppe sprachen wir über ethische Werte. Wir stritten über ideologische Fragen. Wir sprachen über den Sozialismus und verschiedene Persönlichkeiten, die bei der Staatsgründung eine führende Rolle gespielt hatten. Wir waren idealistisch gesinnt. Chauvinistisch. Aber über persönliche Gefühle ist nicht gesprochen worden. Wir haben über die Helden von der Palmach gelesen und Fahrten dorthin gemacht, wo sie gekämpft haben. Es war alles sehr heroisch, die Geschichten von Menschen, die in den Kampf und danach schweigend davongingen. Nie sagte einer, daß er Angst hätte. Niemals hat jemand geweint. Man durfte ein Held sein, aber weinen durfte man nicht."

Nach diesem Vorbild, dachte ich, hat sich Aviva geformt. Sara ist dazu nicht imstande.

„Das wichtigste am Geschichtsunterricht, wie er in Israel gegeben wurde", fuhr Sara fort, „war der Kampf gegen die Engländer und gegen die Araber. Über den Holocaust zu sprechen, war schon fast etwas Peinliches, sehr Erniedrigendes. Die Überlebenden waren lebende Zeugen dessen, was dem Auserwählten Volk widerfahren war. In meiner Schule haben wir darüber überhaupt nichts zu hören bekommen. Ich mußte mir Bücher besorgen.

Aber in der Literatur damals ist es nur um Pioniere gegangen, wunderbare Geschichten über den *Jischuw*, die Gründer von Petach Tikvah und Zichron Ya'akov. Um Aufbau und Kultivieren. Die Zeit war von einem reinen, lebendigen Idealismus erfüllt. Soweit es überhaupt Holocaust-Literatur gab, hat sie – so habe ich es immer empfunden – die Überlebenden geringschätzig behandelt. Nie ist man einem Überlebenden mit guten Eigenschaften begegnet. Immer war er schwach, hilflos oder verrückt. Im Kibbutz zum Beispiel gibt es immer einen Sonderling, der allein umhergeht, weil er ein Überlebender ist. Es kam zu Heiraten zwischen Israelis und Überlebenden, aber aus Mitleid. Ich kann mich aus der Literatur an keinen Überlebenden erinnern, der heil und unbeschädigt herauskam. Und man sieht keinen von ihnen in der israelischen Politik. Man sieht sie nicht in der Kunst. Sie haben anders gesprochen, sie waren nicht akzeptiert, sie lebten zusammen, wie eine Minderheit. Die Israelis hat man derart in den Himmel gehoben, daß neben ihnen die Überlebenden zu etwas Beschämendem wurden. Noch heute empfinde ich wegen meiner Eltern Scham und Schuldgefühle."

Sara zupfte an ihrem Haar.

„Lange Zeit, lange nachdem ich die Landwirtschaftsschule abgeschlossen hatte, war ich unfähig, irgendeinem Menschen zu trauen. Von den Eltern hatte ich nur gehört, die Welt ist ein Dschungel, und es gibt keine Freunde. Man hat niemanden. Das hat sich auf meine Beziehungen zu anderen Leuten nachteilig ausgewirkt. Ich habe mich mit Mauern umgeben. Ich habe mich mit einer Menge Dinge beschäftigt: Ich hatte immer zu tun; ich wirkte, als wäre ich der gesündeste Mensch auf der Welt, die ganze Zeit damit beschäftigt, die Probleme anderer Leute zu lösen. Aber ich bin an andere Menschen nicht herangekommen, und ich habe auch keinen an mich herangelassen. Mein Mann ist sozusagen mein erster Freund. Am zweiten Tag, nachdem ich ihn kennengelernt hatte, habe ich zu ihm gesagt, daß ich ein Geheimnis hätte, meine Eltern seien in den Lagern gewesen. Ich bin damit nicht hausieren gegangen."

Sie beugte sich, auf die prallen Arme gestützt, nach vorne.

„Und schau, noch etwas belastet mich, jetzt, die ganze Zeit. Ich habe Angst, daß mir mein Mann weggenommen wird, sogar dann, wenn er nur zum Angeln wegfährt. Wenn ich eine Nacht allein zu Hause bin, schlafe ich im Wohnzimmer, auf dem Boden, und lasse das Licht brennen. Für alle Fälle. Ich fühle mich immer schuldig, daß ich am Leben bin. Heute war ich spazieren, und es ist ein so schöner Tag, und ich war so glücklich, daß ich leben darf. Normale Leute denken solche Dinge nicht. Sie nehmen sie als selbstverständlich. Je mehr ich rede, desto stärker wird mir bewußt, wie mich das alles belastet hat, als ich noch jünger war. Aber ich habe nie darüber gesprochen. Ich habe alles in mir drinnen behalten. Ich bin sehr froh, daß ich einen Anfang gemacht habe. Ich möchte, daß mein Sohn davon frei bleibt. Ich sehe, wie es weitergegeben wird."

Ein paar Tage, nachdem wir unser letztes Gespräch beendet hatten, beschloß Sara, einen Psychiater aufzusuchen, der schon viel mit Familien von Überlebenden gearbeitet hatte. Sie nahm an, daß die Therapie sich nicht sehr lange hinziehen würde. Schließlich habe sie einen Mann, den sie liebe, eine Arbeit, die ihr Freude mache, einen kleinen Sohn. Sie habe inzwischen ein paar enge Freunde und auch gelernt, mit ihren Eltern auszukommen. Aber, sagte Sara, es gebe unverarbeitete Dinge, denen sie zu lange ausgewichen sei. Sie sei jetzt dreißig; es sei an der Zeit, einiges in die Reihe zu bringen.

Kein Gedanke hätte Aviva ferner liegen können als der an eine Psychotherapie. Sie hatte nie irgendeinen Grund gesehen, so etwas in Betracht zu ziehen, und auch für den Berufsstand insgesamt hatte sie nicht viel übrig. Sie spüre keinesfalls schlimme Auswirkungen des Holocaust auf ihr Leben, sagte sie zu mir. „Er hat weder die Wahl meiner Freunde, noch meine Heirat, noch die Entscheidung beeinflußt, wo ich leben will. Der einzige Einfluß des Holocaust auf mich, den ich mir vorstellen kann, betrifft meine jüdische Identität. Ich bin nicht religiös, in keinem Sinn des Wortes. Ich gehe nicht in die Synagoge. Ich kenne die Traditionen, weil ich in Israel aufgewachsen bin, und man müßte schon mit Blindheit geschlagen sein, wenn man nicht wüßte, wie sie aussehen. Aber obwohl ich nicht religiös bin, habe ich ein starkes Identitätsgefühl in mir. Es gehört ebenso zu mir wie der Umstand, daß ich Musikerin bin. Und *darauf*, glaube ich, hat sich die Verfolgung ausgewirkt. Mir erscheint der Holocaust als ein weiterer Beweis dafür, daß man sich von seiner Identität nicht absetzen kann.

Ich will das eigentlich auch gar nicht. Die ganze Geschichte des jüdischen Volkes fasziniert mich. Es hat so unheimlich viel Entschlossenheit verlangt, aus diesem ganzen Elend, das geschehen ist, mit relativ wenigen Narben herauszukommen. Irgendwie vertraue ich darauf, daß, was so lange möglich war, immer möglich sein wird. Es wird einfach undenkbar sein, dieses Volk vom Angesicht der Erde zu vertilgen, und das macht mich stolz.

8

Nicht alle Kinder von Überlebenden des Holocaust, mit denen ich sprach, teilten Avivas Stolz.

Gabriela Korda* war in Südamerika aufgewachsen, wo sie sich als Protestantin ausgab. Sie gehörte zu jener Gruppe von mir befragter junger Juden, deren Eltern sich von der jüdischen Religion abgewandt hatten. Die Rassengesetze des ‚Dritten Reiches' hatten sie zu der Ansicht gebracht, daß es nichts Gutes einbringe, Jude zu sein, und diese Überlebenden nutzten die Emigration dazu, sich eine neue Identität zuzulegen.

Gabrielas Mutter, eine hochgewachsene, vornehm wirkende, blonde Frau, hatte sich kurz nach Kriegsende die in Auschwitz eintätowierte Nummer entfernen lassen. Sie erklärte Gabriela, was sie in der Zeit der Judenverfolgung mitgemacht hatte, habe sie gelehrt, sich für die Assimilation zu entscheiden. Das Bedürfnis nach Sicherheit rangierte nun bei ihr an erster Stelle, und dieses Bedürfnis veranlaßte sie, ihre Kinder auf eine möglichst unjüdische Weise großzuziehen, um ihnen zu ersparen, was ihr widerfahren war. Eine solche Einstellung war charakteristisch für einen bestimmten Typus von Überlebenden aus dieser Zeit und im Schmelztiegel der Vereinigten Staaten ohne Schwierigkeit in die Praxis umzusetzen. Ungleich schwerer war dies hingegen in Südamerika, wo Gabriela aufwuchs. In Brasilien, Argentinien, Kolumbien, Ecuador, Peru, Venezuela und Chile lebten die Kinder von Holocaust-Überlebenden in einem kulturellen Niemandsland. Die katholische Kirche nahm eine beherrschende Stellung ein. Eine Serie von Putschen und Regimewechseln beunruhigte ihre Eltern, die immer zur Flucht bereit und sensibel für jedes Anzeichen von Antisemitismus waren.

Ihre Sensibilität war nur zu begründet. In den späten vierziger und den frühen fünfziger Jahren war Südamerika zu einem Schutzhafen ebenso für ehemalige Nazis wie für Holocaust-Überlebende geworden. Es war vielleicht der einzige Kontinent, wo es vorkommen konnte, daß Kinder von Menschen mit eintätowierten KZ-Nummern in der Schule neben Kindern von Leuten saßen, die zum Wachpersonal der Lager gehört hatten.

* Name von der Autorin geändert

Acht Jahre lang war Gabriela auf eine Schule dieser Art gegangen, und als ich sie kennenlernte, war sie darin geübt, sich zu tarnen: Sie hatte einen großen Teil ihres Lebens mit einem prekären Verstellungsspiel verbracht, mit einer doppelten Identität gelebt.

Wir hatten uns zufällig auf einer Cocktail-Party kennengelernt, und mir war, wie den meisten Leuten, sofort ihre ruhige und ganz erstaunlich kultivierte Art aufgefallen. Wie viele Überlebende hatten Gabrielas Eltern es im südamerikanischen Geschäftsleben sehr weit gebracht, und ihre Tochter war der Beweis ihres Erfolges. Sie wirkte und kleidete sich wie ein europäisches Modell. Sie sprach fließend fünf Sprachen. Sie hatte Jahre auf Reisen im Ausland verbracht und fühlte sich in den Skihütten in den Rocky Mountains ebenso zu Hause wie in den Diskotheken von Paris. Sie hatte in ihrer Heimatstadt das College besucht, ihr Studium in den Vereinigten Staaten abgeschlossen und pendelte nun zwischen Nord- und Südamerika, außerstande, sich auf eine Zukunft hier oder dort festzulegen. ,,Es hängt davon ab, wo ich arbeiten kann", pflegte sie zu sagen, in Wahrheit aber waren ihr hier wie dort Stellungen angeboten worden. Sie war dreißig und hatte für die Vereinten Nationen wie auch für mehrere nord- und südamerikanische Großunternehmen gearbeitet. ,,Nirgendwo hält mich was; ich habe keine Wurzeln", lautete eine andere Erklärung für ihre Reiselust, und diese Erklärung war, im Unterschied zu der ersten, zutreffend.

Leute, die Gabriela begegneten, ahnten nur selten etwas von ihrer Herkunft. Sie hatte den spanischen Familiennamen des Südamerikaners beibehalten, von dem sie sich hatte scheiden lassen, doch wegen ihres edel geschnittenen Gesichts und ihres geheimnisvollen Akzents hielten Menschen, die sie nicht kannten, sie für eine Skandinavierin. Niemand hätte erraten, daß ihr Großvater ein ungarischer Rabbiner gewesen war, was sie, wenn sie nicht gefragt wurde, für sich behielt. Erst mit achtzehn Jahren hatte sie gelegentlich erwähnt, daß sie Jüdin war, und selbst jetzt noch zog sie es vor, das Thema auf sich beruhen zu lassen. Sie fand die Amerikaner im Punkt ihres Privatlebens viel zu offenherzig. Es war ihr angenehmer, über internationale Politik als über persönliche Probleme zu sprechen.

Als ich zu Gabriela sagte, daß ich daran interessiert wäre, ein Interview mit ihr zu machen, war sie fasziniert, zögerte jedoch. Sie war wegen möglicher Rückwirkungen besorgt: Die Nazis in Südamerika stünden untereinander in Verbindung und könnten ihrer Familie Schwierigkeiten bereiten. ,,Sie kennen die Situation nicht", sagte sie ruhig. „Sie haben noch immer sehr viel Einfluß. Unter den Schülern an meiner Schule bestand die stillschweigende Übereinkunft, über die Vergangenheit unserer Eltern nicht zu sprechen. Ich war nicht bereit, zu Wiesenthal nach Wien zu fahren und ihm zu sagen, ich weiß über diesen und jenen Bescheid: Sie leben unter einem falschen Namen. Ich wußte, daß sie sich andere Namen zugelegt hatten. Ich habe nie gefragt, warum. Ich habe *gewußt*, warum. Wir brauchten nicht darüber zu sprechen, daß die Eltern irgendeines Schulkameraden Nazis waren. Es lag auf der Hand."

Gabriela sagte all dies mit einer gewissen Ungeduld, als handelte es sich um etwas Selbstverständliches, für jeden Menschen Alltägliches. „Sie kennen die Situation nicht", wiederholte sie, doch ich vermutete, daß es um mehr als nur das ging. Gabriela war noch nicht bereit, sich als Jüdin, geschweige denn als Kind von Holocaust-Überlebenden zu ‚bekennen'. Sie hatte die Tendenz, die Wirkung der Verfolgung auf ihre Eltern so sehr herunterzuspielen, daß sie in ihrer Darstellung zu einem kleinen Intermezzo in einer fernen Vergangenheit zusammenschrumpfte. Wie Avivas Eltern hatten auch die ihren nicht viel über jene Zeit gesprochen.

„Nicht, weil sie so Schlimmes erlebt hätten", sagte Gabriela rasch, „sondern weil ihnen tatsächlich nichts Schreckliches zugestoßen ist. Vater war in einem Zwangsarbeitslager und mußte sehr schwer arbeiten, aber er war damals erst Anfang zwanzig, jung und gesund und hat dort gute Freunde gefunden. Mutter wurde direkt nach Auschwitz transportiert und war dort anderthalb Jahre. Sie arbeitete in einer Abteilung, wo sie Kleidungsstücke für Häftlinge sortierten, die ins Lager kamen, und hatten es nicht gar so schlecht. So, wie sie darüber spricht, war es für sie in gewisser Weise eine positive Erfahrung, weil *ihr selbst* nichts Furchtbares geschehen ist, wenn sie auch um sich herum schreckliche Dinge passieren sah. Sie ist leidlich anständig behandelt worden. Die Deutschen haben sie immer wieder gefragt, warum sie dort sei. Sie konnten nicht glauben, daß sie Jüdin ist. Einer hat sie sozusagen unter die Fittiche genommen, aber ich glaube nicht, daß daran irgendwas Sexuelles beteiligt war, denn über solche Dinge hat sie sehr freimütig gesprochen. Es war ein SS-Offizier, der ihr Ovomaltine gebracht und immer wieder gesagt hat, er möchte, daß sie gesund und am Leben bleibt.

Das war auch ihre Hauptsorge. Im Winter ist sie ins Freie gegangen und hat sich mit Schnee gewaschen, weil sie um sich herum nur Leute sah, denen alles egal war, die jede Hoffnung aufgegeben hatten. Mutter ist noch heute ein sehr disziplinierter Mensch."

Die Kordas, die vor dem Krieg geheiratet hatten, wurden kurz nach Kriegsende in Budapest wiedervereint. Die Verfolgung hatte aus Gabrielas Vater einen radikal anderen Menschen gemacht. Vorher war er ein frommer, die Gebote achtender Jude gewesen, der täglich die *Schul* seines Vaters besuchte. Nun verlor er seinen Glauben und wurde zu einem engagierten Kommunisten, der die ganze Stalin-Ära hindurch für die ungarische Regierung arbeitete und seiner Familie ein komfortables Auskommen bot. Als es 1956 zum Aufstand in Ungarn kam, wollte Herr Korda nicht aus dem Land gehen. „Er hielt sich damals aus Geschäftsgründen in Südamerika auf", erzählte mir Gabriela, „und schrieb uns, wir sollten bleiben, wo wir waren. Aber Mutter hatte große Angst, denn zu dieser Zeit ging eine Welle des Antisemitismus durchs Land. Sie ist mit meinem Bruder und mir nach Österreich gefahren und hat Vater vor vollendete Tatsachen gestellt. Eine Rückkehr war nicht mehr möglich. Wir haben uns in Wien in einem Hotel aufgehalten. Ich war damals zehn."

Die Kordas blieben drei Wochen in Österreich und fuhren dann nach Deutschland weiter, wo Gabrielas Vater geschäftliche Kontakte hatte. Dort hielt sich die Familie sieben Monate auf. Gabriela ging auf die Schule, und die Eltern versuchten sich klarzuwerden, wo sie künftig leben wollten. Als das beste erschien es ihnen, nach Südamerika zu gehen, wo Herr Korda für ein von einem Bekannten geleitetes Unternehmen arbeiten konnte. So übersiedelte die Familie 1957 dorthin. Da die meisten Kinder der dort lebenden Mittelschicht-Europäer Privatschulen besuchten und da Gabriela gerade Deutsch gelernt hatte, beschlossen ihre Eltern, sie auf ein deutschsprachiges Institut zu schicken. Es war ein rasch und ohne langes Überlegen gefaßter Entschluß. Damals erschien er logisch.

„Ich fand Südamerika scheußlich", berichtete mir Gabriela. „Es war fremdartig. Verkommen. Die Leute waren anders angezogen, und ihre Sprache verstand ich nicht. Ich trug Hosen, und die Leute starrten mich an, weil Mädchen dort keine trugen. Zuerst war ich recht glücklich, in einer deutschen Schule zu sein. Die Deutschen halten von drei Dingen sehr viel: Wenn man im Sport etwas leistet – und ich war ausgezeichnet; wenn man blond ist und blaue Augen hat – das war bei mir der Fall; und wenn man diszipliniert ist – das traf auf mich zu. Ich war sehr beliebt.

In der Schule herrschte die Denkart: Alles Europäische ist viel besser als irgend etwas Landeseigenes. Die Einheimischen wurden als eine tiefer stehende Klasse, als eine Problemschicht betrachtet ... es gab sogar einen eigenen Namen für sie: *die Hiesigen*. Obwohl die Schule ebenso von Südamerikanern wie von Deutschen besucht wurde, war der Geist dort viel stärker deutsch geprägt. Wir lernten deutsche Geschichte von den Anfängen der germanischen Stämme. Wir lasen Goethe, Schiller, Kleist und Schriftsteller, die nicht einmal in andere Sprachen übersetzt waren. Ich gewann Preise im Geschichtsunterricht, habe ein Referat über die Ursprünge der deutschen Sprache geschrieben und einen Glückwunschbrief vom Direktor bekommen. In der Schule galt ich als arisch. Als sie eines Tages das Schuljahrbuch zusammenstellten, photographierten sie mich und ein einheimisches Mädchen für den Umschlag: mich als Repräsentantin der Deutschen und sie als Vertreterin der einheimischen Bevölkerung."

Gabriela lächelte, und es war mir unmöglich, die Tiefe oder die Art der Gefühle hinter diesem Lächeln zu ergründen. Wie viele der Kinder von Überlebenden, mit denen ich mich unterhielt, sprach Gabriela ganz leidenschaftslos. Sie gab sich sachlich, ihre Stimme war ausgeglichen-neutral. Es war fast, als spräche sie über eine mäßig interessante Romanfigur.

„Es war mir bewußt, daß ich Jüdin bin", fuhr Gabriela fort. „Aber wenn mich jemand fragte, welcher Religion ich angehörte, habe ich mich als Protestantin ausgegeben. Irgendwie fand ich, ich sollte verschweigen, daß ich Jüdin bin. Ich hatte das Gefühl, daß es mir nichts Gutes bringen würde. Ich hatte gewisse Bemerkungen gehört. Ich weiß noch, daß ich schon in Ungarn, mit acht Jahren, solche Reden gehört hatte. *Die Juden, die Wucherer ... die Juden, die die Presse steuern .. ach, führ dich doch nicht wie ein Jud auf.* Die Schule war sehr antisemitisch. Eine meiner Lehrerinnen sah aus wie die typische Deutsche auf all den Nazibildern, das blonde Haar zu einem Kranz um den Kopf geflochten. Die Deutschen aus der zweiten und dritten Generation wurden zwar allmählich lässiger, doch die aus der ersten Generation in Südamerika gingen immer sehr steif, mit blitzblank gewienerten Schuhen, und manche trugen sogar das Haar wie Hitler. Bei einem Mädchen, mit dem ich befreundet war, hingen die Wände im Haus voller Photos von Nazi-Aufmärschen."

Wieder lächelte Gabriela. „Ich habe das alles sehr reif hingenommen. Ich warf ihnen ihre Einstellungen nicht vor. Sie waren Opfer einer perfekten Gehirnwäsche. Wenn ich nicht beide Welten erlebt hätte, wäre ich genauso geworden wie sie. Mit meinen Eltern habe ich über alle diese Dinge nicht gesprochen. Ich hatte Angst, sie würden mich aus der Schule nehmen und in eine andere stecken. Meine besten Freundinnen gingen in diese Schule, wenn sie auch Kinder von Nazis waren. Ich habe den größten Teil meiner Zeit mit ihnen verbracht. Selbst am Wochenende sahen wir einander. Ich wußte genau, wie weit ich bei ihnen gehen konnte, wie vertraulich ich mit ihnen werden durfte. Ich habe das Verstellungsspiel aus dem gleichen Grund weitergespielt, aus dem ich es begonnen hatte. Zum Selbstschutz. Ich wollte nicht ausgeschlossen werden."

Nur ein paarmal war Gabrielas Identität als ‚Christin' in Gefahr geraten. Der erste Fall hatte sich ereignet, als sie fünfzehn war und ein orthodox-jüdischer Cousin aus Brooklyn die Familie besuchen kam. „Ich habe ihn auf eine Party mitgenommen", erzählte sie mir, „und aus irgendeinem Grund hat ihn eine meiner Schulkameradinnen nach seiner Religion gefragt. Er antwortete, daß er Jude sei. Da er nicht spanisch sprach, weiß ich nicht, ob sie ihn verstanden haben, denn es ist sehr laut zugegangen. Aber es hat mich schrecklich aufgeregt. Ich habe pausenlos weitergesprochen. Am nächsten Morgen erzählte ich Mutter, daß mein dummer Cousin das gesagt hatte. Was sollte ich meinen Schulkameradinnen jetzt sagen? Sicher wußten jetzt alle, daß ich Jüdin war. Mutter meinte, wenn meine Freundinnen echte Freundinnen seien, würde es ihnen nichts ausmachen, aber diese Antwort war für mich sehr schwer zu schlucken. Ich war ganz verzweifelt, aber als ich in die Schule kam, geschah gar nichts. Ich glaube nicht, daß irgend jemand meinen Cousin verstanden hatte.

Einige Zeit später hat mich ein Junge aus der Schule, als ich mit ihm ausging, gefragt: „Warum haben deine Eltern jüdische Freunde? Sind sie selber Juden? Weißt du, mir macht es nichts aus, wenn du Jüdin bist." Ich bekam das Gefühl, daß ein Gerücht über mich in der Schule umging. Aber ich war sehr gut angeschrieben. Ich war zur beliebtesten Schülerin in meinem Jahrgang gewählt worden. Ich nehme an, wenn das Gerücht verbreitet worden wäre, hätten meine Schulkameraden mich als Opfer einer jüdischen Verschwörung betrachtet."

Ein schwaches Lächeln umspielte Gabrielas Lippen in der Erinnerung daran, wie gut sie die Situation im Griff gehabt hatte. „Von alledem habe ich niemandem etwas anvertraut", fuhr sie fort. „Ich glaube, ich wollte meine Eltern schützen, Mutter hätte sich darüber sehr aufgeregt, und Vater hatte in diesem Punkt seine eigenen Probleme. Wenn ich mit Jungens aus meiner Schule ausging, sagte er: ‚Vielleicht war sein Vater ein großer Nazibonze', aber er hat mir das Ausgehen nie verboten. Vater hatte mit den ansässigen deutschen Geschäftsleuten zu tun. Er hat in Südamerika anfangs für eine deutsche Firma gearbeitet, und es lag in seinem Interesse, alle antideutschen Gefühle, die er hatte, zu unterdrücken. Er hat sich nie als Jude zu erkennen gegeben – aber Leute aus der Geschäftswelt gehen ja nicht herum und fragen einen nach seiner Religionszugehörigkeit. Es gab keinen Grund, die Sache an die große Glocke zu hängen."

Gabriela sah mich mit einem festen Blick an, ihre Hände waren ruhig, das Gesicht zeigte sich vollkommen gelassen. „Erst als Eichmann in Argentinien aufgespürt wurde, begann Vater sich zu verändern", sagte sie. Mutter war weiterhin für die Assimilation, doch er reagierte ganz plötzlich auf eine bei ihm ganz ungewohnte Weise. Ich wußte nicht, wer Eichmann war und was er getan hatte. Vater erklärte mir, daß dieser Mann Juden getötet habe, überdies die meisten der ungarischen Juden. Dann hat er gesagt, er würde diesen Menschen am liebsten selbst umbringen. Mutter sagte zu ihm, er solle nicht so albern daherreden. Mir war sehr unbehaglich zumute. Ich habe mir gesagt: Wie kann Vater so sprechen, wenn er mich auf eine deutsche Schule gehen läßt? Ich hätte mit Eichmanns Kindern die Schulbank drücken können. Es war nicht so, aber es hätte so sein können.

Damals kam es zu einem Ausbruch von Antisemitismus. Wir hörten über Vorfälle an den Universitäten in Argentinien, wo die Nazibewegung aktiv war. Bei einem dieser Zwischenfälle verschleppten sie eine junge Jüdin, brannten ihr ein Hakenkreuz in die Haut und folterten sie. Es muß noch viele weitere Vorkommnisse dieser Art gegeben haben, über die aber nicht berichtet wurde. In unserer Schule sagten die Lehrer, an alledem seien die Juden schuld, die die Presse manipulierten. Wir diskutierten nicht über die Grausamkeiten, worüber ich erleichtert war. Ich wollte überhaupt nichts davon hören. Den anderen Kindern war die Sache egal. Ich habe die ganze Angelegenheit sehr zynisch genommen. Ich habe mir gesagt: Die Nazis haben dies getan, aber die Römer haben das getan, und warum sollte ich den Stab darüber brechen? Ich habe immer versucht, Gesprächen über die Judenverfolgung durch die Nazis aus dem Weg zu gehen.

Gabriela zündete sich eine Zigarette an.

„Als ich die Oberschule hinter mir hatte", sagte sie, „ging ich auf ein paar Monate nach England. Wenn mich jemand fragte, ob ich Jüdin sei, sagte ich ja. Ich habe versucht, mich mit Juden anzufreunden. Ich wollte mich in eine jüdische Atmosphäre einleben. Ich wollte akzeptiert werden als das, was ich war, und mit dem Spiel aufhören. Diesen Entschluß hatte ich schon lange vorher gefaßt, konnte ihn aber nicht umsetzen. Ich konnte nicht eines Tages die Schule betreten und sagen: *Hört mal alle her, ich bin Jüdin!* Das ging nicht. Das ging einfach nicht."

Zum erstenmal zeigte Gabrielas Gesicht einen Ausdruck von Gefühl.

„An der Universität habe ich einen neuen Anlauf gemacht. Ich wollte authentisch sein. Doch selbst damals war es schwierig. Deshalb versuche ich von Amerika wegzukommen. Ich habe lange dazu gebraucht, der ganzen Sache gegenüber indifferent zu werden. Ich bin es noch heute nicht ganz.

Vater hat sich vollständig verändert. Heute spricht er zu anderen Leuten über Israel. Er schickt Geld hin. Sobald er finanziell Boden unter den Füßen hatte, kehrte er zu seinen jüdischen Empfindungen zurück. Das war Mutter gar nicht recht. Sie hat gefunden, es war nicht nötig, in das Leben, das wir bis dahin geführt hatten, Unruhe zu bringen. Heute gibt Vater an allem, was bei mir schiefgelaufen ist – daß ich mich scheiden ließ, daß ich nicht weiß, was ich tun möchte, daß ich zu keinem geregelten Leben gefunden habe – dieser Schule die Schuld.

Wenn ich eine südamerikanische Schule besucht hätte" sagte Gabriela gelassen, „meint Vater, hätte ich mich besser eingefügt. Er sieht, daß ich keine Wurzeln habe, und betrachtet es als vertane Zeit, acht Jahre an den Versuch zu verschwenden, Teil der deutschen Kolonie zu werden."

Der Blick ihrer klaren, blauen Augen ruhte auf dem Tisch zwischen uns. „Wissen Sie, wenn man auf eine deutsche Schule geht und mit der deutschen Literatur groß wird, wird man sehr deutschfreundlich. Ich kann die deutschen Juden sehr gut verstehen, die noch spät in den dreißiger Jahren in Deutschland geblieben sind, obwohl sie gesehen haben, was geschah. Ich verstehe auch die Juden, die nach Deutschland zurückgekehrt sind und heute dort leben. Ich reise nach Deutschland. Den größten Teil meines bisherigen Lebens ist mir alles Deutsche sehr nahegestanden ..."

Ihre Stimme wurde schwächer, sie verstummte, und wir saßen beide schweigend da. Einen Augenblick lang gaben mir ihr Ton, die Entschiedenheit, mit der sie sich ausdrückte, alles an ihrer Erscheinung den Gedanken ein, daß Gabriela eine Deutsche *war*, daß ihre ganze Geschichte irgendein kunstvoll ausgedachtes Vertuschungsmanöver, ein unglaublicher, makabrer, bedrohlicher Witz sei. Alles daran war mir ein Rätsel und machte mir Angst. Wie konnten Eltern, die den Holocaust überlebt hatten, ein Mädchen als Deutsche heranwachsen lassen? Wie konnte Gabriela sich eine Kultur zu eigen machen, die die Ursache dafür war, daß die meisten ihrer Angehörigen umgebracht wurden?

Ich stellte mein Tonbandgerät ab und versuchte auch das Denken abzustellen. Natürlich, sagte ich mir, ist sie keine Deutsche. Wer würde sich eine solche Geschichte ausdenken? Niemand trägt Schuld daran. Es lag einfach an den Komplikationen der Situation, an falschen Schlüssen, die man gezogen hatte. Ich wollte später versuchen, mir die Sache klarzumachen; ich war jetzt noch nicht fähig, die Reaktionen zu bewerten, die Gabriela in mir ausgelöst hatte.

Wir unterhielten uns über die anderen Leute, mit denen ich Interviews gemacht hatte, und bemühten uns, zu der angenehmen professionellen Atmosphäre zurückzufinden, in der wir unser Gespräch begonnen hatten. Wir konstatierten die ungemein breite Spannweite der Erziehung, wie sie für Kinder von Holocaust-Überlebenden kennzeichnend war. An der Oberfläche wirkte es so, als unterhielten wir uns distanziert über Dinge, die ein für allemal vorbei waren. Doch tief in meinem Innern spürte ich einen Aufruhr der Gefühle, über die ich zu Gabriela nicht sprechen konnte. An der Schilderung, die sie von ihrer Familie gegeben hatte, erkannte ich, was Psychiater als „Identifizierung mit dem Angreifer" bezeichnen, und diese Erkenntnis war für mich nicht nur unerfreulich, sondern schmerzlich dazu. Gabriela hatte den arischen Mythos einfach übernommen und dazu viel von dem Stereotyp des Juden, das die Nazis verbreitet hatten. Ich wurde mit der Verwirrung nicht fertig, die das in mir ausgelöst hatte. So legte ich das Transskript ihres Interviews in einen Aktendeckel und verwahrte es in einer unteren Schublade. Gabriela konnte doch einfach nicht repräsentativ für andere sein.

Doch in den folgenden Monaten begegnete ich anderen Leuten, hörte ich von anderen Menschen wie Gabriela. Einige waren Kinder der 25 000 Juden, die nach dem Krieg in Deutschland geblieben waren;

andere hatten zwar nie eine deutsche Schule besucht, waren aber unter ähnlichen Umständen aufgewachsen. Am betroffensten machte mich eine Meldung, die im Juni 1977 in amerikanischen Zeitungen erschien. Ein Bund amerikanischer Nazis hatte einen Demonstrationszug geplant, der am 4. Juli durch Skokie, im Bundesstaat Illinois, marschieren sollte, und der Anführer war nach den Angaben von Reportern aus Chicago und von Associated Press, ein Sohn von Holocaust-Überlebenden.

Frank Collin, wie er hieß, hatte Anfang zwanzig begonnen, sich an nazistischen Aktivitäten im Gebiet von Chicago zu beteiligen. Sein Vater, Max Collin, war während des Krieges Häftling in Dachau gewesen. Nach der Befreiung aus dem Konzentrationslager war er nach Chicago ausgewandert, hatte sich in Max Collin umbenannt und es im Geschäftsleben zu etwas gebracht. Sein Sohn war zum erstenmal 1969 während einer nazistischen Demonstration festgenommen worden. Ein Jahr später war die amerikanische Nazi-Partei hinter Frank Collins Abstammung gekommen und hatte ihn aus ihren Reihen ausgeschlossen, was dieser mit der Gründung einer eigenen Organisation beantwortete. Er hatte für Pressephotographen neben einem Hitler-Bild posiert und bestritten, daß sein Vater Jude war. ,,Wenn die *Police Gazette* etwas über mich brächte, würde ich darauf nicht antworten", sagte er zu Reportern, ,,warum sollte ich dann auf das Geschwätz von Leuten eingehen, die sich dazu erniedrigen, für ihr Geschreibsel Quellen aus der Gosse zu benutzen?"

Skokie wurde zu einem Symbol, und Frank Collin geriet in Vergessenheit, während quer durch die Vereinigten Staaten Anwälte und Leitartikler über das Recht von Nazis stritten, in einer Stadt, die unter ihrer Einwohnerschaft mehrere Tausend Holocaust-Überlebende zählte, eine provozierende Demonstration abzuhalten. Doch die Aufnahme von Frank Collin, einem bulligen, stumpf dreinblickenden jungen Mann mit über der Brust verschränkten Armen, neben dem Hitler-Bild blieb mir in Erinnerung, ungleich lebendiger als irgendeines der Argumente für oder gegen das Recht der Nazis, einen Umzug abzuhalten.

In Wahrheit fiel es mir viel weniger schwer, Frank Collin oder Gabriela zu verstehen, als ich mir gerne eingestand. Ihre Identifizierung mit Deutschen war im Rahmen des Verhaltensmusters, das ich aufgrund meiner Interviews zu erkennen begann, verständlich. Alle von mir befragten Kinder von Holocaust-Überlebenden erklärten, daß sie die Einstellungen ihrer Eltern zu Deutschland und zu den Holocaust-Erfahrungen durch eine Art wortloser Osmose absorbiert hätten. Sie waren nicht ausdrücklich dazu angehalten worden, so oder so zu denken oder zu fühlen. Sie hatten vielmehr Zeichen, Haltungen, Wünsche mitbekommen, die nicht in Worte gefaßt waren. Außerdem hatten sie sich so stark mit ihren Eltern identifiziert, daß väterliche oder mütterliche Einstellungen, die sich während der Zeit der Verfolgung geformt hatten, zu ihren eigenen wurden.

Die Kinder jüdischer Widerstandskämpfer beispielsweise demonstrierten eine stolze und kraftvolle Identität als Juden, deutlich abgehoben von der jüdischer Kinder, die längere Zeit hindurch in Verstecken gelebt oder sich als Christen hatten ausgeben müssen. Die Kinder von Eltern, für die ihre Vergangenheit ein abgeschlossenes Kapitel war, schlossen sich diesem Beispiel an. Jene, deren Eltern über das, was sie durchgemacht hatten, offen sprachen, gingen mit diesem Thema am unbefangensten um, während andere, deren Eltern zu vergessen versucht hatten, selbst wenig dazu sagen konnten.

Gabrielas Eltern waren von zutiefst ambivalenten Gefühlen geleitet worden, wie sie bei zahlreichen Holocaust-Überlebenden nach dem Krieg verbreitet waren, und ebendiese Ambivalenz machte mir am meisten zu schaffen. Ich hörte in Gabrielas Schilderung Dinge, die ich, in minder krasser Form, schon von anderen meiner Interviewpartner gehört hatte. Vor allem aber weckte sie Erinnerungen an meine eigene Familie, in die ich bis zu diesem Zeitpunkt noch keinerlei Ordnung gebracht hatte.

9

Bis ich fünfzehn und mein Bruder zwölf Jahre alt war, meldeten die Eltern uns jedes Jahr im September zur Sonntagsschule in der *Stephen Wise Free Synagogue* an. Bis Ende November, nach einem knappen Dutzend Sonntagen, hatten wir den Unterricht schon fünf- oder sechsmal versäumt.

Nicht, weil wir krank waren, blieben wir fern, nicht einmal deswegen, weil es uns nicht gefiel, sonntags in einem Klassenzimmer zu sitzen. Daß wir die Sonntagsschule schwänzten, lag einzig an unserem Vater, und er verteidigte es reinen Gewissens. Im Herbst hinderte uns der jüdische Religionsunterricht daran, die Landschaft im Wechsel ihres Farbenkleids anzusehen; im Winter hätte er verhindert, daß wir frühzeitig das Skifahren oder Schlittschuhlaufen erlernten; und wie konnte man es im Frühjahr übers Herz bringen, die Kinder büffeln zu lassen, wenn draußen die Erde zum Leben erwachte? Was war wichtiger: frische Luft zu atmen oder aus Büchern zu lernen, was jedes jüdische Kind zu Hause am Vorbild seiner Eltern lernen sollte?

„Die Sonne scheint", meldete Vater, wenn er uns am Sonntagmorgen weckte, wie ein Riese vor unseren Betten stehend, tropfnaß von seiner kalten Dusche. Er pfiff Reveille und veranstaltete ein lautes Türen- und Schubladengeklapper. Manchmal richtete er sich zu voller Größe auf, schlug sich mit den Fäusten an die Brust und sang dazu „oooh-laah-meeh-neeh" wie Tarzan im Dschungel.

In Prag hatte es in Vaters Jugend einen Schwimmer gegeben, der jeden Silvester in die Moldau hechtete, die mitten durch die Stadt fließt. Oft mußte man ihm eine Bahn durchs Eis brechen, und wenn er die andere Seite erreicht hatte, blau gefroren und schlotternd vor Kälte, schlug er sich zum Aufwärmen mit den Fäusten gegen die Brust und schrie dazu, so laut er konnte: „*zdoláno* – geschafft".

Vater hatte ihn immer bewundert.

„Aufwachen! Es ist acht Uhr!" pflegte er zu sagen. „Es wird sicher ein schöner Tag. Ein Tag für einen Ausflug aufs Land!"

Alle drei, Mutter, mein Bruder und ich, versuchten wir uns schlafend zu stellen, aber dann tauchte Vater einen Waschlappen in kaltes Wasser, hielt ihn über die Betten und drohte damit, uns eine Dusche zu verpassen.

„Es ist doch Sonntag, Papi", jammerte ich dann unter meiner Schlafdecke hervor. „Am Sonntag schläft man sich aus."

„Los! Schau mal!" Vater zog die Vorhänge in meinem Zimmer beiseite. „Schau, was für ein schöner Tag! Den wirst du dir doch nicht entgehen lassen wollen!"

Die Sonntagsschule begann um zehn und war um halb eins aus, was mein Vater höchst lästig fand. Er arbeitete die ganze Woche in den schmutzigen, verstopften Straßen des Konfektionsviertels, wo die Luft von den Abgasen wartender Lastwagen geschwängert und vom Himmel nicht mehr zu sehen war als kleine freie Stellen, nicht größer als die Baumwollstoffmuster auf dem Boden des Arbeitssaales. Das Wochenende war dazu da, aus der Stadt herauszukommen, etwas für die

Gesundheit seiner Angehörigen zu tun. Und der Gesundheit galt Vaters vorrangige Sorge, sie war ihm ungleich wichtiger als der ganze jüdische Religionsunterricht.

„Schaut, nach dem, was ich unter dem Nazismus erlebt habe", sagte er in seinem Anfängerenglisch, „habe ich drei Dinge aufgestellt, was mir am wichtigsten waren. Als erstes Freiheit. Dann Gesundheit. Und an dritter Stelle Zufriedenheit." Das „Land" wie Vater das Angebot an öffentlich zugänglichen Stränden, Naturschutzgebieten und Parks nannte, die von New York aus in ein, zwei Stunden zu erreichen waren, bot Gelegenheit, diesen drei Dingen nachzustreben. „Schaut mal, ihr seid furchtbar blaß. Ihr braucht frische Luft!" predigte er uns am Samstag- und Sonntagmorgen, bis er einem das Weiterschlafen versalzen hatte und es schaffte, uns alle drei aus den Betten zu treiben.

Seine ganze Kindheit, seine Militärzeit hindurch und während des Aufenthalts im Konzentrationslager hatte Vater immer wieder erlebt, daß die Juden im Vergleich zu den Nichtjuden als körperlich unterlegen galten. Das klassische Bild des jüdischen Gelehrten, im schwach beleuchteten Studierzimmer über Schriftrollen gebeugt, irritierte ihn. Was nützte ein brillanter Geist in einem schwächlichen Körper? Was er *seinen* Kindern beibringen wollte, war die Liebe zur Natur, ein Gespür für den Pulsschlag des Lebens. Dies, so fand er, geschähe am besten dadurch, daß er sie im Sport unterwies. Schon mit fünf Jahren konnten mein Bruder und ich rudern, schwimmen, eislaufen und mit dem Tennisschläger einen Ball treffen. „Wenn die amerikanische Jugend von heute Sport triebe", predigte er gern unseren Lehrern, unseren Schuldirektoren und dem Rabbi an unserer Synagoge, „gäbe es kein Nikotinproblem, kein Alkoholproblem und kein Drogenproblem." Der Krieg hatte ihn in seinem Glauben an den Wert sportlicher Betätigung nur noch bestärkt. Der Sport stähle nicht nur den Körper, sondern fördere auch Disziplin und Ordnungssinn. Er sporne zu einer aktiven Lebenseinstellung an, und Aktivität war für Vater ein Maßstab der Lebensbemeisterung. Krankheit, Unglücklichsein und Untätigkeit waren für ihn unentwirrbar miteinander verbunden. Er betrachtete sie als Symbole des Todes, und jede Minute, die er mit uns Kindern verbrachte, ging es ihm offenbar darum, uns den Geist des Lebens einzuflößen.

Die Sonntagsschule aber entzog uns ihm, der frischen Luft, der Natur, und überhaupt war sie für unseren Vater etwas Fremdes. Er war in Roudnice-nad-Laben aufgewachsen, wo 300 jüdische Familien inmitten von insgesamt 12 000 Menschen lebten und kein spezieller

Unterricht vonnöten war, um Vater darüber aufzuklären, daß er Jude war. Seinem Großvater war als erstem ortsansässigen Juden gestattet worden, sich ein Haus außerhalb der Gettomauern zu bauen, und sein Vater, Besitzer einer Gerberei und einer Schuhfabrik, war eine der Hauptstützen der jüdischen Gemeinde gewesen. Die Juden in Roudnice hatten für ihre Armen gesorgt, die hohen Feiertage begangen und Spenden nach Palästina geschickt, doch ihre jüdische Identität war mehr kultureller als religiöser Natur gewesen. Vater hatte beim Rabbi dreimal in der Woche Hebräisch gelernt, er hatte seine Bar-Mizwa-Feier begangen und aus Achtung vor seinen Eltern den Gottesdienst in der Synagoge besucht. Zu Hause jedoch hatte die Familie tschechisch gesprochen, und schon als Kind war Vater das Wasser wichtiger als alles andere gewesen.

Schwimmen war seine Passion, und wenn er nicht in der Schule saß, war er am häufigsten in der Elbe zu sehen. ,,Ich habe immer eine Gruppe zusammentrommeln müssen'', erzählte er uns einmal stolz, als er meinen Bruder und mich zum Schwimmen mitnahm. ,,Man hat als Gruppe zur Elbe gehen müssen, weil uns auf dem Weg die Nichtjuden mit Steinen beworfen haben. Sie haben uns für zu schwächlich gehalten, um Sport zu treiben. Das hätten wir vom Leben in den Gettos als Erbe mitbekommen.''

Seine Eltern, vorsichtige Stadtleute, waren von Vaters Aktivitäten nicht begeistert. Er war in seiner Klasse der einzige jüdische Junge und hatte die Klatschmäuler von Roudnice bereits damit schockiert, daß er Bosenka, der Tochter ihres nichtjüdischen Nachbarn, den Ranzen von der Schule nach Hause trug, als die beiden erst zehn Jahre alt waren. Nach den Wünschen seiner Eltern sollte er die Schule abschließen und anschließend zusammen mit seinem älteren Bruder Erich in die Direktion ihrer Schuhfabrik eintreten. Doch Vater ließ sich nicht von seinen Plänen abbringen. Das Familienunternehmen, die Schule und die Vorstellung, die seine Eltern von seiner Zukunft hatten, all das mußte hinter das Schwimmen zurücktreten. Mit siebzehn Jahren gründete er zusammen mit anderen den Unabhängigen Schwimmverein von Roudnice, und ein paar Jahre später begann er als Wasserballspieler an internationalen Turnieren teilzunehmen. 1928 war er bei den Olympischen Spielen in Amsterdam dabei, und 1936 nahm er als einer der beiden tschechischen Juden an der Olympiade in Berlin teil.

,,Es war ein hitziger Streit'', erklärte Vater den Freunden und Freundinnen, die mein Bruder und ich aus der Schule mit nach Hause brachten. Dann holte er ein abgegriffenes Album mit Sportlerphotos heraus: Männer in altmodischen Badeanzügen, die neben einem Schwimmbecken aufgereiht standen. Meine Freundinnen und ich kicherten. Wir sahen, wie sich die Badeanzüge über den Genitalien wölbten, und ihr Haar war glänzend-glatt nach hinten gestrichen wie bei Dracula. Vater achtete nicht auf uns. Er war ganz damit beschäftigt, sich die Torergebnisse, Stätten und Daten der Spiele ins Gedächtnis zurückzurufen. Er wollte uns klarmachen, wie wichtig seine Teilnahme gewesen war. „Die zionistischen Sportvereine haben nämlich einen Boykott organisiert. Der beste Wasserballer im Land, ein Jude, hat sich geweigert, nach Berlin zu fahren. Ich dagegen war der Meinung, die Juden hätten die Pflicht zur Teilnahme, um die Behauptung der Nazis zu widerlegen, wir seien minderwertig. Durch Wegbleiben konnte man den Nazis in keiner Weise einen Schaden zufügen. Wir mußten beweisen, daß wir besser waren, kapiert?"

Meine Schulfreundinnen und ich hörten seine Erzählungen mit ernsten Gesichtern an und entwischten dann in mein Zimmer, wo wir uns vor Lachen ausschütteten. Als ich dann elf, zwölf Jahre alt war, wurde es mir peinlich, was Vater mit seinem Sportleralbum aufführte. Niemand, den ich kannte, hatte schon einmal etwas von Wasserball gehört. Keiner der anderen Väter, die ich kannte, holte alte Photos heraus und zeigte sie uns. Vater schien darauf versessen, seine Sportreliquien allen Leuten vorzuführen, die zu uns kamen, ob sie sie sehen wollten oder nicht. Wenn er sich mit meinen Freunden unterhielt, ging es im Grund immer um den Sport. Sein Leben schien nach den Olympischen Spielen von 1936 stehengeblieben zu sein. Nur bruchstückhaft sprach er von dem, was danach geschehen war. In der Erinnerung an sein Leben klaffte eine Lücke von ungefähr zehn Jahren. Wenn jemand zufällig eine Frage nach diesem Zeitabschnitt stellte, oder wenn er selbst darüber zu sprechen begann, wurde seine Stimme immer leiser. In seine Augen trat ein vager Ausdruck, dann verstummte er und starrte ins Leere. Unvermittelt meldete er sich wieder mit einer Frage wie: „Was gibt's zum Abendessen?" Oder: „Was treibt dein Bruder?"

Nur stückchenweise, aus kurzen, nicht zusammenhängenden Geschichtchen erfuhren wir, was sich in jenen Jahren abgespielt hatte. Irgendwann in den dreißiger Jahren, sagte er, als Berichte über Hitlers Politik die tschechischen Juden zu beunruhigen begannen, habe sich mein Großvater ein Einreisevisum nach Palästina beschafft. Doch Vaters jüngerem Bruder, Bruno, sei das Visum verweigert worden, weil er hirngeschädigt war. Meine Großmutter habe nichts davon wissen wollen, das Land ohne ihn zu verlassen, und so sei die ganze Familie in der Tschechoslowakei geblieben. „Außerdem", sagte Vater, „war ich als Reserveoffizier der tschechoslowakischen Armee der Meinung, daß ich mich nicht einfach absetzen kann. Ich besaß die gleichen Rechte wie alle anderen Bürger und fand, daß ich auch zu meinen Pflichten zu stehen hätte. Im Fall eines Krieges hat das bedeutet, bei der Verteidigung meines Vaterlandes mitzuhelfen."

Im September 1938 machte die tschechoslowakische Armee mobil, und mein Vater erhielt seinen Stellungsbefehl zur Garnison in Terezin (Theresienstadt), das, grausame Ironie, später Hitlers Modell-Konzentrationslager werden sollte. Dort wartete er mit seiner Einheit wie das ganze Land darauf, daß England und Frankreich der Prager Regierung gegen die deutschen Ansprüche auf das Sudetenland Rückhalt gäben. Als das Münchner Abkommen bekanntgegeben wurde, das das Gebiet Hitler in den Rachen warf, wurde die Garnison von Terezin demobilisiert. „Ich weiß noch, das war einer der traurigsten Tage meines Lebens", sagte er zu mir. „Als sich unser Garnisonschef von uns verabschiedete, jedem Offizier die Hand schüttelte, während ihm die Tränen übers Gesicht liefen, habe ich zum ersten und zum letzten Mal einen richtigen Oberst wie ein Kind weinen sehen."

Vater kehrte nach Prag zurück, wo nach dem Einmarsch der Deutschen im folgenden Jahr seine Familie zur Räumung ihrer Wohnung gezwungen wurde und ihm als Juden plötzlich der Zutritt zu bestimmten Bädern und Badestränden verwehrt war. 1941 bestieg er wieder einen Zug nach Terezin. Doch diesmal nicht als Leutnant der tschechoslowakischen Armee, sondern als einer der tausend Juden, die, als Zwangsarbeiter, die dortige Festung in ein Konzentrationslager und Durchgangszentrum für Juden umwandeln mußten.

„Wir sind dort angekommen, in der Festung, die früher mit 350 Mann Garnison belegt war. Die Deutschen haben 5000 Menschen hineingepfercht", sagte er zu mir, um Detailgenauigkeit bemüht wie bei allem, was er aus der Vergangenheit berichtete. „Natürlich haben sie große Räume benutzt, die nicht als Unterkünfte für Soldaten gedacht waren. Darin hatte man früher Vorräte und Uniformen gelagert. Als wir angekommen sind, waren diese Räume leer. Auf den betonierten Fußböden ist nicht einmal ein Strohhalm gelegen. Zuerst habe ich mit den anderen jungen Männern diese Räume hergerichtet und bei der Unterbringung der eintreffenden Transporte geholfen, denn jede Woche sind neue gekommen. Später, als sie herausgefunden haben, daß ich in der Armee Quartiermeister gewesen war, haben sie mir die Aufgabe übertragen, ungefähr 4500 Menschen täglich dreimal zu verköstigen. Das Frühstück war äußerst bescheiden – Ersatzkaffee und ein Stück Brot. Das Mittagessen bestand aus einer dünnen Suppe. Zum Abendessen hat es dann wieder Ersatzkaffee und ein Stückchen Brot gegeben. Die Leute, die arbeiteten, haben einen Laib Brot für drei Tage bekommen, und die, die nicht arbeiteten, vielleicht halb so viel. Manchmal haben sie uns Fleisch zu essen gegeben, das aber natürlich den Stempel ‚Nicht für menschlichen Verzehr geeignet' trug. Um vier oder fünf Uhr morgens ist angeliefert worden, so daß ich in aller Herrgottsfrühe auf den Beinen war. Ich habe die Verteilung an die verschiedenen Küchen überwacht und mich selber um eine davon gekümmert. Natürlich hat es in Terezin gute und schlechte Menschen gegeben, und ich habe dafür sorgen müssen, daß in das Essen auch kam, was geliefert wurde. Manchmal haben die Köche Margarine gestohlen, weil sie sie selber essen oder verkaufen wollten, und nicht in die Suppe getan. Dem habe ich einen Riegel vorzuschieben versucht."

Vaters Stimme nahm, wenn er mir von diesen Dingen erzählte, einen formellen Ton an, als spräche er nicht zu mir, sondern sagte als Zeuge vor einem Gericht aus. Er sah mir nicht in die Augen, wie er es sonst immer tat, sondern fixierte irgendeinen unsichtbaren Punkt in der Ferne. Er zeigte Würde. Er sprach beherrscht, wie ein Soldat, und ich spürte, er wollte, daß ich ihm genauso ernsthaft zuhörte. Meine Ohren hörten ihm zu, und ich schickte alles, was weh tat, was mich bewegte, hinab in den eisernen Kasten, damit mein Vater nichts bemerkte. Ich stellte ihm Fragen, weil ich befürchtete, er würde uns sonst nie etwas erzählen und meine Vergangenheit würde immer nur aus einem Loch und sonst nichts bestehen.

„Ich war drei Jahre in Terezin", sagte Vater, „fast drei Jahre und immer mit meinen Eltern beisammen, die ich dank meiner Stellung als Quartiermeister schützen konnte, bis sie im Mai 1944 nach Auschwitz abtransportiert wurden. Es war der schwerste Augenblick in meinem Leben. Ich wollte mit ihnen fahren, aber der Transportleiter hat zu mir gesagt, es hätte keinen Sinn; sie wüßten nämlich aus irgendeiner geheimen Quelle, daß die älteren Leute woanders hingebracht würden als die jüngeren. Wir haben nicht gewußt, was in Auschwitz vor sich ging, aber kein gutes Gefühl gehabt.

„Im Oktober haben sie auch mich hintransportiert. Zum Glück sind wir nur achtundvierzig Stunden dort geblieben. Irgendein Unternehmer hat Arbeitskräfte als Ersatzleute für die deutschen Arbeiter angefordert, die einrücken mußten. Wir kamen zuerst in einen Steinbruch. Dann in eine Propellerfabrik, wo wir Propeller reinigen und polieren mußten. Mein Freund hat sich dabei zwei Finger abgeschnitten, ist aber wie durch ein Wunder am Leben geblieben. Wir haben in Zwölf-Stunden-Schichten arbeiten müssen: die eine Woche tagsüber, die nächste nachts. Wir mußten in der Winterkälte drei Meilen weit zu der Fabrik marschieren und bekamen nur 700 Kalorien pro Tag. Ich habe in den vier Monaten, die wir bis zu unserer Befreiung in diesem Lager waren, über dreißig Kilo Gewicht verloren."

Vater legte eine Pause ein. Ich versuchte mir ihn, der über einsachtzig groß war, mit einem Gewicht von nur fünfundvierzig Kilo vorzustellen. Wie hatte er ausgesehen? Es erschien mir undenkbar. Die einzigen Anzeichen an seinem Körper, die ich auf die Lagerzeit zurückführte, waren seine verunstalteten und verfärbten Zehennägel sowie seine Zähne, die nie mehr wie vorher geworden seien. Doch im übrigen hatte er seinen Körper wieder in Schuß. Ich mochte mir nicht vorstellen, wie er ausgesehen haben mußte.

Er beeilte sich, ans Ende seines Berichts zu kommen. „Gleich bei meiner Ankunft in Auschwitz habe ich erfahren, daß meine Eltern und meine beiden Brüder in die Gaskammern geschickt worden waren. So war ich, als ich nach Prag zurückkam, der einzige Überlebende aus meiner Familie. Weil ich soviel Gewicht verloren hatte, war mein Blutdruck sehr niedrig, und ich hatte nicht genug Kraft, um am Morgen aufzustehen. Ich war sehr deprimiert. Am Fuß hatte ich einen Abszeß. Aber ich hatte einen guten Freund, der mit mir im Lager gewesen war. Wenn einer von uns beiden in bedrückter Stimmung war, hat ihn der andere gestützt. Wir waren nie zur gleichen Zeit deprimiert. Dann bin ich eines Tages auf der Straße deiner Mutter begegnet."

Sie hatten geheiratet, sobald die notwendigen Papiere beisammen waren, und begonnen, sich in Prag eine neue Existenz aufzubauen. Vater arbeitete in der Firma seines Freundes, gab Wasserballunterricht und wurde ins Nationale Olympische Komitee gewählt. Mutter war damit beschäftigt, den Modesalon wieder hochzubringen, um den sie durch die Nazis gekommen war. Ende 1947, als ich geboren wurde, lebten sie wieder in bequemen Umständen. Dann kam es 1948 zum kommunistischen Putsch, und Vater beschloß, das Land zu verlassen, „notfalls in einem Badeanzug", wie er sagte. „Weißt du, ich wollte nicht noch einmal den gleichen Fehler machen wie unter den Nazis. Bleiben, bis es zu spät ist. Mein Kind sollte in einem freien Land leben, sollte niemals erleben müssen, was ich erlitten hatte."

Wir waren im Juli 1948 auf dem Idlewild Airport in New York angekommen, mit je fünfzig Kilogramm Gepäck und zehn Dollar, das Maximum, was die neue tschechoslowakische Regierung Ausreisenden mitzunehmen erlaubte. Die Port Authority von New York kassierte von jedem Ankömmling acht Dollar als Steuer, so daß jedem von uns zwei Dollar blieben. Und nun begannen die komischen Geschichten, die Geschichten um das Hotel Colonial, gegenüber dem Hayden Planetarium, wo wir zunächst wohnten und wo meine Eltern ihren ersten Thanksgiving Day mit Hot Dogs verbrachten und sich wunderten, daß die Straßen so leer waren.

Für die Eltern hatten, wie bei so vielen Holocaust-Überlebenden, reiche Verwandte gebürgt, die vor dem Krieg aus Europa emigriert waren. Sie hatten uns tausend Dollar, einen mit eßbaren Dingen gefüllten Kühlschrank und eine Küche samt Küchengeräten und Silbergeschirr zur Verfügung gestellt, das Mutter noch heute benützt. Im ersten Sommer – ich war damals anderthalb Jahre alt – boten sie uns an, in ihrem Heim zu logieren, einer Villa in einer der elegantesten Vororte von New York. Sie hatten alle Schlafzimmer abgeschlossen und Liegen ins Wohnzimmer heruntergebracht, wo meine Eltern und ich schliefen.

Dieser Sommeraufenthalt brachte eine Katastrophe nach der anderen. Mein Vater hatte sich im Gästebadezimmer, wo er mich baden wollte, auf einen japanischen Wäschekorb gesetzt, der unter ihm zusammenbrach. Der zum Haus gehörende deutsche Schäferhund geriet während eines Gewitters in Panik und biß sich durch die Sonnenblende um die große Veranda einen Weg ins Haus. Und als Bekannte aus der Stadt zu Besuch kamen, lief – das schlimmste Malheur – aus ihrem schadhaften Auto Öl aus, das den hellen Garagenboden mit schwarzen und grauen Flecken verunzierte. Nach diesem Sommer wurden wir nur selten wieder eingeladen.

Vater nahm es mit philosophischem Gleichmut hin. Er hatte sich auch damit abgefunden, daß er in New York nicht Wasserballtrainer werden und, als er Zuschneider wurde, nicht in die Gewerkschaft *International Ladies' Garment Workers Union* eintreten konnte, weil ein großer

Teil der Mitgliedschaft arbeitslos war. Als die Gewerkschaft den kleinen Betrieb, in dem er arbeitete, mit Streikposten blockierte und man ihn physisch bedrohte, falls er sich nicht anschließe, machte Vater später zu Hause eine heitere Anekdote daraus. „Mir kommt zugute", sagte er oft zu mir, „daß ich mich vielen Situationen anpassen kann." Wenn sich die allmonatlich eintreffenden Rechnungen auf seinem Schreibtisch im Wohnzimmer stapelten und Mutter blaß und melancholisch wurde, blieb er der ewige Optimist, der er war. „Die amerikanische Regierung hat ein Defizit von sieben Milliarden", sagte er. „Da können sich die Epsteins ein Defizit von ein paar Tausend Dollar leisten."

Sein Humor schien ihn jedoch im Stich zu lassen, wenn es um religiöse Dinge ging. Viele Holocaust-Überlebende hatten, als die Verfolgungszeit vorüber war, ihren Glauben verloren, und auch Vater war seine Religiosität, schon immer schwach, gänzlich abhanden gekommen. Er wetterte gegen Rabbiner, die in ihren Predigten den Holocaust mit dem „Willen Gottes" oder als ein für die Gründung des Staates Israel notwendiges Opfer erklären wollten. Außerdem gefiel es Vater nicht, wie amerikanische Rabbiner ihr Amt ausübten. Er nahm Anstoß an der Praxis, Eintrittskarten für Festtagsgottesdienste zu verkaufen, und auch an den Mitgliedsbeiträgen, die viele lokale Gemeinden verlangten. „In Roudnice", sagte er zu unserem Rabbiner, „ging das so, daß jedes Jahr eine besondere Zusammenkunft stattfand. Die Reichen haben in der Hauptsache die Kosten für die Synagoge getragen, die Leute mit mittlerem Einkommen einen Teil, die Armen haben überhaupt nichts bezahlt, und alle waren damit zufrieden." Der Rabbiner erklärte ihm, daß in New York eine solche Regelung nicht praktikabel wäre. Die Reichen würden die Bürde nicht auf sich nehmen. Wer sollte dann für die Rechnungen aufkommen?

Vater und der Rabbiner unterhielten sich mit gespielter Herzlichkeit über diese und andere Dinge. „Er ist ein wohlmeinender Mann", nahm Vater ihn in Schutz, wenn wir Kinder nach Hause kamen und über eine Predigt schimpften. Der Rabbiner habe uns Beihilfen für den Besuch des Kindergartens verschafft; er interessiere sich aufrichtig für die Fortschritte, die wir machten; man müsse Achtung vor ihm haben, denn er sei ein gelehrter Mann. Doch wenn Vater selbst in die Synagoge ging, kam er oft wütend nach Hause. „Dieser Schwachkopf", murmelte er. „Er spricht über Hungersnöte! Was weiß er denn über die Gaskammern? Diese Amerikaner! Sie glauben, sie wüßten alles, und dabei haben sie keinen Schimmer!"

Diese Seite an meinem Vater – der Teil, der jede Interpretation von Ereignissen, die er selbst miterlebt hatte, ablehnte – ließ ihn noch mehr zögern, uns der Sonntagsschule anzuvertrauen. Er war es nicht gewohnt, von der Kanzel herab politische Anspielungen zu hören, und ebensowenig, daß die Synagoge als ein gesellschaftliches Zentrum benützt wurde. Sein Leben, seine Freunde waren anderswo. Er schloß sich keiner der Studiengruppen in der Synagoge, auch nicht der Männergruppe an und wahrte höflich, aber beharrlich Distanz zu den anderen Gemeindemitgliedern. Wenn wir sonntagmorgens am Frühstückstisch saßen und debattierten, ob wir aufs Land fahren oder ob wir Kinder in die Sonntagsschule gehen sollten, war Mutter diejenige, die für die Schule eintrat. „Ihr müßt hingehen, damit ihr lernt, woher ihr kommt", sagte sie streng, „damit ihr wißt, was es heißt, ein Jude zu sein."

Sie selbst besaß nicht das Rüstzeug, uns zu unterweisen. Mutter war im Herzen von Prag aufgewachsen, in einem Haus, wo man nach kosmopolitischem Chic strebte. Ihre Mutter hatte einen eigenen Haut-Couture-Salon geführt. Ihr Vater, ein Elektroingenieur, hatte eine Schiffswerft und ein Großhandelsunternehmen für elektrische Geräte besessen. Er war Mitglied des Vereins Deutsches Kasino gewesen.

„Euer Großvater hat nur das deutsche Opernhaus betreten", sagte Mutter zu mir. „Die tschechische Kultur, das war für ihn etwas Unannehmbares. Er hat für die tschechoslowakische Staatsbürgerschaft nur deswegen optiert, weil er gegen die Monarchie war. Und er hat sich nie als Jude zu erkennen gegeben."

Sie erzählte, daß meinem Großvater die Zulassung zum Studium in Heidelberg verweigert worden sei, weil, wie man angab, das Kontingent für jüdische Studenten bereits ausgeschöpft sei, und dieser Fall einer vermutlichen Diskriminierung habe ihm den letzten Vorwand geliefert, den er brauchte, um mit der Vergangenheit brechen zu können. Kurz vor der Jahrhundertwende habe er sich taufen lassen und sich geschworen, daß seine Kinder, sollte er welche haben, nie eine ähnliche Demütigung erleben würden. Als Mutter geboren wurde, 1920, ließ er sie trotz der Proteste meiner Großmutter im Krankenhaus taufen. Franciska Paulina Margaret Rabinek, meine Mutter, sollte eine Weltbürgerin werden, nicht als Jüdin registriert, frei.

Er sah keine Notwendigkeit, ihren Nachnamen – Rabinek bedeutet ‚der kleine Rabbi' – in einen weniger jüdischen zu verändern. „Vater war von der Idee der Tschechoslowakischen Republik sehr angetan", sagte Mutter oft und mit einem leicht ironischen Anflug. „Nach seiner Vorstellung sollte sie zu einer zweiten Schweiz werden, wo alle Minderheiten gleichberechtigt wären und die Religion keine Rolle spielte."

Mutter hatte mit ihren Eltern deutsch gesprochen, von der Erzieherin, der Köchin und dem Stubenmädchen Tschechisch gelernt und war auf eine französische Schule geschickt worden.

Dort war sie in einem katholischen Milieu, mit zwei oder drei Religionsstunden pro Woche. Die katholischen Kinder lernten bei einem Priester, die jüdischen bei einem Rabbiner. Mutter ging in den katholischen Religionsunterricht, und eines Tages schnappten die katholischen Kinder auf der Straße einen Reim auf. Es war ein Spottvers, wie ihn Kinder in der Pause im Schulhof oder zwischen den Unterrichtsstunden auf den Korridoren endlos wiederholen. Mutter als Katholikin folgte dem Beispiel einer jüdischen Freundin – Margit – und sang ihn auch: *Jud, Jud, jüdischer Jud, du hast einen giftigen Schwanz.*

Schließlich aber beklagte sich Margit bei ihrer Mutter, und die Rabineks erhielten eines Abends einen Anruf. Emil Rabinek kam ins Kinderzimmer geschritten und wollte wissen, was seine Tochter für Sachen zu Margit sage. Dann befahl er ihr, es nie mehr zu tun. Den Grund des Verbots nannte er ihr jedoch nicht. Mutter dachte, damit wäre die Sache abgetan, bis sie eine Woche danach ihr Zeugnis bekam – mit einer Drei in Betragen.

Zu dieser Zeit war der Bruder ihrer Mutter, ein praktizierender Jude, aus Bratislawa (Preßburg) zu Besuch, und die ganze Geschichte kam beim Abendessen zur Sprache. „Da seht ihr, wohin es führt, wenn ihr das Mädchen aufzieht, ohne ihr zu sagen, wer sie ist und wohin sie gehört!" donnerte er. Ihre Mutter nahm sie in Schutz und wies darauf hin, daß im Zeugnis außer der Drei für Betragen lauter Einsen stünden. Aber niemand sagte meiner Mutter, daß sie selbst Jüdin war.

Als sich die Zeit ihrer Firmung näherte, erklärte sie ihrem Vater, daß sie nicht an die Jungfrau Maria glaube und keine Katholikin werden wolle. Er antwortete, schön, dann werde er ans Rathaus schreiben und ihre Papiere so ändern lassen, daß sie darin als Agnostikerin bezeichnet werde.

Mutter sagte oft zu mir, daß sie vor der Zeit der Judenverfolgung ein anderer Mensch gewesen sei. Ich versuchte, an ihr Zeichen davon zu entdecken, fand aber nie welche. Sie sagte, sie habe sich eigentlich nur für Jungen, Tanzen und Einladungen interessiert. Sie sei ein leichtsinniges Geschöpf gewesen, sagte sie, und „leichtsinnig" war die genaue Gegenbezeichnung für alles, was ich von ihr wußte. „Ich habe mit fünfzehn die Schule verlassen, um im Geschäft mitzuhelfen", sagte sie, doch ich sah sie oft in Büchern vergraben. Sie habe nie Zeitungen gelesen, behauptete sie, aber jeden Tag sah ich, wie sie nicht nur den ganzen Nachrichtenteil der *New York Times* las, sondern auch noch die Nachrichten im Radio und im Fernsehen verfolgte. Kurz vor der Annexion Österreichs durch Hitler war Mutter in Tirol skilaufen gewesen, hatte, wie sie erzählte, heiße Milch mit Cognak getrunken und mit amerikanischen Filmstars geflirtet. Sie besaß eine solche Intensität, daß ich manchmal dachte, sie brauchte ein Stück Papier nur anzustarren und schon würde es zu brennen anfangen. Mutter war klug und skeptisch: Sie ließ sich von niemandem etwas vormachen. In den Geschäften warfen die Verkäufer einen Blick auf sie, verzichteten auf ihren anpreisenden Ton und brachten, was sie verlangte. Und doch war Mutter in Prag geblieben, während jeden Tag Zeitungen mit ausführlichen Berichten über Hitlers Pläne im Haus umherlagen.

„Ich war gerade achtzehn geworden, als die Deutschen in Österreich einmarschierten", sagte Mutter, als ich sie befragte. Es lag ihr sehr daran, daß ich ein zutreffendes Bild bekam. Anders als viele Holocaust-Überlebende erzählte sie mir detailliert, was ihr während des Krieges widerfahren war. Sie sprach zwar wie Vater heute ein bißchen und morgen ein bißchen, doch ihre Schilderungen waren anschaulich und klar. „Ich erinnere mich, daß mein Vater gefunden hat, die Annexion Österreichs habe eine gewisse Logik. Es hätte etwas für sich, hat er gemeint, aus zwei deutschsprachigen Ländern einen großen Staat zu machen. Er hat die Nazis natürlich abgelehnt, sich aber nicht bedroht gefühlt. Wir waren ja mit Frankreich verbündet. Die Streitkräfte waren in guter Verfassung. Die Franzosen würden uns nicht allein lassen. Die Engländer würden uns nicht im Stich lassen. Nur ein Feigling würde aus der Tschechoslowakei weggehen, hat er gesagt.

Am 15. März 1939 standen wir um fünf Uhr morgens am Fenster und beobachteten, wie sie durch die Straßen marschierten. Selbst da noch hat mein Vater gesagt: ‚Ich habe im Ersten Weltkrieg auch für Deutschland gekämpft. Sie werden uns nichts tun. Du bist getauft. Eigentlich bist du gar keine Jüdin.' Ich hatte inzwischen jüdische Flüchtlinge gesehen. Drei oder vier von ihnen läuteten jeden Tag am Eingang zum Modesalon, wenn sie von Haus zu Haus zogen und Bleistifte oder Krawatten oder Briefpapier feilboten. Ich mochte sie nicht. Sie haben ein anderes Deutsch als wir gesprochen, und Vater hat sich immer über sie mokiert. Er fand diesen endlosen Strom von Hausierern höchst lästig. Mutter steckte ihnen hinter seinem Rücken Geld zu. Sie unterhielten sich mit ihr. Sie haben ihr erzählt, was sich in Deutschland abspielte, und sie begann sich Sorgen zu machen. Vater dagegen nicht."

Mutter zog wieder an ihrer Zigarette und setzte dann ihren Bericht fort. Auf ihrem Gesicht zeigte sich keine Gemütsbewegung, während sie sprach. Die Worte strömten wie Blut aus ihr heraus, schienen aber keine Beziehung mehr zu dem zu haben, was sie selbst erlebt hatte. Sie ließ keinen Schmerz erkennen, und ich auch nicht. Ich ahmte sie nach. Ich nahm die Worte, wie sie herauskamen, in mich auf. Es waren Informationen. Sie schilderten ohne Gefühlsbeteiligung, was geschehen war.

„Anfangs hatte die Besetzung keine besonderen Konsequenzen für uns. Ich habe kurz nach dem Einmarsch der Deutschen geheiratet, aber an meinem Leben hat sich nicht viel verändert. Pepik ist bei uns eingezogen, und ich bin wie immer jeden Morgen zum Salon gegangen. Es gab Gerüchte, daß die Deutschen Dutzende von Leuten aus politischen Gründen verhaftet hätten, Juden wie Nichtjuden, Sozialisten, Sozialdemokraten, Journalisten. Ein speziell gegen die Juden gerichtetes Vorgehen war nicht festzustellen. Solange alle betroffen sind, sagte mein Vater, gebe es keinen Grund, sich persönlich Sorgen zu machen. Außerdem war es mittlerweile unmöglich, das Land zu verlassen."

Mein Großvater erkannte die Realität seines Jüdischseins erst 1942 an, als er, meine Großmutter und meine Mutter gezwungen wurden, in einen nach Terezin bestimmten Zug zu steigen. Erst dort, auf dem mit Stroh bedeckten Boden eines ehemaligen Pferdestalls, wo sie auf die ‚Selektion' zum Abtransport in den Osten warten mußten, wurde Emil Rabinek klar, daß ihm sein Taufschein, sein fließendes Deutsch und alle seine politischen Überzeugungen nichts halfen.

Mutter, mit zweiundzwanzig allein in Terezin zurückgeblieben, mußte eine Identität akzeptieren, die sie nie empfunden hatte. Zum erstenmal in ihrem Leben sah sie Juden beim Beten. Zum erstenmal lebte sie auf engstem Raum mit Menschen, die jiddisch sprachen. Sie unterhielt sich mit Juden aus dem Osten, über die ihr Vater sich lustig gemacht hatte. Zu dem Jammer und der Erniedrigung, daß sie hier mit so vielen anderen zusammengepfercht war, und dem Schmerz um den

Verlust ihrer Eltern kam noch eine schwere Identitätskrise hinzu. Damals leistete sie einen stummen Schwur, wie ihr Vater einen Schwur abgelegt hatte, als er in Heidelberg nicht zum Studium zugelassen worden war. Sie gelobte sich, daß sie, sollte sie die Verfolgung überleben und Kinder bekommen, diese Kinder als Juden aufziehen werde.

Doch was das mit sich brachte, davon hatte sie noch in New York, als ich schon zwölf Jahre alt war, nur rudimentäre Vorstellungen. Allerdings hatte sie von den Eltern meiner Freundinnen in der öffentlichen Schule erfahren, daß in Amerika jüdische Kinder zur Sonntagsschule geschickt wurden. Obwohl man mir damals die Gründe nicht im einzelnen auseinandersetzte, spürte ich, daß Mutter mehr einer Pflicht nachkam als aus Überzeugung handelte. Ihre ambivalente Einstellung war mit Händen zu greifen. Sie drängte uns zwar, unsere hebräischen Hausaufgaben zu machen und unser Bibelpensum zu lesen, zeigte aber keinen Eifer, sich selbst etwas davon anzueignen. Das war mir ein Rätsel, denn Mutter verschlang mit Begeisterung Bücher über einen weiten Themenkreis. Dazu kam noch, daß meine Eltern uns Kinder im allgemeinen nicht zu Dingen zwangen, die wir nicht tun wollten. Sie bot uns an, Tanz-, Mal- oder Musikunterricht zu nehmen und ins Theater zu gehen, aber wenn wir zu verstehen gaben, daß es uns nicht gefallen habe, brauchten wir kein zweites Mal hinzugehen. Es mußte mir nicht erst gesagt werden, daß unsere Eltern Zwang jeglicher Art ablehnten; ich wußte es auch so. Sie waren mißtrauisch gegenüber allen Leuten, die für sie oder uns Dinge in die Hand nehmen wollten. Sie lehnten alles Kollektive ab, hielten sich von Organisationen und Gruppen fern. Doch Jahr für Jahr wurde von uns Kindern verlangt, die Sonntagsschule zu besuchen.

Am Sonntagmorgen, sofern es nicht regnete, kam es zwischen unseren Eltern zu einer Debatte, die mehr rituell als real war. ,,Die Tage werden kürzer", sagte Vater etwa. ,,Um fünf Uhr ist es schon dunkel. Damit bleiben uns nur zwei Stunden auf dem Land." Mutter sagte zu uns, wir sollten uns anziehen, und zu Vater, er solle nicht übertreiben. ,,Wir waren erst gestern den ganzen Tag auf dem Land", bemerkte sie. ,,Sie haben ohnehin schon zu viele Sonntage versäumt. Was wollen wir denn den Lehrern sagen?"

Vater fuhr uns zur Synagoge, ohne zum Plaudern mit anderen Leuten zu bleiben. Manchmal nahm er seine Schlittschuhe mit und ging in den Central Park zum Eislaufen, während wir in der Sonntagsschule saßen. Als wären wir zum Zahnarzt unterwegs, setzte er uns mit einem Abschiedsgruß ab, aus dem sprach: „Zu schade, daß das sein muß, und hoffentlich ist es bald ausgestanden."

Wenn ich aus dem Wagen stieg, setzte ich immer die künstlich gemessene, sogar tiefernste Miene auf, die mir erforderlich erschien, um in das graue Gebäude etwas abseits der Straße an der Westseite des Central Park eingelassen zu werden. Dorthin zu gehen, war für mich eine Geste, zu der ich bereit war, genauso wie ich es richtig fand, im Bus einem älteren Menschen meinen Platz abzutreten oder zu fremden Leuten höflich zu sein. Ob es mir gefiel oder nicht, es war eine Sache der Konvention und ein Zeichen guter Erziehung, daß ich jedesmal eine weiße Bluse und einen eleganteren Rock anzog, als ich ihn in der öffentlichen Schule trug, und damit vortäuschte, zu etwas zu gehören, dem ich mich ganz und gar nicht zugehörig fühlte.

Im Innern des Gebäudes war es kühl und immer düster, was mich an eine mittelalterliche Burg erinnerte. Die Korridore und Treppen waren sehr breit, wie für feierliche Umzüge entworfen. Die Klassenzimmer waren mit den neuesten Lehrmitteln ausgestattet. Es gab Räume für kunsthandwerkliches Arbeiten, für Unterricht im Volkstanz, eine Chorempore und einen großen Saal für Karnevalsfeste und andere Feiern. Die Schule hatte die Reputation, daß an ihr junge, progressive Lehrer unterrichteten. Hier, hieß es, herrsche ein liberaler Geist. Doch für mich war sie eine Welt ohne Leben, tot wie ein Museum. Obwohl ich beinahe zehn Jahre hinging, kann ich mich weder an den Namen oder das Gesicht auch nur einer einzigen Lehrkraft oder an den Inhalt einer einzigen Unterrichtsstunde erinnern.

Ich saß da, inmitten anderer Mädchen und Jungen in gestärkten weißen Hemden und blank polierten Schuhen, blendete aus, was gesprochen wurde, und fragte mich interesselos, warum ich eigentlich hier saß. Einige der Kinder gingen auf dieselbe öffentliche Schule wie ich, andere kamen von anderswo her, aber sie schienen alle mit mir keine Ähnlichkeit zu haben. Sie waren fügsame, sanfte, leicht zu formende Geschöpfe, die brav dasaßen und in ihre Hefte hebräische Buchstaben malten, während ich zappelig wurde und hinaus wollte. Die meisten machten ihre Hausaufgaben und schienen sich für die Geschichten von biblischen Gebräuchen und Helden zu interessieren. Wenn wir an den Kindergottesdiensten im großen Andachtsraum im Erdgeschoß teilnahmen, respondierten sie mit kräftigen Stimmen dem Rabbiner. Sie sagten auf hebräisch Segenssprüche auf. Vor allem aber schienen sie an Gott zu glauben.

Auf mich traf das nicht zu. Ich konnte mich nicht erinnern, jemals an Gott geglaubt zu haben, sowenig wie ich jemals an den Weihnachtsmann geglaubt hatte. Alles an den Gottesdiensten in unserem Andachtsraum brachte mich auf. Die dünnen, klebrig-süßen Orgelweisen, die hinter der Kanzel in den Raum sickerten, die Torarollen in ihren Mänteln aus silbernem Samt, in einem Gehäuse ruhend, das wie eine Schauvitrine bei Tiffany wirkte, die Atmosphäre von – so empfand ich es – gekünstelter Heiligkeit, das alles erschien mir wie übles, schlechtes Theater. Ich glaubte dem Rabbiner in seinem langen Gewand nicht, wenn er die Arme hob, um auf die Gemeinde und auf ganz Israel immerwährenden Frieden herabzurufen, und auch nicht den Vorständen der Männergruppe, die mit ihren rosigen Gesichtern neben ihm standen, herausgeputzt mit ihren gutgeschnittenen Anzügen. Man verlangte von mir, einem Gott Verehrung und Vertrauen darzubringen, den ich nicht sehen konnte, für den ich keinen Beweis hatte. Die Rituale waren für mich sinnleer, ihre Version des auserwählten Volkes erschien mir naiv, wie ein Märchen. Es war eine amerikanische Kinoversion der Historie, erfüllt von Hoffnung, Edelsinn und Überfluß. Es war ein Judaismus ohne Narben, ohne Brandmale, feist und selbstzufrieden.

Wenn die Kinder um mich herum beteten „There Is No God Like Our God", blieb ich stumm. Manche Wendungen in der Hymne waren hübsch, doch keine von ihnen wirkte auf mich wahr. Wie konnte es einen alliebenden, allerbarmenden Gott geben? Wo war sein Erbarmen? Wo seine Macht? Warum hatte er meine Großeltern sterben lassen? Wo war seine Gerechtigkeit? Wo war er damals gewesen? Warum war Mutter so traurig, warum litt sie immer Schmerzen, wenn Gott so gütig war? Der Rabbiner log. Die ganze Sonntagsschule war eine Lüge. Hinter den phantasievollen Worten, mit denen unsere Lehrer Gottes Existenz zu ‚beweisen' versuchten und die ich immer wieder im Wörterbuch nachschlagen mußte, um sie zu behalten, war nichts. Ob „teleologisch" oder „ontologisch", ich war überzeugt, daß es Gott nicht mehr gab. Er hatte 3000 Jahre vorher sein Volk aus Ägypten geführt, und jedes Jahr gedachten wir dieses Ereignisses, als wären auch wir Sklaven im Reich des Pharao gewesen. Doch meine Eltern waren in Europa versklavt gewesen, das war erst fünfzehn Jahre her. Wo war Gott damals gewesen?

Manchmal, in der vollkommenen Stille, die im Andachtsraum herrschte, hätte ich am liebsten die Sitzreihe vor mir niedergetreten,

Dreck auf die Kanzel geworfen, wäre ich am liebsten aufgestanden, um Gott herauszufordern, er solle doch zeigen, daß es ihn gab. Voll Verachtung starrte ich auf die Reihen der Kinder, die mit gesenkten Köpfen beteten. ,,Schwachköpfe'', dachte ich, ,,amerikanische Kinder. Babys. Frömmler.'' Wenn in der Schule unsere Lehrer auf die ,,sechs Millionen Märtyrer'' zu sprechen kamen und die Kinder um mich herum pflichteifrig aufschrieben, was gesagt wurde, ließ ich den Bleistift auf meinem Pult liegen. Für sie waren die ,,sechs Millionen'' ein abstrakter Begriff, ein historisches Datum, das man sich brav einprägt und in der Woche darauf bei einem Extemporale ausspuckt. Es wurde aufgeschrieben und war auch schon vergessen. Stumm nahm ich mir vor, in der Sonntagsschule überhaupt nichts zu lernen. Es war der Wunsch meiner Eltern gewesen, daß ich erfuhr, woher ich kam. Deswegen hatten sie mich hierhergeschickt. Aber es war wie der Versuch, einen Zweig aus einem anderen Land einem einheimischen Baum aufzupfropfen. Der Zweig wuchs nicht an. Sobald die Glocke läutete, packte ich meine Bücher und flitzte die Treppe hinunter, dorthin, wo Vater stand.

,,Papi, komm, gehn wir!'' sagte ich jedesmal, sobald ich ihn erspähte, gerade aufgerichtet, grauhaarig und fremdartig wie ein Dinosaurier zwischen den jungen, glatten amerikanischen Eltern in der Eingangshalle. Meistens, ja, jedesmal redete er auf die anderen Eltern ein. Wenn er mit gebürtigen Amerikanern beisammen war, schien er sich verpflichtet zu fühlen, sein Anderssein herauszustreichen, als ob nicht schon sein Akzent, seine Körperhaltung, seine Art genügt hätten. Er sei jetzt amerikanischer Staatsbürger und für diese Auszeichnung dankbar, sagte er zu allen, die ihn fragten, und zu noch viel mehr Leuten ungefragt. ,,Ich wollte, daß mein Kind in einem freien Land aufwächst, verstehen Sie?'' sagte er immerfort zu irgendwelchen Leuten. ,,Ohne *irgend etwas* von dem erleben zu müssen, was ich durchmachen mußte.''

,,Papi, komm doch. Mutti *wartet* auf uns!''

Vater war immer für einen Ausflug aufs Land angezogen, in einem dicken Pullover oder Jackett, wodurch er sich von den anderen Männern noch mehr abhob. Ich zog ihn am Arm, um ihn wegzubugsieren. An dem höflichen, nichtssagenden, geduldigen Ausdruck auf den Gesichtern der amerikanischen Eltern war etwas, was ich nicht ertragen konnte. Ich wußte, daß sie eigentlich nicht hören wollten, was Vater sagte, ihn aber erduldeten, so wie ich den Sermon des Rabbiners über mich ergehen ließ. Ich wollte so rasch wie möglich weg von ihnen. Ich wollte meinen Bruder aus der Menge der Kinder herausholen, ins Auto und fort, das graue Steingebäude weit hinter mir lassen.

Mutter saß wartend in unserem alten, schwarzen Chevrolet und las in der *New York Times*. Sie blickte nur hin und wieder hoch. Nur selten stieg sie aus dem Auto, um andere Eltern zu begrüßen, und wenn sie es doch tat, war der Geste deutlich das Bemühte anzusehen – Erfüllung einer gesellschaftlichen Pflicht, die sich nicht umgehen ließ. „Noch nie hat sich im Tempel irgend jemand Mühe gegeben, uns zu verstehen", erklärte sie mir in späterer Zeit. „Niemals hat jemand die Hand ausgestreckt, um uns in den Kreis zu ziehen, so daß wir uns zugehörig fühlen konnten. Interessant war für sie anscheinend nur, wie wir es geschafft haben, am Leben zu bleiben, und wenn wir dann näher darauf eingegangen sind, haben sie immer angefangen, übers Wetter zu reden, weil es zuviel für sie war. Wir waren richtig isoliert."

Vater ließ den Motor an und fuhr von der Synagoge weg, weg vom Gewimmel der Kinder und Eltern, auf dem Weg zu einem späten Frühstück mit Bagels und Räucherlachs oder zu Verwandten, die man besuchen wollte, oder nach Hause zum Fernsehen. Mein Bruder und ich zogen auf dem Rücksitz unsere Blue Jeans an. Ein paar Minuten später ging es in rascher Fahrt den West Side Highway hinauf, in Richtung auf die George-Washington-Brücke und über den Hudson, nun unter freiem Himmel.

Die Weite, das Gefühl, nicht mehr eingeengt zu sein, wirkten auf unsere Eltern wie eine Droge. Sie begannen, tschechische Lieder zu singen, erst Vater, mit kraftvoller, munterer Stimme, dann auch Mutter. Wir sangen Kanons und tschechische Volkslieder über Wildenten, die in Bäche fielen, wenn sie auf ihrem Zug nach Süden die Orientierung verloren, über Gastwirte, Gärten und die alten Zeiten. Vater rezitierte tschechische Gedichte oder erging sich in Monologen über die Szenerie oder das Wetter. „*Hory jsou hory*", sagte er ein ums andere Mal, als wir das flache Land hinter uns ließen. „Berge sind Berge."

Mein Bruder und ich hatten nicht den geringsten Schimmer, was diese Reden bedeuteten, aber die Veränderung an unseren Eltern ließ uns auftauen. Wohlbehagen breitete sich im Wagen aus, als flöge eine Reisegesellschaft in selbstgenügsamem Glück und ungehindert durch die Landschaft. Mutter lächelte, warf den Kopf nach hinten und lachte, obwohl sie doch so oft sagte, sie habe in den Lagern das Lachen verlernt. Wir machten Ratespiele und stöberten im Picknickkorb nach dänischem Gebäck, überholten in hohem Tempo die anderen Autos auf der Straße und hielten Ausschau nach Polizisten, damit Vater keinen Strafzettel aufgebrummt bekam.

Unsere Autos, die wir behielten, bis sie zusammenbrachen, waren anscheinend die einzigen Besitztümer, ohne die die Eltern nicht leben konnten. Der alte, schwarze Chevrolet – Vater putzte und polierte ihn wie altes Silbergeschirr – war für sie kein Statussymbol wie die Autos in der Fernsehreklame, sondern eine Notwendigkeit, ein „Fluchtfahrzeug". Der Wagen verschaffte Zugang zur grenzenlosen Weite Amerikas, wo ganz beiläufig ein Willkommensschild am Rand der Autobahn bezeichnete, daß es in einen anderen Bundesstaat ging, und man ungehindert reisen konnte, bis man irgendwo ans Meer kam. Die gewaltige Weiträumigkeit der Vereinigten Staaten wirkte auf unseren Vater wohltuend, weckte bei ihm Vertrauen, und er sprach über die Chancen, die das Land bot, in einer Art, wie ich sie aus dem Schulunterricht kannte, aus Berichten über die frühen amerikanischen Siedler, über die wir lasen. „Kleine Länder", sagte er mehrmals zu mir, „sind nicht gut. Schau, was mit der Tschechoslowakei passiert ist. Schau dir Israel an, umringt von Feinden!" In Vaters Augen hatte ihm Amerika durch den Eintritt und Sieg im Zweiten Weltkrieg das Leben gerettet. „Die Franzosen haben uns ja mit dem Münchner Abkommen verraten, weißt du", erläuterte er, „und deshalb hatte ich nach dem Krieg nicht viel Vertrauen zum französischen Volk. Für England haben scharfe Einwanderungsbestimmungen gegolten. Das politische System ist zwar demokratisch, das gesellschaftliche aber nicht. Zu viele Klassenunterschiede. Ich habe mir gedacht, wenn ich Kinder aufziehen müßte, wäre Amerika das Richtige, das Land der unbegrenzten Möglichkeiten, hier würden sie auf die rechte Art fürs Leben vorbereitet werden."

Im Herbst und im Winter, wenn die Masse der Ausflügler die öffentlichen Schwimmbäder im Tallman, Anthony Wayne und im Bear Mountain State Park verlassen hatte und die weithin sich dehnenden Wälder, Seen und Rasenflächen nicht mehr bevölkert waren, stellte Vater befriedigt fest, daß er die richtige Entscheidung getroffen habe. Er parkte unser Auto auf einem beinahe leeren Parkplatz, stieg aus, holte ein paarmal tief Atem und trieb aus seinen Lungen hinaus, was er als abgestandene Stadtluft bezeichnete. Er öffnete den Kofferraum, nahm Klappstühle, Decken, Holzkohle und den Picknickkorb heraus.

Dann machten wir vier uns in den Wald auf, um uns einen von der Sonne beschienenen und gegen den Wind geschützten Tisch zu suchen.

Mutter war in den praktischen Dingen die Expertin; sie konnte auf einen einzigen Blick sagen, ob eine Feuerstelle gut oder schlecht gelegen war, und sie verstand sich darauf, den Wind zu nutzen. Alle ihre Schmerzen, das Rückenleiden, die Migräne, die Muskelkrämpfe schienen zu verschwinden, wenn sie sich daran machte, Asche auszuräumen und uns Anweisungen zu erteilen. „Tommy, hol ein paar Zweige. Kleine. Los mit dir! Helen, bring mir die Kohle." Vater stellte die Klappstühle auf und knabberte am Proviant im Picknickkorb oder schlug den Sportteil der *New York Times* auf, während Mutter sich ganz auf das Feuer konzentrierte.

Mutter kennt sich aus, wie man Dinge zum Funktionieren bringt, dachte ich oft, während ich ihr zusah. Im Gegensatz zu anderen Müttern, die anscheinend immerzu Mechaniker oder Klempner brauchten, wenn bei ihnen etwas kaputt ging, machte Mutter solche Sachen selbst. Sie wußte, wie man einen Reifen wechselte, wenn das Auto einen Plattfuß hatte; sie reparierte alte Lampen und ausgefranste elektrische Drähte; verstopfte Rohre und Abflüsse, leck gewordene Kühlschränke konnten sie nicht erschüttern. Sie kniete sich einfach hin und begann die Dinge methodisch auseinanderzunehmen, bis sie die Fehlerquelle entdeckt hatte. Dann setzte sie alles wieder zusammen. Das, sagte sie, habe sie im Lager gelernt.

„Wir waren der erste Transport, der Auschwitz verließ", hatte sie mir erzählt. „Erst wollte es niemand glauben, aber es ging das Gerücht um, daß die Deutschen die jungen Leute, zwischen fünfzehn und fünfundvierzig, die arbeitsfähig waren, aussondern und uns ins eigentliche Deutschland, ins Reich, schaffen wollten, weil dort Arbeitskräfte knapp waren. Wir sollten tatsächlich lebend aus Auschwitz herauskommen.

Und siehe da, der Befehl kam, im Lager eine Selektion durchzuführen. Die Männer und Frauen aus dieser Altersgruppe wurden alle in eine Baracke getrieben. Wir mußten uns ausziehen. Bis auf die Haut. Die Kleider über den linken Arm nehmen. Dann mußten wir zu Dr. Mengele hingehen, der der ranghöchste SS-Arzt in Auschwitz war, und standen stundenlang in einer Schlange da. Ich beobachtete, was sich vor mir abspielte, und habe bemerkt, daß die Schwachen, die Brillenträger und diejenigen, die alt aussahen, auf die eine Seite gewiesen wurden; die anderen wurden zu einem Tisch geschickt, wo man die Nummern an ihren Armen aufschrieb. Das war offensichtlich die bessere Seite. Als ich bei ihm ankam, war ich ein bißchen nervös, weil ich eine Narbe von einer Blinddarmoperation und Mengele etwas gegen Leute mit Narben hatte.

Man mußte ihm Namen, Alter und Beruf angeben", hatte Mutter mir berichtet. „Ich hatte mitgehört, was vor mir gesprochen wurde, wobei sich herausstellte, daß von diesen Tausenden von Frauen jede zweite mit einem Mal Schneiderin war. Und ich war *wirklich* Schneiderin, aber plötzlich ist mir durch den Kopf gegangen: Das ist nicht originell genug, und obendrein hast du auch noch die Narbe von deiner Blinddarmoperation! Als ich vor ihm stand, hatte ich mir zurechtgelegt, ich würde die Frage nach meinem Beruf mit *Elektrikerin* beantworten.

Er ist zusammengefahren und hat gesagt: ‚Sie machen wohl Witze.' Ich habe gesagt: ‚Nein, Herr Hauptscharführer, ich bin wirklich Elektrikerin.' Er darauf: ‚Wollen Sie damit sagen, daß Sie Drähte einziehen können und solche Sachen?' Ich habe gesagt: ‚Ja.' Darauf er: ‚Dort hinüber!' Das war die Seite, wo sie die Nummern notiert haben. Ich habe mir nicht viele Gedanken über die Sache mit der Elektrikerin gemacht. Ich habe mir gesagt: Weiß Gott, wohin sie uns schicken. Niemand wird dahinterkommen, daß ich durch die Selektion kam, weil ich mich als das ausgegeben habe. Mein Vater war Elektroingenieur. Warum sollte ich nichts von Elektrizität verstehen?"

Jedesmal, wenn ich diese Geschichte hörte, ergriff mich solcher Stolz, daß ich am liebsten zugleich gelächelt und geweint hätte. Ich wollte Mutter umarmen, sie berühren, ihr sagen, wie schlau und tapfer sie gewesen sei. Doch dann wurde mein Körper immer starr, der Deckel meines eisernen Kastens wölbte sich hoch und wurde wieder flach. Jedesmal ging der Augenblick vorüber.

„Ich brauche noch ein paar Zweige", sagte Mutter, ohne das Feuer, das zu flackern begann, aus den Augen zu lassen. „Holt mir ein paar dickere. Und seht zu, daß sie trocken sind."

Mein Bruder und ich gingen Zweige zusammensuchen und trugen sie zu einem kleinen Haufen neben Mutter zusammen. „Gut so", sagte sie dann, befriedigt, weil das Feuer ordentlich brannte. „Bringt mir jetzt die Kohle."

Als sie die Kohlenstücke auf das brennende Holz gelegt hatte, stand sie auf. Nun packte sie das Fleisch aus, das gegrillt werden sollte. Sie arbeitete mit präzisen, aufs Notwendigste beschränkten Griffen. Dann blickte Vater von seinen Sportseiten hoch und schnupperte den Rauch in der Luft. Er strahlte uns im Sonnenschein an und holte wieder theatralisch tief Luft.

„Papi!" sagte mein Bruder oder ich strafend, weil uns Kindern seine Schau peinlich war, und Mutter lachte. Ihre tiefen kummervollen Augen funkelten; sie sah hübsch aus.

„Wem werden wir heute wohl auf dem Land begegnen?" begann Vater zu spekulieren. „Wer weiß? Vielleicht jemandem aus Roudnice?"

Mein Bruder und ich sahen einander mit Blicken an, aus denen sprach: „Jetzt kommt er wieder damit an." Dann liefen wir in den Wald, um zu spielen, bis das Fleisch fertig gebraten war, und überließen Vater seinem lauten Sinnieren, welche andere Flüchtlingsfamilie sich an diesem Tag zu einem Ausflug in denselben staatlichen Naturschutzpark entschlossen haben könnte.

Dunkel spürte ich, daß es Vater sowohl der frischen Luft wegen als auch deswegen aufs Land zog, weil er Gesellschaft suchte. Die Leute, denen wir dort begegneten und mit denen wir zusammen an Picknicktischen saßen, bildeten eine ganz andere Gesellschaft als die, die sich vor den Eingangsstufen der Synagoge versammelte. Es war ein zwangloses Zusammentreffen von Menschen im Exil, tschechischen, deutschen, ungarischen und österreichischen Flüchtlingen, die in der großen, grünen Weite des Naturschutzgebietes die Konturen und Farben Mitteleuropas wiederfanden. Es waren Erwachsene, meinen Eltern ähnlich und himmelweit verschieden von den Eltern meiner amerikanischen Schulfreundinnen. Sie hatten keine Häuser auf dem Land, sie kleideten sich bequem, nicht elegant, und das Englisch, das sie sprachen, war mit französischen, deutschen und Ausdrücken aus anderen Sprachen durchmischt.

Anders als andere Erwachsene schienen sie alle eine doppelte Identität zu haben: der Mensch, der man in Europa gewesen, und der Mensch, zu dem man in den Vereinigten Staaten geworden war. Bei ihnen schien das Geld seine Macht, das persönliche Ansehen zu erhöhen, eingebüßt zu haben. Sie hatten so viel an Geld und dazu an Besitz, gesellschaftlicher und beruflicher Stellung verloren, daß für sie die Grenzen, die normalerweise den Menschen in einer bestimmten Klasse ihren Platz zuweisen, verwischt, verschwunden waren. Die Emigration hatte sie aus der gesellschaftlichen Hierarchie ihrer Heimatländer herausgelöst und eine neue Gemeinschaft hervorgebracht. Es waren Christen und Juden, und alle hatten sie Schweres durchgemacht. Um das tägliche Brot zu verdienen, arbeiteten die Frauen ebenso wie die Männer, und alle hatten ausnahmslos ein abenteuerliches Leben hinter sich. Ich hatte unter ihnen meine Lieblinge und schon früh diejenigen, die ich mochte, an Stelle der Großeltern, Tanten und Onkel ‚adoptiert', die ich nicht hatte.

Als Tante wählte ich Liza. Klein, dünn, mit langen, eleganten Fingern und glänzendem, tiefschwarzen Haar, war sie eine so energische und scharfzüngige Person, daß sogar die Luft um sie mit Elektrizität aufgeladen schien. Sie hatte in der Tschechoslowakei als Tochter des Generaldirektors der größten Stahlwerke im Land zur Oberschicht gehört. Ein deutscher General, dem während des Krieges das Unternehmen unterstellt war, verliebte sich in sie, und um sich seinen Anträgen zu entziehen, ohne Vergeltung zu provozieren, hatte Tante Liza einen anderen Mann geheiratet und sich nach Portugal abgesetzt.

Tante Liza war, wiewohl Katholikin, in Prag unter Juden aufgewachsen. Sie kehrte nach Kriegsende, als die Tschechen wieder Herren im eigenen Land waren, dorthin zurück. Doch auf dem Papier war Liza eine Sudetendeutsche. Nach dem Krieg herrschte in Prag großer Wohnungsmangel, und der tschechische Hausmeister hatte es auf ihre Wohnung abgesehen. Er denunzierte Liza bei der städtischen Polizei als Nazi-Kollaborateurin, worauf sie in das Prager Zentralgefängnis Pankrac eingeliefert wurde. ,,Deine Mutter ist hineingesteckt worden, als die Nazis nach Prag kamen; ich bin wegen der Tschechen dort gesessen", sagte Tante Liza in ihrer amüsiert-sarkastischen Art. ,,Ich möchte, daß du dir das merkst. Die Juden haben nicht als einzige gelitten. Ich war auch hinter Gittern."

Tante Lizas Augen glitzerten, wenn sie so sprach. Ihre spitzen Finger zeichneten mit der Zigarette eine Arabeske in die Luft. ,,Das Leben war für uns alle eine Achterbahn, vergiß das nicht!" schien sie mir streng sagen zu wollen, und dann blinkte weiß ein Lächeln auf, worauf sie zu einem anderen Thema überging. Ich weiß noch, wie Liza später, als ich schon viel älter war, in einem französischen Restaurant in New York saß und Camembert bestellte. Der Käse, den der Kellner brachte, war hart und kalt. Sie spießte das Stück mit der Gabel auf, schwang es wie ein Lasso um den Kopf und jammerte laut: *,,Ce n'est pas la France, ce n'est pas la France!"* In ihre ungenierte Art hatte sich ein bitterer Ton zu mischen begonnen. Jeden Tag trauerte sie einer verlorenen Welt nach. Doch früher, am Picknicktisch in den grünen Wäldern, war in ihr eine Munterkeit gewesen, die in allen die Lebensgeister weckte. Ihr Sarkasmus war ein Ansporn, den Augenblick zu genießen, an ihm alles auszukosten, was daran auszukosten war. Sie hatte nichts für Leute übrig, die sich aufspielten, und holte sie von ihren Stelzen herunter, ehe sie richtig draufstanden. Respekt zeigte sie vor anderen erst dann, wenn sie ihre Widerhaken zu spüren bekommen und ausgehalten hatten.

Ihr Ehemann, Onkel Willi, war Jude. Seine Schwester war vor dem Krieg mit dem Bruder meines Vaters verheiratet gewesen, und somit war er richtig verwandt mit uns, wenn auch nur angeheiratet. Er hatte vor dem Krieg in Prag Jura studiert, aus der Tschechoslowakei fliehen und sich nach Palästina durchschlagen können, wo er sich der Tschechischen Brigade der Royal Air Force anschloß. Er hatte es zum Hauptmann gebracht, in Tobruk mitgekämpft und sich die Aussprache und die Manieren eines Engländers zugelegt. Er hatte Liza aus einem DP-Lager in Deutschland herausgeholt, wohin sie von den tschechischen Behörden deportiert worden war. Nach ihrer Ankunft in New York hatte er als Nachtportier in einem Hotel, Liza als zweisprachige Sekretärin gearbeitet. Dann begann er Devotionalien zu verkaufen. Seine Taschen waren vollgestopft mit Rosenkranzperlen und Kruzifixen, die er als seine „Waren" bezeichnete, genauso wie Vater die Musterstücke von Schürzen und Bahama-Shorts, die er nach Hause mitbrachte, „Waren" nannte, Willi sprach über das Militär anders, als im Fernsehen oder in Büchern darüber gesprochen wurde. Er sagte, es gebe keine Helden, nur Männer, die Angst hätten. Er war dekoriert worden, machte sich aber darüber lustig. Endlos diskutierte er mit Vater über die Ereignisse der Jahre 1938 und 1939, ob die Tschechoslowakei hätte kämpfen sollen, ob die Engländer zu lange gezaudert hätten. Immer wieder kamen in ihren Gesprächen die Namen Yalta und Chamberlain, Roosevelt und Churchill vor, dazu tschechische Namen, Daten von Schlachten, Armeen auf dem Marsch über Staatsgrenzen hinweg, die von den Landkarten verschwunden waren, die wir im Unterricht zeichnen mußten.

Mein Bruder und ich hörten immer eine Weile zu, bis wir die Namen nicht mehr auseinanderhalten konnten. Die Intensität der Diskussionen verblüffte uns. Es kam zu lautstarken Auseinandersetzungen über Leute, die vor unserer Geburt gestorben, Ereignisse, die damals schon vergessen waren. Man zitierte, was Churchill in seinen

Erinnerungen oder Truman oder irgendein europäischer Autor in seinem in den Vereinigten Staaten noch nicht herausgekommenen Buch geschrieben hatte, dessen Thesen unter den Flüchtlingen von Mund zu Mund bis nach New York gelangt waren. Mein Bruder knabberte an seinem Stück vom gegrillten Huhn oder einem Frankfurter Würstchen herum und verzog sich dann zum nächsten Bach, um nach Kaulquappen und Salamandern zu suchen. Er hatte es nicht gern laut und gab sich keine Mühe, einer Unterhaltung zu folgen, wenn sie nicht auf englisch geführt wurde. Er suchte sich andere Beschäftigungen, wenn über die Zeit der Judenverfolgung gesprochen wurde. ,,Ich wollte all das nicht noch einmal hören", sagte er viel später zu mir. ,,Es ist nicht der erfreulichste Gesprächsstoff, und wenn man die Fakten schon kennt, daß die Eltern wie Tiere eingesperrt waren, gibt es keinen Grund, sich das nochmal anzuhören. Mutti und Papi sind ja immer wieder darauf zurückgekommen, und ich wollte nichts mehr davon hören."

Manchmal ging es mir genauso, und ich lief weg, um mit Tommy zu spielen. Häufiger aber blieb ich am Picknick-Tisch sitzen und hörte zu. Was dort erzählt wurde, war für mich wie eine Kostbarkeit. Es bewies, daß meine Eltern aus einem Ort stammten, wo die Leute gewußt hatten, wer sie waren. Die Erzählungen brachten mir alte, ferne Zeiten nahe: Sie vermittelten mir Erkenntnisse und Wahrheiten. Sie verbanden mich auch mit den Großeltern, die ich mir zugelegt hatte. Milena und Ivan Herben. Ich war mir natürlich bewußt, daß sie keine richtigen Großeltern waren, daß wir keine körperliche Ähnlichkeit miteinander hatten, daß wir verschiedene Namen trugen und daß sie Christen, nicht Juden waren. Aber all das schien keine Rolle zu spielen. Sie waren im richtigen Alter, hatten keine eigenen Enkelkinder, und vor allen Dingen verstanden sie unsere Eltern; auch hatten sie eine gemeinsame Heimat gehabt. Diese beiden Menschen trafen wir auf dem Land am häufigsten, ein grauhaariges Paar mit ausdauerndem Sitzfleisch, das so gut wie kein Englisch sprach, Menschen, wie sie vielleicht meine Großeltern gewesen wären, hätten sie aus ihren sepiabraunen Photographien treten und sich zu uns auf dem Land gesellen können.

Ivan Herben war Chefredakteur der größten Prager Zeitung, *České Slovo*, gewesen. Er habe sich von Anfang an gegen die Nazis gestellt, sagte Mutter, und es sei eine Ehre für uns, daß Milena Herben sich bereit gefunden hatte, mich zu betreuen. Ivan hatte zu den ersten Tschechen gehört, die 1939 von der Gestapo verhaftet wurden. Er hatte sechs Jahre im Konzentrationslager verbringen müssen und war in Dachau brutal geprügelt worden. Milena hatte die Kriegsjahre allein in Prag verbracht, und obwohl sie von den Deutschen scharf beobachtet und schikaniert wurde, war es ihr gelungen, ein jüdisches Kleinkind zu verstecken. Nach Kriegsende waren den beiden nur knapp drei Jahre relativer Ruhe vergönnt gewesen. Dann hatten die Kommunisten in der Tschechoslowakei die Macht übernommen, und die Herbens waren – auf Skiern – nach Deutschland geflohen. Wie Tante Liza waren sie in einem DP-Lager gewesen, bis sie Visa für Amerika erhielten. In New York hatte Ivan Arbeit am Sender Radio Free Europe gefunden, und Milena hatte mich gehütet.

Die Herbens, Willi und Liza und Dutzende weiterer Vertriebener, Anwälte, Diplomaten, Geschäftsleute, Schriftsteller und Künstler, wanderten in den fünfziger und frühen sechziger Jahren an den Wochenenden durch die Staatsparks im Umkreis von New York, eine hermetisch geschlossene, eine geheime Gesellschaft ganz abseits der Welt, über die ich im Unterricht an der öffentlichen wie in der Sonntagsschule hörte. Hier wurde Vater, in seiner Muttersprache, eloquent, und Mutter schien aufzublühen und legte das Mißtrauen ab, mit dem sie in New York der Umwelt begegnete. Hier wirkte meine Familie normal, war sie mit anderen Menschen verbunden. Hier gab es eine Gemeinschaft, miteinander verflochtene Lebensvergangenheit, die eine schwache Brücke über die große, klaffende Kluft der Kriegszeit führte.

Die Kluft war immer da, eine tiefe, dunkle Grube, in der jedesmal, früher oder später, die Unterhaltung unvermeidlich versank. Alle Leute, die unsere Eltern kannten, hatten sich darin befunden, und sie hatte den letztlich bestimmenden Maßstab gesetzt, nach dem sie urteilten und beurteilt wurden. „Es war wie ein Pensionat, wo man den letzten Schliff bekommt, ein sehr eigenartiges", sagte Mutter einmal zu mir. „Ich glaube, es hat mich gegenüber der Gesellschaft bewußter gemacht. Ich war ein recht leichtfertiges, oberflächliches Geschöpf, als der Krieg ausbrach. Doch in den drei Jahren im Lager habe ich ungeheuer viel über die menschliche Natur gelernt, über Loyalität, über Verrat. Es war eine sehr kondensierte Erziehung: wie man durchs Leben kommt und bei sich ein Gefühl für Werte entwickelt. Man hat entscheiden müssen, was einem im Leben wichtig ist, Geld oder Besitz oder Menschen oder Liebe oder

Freundschaft. Ich glaube, das war es, in ein paar Worten zusammengefaßt: eine Lektion über die menschliche Natur, eine Schule fürs Leben."

Ich war tief, sehr tief berührt. Was meine Eltern durchlebt hatten, ging mir mehr unter die Haut als alles, was ich irgendwann gelesen oder in der Schule gelernt hatte; es war eine unerschöpfliche Schatzgrube voller Geschehnisse, Entscheidungen zwischen Gut und Böse, Leben oder Tod. Die Deutschen selbst, die Schuldigen an den Lagern, an den Morden, den Verlusten, die man erlitten hatte, schienen an diesen Sonntagnachmittagen nicht ins Bild zu kommen. Das Thema war das Leben und wie man es lebt, und als Zuhörerin am Picknick-Tisch erhielt ich die jüdische Erziehung, die ich – wie Mutter hoffte – am Vormittag, in der Sonntagsschule, erhalten sollte. Die jüdischen Helden, von denen man uns dort erzählte, die biblischen Gestalten, bedeutenden Zionisten, amerikanischen Gewerkschaftsführer, sie alle verloren ihr Format, wenn ich sie neben meine Eltern und ihre Freunde stellte. Mutter und Vater waren wirkliche Helden, lebende Helden, die ich sehen und anfassen konnte. Vater stand in dieser Gemeinschaft in dem Ruf, einer der redlichsten Männer in Terezin gewesen zu sein, ein Häftling, der niemals einen Mithäftling bestahl oder denunzierte, obwohl er als einer der acht Kapos beides leicht hätte tun können. Mutter hatte den Tod überlistet. Sie war klug, listiger als die griechischen Heroen, deren Ruhmestaten im Englischunterricht Mythen genannt wurden.

An diesen Nachmittagen ging ich oft vom Tisch weg und streifte allein durch den Wald, schwermütig gestimmt, den Kopf voller Gedanken und dennoch unfähig, auch nur einen einzigen davon zu artikulieren. Ich hatte ein Gefühl, als trüge ich ungeschriebene Dramen in mir umher, ganze Ensembles von Bühnenfiguren, die unsichtbar und ohne Stimme waren, die nur durch mich als ihr Medium sprechen konnten. Die Menschen dort am Picknick-Tisch waren in Amerika ohne Stimme. Dort, in den Wäldern, gaben sie Geschichten zum besten, erzählten sie Witze, formulierten sie Theorien, doch sobald sie in die Welt der Großstadt zurückgekehrt waren, sprachen sie geschraubt und stokkend. Sie konnten nicht die richtigen Worte finden. Der breite, bunte Fächer des von ihnen Erlebten schnappte zusammen, wenn sie unter Leuten waren, die Englisch sprachen. Sie waren gezwungen, sich unsicher durch die Sprache zu tasten, was entstellte, was sie sagten wollten, sie hilflos erscheinen ließ, sie selbst verbog. Sie wurden wieder zu Außenseitern.

Ich hatte Zugang zu beiden Welten. Ich konnte von der einen in die andere wechseln, Dienste als Kurier, Dolmetscher und Spion leisten. Ich war diejenige, die um Auskunft bat, wenn wir uns auf den abgelegenen Landstraßen verfranst hatten; ich korrigierte Vaters Orthographie und Syntax, wenn er Briefe an den New Yorker Bürgermeister schrieb. Ich brachte den Eltern amerikanische Geschichte und Politik bei, wie ich sie in der Schule lernte. Ich erklärte ihnen die Struktur des Rechtssystems und das Prinzip der Gewaltenteilung anhand großer Diagramme, die ich auf weißes Papier zeichnete. Es gab mir damals Zuversicht, wenn ich Amerikas Umrisse sah, wie meine Lehrerin in der Schule sie an die Tafel zeichnete. Was den Eltern geschehen ist, so dachte ich, kann in diesem Land niemals geschehen. Es gab zu viele Institutionen wechselseitiger Machtkontrolle. Ich faßte den Plan, in den Staats- oder den Auswärtigen Dienst einzutreten, wo ich Amerika am besten repräsentieren könnte. Das würde mir eine Basis verschaffen, von der aus ich meinen Eltern Genugtuung verschaffen konnte.

Große Ansprachen, die ich für sie halten wollte, formten sich auf meinen Lippen. In den Wäldern des Bear Mountain State Park richtete ich das Wort an Hitler, Roosevelt und Chamberlain, an die Vollversammlung der Vereinten Nationen und an den Präsidenten der Vereinigten Staaten. Ich mußte meine Gedanken nicht erst sammeln; sie kamen mir voll ausgeformt aus dem Mund, als wäre ich ein Sprachrohr anderer Menschen. Aufwallende Gefühle brachten meinen Körper ins Wanken. Meine Arme wandten sich gestikulierend an abgefallenes Laub und blattlose Äste. Ich sprach über Unrecht, ein so tiefes, grausames Unrecht, daß mir die Namen, die man ihm gab, wie Heftpflaster auf einer klaffenden Wunde erschienen. Ich stolperte durch den Wald, sah nicht, wo ich hintrat, Sätze murmelnd, erschüttert von Bildern des Rettens, des Zurückforderns, des Heilens.

Die Landschaft der Vergangenheit meiner Eltern war so weit und so leer wie die Welt der griechischen Tragödien, die wir in der Schule lasen. Die kleinen Alltäglichkeiten des Lebens, die ineinander übergehenden Episoden des Erwachens und Frühstückens, wenn man sich erkältet, eine Süßigkeit kauft, zu spät nach Hause kommt, sich in einen Lehrer verliebt oder in einen Freund verguckt, all dies fehlte in ihren Schilderungen. Bei jeder Geschichte, die sie erzählten, ging es um Treue oder Verrat, Leben oder Tod. Nichts, was mich aufregte – daß mein Freund mit einem anderen Mädchen tanzen gegangen war oder daß etwas, womit ich fest gerechnet hatte, ausblieb oder daß mir irgendeine Hausaufgabe schleierhaft war –, war wichtig im Vergleich zu den ‚Aufregungen', die meine Eltern erlebt hatten. „Ach, weißt du, es ist schon Schlimmeres geschehen", sagten sie, und ich sah den Krieg wie eine große Flutwelle in die Luft steigen, vor der mein Kummer zu einer Lappalie wurde.

Ich fragte mich, ob ich jemals in meinem Leben irgend etwas zustande bringen könnte, das auf der grandiosen, heroischen Bühne der Vergangenheit auch nur einen kleinen Eindruck hinterlassen würde. Mutters Seufzer und Sarkasmen, Vaters Sorge um unsere Gesundheit und sein Drang nach frischer Luft wie auch seine Entgleisungen, seine starr in die Ferne gerichteten Blicke, die Erzählungen am Picknick-Tisch, all dies brachte mein Inneres zum Glühen. Mein eiserner Kasten wurde dann zu einem Glutofen, der Energie erzeugte und brennenden Grimm. Manchmal, wenn ich ihn in mir brennen fühlte und es nichts gab, was die Hitze ableiten konnte, suchte ich Streit. Mutter erzählte mir, man habe mich aus dem Kindergarten nach Hause geschickt, weil ich über ein anderes Kind hergefallen sei, und auch mit meinem Bruder trug ich noch im Heranwachsendenalter leidenschaftliche Kämpfe aus, mit Fäusten und Fingernägeln und allem, was einem in die Hand kam. Einmal schlug ich ihm in unserer Küche mit so eindeutigem Vorsatz den Telephonhörer auf den Kopf, daß ich mich noch jahrelang verblüfft daran erinnerte. Ich wollte töten.

Natürlich wurden Sanktionen verhängt. Ich bekam zu hören, es sei unmöglich, jemanden zu schlagen, schon gar nicht meinen kleinen Bruder, den ich liebhaben sollte, da er neben den Eltern mein nächster Angehöriger war. Jedesmal, wenn ich zu Hause Zorn erkennen ließ, wurde er rasch unterdrückt. Mutter konnte es nicht ertragen, wenn sich ein Zornausbruch gegen sie richtete. Dann nahm sie ihre Zuflucht zu Tränen oder schickte uns auf unsere Zimmer, wo wir unsere Wut an die vier Wände schreien konnten. Schon gewöhnliches Kabbeln, wie es zwischen beinahe allen Geschwistern vorkommt, entnervte Mutter wie Vater. Sie konnten es nicht aushalten. Wenn wir uns über kleine Dinge stritten, Dinge, die uns beiden nicht sehr wichtig waren, griffen unsere Eltern – selbst aufgebracht – oft ein. Es war, als müßte unsere Energie unter einem Deckel gehalten werden, weil sie sonst außer Kontrolle geraten könnte.

Ich spürte, wie sie sich in mir zusammenpreßte wie eine Sprungfeder, sich so aufstaute, daß mich manchmal die Beine schmerzten. Ich ließ sie aus mir heraus, indem ich rannte, redete, aufs Klavier hämmerte, irgendwelche Dinge machte. In der Schule. Aber ich hatte soviel davon. Hin und wieder kam es mir vor, als gehörte mein Leben nicht mir selbst. Hunderte Menschen lebten durch mich, Menschen, deren Leben von den Verfolgern abgeschnitten worden war. Meine beiden Großmütter, deren Namen ich trage, lebten durch mich fort. Auch unsere Eltern lebten durch mich. Sie sahen in meinem Leben die Jahre nachgeholt, die sie in den Lagern, und die sie durch die Auswanderung nach Amerika verloren hatten. Mein Leben, dachte ich als Kind oft, ist nicht einfach nur ein anderes Leben, es ist ein Auftrag, etwas Zugewiesenes. „Jeder von euch ist ein Wunder", pflegte Mutter über die Kinder der Leute zu sagen, die sie in den Lagern gekannt hatte. „Keinem einzigen von euch war es zugedacht, geboren zu werden."

Ich mochte es nicht, wenn sie solche Dinge sagte oder wenn auf dem Land andere Flüchtlinge meinen Bruder und mich musterten, als suchten sie nach irgendeinem Herstellungsfehler an uns. Dann kam ich mir vor wie eine Sinngebung ihrer kollektiven Existenz, wie ein großes, goldenes Ei, das man bewundernd umgluckt, nicht wie ein gewöhnliches Kind, so wie die anderen in der Schule. Ich aber wollte gewöhnlich sein, von der Geschichte unbelastet, nicht ein Wunder, sondern einfach etwas Selbstverständliches. Wenn meine Eltern auf die Vergangenheit zu sprechen kamen und sich zum tausendsten Mal verwundert fragten, warum sie den Lagern entronnen waren, so viele ihrer Freunde hingegen nicht, kamen sie manchmal zu dem Schluß, es sei ihnen eben bestimmt gewesen, uns, ihre Kinder, zu bekommen. Wenn Mutter so zu mir sprach, wehrte ich ihre Worte ab. Ich widersprach ihr nicht, aber ich wollte nicht mehr dergleichen von ihr hören. Was sie sagte, ängstigte mich. Es barg Erwartungen, denen ich niemals gerecht werden konnte. Es machte mich zu etwas Besonderem, Wichtigem, Kostbarem, aber es nahm mir die Unbeschwertheit, die Sorglosigkeit der Kinderjahre. An den Sonntagnachmittagen durchstreifte ich mit ernstem Gesicht die Wälder. Schon mit zwölf war ich zielstrebig. Ich dachte darüber nach, warum die Dinge so waren.

„Schenk mir ein Lächeln", pflegte mir Vater schmeichelnd zuzureden, wenn er meinen Ernst bemerkte, und automatisch lächelte ich für Vater. Er konnte es nicht ertragen, meinen Bruder oder mich traurig zu sehen, nahm es als einen persönlichen Affront. „Was geht dir denn durch den Kopf, daß du so ernst dreinschaust?" fragte er mich oft.

Zuviel Nachdenken machte ihn mißtrauisch. Zuviel Nachdenken führt zu nichts Gutem, es nahm einem Kraft, es brachte einen Störfaktor ins Leben.

„Es wird Zeit zu gehn", sagte Vater.

Mein Bruder wurde von seinem Platz am Bach zurückgerufen; die Klappstühle, der Picknick-Korb, die Zeitungen und Kohlensäckchen warteten darauf, zum Auto gebracht zu werden. Die Freunde meiner Eltern packten ihre Habseligkeiten zusammen, und wir wanderten alle zurück zum Parkplatz, eine kleine Gruppe Menschen, die deutsch und tschechisch plauderte. Damit ging das Wochenende zur Neige. Die Woche über arbeiteten sie alle in verschiedenen Gegenden New Yorks. Manchmal, wenn jemand krank wurde oder jemand starb oder irgendwo auf der Welt eine außergewöhnliche politische Entwicklung eintrat, telephonierten sie miteinander, und dann hörte ich unsere Eltern lange Gespräche führen. Doch zumeist traf sich ihr Freundeskreis am Wochenende und saß plaudernd an Picknick-Tischen, abseits der Alltagswelt.

Wir verabschiedeten uns und stiegen in unsere Autos. Langsam fuhren wir am unbesetzten Häuschen des Parkplatzwächters vorbei, Wagen um Wagen. Dann waren wir auf der Autobahn, zwischen Dutzenden, Hunderten von Fahrzeugen. Die kleine Gruppe unserer Autos lockerte sich erst und löste sich dann auf.

10

Sonntags zwängte sich die Familie von Joseph und Deborah Schwartz oft in den Familienwagen, und man fuhr – einem plötzlichen Impuls folgend, der sich regelmäßig einstellte, wenn wieder ein paar Wochen vergangen waren – zwei Stunden lang durch die Blue-Ridge-Berge.

„Moishe, Vaters Freund hat dort gelebt", erzählte Joseph, „und später ist auch sein Bruder Yankele hingezogen. Sie stammten aus dem selben Ort in Ungarn, wo mein Vater herkam, und waren für uns wie Verwandte. Sie hatten die Verfolgungszeit durchgemacht. Sie hatten jüdische Bücher im Haus. Sie haben sich über die *New York Times* unterhalten. Sie haben über Politik gesprochen. Und mein Vater hat sich dort wohl gefühlt."

Es war eine Erholung, sonntags dorthin zu fahren. Wir saßen alle zusammen im Auto, jeder war gut aufgelegt, man hat sich ein bißchen gestritten, aber auf gutmütige Art. Es war wie ein kühles Bad an einem heißen Tag. Ich erlebte meine Eltern in einer anderen Atmosphäre. Ich sah sie in Gesellschaft alter Freunde und stellte fest, daß ihnen das guttat. Sie haben sich gelockert. Vater war gelassener als sonst. Alle haben geredet und gegessen, und wir sind so lange dort geblieben, daß schon sämtliche Sterne am Himmel standen, wenn wir zurückfuhren. Meistens kamen wir um Mitternacht oder um ein Uhr morgens heim. Ich bin im Auto immer eingeschlafen, und alles war still bis auf das Fahrgeräusch und die Unterhaltung, die meine Eltern manchmal auf den Vordersitzen führten. Leise. Alles war entspannt und erholsam an diesen Sonntagen. Weil es irgendwie war, als käme man nach Hause. Man fuhr zu Menschen, die waren wie wir."

In dem Landstädtchen, wo Joseph damals lebte, gab es keine andere Familie, die der Familie Schwartz ähnlich war. Es war ein kleiner Ort, hoch in den Bergen gelegen, oberhalb von Pferdefarmen, Wohnwagenplätzen, Baptistenkirchen und Hotels mit Neonröhren-Beschriftung, für die Touristen gedacht, die zur Erholung hierher kamen. Die Modetrends trafen mit fünf Jahren Verzögerung in dem Städtchen ein, die Aufhebung der Rassentrennung an den Schulen kam erst 1970. Die Einwohnerschaft war durch Rassen-, Klassen- und Religionszugehörigkeit scharf gespalten. Die Arbeiter waren zumeist nicht gewerkschaftlich organisiert, die Löhne niedrig, und wer es weiterbringen wollte, mußte fortgehen. Leute aus dem Gebirge, aus der Großstadt, Vorstadtbewohner, Schwarze und Weiße und rund 300 jüdische Familien führten jeweils ein Leben für sich in dieser kleinen Stadt, die eigentlich keine geschlossene Gemeinde darstellte, sondern ein Mosaik verschiedener Gruppen.

Joseph, der hier den größten Teil seines Lebens verbracht hatte, war sich immer als Außenseiter vorgekommen. „Ich habe mich von jeher als anders empfunden", sagte er zu mir, „mich immer allein gefühlt. In jeder Schule, die ich besuchte, hatte ich das Gefühl, daß mich eine Schranke von den anderen trennt. Meine Eltern wollten mir die beste Ausbildung verschaffen, und so kam ich, nachdem ich auf zwei öffentlichen Schulen gewesen war, in die vierte Klasse einer Privatschule. Sie war wunderbar anzusehen. Gebäude im Tudor-Stil, in eine Hügellandschaft eingebettet, eine katholische Schule, geführt von Nonnen und Armee-Typen. Sehr britisch. Alle mußten Jackett und Krawatte tragen. Auf dem Jackett war ein kleines Schulabzeichen. Alle bekamen einen kompletten Football-Dress und mußten am Sportprogramm teilnehmen. Ich habe mich sehr unsicher gefühlt, weil ich nicht sportlich war. Während der ganzen Zeit in dieser Schule war ich nur in einem einzigen Spiel gut. Ich rannte zufällig gegen einen, der gerade den Ball hatte; vermutlich wollte ich mich verdrücken. Ich habe mir dort am Tag vor dem Schulsportfest, als ich über eine Hürde sprang, den Arm gebrochen und war darüber selig. Ich mußte mich nicht mit anderen messen. In dieser Schule habe ich immer nach etwas gesucht, was mich ein bißchen glücklich machen könnte.

Ich habe mich nie als einer von ihnen gefühlt und glaube auch nicht, daß sie mich als ihresgleichen behandelt haben. Ich habe mich morgens nicht bekreuzigt, und beim Beten nur Lippenbewegungen gemacht. Im ‚home room', wo wir uns zu Unterrichtsbeginn trafen, hing oben ein Kreuz an der Wand wie in jedem Zimmer in der Schule. Wir mußten aufstehen, uns bekreuzigen und sagen *Vater unser, der du bist im Himmel, geheiliget werde dein Name, dein Reich komme, dein Wille geschehe im Himmel wie auf Erden*. Manchmal sprach ich, wenn sie das Vaterunser aufsagten, das *Schema*. Ich sagte immer im Geist das Schema-Israel-Gebet auf, um das Vaterunser nicht an mich heranzulassen.

Ich wußte, daß ich in dieser Schule war, weil meine Eltern die Vorstellung hatten, eine private Einrichtung sei besser als eine öffentliche, und meine Eltern haben immer gefunden, wenn man es sich leisten kann, soll man seine Kinder auf die besten Schulen schicken. Meine Eltern hatten selbst keine Ausbildung genossen, und Bildung war ihnen eigentlich etwas Fremdes. Meine ältere Schwester, Deborah, ging auf eine Privatschule, und ich dann auch. Ich hatte zu allem, was meine Eltern taten, blindes Vertrauen. Keinerlei Zweifel. Ich habe mir nie überlegt, was ich dort sollte. Als ich meine Eltern wegen der Sache mit dem Vaterunser fragte, meinten sie, ich soll versuchen zu tun, was ich für das Richtige hielt, und trotzdem an meiner Identität festhalten, nie vergessen, wer ich bin. Das haben sie von mir erwartet. Meine Eltern wirkten so stark. Ich habe sie nie, keinen Augenblick lang, unsicher erlebt. Undenkbar, daß ihnen ein Irrtum unterlief. Also habe ich mich bemüht, an einer Identität festzuhalten, die ich gerade erst zu erfassen begann."

Josephs Eltern hatten beide in kleinen Landstädten in Ungarn gelebt, als der Zweite Weltkrieg ihr Leben auseinanderriß. Seine Mutter war in ein Getto abtransportiert worden und mit sechzehn in Auschwitz. Sein Vater war in ein Arbeitslager eingewiesen worden, aus dem er später ausbrach, um sich den Untergrundkämpfern anzuschließen. Die beiden waren getrennt in die Vereinigten Staaten gelangt und hatten sich bei einem von dritter Seite arrangierten Treffen kennengelernt, in Brooklyn, im Stadtteil Williamsburg.

Schon bald darauf waren sie verheiratet, und 1951 kam ihr erstes Kind, Deborah, zur Welt. Damals arbeitete Josephs Vater in einem Konfektionsbetrieb, wo er zuerst eine Plissiermaschine bediente und dann an einer Nähmaschine saß. 1953 legten er und ein anderer Holocaust-Überlebender ihre Ersparnisse zusammen und gründeten eine Plisseebrennerei. Sie rackerten sich ab, um das Geschäft hochzubringen, getrieben von dem Drang, etwas Neues aufzubauen. 1954 wurde Joseph geboren, und 1956 zog die Familie aus Brooklyn weg und in ein Haus nahe beim Meer, wo die Kinder „in einer besseren Atmosphäre" aufwachsen konnten.

Da sich die Plisseebrennerei gut entwickelte, konnte die Familie es sich 1958 leisten, einen Urlaub zu machen. Man fuhr in den Süden, um andere Überlebende aus Ungarn zu besuchen. Josephs Vater hatte seine gesamten Angehörigen – sechs Geschwister, die Eltern, einen Großvater – im Krieg verloren und betrachtete nun seine Freunde aus der Kindheit als Verwandte. Sie hielten sich mehrere Tage im Süden auf, und was sie zu sehen bekamen, gefiel ihnen. Sie sahen sich eine Fabrikationsstätte an und beschlossen, sie zu kaufen. „Dort war die Konkurrenz nicht so stark wie in New York. Ich dachte, daß wir eine bessere Chance hätten", sagte Josephs Mutter zu mir, eine kleine, lebhafte, mit beiden Beinen auf der Erde stehende Geschäftsfrau. „Ich fand, es wäre für die Kinder besser, wenn sie im Gebirge aufwachsen, und habe mich Knall auf Fall entschlossen. Das Leben ist kurz, und ich bin impulsiv. Wenn ich mich zu einer Veränderung entschließe, geht das sehr schnell."

Josephs Vater fand ebenfalls Gefallen am Gebirge, an der kleinstädtischen Atmosphäre und der Schlichtheit der Südstaatler, die er kennenlernte, der Leute, die die von ihm hergestellten Kleidungsstücke aus Baumwolle und Polyester, Hosen, Anzüge und Röcke, kaufen sollten. „Das sind die Dachdecker, die Mechaniker, die Leute, die in Amerika Brücken bauen und Geräte warten", sagte er eines Abends befriedigt zu mir, während wir einer Gruppe Holzschuhtänzer zusahen, die zur ‚blue-grass'-Musik einer Country-Band aus Kentucky tanzten.

„Diese Leute sind sehr fleißig. Sie denken nicht daran, wegzuziehen. Sie sind seit Generationen hier ansässig. Sogar die Juden sind jetzt schon seit zwei oder drei Generationen hier. Es erinnert mich an zu Hause. Deswegen gefällt es mir hier."

Keine zwanzig Jahre nach ihrer Ankunft im Süden besaßen Josephs Eltern ein florierendes Unternehmen ihrer Branche: Sportkleidung für Frauen. In ihrer Fabrik waren sechzig Leute beschäftigt. Für ihre vier Kinder waren ihnen nichts zu gut, nichts teuer genug. Hinter dem Patio war ein Cadillac geparkt, und jeden Tag kam eine Zugehfrau, um zu kochen und sauberzumachen. Dennoch war ihr Lebensstil, wie bei den meisten Überlebenden, die es zu etwas gebracht hatten, relativ bescheiden.

„Die meisten Leute hier richten sich verschwenderisch ein", sagte Mary, die schwarze Zugehfrau zu mir. „Sie spielen Golf, sind Mitglieder von Klubs, gehen oft zu Cocktail-Partys. Geben Einladungen. Die meisten Frauen überlassen ihren Männern die Arbeit, und die arbeiten sich auch nicht zu Tode. Die zwei hier, die rackern sich was ab! Sie haben keine Zeit für Partys. Sie arbeiten."

Josephs Eltern arbeiteten oft die ganze Woche hindurch. „Manchmal", sagte sein Vater in der Fabrik zu mir, „bin ich hier achtzehn Stunden am Tag, und ich schlafe hier nicht. Ich *arbeite* hier." Mit Besorgnis sprach er davon, daß die Vereinigten Staaten anscheinend keine jungen Arbeiter mehr hervorbrächten und die jungen Leute statt dessen an den Universitäten landeten oder der Fürsorge auf der Tasche lägen. Sein Lebenszentrum war, wie für viele Überlebende, die Arbeit: Arbeiten sei seine Pflicht gegenüber der Familie, seine Leidenschaft, sie halte ihn zur Disziplin an und schenke ihm echte Freude. Mit Reden sei nichts getan, nichts auf die Beine zu stellen. „Meine Eltern wollen gar keine Freizeit", sagte Josephs jüngere Schwester zu mir. „Sie wollen immer beschäftigt sein. Ihr Fleiß hat seinen Grund auch darin, daß er ihnen keine Zeit zum Nachdenken läßt."

„Ich glaube nicht, daß sie Denken im rationalen Sinn gemeint hat", sagte Joseph, als ich ihm davon erzählte. „Ich glaube, unser Vater liebt seine Arbeit und arbeitet so viel, weil es ihm etwas einträgt, er arbeitet aber auch so viel, weil er nicht an seine Geschwister und Eltern denken will; vielleicht fühlt er sich unglaublich schuldig. Aber ich weiß es nicht. Er spricht nicht darüber. Er schweigt. Er sagt einfach nichts."

Joseph sprach gerne. Er konnte bis fünf oder sechs Uhr morgens sprechen, wenn er an einem Thema einmal Feuer gefangen hatte. Er studierte Soziologie, war bedächtig, groß, von sehr kräftiger Statur und hatte den hellrosa Teint des Rotschopfes. Er war Anfang zwanzig, aber sein breites, sommersprossiges Gesicht war so wandlungsfähig, daß er bald wie ein verdutzter Schuljunge, bald wie ein scharfsinniger, anspruchsvoller Professor aussehen konnte. Einerseits war es sein Herzenswunsch, eine akademische Laufbahn einzuschlagen. Er stand in seinem Department in dem Ruf, das Studium sehr ernst zu nehmen und galt als ein hervorragender Erklärer, der Probleme geduldig zergliedern und dann wieder zusammensetzen konnte. Doch andererseits erschien ihm ein Eintritt in die Universitätssphäre als ein Verrat an seinen Eltern. „Wenn ich ein junger Jude in Ungarn wäre", sagte er, „würde sich das Problem gar nicht stellen. Ich würde in die väterliche Firma eintreten und heiraten, und damit hätte es sich. Ich hätte nicht einmal die Möglichkeit, meinen Magister zu machen und deswegen Schuldgefühle zu entwickeln." Die Vorstellung, seiner Herkunft und den Ursprüngen seiner Denkhaltungen nachzuspüren, stürzte Joseph in Verwirrung und löste starke Ambivalenzgefühle aus.

„Daß ich überhaupt mit dir darüber spreche, hat seinen Grund darin, daß ich dir Vertrauen entgegenbringe", sagte er zu mir, als wir uns zum erstenmal begegneten. „Ich werde darüber sprechen, weil ich alles dafür geben würde, mich jemandem mitteilen, mich bei jemandem aussprechen zu können. Dieser ganze Bereich ist für mich ... Jedesmal, wenn ich versuche, mir die Sache begreifbar zu machen, finde ich nichts als ein Chaos. Es geht drunter und drüber. Irgend jemand muß mir Fragen stellen, sonst kommt es nicht raus. Es kommt nicht von selbst heraus. Zugleich aber möchte ich mich nicht an etwas beteiligen, was meinen Eltern weh tun könnte. Sie haben genug gelitten. Wenn ich überhaupt etwas weiß, dann, wie sehr ich meine Eltern liebe. Diese Liebe ist das Vorbild, der Bezugs-, der Ausgangspunkt für alles andere.

Ich wollte schon immer meinen Eltern ein Stück abnehmen. Ich wollte empfinden, was sie empfunden haben. Mein Problem ist, daß ich nicht nachfühlen kann, wie es ist, wenn einem der Vater oder die Mutter ermordet wird. Als Kind hat man mir aus übergroßer Fürsorglichkeit vorenthalten, daß mein Onkel gestorben ist. Ich bin immer gegen den Tod abgeschirmt worden. Ich wollte die Gefühle nachempfinden können, am Leiden teilhaben. Aber ich konnte es *nie*, und das hat mir ein Gefühl der Hilflosigkeit, der Schuld gegeben. Ich bin immer bereit zu helfen, wenn ich eine Möglichkeit dazu habe. Hier aber konnte ich nicht helfen. Nichts, gar nichts konnte ich tun. Ich war nicht einmal imstande, mir einzureden, daß schon das Zuhören eine Hilfe wäre."

Joseph verstummte unvermittelt, als fände er, er habe bereits mehr gesagt, als er hatte sagen wollen. Über seine hellbraunen Augen glitt ein Schleier, und er schüttelte beim Sprechen oft den Kopf. Lange Zeit ging unser Gespräch darüber, wie sich die Verfolgung des jüdischen Volkes auf sein Leben ausgewirkt hatte, holprig dahin. Immer wieder ein Stückchen weiter. Er drückte sich in allem, was er sagte, sehr vorsichtig aus und zeigte sich besorgt, er könnte auf mich illoyal gegenüber seinen Eltern wirken. Wie alle Kinder von Holocaust-Überlebenden, die ich interviewte, war er der Überzeugung, daß nichts Schmerzliches aus seiner Kindheit sich mit dem vergleichen lasse, was seine Eltern durchlitten hatten. Seine Probleme seien, mit den ihren verglichen, bedeutungslos gewesen. Er wolle nicht den Eindruck erwecken, daß er sich das gleiche Format zuschreibe wie seinen Eltern. „Ich kann mich ihnen nicht an die Seite stellen", wiederholte er. „Ich habe ja nicht gelitten."

Josephs Anhänglichkeit an seine Familie erschien seinen Freunden als allzu weit getrieben. Er lebte in einem Viertel, das seine Eltern für ihn ausgesucht hatten. Die Möbel hatte seine Mutter ausgewählt. Er stand der Familie seiner älteren Schwester jederzeit als Chauffeur, Vertrauter oder Babysitter zur Verfügung. Mehrmals im Monat führte er am Telephon lange, väterliche Gespräche mit seinem jüngeren Bruder und der jüngeren Schwester. Er hatte mindestens einmal eine Beziehung zu einer Frau abgebrochen, weil er den Eindruck hatte, seine Eltern wären nicht damit einverstanden, und sprach oft von seiner Hoffnung, eine Tochter jüdischer Überlebender aus Ungarn als Ehefrau zu finden.

„Es war mir immer schmerzlich bewußt, daß meine Eltern Überlebende der Konzentrationslager waren", sagte Joseph zu mir. „Daß darüber nicht gesprochen wurde, hat das Wissen noch vertieft. Ich brauchte nur Mutters Gesicht anzusehen und wußte, es ist besser, keine Fragen zu stellen. Die Auswirkungen der Verfolgung auf Mutter sind offenkundig. Ihre Kraft scheint nur solange zu halten, solange sie Vaters Kraft hinter sich hat. Sie kommt leicht ins Weinen, und ich wollte sie nicht zum Weinen bringen. Selbst meine ältere Schwester hat Mutter keine Fragen gestellt. Vater ist stärker. Ihn hat sie gefragt. Vater war für mich wie Gott. Jedem Zweifel entzogen. Er war stark.

Er war ein guter Mensch. So bereit zu geben, so generös. Ich glaubte, es war ihm bestimmt, am Leben zu bleiben, es war ihm etwas geschenkt worden, was allen anderen genommen worden war. Alle anderen waren nur geistige Bilder für mich, keine Realität. Und ich konnte mit Bildern nichts anfangen, konnte nur mit dem umgehen, was ich sah. Und was ich sah, das war, daß mein Vater am Leben geblieben war und es gut hatte. Es sah so aus, als hätte es ihn nicht verändert. Ich wollte immer mehr über ihn erfahren. Ich wollte ihm immer als Sohn Fragen stellen. Ich habe es nicht geschafft. Er hat sich jedesmal in seine Gedanken zurückgezogen, und dieser Rückzug war für mich eine Antwort."

Josephs Züge spannten sich, während er sich konzentrierte.

„Wie vollständig er seinen Schmerz verborgen hat! Vater spricht nur selten, wenn überhaupt, von seinen Geschwistern. Ich kann mich nicht erinnern, daß er sie in ihrer Art geschildert hätte. Ich erinnere mich nicht, daß er über seine Mutter oder seinen Vater gesprochen hat. Ich kann mich nicht entsinnen, daß er über sie gesprochen hat. Er schweigt.

Als ich noch ein Kind war, habe ich meinen Freunden oft von ihm erzählt. Ich habe zu ihnen gesagt, was für ein Held Vater war, daß er keinen Menschen getötet hat, obwohl er es gekonnt hätte, als er bei den Partisanen war. Ich weiß nicht, wie oder wo oder wann ich von der Verfolgung erzählen hörte. Es kommt mir vor, als wäre es mir durch dünne Luft ins Ohr gedrungen. Ich habe nur die heroischen Teile aufgeschnappt, das Menschliche daran. Einzelheiten habe ich nie behalten können. Ich habe wieder und wieder nach Daten fragen müssen. Ich habe sie immer wieder vergessen."

Joseph schwieg unvermittelt. „Es ist nicht zu fassen. Erst vor einem Monat, als ich zu Hause war, hörte ich die Geschichte chronologisch, und wieder habe ich·sie vergessen. Ich saß da, hörte zu und sagte mir: *Diesmal werde ich sie nicht vergessen!* Aber ich habe sie vergessen. Ich erinnere mich nur noch an Bruchstücke daraus ... dieselben Bruchstücke, die in mir als Kind hochkamen ... die gleichen Gefühle ..."

„Erzähl mir, woran du dich erinnerst", bat ich ihn.

Joseph hob verzweifelt die Hände. „Ich erzähle es ungern, weil ich mir sicher bin, daß mir Fehler unterlaufen werden. Ich hätte es aufnehmen sollen. Aber das habe ich nicht fertig gebracht."

Er legte wieder eine Pause ein und zündete sich eine Zigarette an.

„Soweit ich mich erinnern kann, sind sie am Passah gekommen, und Vater wurde in ein Arbeitslager eingewiesen. Er hat sich dort um Pferde kümmern müssen. Als die Deutschen die Juden holen ließen, hat ihnen der Lagerführer Bescheid gegeben, und Vater und seine Freunde sind ausgebrochen. Er konnte untertauchen. Eine Zeitlang hat er sich in der schweizerischen Botschaft in Budapest aufgehalten. Dort haben sich Juden in den Kellern versteckt. In Räumen für 500 Personen haben sie 2000 untergebracht. Vater hatte die Verantwortung. Noch etwas anderes ist passiert: Er war in einem Gebäude, und eine Bombe schlug ein. Sie durchschlug drei Stockwerke, explodierte aber nicht. Vater stand direkt daneben."

„Kein Wunder, daß er dir wie Gott vorkam", sagte ich. „Diese Erlebnisse ließen ihn ja als unverwundbar erscheinen."

„Diese Erlebnisse machten ihn unverwundbar", wiederholte Joseph. „Was Vater auch durchgemacht hat, er hat es allein durchgemacht. Ich war immer dagegen, wenn meine ältere Schwester Fragen stellte. Darüber zu sprechen, hat es abgeschwächt. Sie schlug dann immer einen ganz eigenen Ton an. Sie mußte in sich etwas umschalten, um die Fragen stellen zu können. Ihre Stimme bekam etwas gekünstelt Neutrales. Ich habe es herausgehört und habe es ihr übelgenommen. Ich hatte es nicht nötig, Wörter zu hören. Es waren die Blicke, die Vibrationen, die mir das Gefühl gaben, das ich habe.

Weißt du, wenn man es genau nimmt, weiß ich beinahe nichts. In historischer Hinsicht, meine ich damit. Ich kann mich nie dazu überwinden zu erzählen, was ich weiß, obwohl ich es doch gehört habe und in- und auswendig kenne. Mach dir bitte klar, daß es mich viel kostet, mich dieser Befragung zu unterziehen. Normalerweise tue ich sowas nicht."

Joseph warf mir einen halb ärgerlichen Blick zu und ging dann in die Küche, um sich ein Glas Wasser zu holen. Seine Wohnung, die sich über einem koscheren Lebensmittelgeschäft befand, war ein ruhiger Ort. Er lebte allein und brauchte sich, anders als die meisten Studenten, keine Geldsorgen zu machen. Er besaß ein Auto, eine Stereo-Anlage, teure Kleidung, Regale voller Bücher, und wenn er eine Schallplatte sah, die ihm gefiel, oder einen Kunstgegenstand, den er haben wollte, kaufte er die Sachen. Wie die meisten Holocaust-Überlebenden, die es zu etwas gebracht hatten, waren seine Eltern ihrem Sohn gegenüber immer großzügig gewesen, und Joseph war sich dessen durchaus bewußt. An der Universität wurde er daran erinnert, von seinen Freunden, von den Geschwistern. Der Gedanke, daß er ein ‚reicher Junge' war, behagte ihm nicht, doch als Amerikaner ohne Arbeitsgenehmigung in Kanada könne er keine Arbeit bekommen, und illegal arbeiten, dieses Risiko wolle er nicht eingehen. Ich hatte allerdings den deutlichen Eindruck, daß Josephs Erziehung eine Entwicklung zu finanzieller Selbständigkeit nicht gerade gefördert hatte.

„Andere Kinder hatten nicht all die Dinge, die ich hatte", sagte er. „Sie haben immer gesagt, ihre Eltern könnten es sich nicht leisten. Sie haben erzählt, Spielsachen bekämen sie nur zu Weihnachten, während ich das ganze Jahr über welche bekam. Es waren brave Kinder. Wenn ihre Mütter sie riefen, folgten sie sofort. Wenn ich dagegen ausgelassen war oder etwas angestellt habe, bin ich nie richtig ausgeschimpft worden. Meine Eltern haben mir alles nachgesehen. Ich habe immer gefunden, daß ich mehr Bestrafungen verdient hätte."

Wie viele Kinder von Holocaust-Überlebenden, deren Eltern in erster Linie nach Sicherheit strebten, verbrachte Joseph viel Zeit allein zu Hause. Wenn die Schule aus war und der Bus ihn in der Nähe der zu seinem Elternhaus führenden Straße absetzte, ging er durch den Wald und dann die steile, asphaltierte Einfahrt hinauf, im Zickzack, wie sein Vater. Dann setzte er sich vor den Fernsehapparat, um sich Sendungen wie ‚Star Trek' oder ‚Mr. Ed' anzusehen, und wenn sie vorbei waren und noch immer niemand nach Hause gekommen war, baute oder zerlegte er Modelle.

Im Gegensatz zu seiner älteren Schwester, die immer mit Unterricht und anderen Dingen beschäftigt war, kam Joseph sich immer „auf einer anderen Wellenlänge als alle anderen [vor]. Schon mit acht Jahren haben mich moralische Fragen beschäftigt. Wenn ein Junge von den anderen schlecht behandelt wurde, bin ich zu ihm hingegangen und habe ihn zu trösten versucht. Gerechtigkeit war mir immer wichtig. Ich habe mir Gedanken darüber gemacht. Ich habe gesehen, daß meine Eltern gerechte Menschen waren. Schon im Hebräisch-Unterricht hatte ich das Gefühl, anders zu sein als die anderen Juden. Es waren nette Jungs. Ich habe sie gern gemocht. Aber ich hatte den Eindruck, daß bei ihnen das Jüdische eine Sache von Ritualen und Traditionen war. Das war es zwar bei mir auch, doch stärker als das habe ich empfunden, daß ich ein Jude war, mit dessen Namen sich Leiden verbanden. Und aus irgendeinem Grund gab in meinen Augen das Leiden dem Jüdischsein etwas Köstliches. Ich hatte nie den Eindruck, daß sonst einer aus meiner Klasse, die mit dem Rabbiner studierte, so dachte."

Wieder unterbrach sich Joseph. Es sei ihm unangenehm, sagte er dann, sich Gefühle in die Erinnerung zu rufen. Er sei darin nicht gut. Mit einer Analyse meiner Befunde könnte er mir viel mehr nützen als durch eigene Beiträge. Er lasse sich nicht gern gehen.

„Deine Schwester hat mir gesagt, als du jünger warst, hättest du in euren Eltern Engel gesehen", sagte ich. „Erinnerst du dich daran?"

„Für mich waren sie übermenschliche Wesen", antwortete Joseph. „Für mich waren sie mehr als großartig. Sie waren anders als die anderen Leute in unserer Straße und anders als die anderen in der *Schul*. Weil sie eine Inhumanität am eigenen Leib zu spüren bekommen hatten, die anderen unbekannt war, und deswegen hatten sie eine größere Menschenkenntnis als andere Leute. Ich weiß nicht, ob sie selbst oder Dritte das zu mir gesagt haben oder ob ich es selber dachte. Ich weiß nicht, woher ich die Idee habe. Aber ich glaubte es damals. Und in einem gewissen Maß glaube ich es noch heute.

Die Loyalität gegenüber der Familie geht allem voran – so war es immer bei uns. Man stellt seine Freunde immer hinter die Familie zurück. Nehmen wir als Beispiel, wenn ich abends weggehen wollte, was ich während der ganzen High-School-Zeit getan habe. Sie wollten nicht, daß ich bis ein Uhr nachts mit meinen Freunden weg war. Ich sagte dann, daß wir bis spät geplaudert hätten, und meine Eltern sagten: ‚Du hast nicht zu plaudern. Du hast nach Hause zu kommen.' Immer wieder haben sie gesagt: ‚Wem schuldest du Loyalität? Deine Freunde ernähren dich nicht.' Immerzu haben sie gesagt: ‚Warum läufst du denn nicht zu deinen Freunden damit? Schau doch mal, ob sie dir das Problem abnehmen werden!'"

Josephs Stimme war lauter geworden, und sein Gesicht hatte den gelassenen, gedankenvollen Ausdruck verloren, den es üblicherweise zeigte.

„Als ich in die High School kam, war ich ein widerspenstiges, unbändiges, rüpelhaftes Bürschchen. Ich bin leicht in Zorn geraten. Ich habe gespickt. Ich bin rausgeflogen, weil sie mich beim Rauchen erwischt hatten. Ich bekam Wutanfälle. Ich wollte, daß man mich zu Wort kommen ließ, fand, daß meine Eltern nicht auf mich eingingen. Sie haben mir nie so zugehört wie einem Geschäftspartner. Sie haben nie zu mir gesagt: ‚Wie geht's deinem Freund?" Also nahm ich an, daß es sie nicht sehr interessierte, was ich trieb. Ihr Interesse hat dem gegolten, was sie selber taten, arbeiten nämlich. Und sie wollten, daß ich mich für das interessierte, was *sie* taten. Ich habe mich immer wieder gefragt, warum sie so viel arbeiteten, aber nach einer Weile habe ich es als selbstverständlich genommen.

„Jedenfalls", fuhr Joseph fort, „sie haben immerzu gearbeitet, und das hat mich furchtbar aufgeregt. Ich habe es ihnen verübelt, daß ich nie mit wohin genommen wurde wie andere Kinder. Meine Eltern haben mit mir nie etwas unternommen, was ich andere Eltern mit ihren Kindern unternehmen sah. Wie zum Beispiel angeln gehen! Das mit dem Angeln hat mich eines Tages richtig aufgebracht. Ich habe gesagt: ‚Papi, ich möchte, daß du übers Wochenende mit mir zum Angeln fährst.' Es war wunderbar, wir beide zusammen, doch auf dem Rückweg mußte am Betrieb angehalten werden. Wir konnten nicht direkt zu uns heimfahren. Nein, wir mußten erst am Betrieb halten.

Als Erklärung habe ich zu hören bekommen: ‚Wir müssen arbeiten, um dich zu ernähren. Wir müssen arbeiten, damit aus dir etwas *wird*.' Nach den Wünschen meiner Eltern sollte aus mir einmal irgend etwas Großes werden, ein Arzt oder ein Anwalt. Wenn sie arbeiteten, sollte das heißen, ich bekäme dadurch eine Chance, *etwas aus mir zu machen*. Wenn sie nicht arbeiteten, so ist durchgeklungen, würde aus mir nichts werden. Was hatte *ich* also für einen Anreiz, mich anzustrengen? Warum sollte ich den Gedanken daran auch nur ernst nehmen? Ich habe ständig die Schulen gewechselt. Es ist mir schwer gefallen, Freundschaften zu schließen, und als es mir dann doch gelang, dachte ich, ich dürfte die Freunde nicht behalten, weil das ein Verrat an der Gemeinsamkeit in gewissen Dingen wäre, die der Familie vorbehalten bleiben sollten, obwohl in der Familie gar nicht darüber gesprochen wurde."

Joseph sah mich an, um sich zu vergewissern, daß ich das Absurde an seiner Bemerkung zu würdigen wisse. Er sprach inzwischen ohne Hemmung. Die Worte strömten nur so aus ihm heraus.

„Die Eltern haben mir beigebracht, von der Welt nicht zuviel zu erwarten. Sie haben oft gesagt: ‚Selbst die besten Freunde, die wir in Europa hatten, haben uns ausgeraubt und in den Rinnstein gestoßen. Warum sollte es heute anders sein? *Warum* sollte es denn heute anders sein? Wir waren zu unseren Freunden genauso eingestellt wie du zu deinen.' Und das ist ein sehr starkes Argument. Ich glaubte ihnen zwar nicht, aber es kam nicht darauf an, ob ich es glaubte oder nicht. Es waren die Worte meiner Eltern, und was meine Eltern sagten, das hatte auf mein Leben immer die stärkste Wirkung."

Vorkommnisse an den verschiedenen Schulen, die Joseph besuchte, bestärkten sie noch in ihrer Lebensphilosophie. „Die anderen Jungen wußten, daß ich Jude war. Sie wollten es mich anscheinend spüren lassen, daß ich Jude war", erzählte er. „Mit vierzehn mußte ich auf die Sommerschule gehen und auf dem Campus wohnen. Es war, als ginge ich mitten in meinem Heimatort ins Internat: Ich konnte nicht raus und nach Hause. Ich hatte im Vorjahr meine Bar-Mizwa-Feier begangen und bewahrte meine ganzen religiösen Utensilien – meinen Gebetsriemen, eine kleine Tora und Gebetsbücher – in meinem Zimmer auf.

Eines Tages kam ich in mein Zimmer, und alles lag durcheinandergeworfen auf dem Boden. Ich wurde in die Rolle des Juden gezwungen. Und noch stärker wurde es mir hingerieben, als ich den Vorfall dem Direktor meldete, der mich anhörte, aber nichts unternahm. Das war so ein Augenblick, wo ich mich mit meinen Eltern ganz eng verbunden fühlte. Ich fand, daß es ein Anschauungsunterricht für mich war. Ich habe meinen Vater angerufen, der sich darauf beim Direktor beschwerte. Es hat sich herausgestellt, daß man mich ohnehin im Herbst nicht wieder in der Schule sehen wollte."

In jenem Herbst trat Joseph in die sechste und letzte Schule ein, die er vor dem Übertritt ins College besuchen sollte. Er war mittlerweile fünfzehn Jahre alt. Er hatte es satt, sich immer wieder auf eine neue Umgebung einstellen zu müssen. Obwohl dieser letzte Wechsel ihn wieder in ein exklusives Institut führte – mit lauter Schülern aus einer Wohngegend, in der, Gerüchten zufolge, keine schwarzen oder jüdischen Bewohner geduldet wurden –, begann Joseph nun aus sich herauszugehen. „Ich bin aktiv geworden. Ich habe begonnen, mir Freunde zuzulegen. Allmählich entwickelte ich ein bißchen Selbstwertgefühl", sagte er. „Ein paar in der Schule waren anscheinend antisemitisch eingestellt, aber ich habe ihre Bemerkungen einfach weggewischt..."

Im Jahr darauf geriet er jedoch in eine Situation, die er nicht mehr ignorieren konnte. Er hatte nach dem Mittagessen, in einer Pause zwischen zwei Unterrichtsstunden, mit einem Freund Schach gespielt, als ein Mitschüler ihn zu provozieren begann. „Dieser Junge hatte mich schon mehrmals geärgert, weil ich Jude war", erzählt Joseph. „Er schaute zu mir her und sagte: ‚Heh, da hat Hitler einen übersehn.' Ich war tief betroffen und dachte: Was mache ich jetzt? Ich wußte nicht einmal, was mit mir los war, nur, daß er eine sehr empfindliche

Stelle getroffen hatte. Er hat es noch einmal gesagt, da bin ich aufgestanden und hinausgegangen. Ich habe geweint und am ganzen Körper gezittert. Als kleiner Junge habe ich oft geweint. Ich bin halb den Flur hinuntergegangen und habe dann kehrtgemacht. Ich bin zurückgegangen, habe ihn auf die Schulter getippt und ihn mit solcher Kraft auf den Mund geschlagen, daß er umgefallen ist. Es kam mir vor, als hätte mir bei dem Schlag ein Engel den Arm geführt."

Joseph starrte mich an. „Ich spüre es noch, als wäre es gestern geschehen. Beim Sprechen kristallisieren sich die Dinge in mir, und ich weiß nicht, was ich damit anfangen soll."

„Was ist geschehen, nachdem du ihn auf den Mund geschlagen hattest?" fragte ich.

„Ich ging raus", sagte er, "ich ging aus dem Raum, und er kam hinter mir her. Er packte mich an der Jacke, und ich schlüpfte aus den Ärmeln. In der Mitte des Korridors drängte ich ihn gegen die Schließfächer, und dann wurde die Rauferei abgebrochen. Ich mußte mich irgendwohin verdrücken, unbedingt allein sein. Ich kam mir großartig vor und hatte zugleich ein furchtbar schlechtes Gewissen. Ich habe am ganzen Leib gezittert. In meinem ganzen Leben hatte ich mich noch nie so hin und her gerissen gefühlt. Ich habe mich gezwungen, über alles nachzudenken, worüber ich nie nachgedacht hatte. Über all die Dinge, die so schwer zugänglich waren. In einem gewissen Sinn habe ich empfunden, daß ich nicht nur meinen Vater gerächt hatte, sondern auch meine Onkel und Großeltern, die ich mir nur vorstellen konnte. Ich sagte mir, daß ich jetzt die Photos ansehen könnte, die Vater in seinem Schuhkarton aufbewahrte. Ich empfand dieses Gefühl, für das meine Schwester immer Worte brauchte."

Seine Eltern erfuhren damals nur sehr wenig von alledem. Sie wußten nur, daß ihr Sohn immer wieder Schwierigkeiten in der Schule hatte und nicht gerne Dinge hörte, die mit der Vergangenheit zu tun hatten. Seiner Mutter und seinen Schwestern machte er Angst. Wenn er einen seiner Wutanfälle bekam, schlug er mit der Faust aufs Auto. Er hatte den Lieblingssessel seines Vaters aufgeschlitzt und seine ältere Schwester mit einem Küchenmesser verfolgt. Sie hielten ihm oft die Kinder ihrer Freunde, seine Cousins und Kusinen in Phoenix, seine ältere Schwester als Beispiele vor und fragten: „Was ist los mit dir? Warum hast du so viele Schwierigkeiten?"

„Ich habe mich selbst gefragt, warum ich so viele Schwierigkeiten hatte." Joseph lächelte mich reumütig an. „In mir war ein schrecklicher Zorn. Es hat mich zornig gemacht, daß sie im Krieg waren. Es hat mich zornig gemacht, daß sie den ganzen Tag gearbeitet haben. Ich war auf meine ältere Schwester zornig. Weil sie etwas geleistet hat. Weil sie eine Schönheitskönigin war. Mutter lag sehr daran, daß es bei uns zu Hause friedlich zuging. Wieder und wieder hat sie die Hände gerungen und gefragt: ‚Warum kann es denn bei uns nicht friedlich zugehn?' Sie hat sich schrecklich über mich aufgeregt. Und wenn sie am Ende ihrer Kraft und Geduld war, hat sie gesagt: ‚Habe ich deinetwegen Auschwitz überlebt?'

Das hat mich jedesmal sprachlos gemacht. Dieser eine Satz hat mich völlig entleert, mein ganzes Leben aus mir herausgezogen. Mir war, als hätte jemand eine Injektionsnadel genommen und mir alles Leben ausgesogen. Ich war nichts mehr. Mir war ganz schwach. Mir wird jetzt noch schwach, wenn ich mich nur daran erinnere. Ich bin einfach leer. Sie hat das ein paarmal gesagt. Wenn es kritisch geworden ist und sie am Ende ihrer Nerven war, dann hat sie das gesagt. Und dann ist sie in Tränen ausgebrochen."

Joseph verstummte, und ich merkte, daß ich innerlich ebenso angespannt war wie er. Die Szene, die er geschildert hatte, war auch bei uns zu Hause an der Tagesordnung gewesen. Ich hatte erlebt, daß Mutter und mein jüngerer Bruder sich in die Haare gerieten. Ich hatte erlebt, wie Tommy mit schlechten Noten nach Hause kam, in sein Zimmer ging und dort stundenlang hinter verschlossener Tür Modelle baute. Auch meiner Mutter hatte ihr Sohn Angst gemacht. Sie war nicht mit ihm fertig geworden. Auch sie hatte ihre Zuflucht bei Auschwitz, Tod und Leiden gesucht, und ich hatte gesehen, wie sich das Gesicht meines Bruders ganz ähnlich verschloß wie jetzt Josephs Gesicht.

„Dann hat Mutter beschlossen, mich zu einem Psychologen zu schicken", fuhr Joseph mit einem sarkastischen Unterton fort. Sie hat gesagt: ‚Wir werden alles versuchen', als ob meinetwegen die Welt unterginge."

Ich lächelte, denn auch das war mir vertraut. Meine Mutter hatte die gleichen Worte gebraucht, das gleiche getan.

„Ich hatte etwas dagegen, zu einem Psychologen geschickt zu werden. Ich hatte was dagegen, weil ich fand, daß Mutter ihre eigenen Probleme durch mich zu lösen versuchte. Sie kam mit mir nicht zurecht. Sie kannte mich nicht. Sie bildete sich ein, daß ich ihr entglitten sei, und dabei hatte sie keine Zeit, mit mir zu sprechen. Für mich ist es ganz wichtig, Dinge gründlich auszudiskutieren. Aber meine Eltern haben nur immer gesagt: ‚Genug geredet jetzt! Du mußt was *tun!*' Ich konnte nicht entscheiden, was ein Problem war und was nicht, denn wenn ich Probleme zu haben glaubte, war für Vater der Fall immer sofort klar. Er hat über eine Lösung entschieden, und – zack – das war's dann. Deshalb war es für mich eigentlich gar nicht schlecht, den Psychologen aufzusuchen. Ich bin ungefähr vier Monate lang hingegangen und habe das Gefühl bekommen, daß ich mit jemandem sprach, der mir auch zuhörte. Allein schon, daß er meine Eltern zuzog, damit sie über *mich* sprachen, hat mir gutgetan. Weil damit wenigstens einmal ein Gespräch in Gang kam und ich sagen konnte, was mich bedrückte. Er hat zu meinen Eltern gesagt: ‚Sie müssen Joseph eine Chance geben.'"

Josephs Stimme war so laut geworden, daß er mich beinahe anschrie.

„In meinem ersten Jahr ging ich auf die University of Miami und geriet auf sämtliche Abwege, auf die man nur geraten kann. Ich habe in Miami Gras geraucht. Ich habe in Miami gesoffen. Ich bin in Miami verprügelt worden und habe andere verprügelt. Ich wurde von den anderen nicht akzeptiert. Die Uni in Miami war mir scheißegal.

Dann habe ich mich selber zum Psychologen geschickt. Weil ich *glaubte,* mit mir stimmte was nicht. Vielleicht, dachte ich immer wieder, bin ich überfordert. Vielleicht schaffe ich das einfach nicht, all das, was man von mir erwartet. Vielleicht fehlt mir die Intelligenz. Vielleicht bin ich wirklich eine Null."

Joseph legte eine Pause ein, um sich wieder eine Zigarette anzuzünden.

„Der Psychologe hat all die einschlägigen Tests mit mir gemacht. Drei oder vier Tage intensive Untersuchungen. Dann hat er sich mit fünf Seiten getippter Notizen hingesetzt, die jeweils einen *ganzen Absatz* über meine Charakterzüge enthielten. Wie ich zum Begriff der Ehre stehe und wie zur Würde und wie ich in den Tests zur beruflichen Eignung abgeschnitten habe. Und ich habe gesagt: ‚Mein Gott, das muß ich aufschreiben!' Ich habe alles aufgeschrieben, was der Psychologe gesagt hat. Daß ich einen guten Arzt, einen guten Psychologen abgeben würde. Daß ich in Mathematik nicht übermäßig begabt sei. Daß ich einen guten Sozialarbeiter, einen guten Soziologen abgäbe. Ich habe das Blatt zusammengefaltet und in einem Bankschließfach deponiert.

Dieses erste Jahr in Miami habe ich kläglich versagt. Ich fuhr nach Hause und sagte zu meinen Eltern, sie sollten sich in den Patio setzen, weil ich ihnen etwas zu sagen hätte. Ich zog das Blatt heraus, das ich in der Bank deponiert hatte, und sagte: ‚Schaut, hier steht, was die Welt von mir hält!' Ich war ratlos, was ich tun sollte. Ich dachte schon daran, das Studieren aufzugeben und in Vaters Unternehmen einzutreten. Aber dann haben meine Schwester und ihr Mann mich überredet, in Toronto zu studieren."

Joseph legte wieder eine Pause ein und sprach dann langsamer weiter.

„Ich bin hier heraufgekommen und habe mich an der Universität eingeschrieben. Das Studium begann mich zu interessieren. Die anderen mochten mich, und ich mochte sie. Und die Uni gefiel mir auch. Und ich bekam gute Noten."

Er sagte das bedächtig, als müßte er sich selbst überzeugen, daß es wirklich so war. Tatsächlich hatte er für das kommende Jahr eine Assistentenstelle bekommen. Andere Studenten bemühten sich um seinen Rat. Seine Lehrer nahmen ein besonderes Interesse an ihm.

„Ich bin hier in Toronto zur Ruhe gekommen", sagte Joseph. „Ich stand auf meinen eigenen Beinen, ich war von zu Hause fort. Ich begann ein bißchen reifer zu werden.

Und damit bin ich vermutlich jetzt noch beschäftigt."

11

In den späten fünfziger Jahren saß in Rochester, im Staat New York, Ruth Alexander, wie sie sich erinnert, an den Sonntagnachmittagen mit den anderen *greeners* am öffentlichen Strand am Ontario-See. Sie aßen mitgebrachte Sandwichs, behielten ihre Kinder im Auge und sprachen jiddisch, die Sprache, die sie zu Hause und oft auch am Arbeitsplatz verwendeten. Sie waren beinahe ausnahmslos polnische Juden. Viele waren einander schon früher begegnet, während der langen Dekade, die mit der Poleninvasion der Nazis begann, sie aus den Gettos in die Arbeits- und Konzentrationslager, dann, nach dem Krieg, in DP-Lager und schließlich in die Vereinigten Staaten führte. Die meisten ihrer ältesten Kinder waren 1946 auf die Welt gekommen, in Deutschland. So auch Ruths älterer Bruder Eugene. Die Familie

Alexander war von der *Hebrew Immigration Aid Society* (HIAS) in die Vereinigten Staaten gebracht worden, drei von beinahe 150 000 jüdischen Verschleppten, die zwischen 1947 und 1951 neu angesiedelt wurden.

Die HIAS hatte die Familie zuerst nach Cairo, im Staat Illinois, und dann nach St. Louis, in Missouri, geschickt. Weder hier noch dort hatten sie sich wohl gefühlt, und als einer von Ruths beiden überlebenden Onkeln nach Rochester zog, folgten ihm die Alexanders. Sie wohnten im Stadtzentrum, im damaligen jüdischen Viertel, das fünf Synagogen sein eigen nannte und die dichteste Konzentration von *greeners* im Norden des Staates New York aufwies. Sie arbeiteten in den Fabriken von Rochester, was auch ohne Beherrschung des Englischen möglich war. Jake Alexander, Ruths Vater, war vor dem Krieg Schneider gewesen und fand Arbeit bei einem Uniformfabrikanten. Ihre Mutter blieb, wie viele *greener*-Frauen in Rochester, bei den Kindern zu Hause.

Bis zu den frühen sechziger Jahren hatten sich die meisten Holocaust-Überlebenden auf die Vorstädte verteilt. Sie arbeiteten sechs Tage in der Woche und jeden Tag sehr lange. Viele gingen um acht Uhr morgens aus dem Haus und arbeiteten mit nur einer Pause, zu Mittag, bis acht oder neun Uhr abends, ähnlich wie zu der Zeit, als sie in den Lagern der Nazis gewesen waren. Einige von ihnen legten sich schließlich ein eigenes Geschäft zu. Ruths Onkel, einer der erfolgreicheren *greeners*, besaß ein großes Fischgeschäft, ihr Vater hatte eine eigene Schneiderei aufgemacht. Beide arbeiteten sechs Tage in der Woche, obwohl sie mittlerweile finanziell gesichert waren.

Die Überlebenden, die zusammen am öffentlichen Strand am Ontario-See gesessen waren, konnten jetzt in ihren eigenen Gärten Sonnenbäder nehmen. Sie fuhren große Wagen, und einige hatten sich prachtvolle Häuser gebaut. Sie versammelten sich zwar nicht mehr im ‚kloob', einem Ableger des *New Americans Club,* – wo Ruth und ihr Bruder, wie sie sich erinnerten, als Kinder Geburtstagsfeste gefeiert hatten –, behielten einander aber im Auge. Ihre Gemeinschaft war klein und nach außen hermetisch abgeschlossen. Die Kinder wurden streng beaufsichtigt, und aus diesem Grund verhielt sich Ruth jedesmal, wenn sie in den Ferien nach Rochester zurückkehrte, sehr unauffällig.

,,Als Kind habe ich die *greeners* richtig gehaßt", sagte sie zu mir, als wir die saubere Straße mit den belaubten Bäumen entlangingen, in der ihre Eltern jetzt wohnten und die wie eine typische amerikanische Mittelschicht-Straße wirkte. Kinder fuhren auf ihren Dreirädern umher, Männer waren damit beschäftigt, ihre Autos abzuspritzen. Obwohl es ein Sonnabend war, hielt Ruths Vater sich in seiner Schneiderei auf. Ihre Mutter war zu Hause, beim Kochen.

„Ich hatte immer das Gefühl, daß die *greeners* mir die Luft abschnürten. Ich konnte es nicht ausstehen, wie sie redeten. Ich haßte die schwere, Schaut-was-ich-durchgemacht-habe-Atmosphäre, die um sie war. Sie haben mich immer genau gemustert. Ich war Hellas Kind. Von Kopf bis Fuß haben sie mich begutachtet. Ich war ihnen immer zu dünn oder zu blaß. Ich kam mir nicht wie ein normales Kind vor. Ich kam mir immer vor, als müßte ich ihnen eine rührselige Geschichte erzählen. Immerzu haben sie mich gefragt: ‚Kannst du auch Jiddisch?' Einige von ihnen hatten Nummern am Arm, andere nicht. Ich weiß noch, daß ich darauf blickte und sehr betreten war. Daß ich mich beinahe für sie schämte. Ich war sehr froh, daß meine Eltern keine Nummern hatten. Es hat mich peinlich berührt."

Ein unsicheres Lächeln glitt über Ruths Gesicht. Mit ihren siebenundzwanzig Jahren gehörte sie zum zweiten ‚Jahresring' der Kinder von Überlebenden in Rochester und zu den wenigen, die bis dahin noch kein geregeltes Leben führten, weder verheiratet waren noch eine feste, gesicherte Anstellung hatten. Ruth hatte an der New York University ihren Bachelor-Grad erworben und danach als Sekretärin gearbeitet. Sie war eine schlanke, zierliche Person, bleich, mit schwarzem Lockenhaar, über ein altmodisches Gesicht fallend, das wie aus einem der Vorkriegsphotos im Schlafzimmer ihrer Mutter wirkte. Sie hatte eine schwache, ausdruckslose Stimme, und weder Lautstärke, noch Tonfall oder Timbre veränderten sich sehr, während sie sprach. Wenn sie lachte, war selbst das Lachen gedämpft. Sie schien den Typus des stillen Menschen zu verkörpern.

Mit viereinhalb Jahren war Ruth Alexander ins Krankenhaus gekommen, wo ihr ein Geschwür an einem Fuß entfernt wurde. Am lebhaftesten hatte sie in der Erinnerung behalten, daß sie kaum besucht wurde. „Eigentlich kam nur Mutter zu Besuch", sagte sie zu mir, „und manchmal ist spät, nach der Besuchszeit, auch Vater erschienen. Vorher hat er gearbeitet. Ich habe das Zimmer mit einem anderen kleinen Mädchen geteilt, das Eltern, Tanten, Onkel und Großeltern hatte, die alle vorbeischauten. Ich weiß noch, daß ich sie beneidet habe und mir dachte: So eine Familie hätte ich auch gern. Vater hatte sieben Geschwister gehabt, von denen nur eine Schwester am Leben geblieben war. Mutter hatte ebenfalls sieben Geschwister gehabt. Ich schätze, sieben war die Norm. Zwei ihrer Brüder blieben am Leben, aber der eine lebte in Israel. Ich kam ganz durcheinander, wenn Leute über ihre Angehörigen sprachen. Ich erinnere mich, daß Vater einmal etwas über Brüder und Schwestern gesagt hat, die im Krieg umgebracht worden waren. Ich habe nicht begriffen. Was war das, ein Onkel? Was bedeutete es für mich? Wenn Vater von Geschwistern sprach, dachte ich, es handle sich um meine eigenen.

,,Im Kindergarten, erinnere ich mich noch, wurde Ostern gefeiert, und man sollte Gräber mit Blumen schmücken. Ich kam nach Hause und fragte, warum ich keine Blumen auf die Gräber meiner Großeltern legen kann. Meine Eltern erklärten mir den Grund, und als ich wieder in der Schule war, sagte ich zu meiner Lehrerin, daß meine beiden Großelternpaare ermordet worden waren. Das hat sie sehr gestört, wie ich noch weiß. Sie hat gesagt, daß sie nicht ermordet, sondern getötet worden seien und daß ich den Unterschied zwischen ermordet und getötet nicht verstünde. Ich wußte, daß sie nicht recht hatte. Ich erinnere mich, daß es mir damals lieber gewesen wäre, sie wären nicht ermordet, sondern getötet worden. Es war nicht so etwas Persönliches.

Während meiner ganzen Kindheit habe ich mich nach einer Großmutter gesehnt. Ich habe zu Mutter gesagt, daß meine beste Freundin zwei Großmütter und ich nicht mal eine einzige hätte. Es kam mir immer vor, als gäbe es bei uns zu Hause eine Menge weiter, leerer Räume. Ich habe eine große Leere empfunden. Als ich zehn war, habe ich einige Zeit jede Nacht geweint. Ich war mir immer sicher, daß ich meine Eltern liebte und daß sie mich liebten, aber bei uns lag ein Hauch Verzweiflung in der Luft. Ich weiß, schon, als ich noch ziemlich klein war, ist nur klar geworden, daß die Menschen nicht gar so großartig sind. ,Die Nazis haben das angerichtet. Ein paar Juden haben kollaboriert oder Verrat begangen. Die anderen Leute wollten nichts wissen.' Ich hatte immer das Gefühl, daß das Leben etwas Prekäres ist, daß nicht alles so gesichert war, wie es aussah.''

Wie etliche andere Holocaust-Überlebende in Rochester und anderswo erzählten die Alexanders ihren Kindern nur sehr wenig von dem Leben, das sie vor Beginn oder während der Judenverfolgung geführt hatten. Ruth wußte, daß ihre Mutter 1915 in Warschau als Kind einer Familie gläubiger Juden geboren worden war. Ihr Großvater, glaubte sie zu wissen, war Fabrikbesitzer gewesen. Ihr Vater war im selben

Jahr auf die Welt gekommen, in einer überaus frommen und armen Familie in Lodz.

„Sein Vater war einer von diesen Männern mit den langen Bärten. Er arbeitete nicht, weil er den ganzen Tag studierte und betete. Vater begann schon in früher Jugend zu arbeiten. Ungefähr mit elf. Er wurde einem Schneider in die Lehre gegeben, um etwas zum Familienunterhalt beizusteuern. Sonst weiß ich nicht besonders viel. Ich weiß, daß er nach Auschwitz und nach Dachau gebracht wurde, wo er befreit worden ist. Ich weiß, daß er viel schlimmere Dinge erlebt und mitangesehen hat als Mutter. Was es war, kann ich nicht genau sagen. Vater war sehr schweigsam. Er hat mir nie etwas Genaueres erzählt. Ich habe den Eindruck, daß seine Familie ausgelöscht wurde. Ausradiert. Ich war sehr nervös, wenn ich ihn nach seiner Familie gefragt habe; sogar heute noch geht es mir so. Ich wußte, es war furchtbar für sie und es hat ihnen viel Leid verursacht. Es hat auch mir Schmerz bereitet. Es war meine Pflicht, *nicht zu fragen*. Ich wußte, sie wollten nicht, daß ich Bescheid weiß, aber ich habe doch Bescheid gewußt. Ich habe so getan, als wüßte ich nichts."

Ruths Gesicht, das fast ausdruckslos geblieben war, während sie sprach, zeigte nun einen Anflug von Groll. „Meine Eltern haben mich widersprüchlich behandelt. Sie haben mich nicht aufgeklärt, aber es war Pfuscherei, wie sie das Beweismaterial versteckt haben. Vater hat noch ein paar Dinge aus Auschwitz: eine Nazi-Armbinde, sogar Photos von Leichen. Er holte sie manchmal heraus, wenn andere Überlebende zu Besuch kamen. Ich wußte, wo er sie aufhob. Sie waren oben auf dem obersten Regalbrett. Wenn sie sie wirklich vor mir hätten verstecken wollen, hätten sie einen Platz ausgesucht, wo ich sie nicht sehen, nicht an sie herankommen konnte. Wenn ich wirklich wollte, konnte ich sie herunterholen und mir ansehen. Aber ich wußte, daß ich nicht Bescheid wissen sollte, und stellte mich so, als täte ich es nicht. Im Lauf der Jahre hörte und sah ich einzelne Bruchstücke. Es kam mir vor, als nähme ich sie osmotisch in mich auf. Ich habe immer versucht, sie von mir fernzuhalten. Ich hätte lieber nichts gewußt. Es hat mich mit Groll erfüllt. Es war mir verhaßt, Bilder mit Leichen und solchem Zeug sehen zu müssen. Ich habe mir gesagt: *Es ist nicht richtig, daß ich es weiß. Ich bin ein Kind.* Ich kam mir sehr klug vor, als ich ein Kind war. Ich wollte immer mehr Kind sein und war es nicht, eben weil ich diese schrecklichen Dinge wußte.

Es war mir verhaßt, wenn ich diese Bruchstücke zu hören bekam.

Wenn es schneite, sagte Mutter: ‚Ich habe damals meilenweit ohne Schuhe durch den Schnee laufen müssen. Kannst du dir das vorstellen?' Ich schaute dann zum Fenster hinaus und konnte es mir nicht vorstellen. Ich kann mich noch erinnern, daß ich den Heimweg von der Schule zu einer Überlebensprüfung machte. Jeder Block, so habe ich mir suggeriert, war eine Meile. Ich weiß noch, daß ich mir in der Phantasie ausgemalt habe, was ich mit Hitler tun würde. Ich würde ihn foltern.

Ich war sehr trotzig, oft zornig als Kind. Anscheinend hat sich mein Zorn gegen alle gerichtet. Ich habe Wutanfälle bekommen. Ich habe oft gebrüllt. Am schlimmsten war es beim Abendessen. Vermutlich haben meine Eltern nicht verstanden, wie es möglich war, daß man zu essen hatte, aber nicht essen wollte. Ich bin immerfort zum Essen genötigt worden. Mutter hat geseufzt, Vater ist aus der Haut gefahren. In meiner Familie erzählt man sich eine berühmte Geschichte. Ich war damals erst drei Jahre alt, und Mutter hat mich aufgefordert, meine Milch zu trinken. Ich habe gesagt: ‚Nein, ich habe keine Lust, dir einen Gefallen zu tun.' Mutter hat mir das oft erzählt. Ich glaube, sie war deswegen stolz auf mich. Sie sagte: ‚Du warst ein so aufgewecktes Kind, schon damals.' Meine Eltern haben mir ziemlich viel erlaubt. Nach meiner Fußoperation hatten sie große Angst, mich zu verlieren. Ich habe es nicht ausgenützt, aber gewußt, daß ich von meinen Eltern alles bekommen könnte, was ich nur wollte.

Nur das haben meine Eltern nicht ertragen können: wenn mein älterer Bruder und ich uns zankten. Wir haben viel gestritten, während wir heranwuchsen, und das hat sie verrückt gemacht. Mein Vater ist nur selten in Rage geraten, aber er hat jedesmal einen Anfall bekommen, wenn im Haus irgendein Malheur passiert ist, wenn es nicht ruhig war. Er hat mich nie geschlagen, aber ich konnte mir doch vorstellen, daß er etwas nach mir werfen würde. Er wollte, daß bei uns zu Hause der reine Frieden herrscht. Als ich älter wurde, begann ich meinen Zorn zu unterdrücken. Als ich dann auf die High School ging, war ich sehr zurückgezogen. Ich fühlte mich wie ... umklammert. Als lebte ich nur, um die schlimmen Dinge von mir fernzuhalten. Ich glaube nicht, daß ich das ganze Spektrum der Gefühle empfunden habe, wie es andere Leute empfinden. Ich habe versucht, mich auf einem bestimmten Pegel zu halten. Ich habe ein sehr einförmiges Leben geführt."

Auf der High School hielt sich Ruth abseits. „Ich hatte kein Zusammengehörigkeitsgefühl und fühlte mich total entfremdet. Auf dieser Schule gab es eine ansehnliche Zahl jüdischer Schüler, aber ich dachte immer, es wären weniger, als es in Wirklichkeit waren. Die Supersportler- und Cheerleader-Clique hat mich nicht angezogen. Zu Football-Spielen bin ich nicht gegangen, obwohl die in der Schule großgeschrieben wurden. Die Intelligenzbestien hatten eine eigene Clique, aber ich fühlte mich nicht dazu gehörig. Ich habe mich für einen Schülerinnenklub anwerben lassen und bin eine Woche lang hingegangen, aber auch das hat mich nicht interessiert. Ich habe für Vereine nichts übrig, sehe keinen Sinn darin. Ich war eine Einzelgängerin. In einer Gruppe aufgehen, das konnte ich nicht. Ich kam mir anders vor als die anderen, und ich *war* es auch. Meine Eltern waren älter als die Eltern von sämtlichen anderen Schülern. Sie waren Europäer. Sie haben nicht Bridge gespielt und all die anderen Dinge getan, die Eltern in den Vorstädten von Rochester taten. Ich fühlte mich anders als die nichtjüdischen Kinder, und ich konnte die amerikanischen Juden nicht ausstehen. Ich habe sie nicht verstanden, und sie haben mich nicht verstanden. Als jüdischer Schüler auf der High School hat man sich in die eigene Sozialgruppe eingegliedert und ist in die Synagoge gegangen. Für mich war die stärkste jüdische Erfahrung der Holocaust. *Darin* habe ich mich mit dem Judentum identifiziert, sonst aber mit nichts. Ich habe mich sehr allein gefühlt."

Wir gingen wieder ins Haus der Familie Alexander und nahmen an einem Tisch Platz, um Kaffee zu trinken. Mrs. Alexander setzte sich zu uns. Sie war, wie ihre Tochter, eine kleine, blasse Frau. Sowohl sie als auch ihr Mann hatten die Blässe und die weichen, runden Konturen von Menschen, die nicht viel ins Freie kommen. Ihren Bewegungen war etwas Bedächtiges und zugleich etwas Zielstrebiges zu eigen, was mich an meine eigene Mutter erinnerte. Sie goß uns Kaffee ein, gab uns Kuchen und hörte mit Interesse unserem Gespräch zu. Sie und ihr Mann, sagte sie zu mir, seien stolz darauf, daß ihre Kinder Anteil an dem nähmen, was sie erlebt hatten. Natürlich würden Kinder von Überlebenden ihre eigenen Probleme bekommen. Das sei ihr schon immer klar gewesen. „Wir waren alle ein bißchen verrückt, als wir rauskamen, alle von uns", sagte sie. Dann zuckte sie mit den Achseln, eine Bewegung, die anzudeuten schien, daß sie für diese Erkenntnis keinen Arzt oder Spezialisten brauche. „Selbstverständlich hat es sich auf die Kinder ausgewirkt."

Ruth hörte ihrer Mutter ruhig zu. Dann gingen wir in ein anderes Zimmer und setzten unser Gespräch fort.

„Ich habe immer gespürt, daß meine Eltern mir gegenüber Erwartungen hatten, die ich niemals erfüllen konnte", sagte sie. „Nicht, daß ich irgend etwas Bestimmtes *tun* sollte. Es ging mehr darum, wie sie mich haben wollten. Sie haben von mir erwartet, daß ich ein wirklich glücklicher Mensch werde. Immer wieder haben sie gesagt, daß sie doch alles für mich getan hätten. Warum ich denn nicht glücklich sei? In der High School saß ich oft nur da und sprach Stunde um Stunde kein einziges Wort. Die meiste Zeit kam ich mir wie erstarrt vor. Mutter sagte oft: ,Als ich in deinem Alter war, bin ich tanzen gegangen. Ich war fröhlich. Ich habe nicht Trübsal geblasen wie du.' Es hat mich gefreut, wenn sie das sagte, weil es bedeutete, daß in ihrem Leben auch etwas Gutes gewesen war. Ich stellte mir vor, daß sie damals zu einem braungebrannten, hochaufgeschossenen Mädchen heranwuchs, das eine Menge Jungs als Freunde hatte. Ich war nicht mit Jungs befreundet. Ich hatte ein paar Freundinnen. Aber im Grund wartete ich darauf, aus Rochester weggehen zu können. Ich hatte so eine Idee, daß ich neue Freunde finden würde, wenn ich erst einmal aus der Stadt weg war."

Aufs College zu gehen war für Ruth und die meisten der anderen Kinder von Überlebenden, mit denen ich sprach, die einzige Möglichkeit, das Elternhaus zu verlassen, die akzeptiert wurde. Die Trennung von einem Angehörigen war für Familien von Überlebenden mehr als nur eine Trennung. Damit verbanden sich unausgesprochene Vorstellungen von Hilflosigkeit und Verlust, manchmal Tod.

„Ich hatte ein Regents-Stipendium bekommen", berichtete Ruth, „und so erschien es mir als das Richtige, an die New York University zu gehen. Es war eine völlig legitime Form abzuhauen."

Sie lachte kurz, ein trockenes Lachen. „Als ich nach New York kam, blieb mir wirklich der Mund offenstehen. Dieser Trubel! Alle haben sich mit Drogen und Sex beschäftigt. Ich hatte mit beidem noch keine Bekanntschaft gemacht. Ich kam mir sehr weise, sehr wissend vor, doch im Punkt Erfahrung war ich weniger als ein Nichts. Ich fühlte mich verloren. In meinem ersten Jahr am College habe ich richtig Scheiße gebaut. Ich fühlte mich als Außenseiterin. Oft bin ich hinunter in die Lower East Side, zur Essex Street gegangen, nur um chassidische Juden anzuschauen. Nur um ihre Gesichter zu sehen. Es hat mir das Gefühl gegeben, daß ich unter ihnen hätte leben können. Daß sie waren, was ich geworden wäre, wäre ich in Europa geblieben. Ich schaute sie an, als wüßten sie die Antwort oder als hätten sie wenigstens ein Geheimnis. Ich war überzeugt, daß sie irgendein Geheimnis hatten.

Die Mädchen in meinem Studentenheim und am College wirkten sehr selbstgefällig. Das Heim war voller jüdischer Prinzessinen aus Long Island. Sie kamen aus sehr begüterten Verhältnissen. Sie lebten im Überfluß, ein Leben der Oberflächlichkeit. Eigentlich gab es nichts, was sie beschwert hätte. Sie lebten sorglos dahin. Ich wollte Leute finden, die in irgendeiner Weise gelitten hatten, die an irgendeinem erkennbaren Schmerz trugen. Ich wollte Freunde finden, die mit dem Zustand der Welt unzufrieden waren oder etwas auf sich nehmen konnten, von irgendeiner Motivation getrieben wurden. Vielleicht war es all der Zorn in mir, den ich zu fassen kriegen wollte. Jedenfalls, der erste derartige Mensch, den ich kennenlernte, war ein Schwarzer. Zuerst waren wir befreundet. Dann hatten wir ein Verhältnis, das sehr lange dauerte."

Ruth hob die Augen und blickte mich mit dem Anflug eines Lächelns an.

,,Es war natürlich *der* Aufstand gegen meine Eltern, die größte Rebellion, die ich inszenieren konnte, doch der Umstand, daß er einer Minderheit angehörte, daß er sich als *underdog* fühlte, zog mich zu ihm hin. Ich fühlte mich ihm mehr verbunden als den meisten Juden in New York. Es war ein ziemlich charismatischer Typ, der auch im Heim wohnte. Aus Mount Vernon, groß, mit Bart und Brille. Ihm schien klar zu sein, was gespielt wurde. Er hatte anscheinend schon ziemlich viel vom Leben gesehen. Ich war damals nicht scharf darauf, über meine Vergangenheit zu sprechen, aber Schmerz und Unterdrückung, das sprach bei mir etwas an. Ich konnte mit jemandem fühlen, der litt. Er hat auf mich den Eindruck eines Menschen gemacht, der viele Schmerzen in sich trug und – wie ich – allein war. Die Beziehung ist sehr stürmisch verlaufen, mit Höhen und Tiefen, schon lange, bevor sie zu Ende ging.

Und in dieser Zeit erfuhr ich, daß Mutter die letzten beiden Jahre vor Beginn der Verfolgung verheiratet gewesen war und daß sie Zwillinge geboren hatte.

Ruth verstummte an dieser Stelle. Darüber zu sprechen fiel ihr schwerer als das Übrige.

,,So lange ich zurückdenken konnte, hatte sie immer wieder Bemerkungen gemacht, daß ich vielleicht einmal Zwillinge bekommen würde, daß Zwillingsgeburten in der Familie oft vorkämen. Ich hatte zwar noch nie von Zwillingen in unserer Familie gehört, behielt das aber für mich. Ich sagte nie: ‚Schau, Mutti, du hast ja jetzt auch keine Zwillige.' Ich hütete mich, das zu sagen. Ich weiß nicht, woher ich die Eingebung hatte, aber ich *wußte*, daß ich es nicht sagen durfte. Meine Eltern waren nach New York gekommen, um mich zu besuchen. Mein Freund paßte ihnen nicht, und sie versuchten, mir die ganze Sache auszureden. Wir kamen ins Streiten, und mittendrin sagte Mutter: ‚Ich weiß, du glaubst, man kann sich in keinen anderen Mann verlieben, aber man kann doch, ich weiß es. Weil ich deinen Vater liebe, aber vor ihm einen anderen Mann geliebt habe.' Ich wußte, daß sie verlobt, nicht aber, daß sie in Wahrheit verheiratet gewesen war. ‚Ich habe dir nie was davon gesagt', sagte sie dann, ‚aber ehe ich deinen Vater geheiratet habe, war ich mit einem anderen Mann verheiratet gewesen und hatte Zwillinge.'

Das war das erste, ja, das *einzige* Mal, daß ich in Gegenwart meiner Eltern zu weinen anfing. Es brachte mich aus der Fassung wie noch nie etwas vorher. Ich habe wie ein Schloßhund geheult, und dann hat Mutter ebenfalls die Fassung verloren. Sie hat gesagt, sie hätte sich nicht vorgestellt, daß es mich derart erschüttern würde. Noch lange, nachdem sie fort waren, hat es meine Gedanken beschäftigt. Ob die Zwillinge vielleicht durchgekommen waren? Sie waren im Getto zur Welt gekommen. Sie waren Mutter sofort nach der Geburt weggenommen worden. Ihre Mutter, sagte sie zu mir, hätte zu ihr gesagt, es sei besser so, sie würden nicht leiden müssen. Ich habe mir immer wieder überlegt, ob sie vielleicht von irgend jemandem, irgendwie gerettet wurden und jetzt irgendwo in Polen aufwachsen, ohne zu wissen, daß sie Juden sind."

Ruth blickte auf ihre schmalen Hände, und ich dachte an Rochelle Rubinstein Kaplan, wie sie in Israel in einer Ausstellung Kinderphotos angesehen hatte und ihr der Gedanke gekommen war, eines darauf könnte ihr Halbbruder sein.

„All das, alles, was mit der Vergangenheit meiner Eltern zu tun hatte, habe ich bis heute für mich behalten. Ich konnte nicht darüber sprechen. Ich dachte, niemand würde es verstehen. Oder daß jemand, der so sensibel ist, es doch zu verstehen, darüber ausflippen würde. Auf dem College konnte es passieren, daß ich es in Gegenwart von Leuten erwähnte, denen ich vertraute, aber in Form einer unpersönlichen Aussage. Sie gingen nicht weiter darauf ein. Vielleicht hat ihnen die Art, wie ich es ausdrückte, gesagt: Ihr könnt euch denken, was sich abgespielt hat, was für Menschen meine Eltern sind, was für ein Mensch ich bin. Der Fall ist abgeschlossen. Und selbst diese Art von Mitteilung hatte für mich etwas sehr Persönliches.

In meinem zweiten College-Jahr gingen alle zu Psychofritzen. Es war die große Mode. Viele meiner Freunde gingen sogar zum selben, was mich wirklich abstieß. Ich wollte davon nichts wissen. Aber ich hatte mit allen möglichen Dingen Schwierigkeiten. Ich war immer eine überdurchschnittliche Schülerin gewesen, aber plötzlich konnte ich nicht mehr lernen. Sie haben mir ein Semester Bewährung gegeben und von mir verlangt, eine Beraterin aufzusuchen.

Sie hat sich mit mir unterhalten und mich ein bißchen nach meinen Eltern ausgefragt. Und sie hat mich dann überredet, eine Therapie zu machen. Sie haben mich getestet. Wie oft haben Sie bisher Geschlechtsverkehr gehabt? Null bis dreißigmal? In diesem Ton haben sie mit mir geredet, genau in diesem Ton! Ich war damals zweiundzwanzig und noch stiller, als ich es heute bin. Sehr introvertiert und verängstigt. Ich wurde in die *New York University Clinic* geschickt und bekam dort einen Termin bei einem Therapeuten.

Es war klar, daß der Psychoklempner dachte, wieder so eine Klischee-Studentin: Mittelschicht, mit typischen Problemen der College-Studentinnen: nicht wissen, was man mit sich anfangen soll, Probleme mit dem Freund, mit der Einsamkeit. Ich hatte zwar Heimweh, wollte aber nicht nach Hause. Ich war nicht gern auf dem College. Ich mochte meine Zimmergenossin nicht. Es war sehr langweilig. Der Therapeut war genauso gelangweilt wie ich. Dann hat er mich nach meinen Eltern gefragt. Ich habe ihm erzählt, daß sie nicht in diesem Land geboren wurden, daß sie 1948 in die Vereinigten Staaten gekommen waren. Das hat ihn überrascht, wie es die meisten Leute überrascht, weil die Mehrzahl jüdischer Flüchtlinge vor dem Krieg in die Vereinigten Staaten gekommen ist, spätestens in den dreißiger Jahren. Er hat gefragt, wo meine Eltern während des Krieges gewesen waren, und ich habe gesagt, im Konzentrationslager."

Hier grinste Ruth, und ein Kichern brach aus ihr heraus.

„Der Psychologe *setzte sich auf.* Seine Augen leuchteten auf. Ich merkte ihm an, daß er mich doch interessant fand. Nach all diesen Jahren mit College-Mädchen aus der Mittelschicht endlich ein richtiger FALL. Ich kam mir sehr sonderbar vor. Ich wollte da raus. Ich hatte damals überhaupt keine Beziehung zu dem, was meine Eltern erlebt hatten, und fand es ein starkes Stück von ihm, sich zwischen uns hineinzubohren. Es war so offensichtlich, daß er mich plötzlich ganz anders behandelte, daß er mich sogar ganz anders *ansah*. Er leierte eine Liste von Fragen herunter, die ich einfach schwachsinnig fand.

,*Haben sie viel gesellschaftlichen Umgang?*' fragte er.

Ich verneinte.

,*Sie halten sich viel zu Hause auf, ja? Ich weiß, daß es so ist.*'

Darauf sagte ich: ,Ja, das stimmt.'

,*Sie haben nicht sehr viele Freunde, oder?*'

Darauf ich: ,Nein, sie bleiben viel unter sich.' Ich wußte wirklich nicht, worauf er hinaus wollte.

,*Sie haben oft Darmbeschwerden, nicht?*' fragte er.

Ich darauf: ,Ja, mein Vater hat Schwierigkeiten mit dem Rücken und Darmbeschwerden.'

Mir wurde allmählich sehr, sehr eigenartig zumute. Sehr unbehaglich. Ich fand, daß er mich nicht verstand, er aber dachte, er verstünde mich. Es gefiel mir nicht, wie er alle diese Fragen aus dem Hut zog. Ich dachte: Für wen hält er sich eigentlich? Ich war wirklich aufgebracht. Zu dieser Zeit war ich voller Zorn auf meine Eltern, und jetzt kam es mir vor, als ob ich die Menschen, auf die ich zornig bin, beschützen müßte.

Damit ging das Gespräch zu Ende. Ich wurde zu anderen Therapeuten geschickt, die mich mit einer ganzen Testserie eindeckten. Ich las so einen Testbefund, in dem der Experte, der von meiner Geschichte nichts wußte, den Schluß zog, ich sei durch und durch schwermütig. Ich fand das eine gute Beschreibung von mir in meiner damaligen Verfassung. Ich glaubte, in die Therapie zu gehen, weil ich depressiv oder unglücklich war. Aber so war es eigentlich nicht, denn wenn man unglücklich ist, hat man doch wenigstens Gefühle. Ich aber war ganz, ganz erstarrt. Ich habe überhaupt nichts empfunden.

Ich war nicht die beste Patientin. Sie haben mich dann in die *Yeshiva University Graduate Clinic* geschickt, und während des ersten Jahres habe ich kein einziges Mal über meine Eltern gesprochen. Im folgenden Jahr wurde ich einem anderen Therapeuten zugeteilt, einem jungen jüdischen Therapeuten, der in Vietnam gewesen war und mit den *Rap Groups* der Vietnam-Veteranen gearbeitet hatte. Er war sehr interessiert an Auswirkungen von Kriegserlebnissen besonders auf Leute, die nicht dabeigewesen waren. Zu ihm bekam ich einen besseren Kontakt, weil er in Vietnam gewesen war, war aber immer noch sehr verschlossen. Ich glaube, daß ich erst ungefähr nach einem halben Jahr zu reden angefangen habe.

Er hat gesagt, ich soll *The Surviver* von Terence Des Pres lesen. Das habe ich getan, und die Lektüre hat eine Menge ans Licht gebracht. Ich hatte das Buch immer bei mir und brauchte eine Ewigkeit, es zu lesen, weil ich immer nur ein kleines Stück verdauen konnte. Ich schaffte jedesmal drei, vier Seiten, im höchsten Fall ein Kapitel. Dann mußte ich sofort etwas ganz anderes tun. Ich habe viel geweint beim Lesen. Ich habe mich identifiziert, dorthin versetzt. Es war nicht zu fassen, daß meine Eltern so etwas hatten mitansehen und durchmachen müssen. Nun begann mir vieles klarzuwerden: Warum ich immer auf das Schlimmste gefaßt war, warum ich mich immer in Situationen brachte, die schmerzten. Ich hatte immer die Einstellung: Ich halte alles aus – als hätte ich gewußt, daß mir nichts anderes übrigblieb."
Ruth holte Luft.

„Erst vor zwei Jahren, als ich fünfundzwanzig wurde, war es so weit, daß ich überhaupt Schwierigkeiten, in die ich immer wieder geriet, auch nur ein Stückchen davon, mit der Tatsache in Verbindung brachte, daß meine Eltern verfolgt worden waren."

12

Mit gemischten Gefühlen begann ich mich in der Fachliteratur über Kinder von Holocaust-Überlebenden umzusehen. Wie den meisten von mir Interviewten, von denen viele selbst Psychologie oder Psychiatrie studiert hatten, mißfiel auch mir die Art, wie der Psychiaterstand unsere Eltern porträtiert hatte. Hunderte von Artikeln und Büchern konzentrierten sich nur darauf, Dr. Niederlands ‚Überlebendensyndrom' zu beschreiben, das im Lauf der Jahre zu einem den Überlebenden als Gruppe aufgeklebtem Etikett geworden war. Es faßte zwar nachweisbare Merkmale zusammen, die viele von ihnen gemeinsam hatten, ließ aber auch ihre Befindlichkeit als eine tückische Krankheit erscheinen, die sich jeder jüdische Überlebende des Holocaust in gleichem Maße zugezogen habe. Das ‚Überlebendensyndrom' übersah die starken Seiten, die ich und andere Kinder von Überlebenden an unseren Eltern beobachtet hatten. Am meisten nahm ich Anstoß daran, daß der Terminus die Holocaust-Überlebenden von anderen, ‚normalen' Menschen abgrenzte, einschließlich der Psychiater selbst, von denen einige mit knapper Not den Konzentrationslagern entkommen waren und ebenfalls die Probleme des Heimatverlusts, der Diskontinuität und der unbewältigten Trauer hatten. ‚Überlebendensyndrom' erschien mir als ein viel zu eng gefaßter und überaus negativer Terminus, der alle möglichen Aspekte – vor allem historische, kulturelle und soziale – außer acht ließ.

Wie die *Wayne State Conference on Massiv Psychic Trauma* und verschiedene andere Quellen klarmachten, gehörten die Holocaust-Überlebenden zu einem viel größeren Personenkreis, der auch einschloß: andere, nicht-jüdische Häftlinge, die die Konzentrationslager unter Hitler überlebt hatten; überlebende Insassen von Konzentrationslagern unter japanischer Herrschaft und in der Sowjetunion; Kriegsgefangene, die aus Lagern in Europa, Korea oder Vietnam zurückgekehrt waren; die Überlebenden von Hiroshima und Nagasaki; und die gewaltige Zahl der Überlebenden in allen Teilen der Welt, die Zigeuner, die Armenier, die Asiaten und Afrikaner, die Massentötungen entkommen, zur Emigration gezwungen worden waren und sich anderswo ein neues Leben aufgebaut hatten. Alle diese Menschen hatten von ihren Leiden herrührende Traumata, aber auch außergewöhnliche Überlebensfertigkeiten entwickelt. Die Bezeichnung ‚Überlebendensyndrom' sprach diese positiven Persönlichkeitsveränderungen nicht an. Sie schien implizite zu besagen, daß da so etwas wie ein schadhafter neuer Mensch entstanden sei, seinem Wesen nach anders als du und ich. Romane und Filme hatten diese Charakterisierung weitergeführt, wenn sie Überlebende entweder als Heilige und Märtyrer, Menschen, die durch die Hölle gegangen waren und kein Unrecht tun konnten, oder aber so darstellten, als wären sie gleichsam nur noch Hülsen ihres ehemaligen Ichs oder Quasi-Verbrecher, die sich zu inhumanen Handlungen erniedrigt hatten, um ihr Leben zu verlängern.

Kinder von Holocaust-Überlebenden wußten, daß die Wahrheit ungleich komplexer war. Wir waren alle in einer höchst komplexen Situation aufgewachsen, und uns war nur zu sehr bewußt, daß unsere Eltern von einem Impetus zum Leben wie zum Tod angetrieben wurden. Viele Fachleute wußten das zwar ebenfalls und äußerten privat Achtung und Bewunderung für Überlebende, die sie aus persönlichem Umgang kannten oder behandelt hatten, doch das Bild, das sie in ihren Arbeiten vom Holocaust-Überlebenden zeichneten, war ungemein negativ.

Mit diesem Wissen ausgerüstet, begann ich mir die psychiatrische

Literatur über Kinder von Überlebenden anzusehen. Es war nicht viel, was es da anzusehen gab. Noch 1978, als meine Generation, Menschen mit gleichen Erfahrungen wie ich, zweiunddreißig wurde, waren auf der Welt insgesamt zwei Dutzend Studien veröffentlicht. In mehreren Arbeiten wurde weniger als eine Handvoll Fälle beschrieben. Nur zwei ließen sich als umfassend bezeichnen.

Dies war ein überraschender Befund, denn selbst nach zurückhaltendsten Schätzungen lebten 1979 eine halbe Million Kinder von Holocaust-Überlebenden. Außerdem gehörten sie eindeutig jener Bevölkerungsgruppe an, die Psychotherapeuten aufsucht: Personen aus der Mittelschicht mit College-Bildung, die in Großstädten leben, sich eine Krankenversicherung leisten können und für die ein Psychiater mehr zum Leben von heute gehört als ein Milchmann. Viele der Personen, mit denen ich Interviews gemacht habe, hatten sogar schon während ihrer High-School- oder College-Zeit Therapeuten dieser oder jener Richtung aufgesucht. Manche waren nicht weniger als drei bis vier Jahre in psychotherapeutischer Behandlung gewesen. Doch die meisten von ihnen berichteten mir, sie hätten nie über die Auswirkung gesprochen, welche die Erlebnisse ihrer Eltern während der Verfolgungszeit vielleicht auf sie selbst gehabt hatten. ,,Der Psychomensch hat nie danach gefragt", war eine häufige Erklärung. ,,Es ist nie zur Sprache gekommen", lautete eine andere. ,,In diesem Punkt hatte ich einfach kein Vertrauen zu ihm." Ein junger Mann, heute Sozialarbeiter, äußerte: ,,Jedesmal, wenn ich darauf zu sprechen gekommen bin, hat mein Therapeut gesagt: ‚Sie sind jetzt Amerikaner.' Worauf ich den Punkt fallenließ."

Die früheste veröffentlichte Arbeit über Kinder von Holocaust-Überlebenden erschien 1966 in einer kleinen jüdisch-kanadischen Zeitschrift, *Viewpoints*. Ihr Verfasser, Dr. Vivian Rakoff, war damals Forschungsleiter am *Jewish General Hospital* in Montreal, einer Stadt, in der sich mehrere Tausend Holocaust-Überlebender niedergelassen hatten. Er hatte sich bewußt dazu entschlossen, seine Arbeit in einer normalen Zeitschrift und nicht in einem Fachblatt zu publizieren, weil er sich des repräsentativen Charakters seiner Befunde nicht sicher war. Er ging sehr behutsam an das Thema heran. ,,In den letzten ein, zwei Jahren", schrieb er, ,,habe ich – ähnlich wie andere Psychiater – die Erfahrung gemacht, daß mich mehr heranwachsende Kinder von Holocaust-Überlebenden aufsuchen, als man erwarten sollte. In den meisten Fällen handelt es sich um Einzelkinder . . . Die Eltern, die eigentlichen Opfer in diesen Fällen, sind keine auffällig geschädigten Menschen. Sofern man nicht nach Schwierigkeiten bohrt und wenn man nicht wüßte, daß sie in Konzentrationslagern waren, würde sich nicht so leicht ein Mitleidsreflex wegen ihrer Leidenserfahrungen einstellen. Ihre Kinder hingegen, alle nach dem Holocaust geboren, zeigen schwere psychiatrische Symptome. Es wäre beinahe einfacher zu glauben, sie selbst, nicht ihre Eltern hätten diese zerrüttende, brandmarkende Hölle durchlitten.

Ich bin mir bewußt, daß nicht alle Kinder von Überlebenden eine solche Symptomatik zeigen, aber ... wie viele haben mit der gleichen Intensität, wenn auch in geringerem Ausmaß gelitten?"

Dann brachte Dr. Rakoff drei Fallstudien. Seine erste Patientin war eine Sechzehnjährige gewesen, nach Aussage ihrer Lehrerinnen die beste Schülerin in ihrer Klasse. Vor Prüfungen redete sie sich ein, daß sie nichts wisse und „endlich blamiert" werden würde. Sie war von einem Neurologen untersucht worden, weil sie häufig ohnmächtig wurde, schwere, migränebedingte Kopfschmerzen und ein volles halbes Jahr unter Lähmungserscheinungen in beiden Beinen gelitten hatte. Der Arzt stellte fest, daß dem Mädchen organisch nichts fehle.

In anschließenden Gesprächen mit ihren Angehörigen setzte Dr. Rakoff Stück für Stück eine Vorgeschichte zusammen, in vielem den Geschichten ähnlich, die ich mit meinen Interviews rekonstruiert hatte. Vater wie Mutter waren die einzigen Überlebenden ihrer Familien. Sie hatten einander nach dem Krieg kennengelernt, das Mädchen war in einem DP-Lager geboren worden, und sie waren beinahe mittellos nach Kanada gekommen. Sie wohnten in einem Arbeiterviertel, und beide Elternteile rackerten sich täglich sechzehn Stunden ab, um sich auf die eigenen Beine stellen zu können. Mitte der sechziger Jahre besaßen sie ihr eigenes Haus, fanden viel Freude an Musik und Skilaufen, arbeiteten aber auch weiterhin sehr fleißig, wie es der Vater schon im Konzentrationslager getan hatte. „Ich habe zugesehen, daß ich immer sehr beschäftigt war." Seine Frau gab an, sie sei am Leben geblieben, weil sie zu einer Schattengestalt geworden war. „Ich sagte ihnen meinen Namen, wenn ich mußte", berichtete sie Dr. Rakoff, „und die übrige Zeit versuchte ich, mich unsichtbar zu machen." Mit einem Lächeln hörte die Tochter zu, während sie erzählten. Sie hatte diese Erklärungen schon oft gehört. „Obwohl beide [Elternteile] die Geschichte ihres Überlebens viele Male erzählt hatten und an ihre jeweiligen Erklärungen, warum sie davongekommen seien, augenscheinlich auch glaubten, bedurfte es keines langen Nachfragens, bis sie einräumten, daß sie in Wirklichkeit nicht wußten, warum sie am Leben geblieben waren. Jahrelang hatten sie diese Erklärungen dazu benutzt, der Tatsache, daß sie die Lager überlebt hatten, einen Anschein von rationalem Sinn und damit ihrer Existenz in der Nachkriegswelt überhaupt eine gewisse rationale Basis zu geben."

Die zwei anderen Kinder von Holocaust-Überlebenden, die Dr. Rakoff beschrieb, hatten beide Suizidversuche unternommen, ehe sie neunzehn Jahre alt waren.

Das erste war der achtzehnjährige Sohn von Eltern, die nach dem Krieg geheiratet hatten, „mit der ausdrücklichen Vereinbarung, daß sie heirateten, um einen Gefährten zu haben, um einen Versuch zu machen, die gewaltige Einsamkeit ihres Lebens nach der Befreiung aus den Konzentrationslagern zu füllen."

Die Mutter war vor der Verfolgung verheiratet gewesen, ihr einziges Kind war dann ermordet worden. Der Vater war eine passive, depressive Gestalt und ging ganz in seiner Arbeit auf. Ihr Sohn erklärte Dr. Rakoff, in seinen wiederholten Suizidversuchen wie in seinen Drohungen, die Eltern umzubringen, habe sein Zorn auf sie den äußersten Ausdruck gefunden. „Es gibt mich jetzt so an die siebzehn Jahre", hatte er in einem seiner Abschiedsbriefe geschrieben, „und ab heute abend wird es mich hoffentlich *nicht mehr geben."*

Der dritte Patient war wieder ein Mädchen. Sie bekundete ebenfalls einen schrecklichen Zorn auf ihre Eltern, die, was ihre Tochter betraf, an dem Denken festhielten, wie es beim Judentum im Vorkriegsdeutschland üblich gewesen war. Ihre Auseinandersetzungen drehten sich vor allem um Religion und Politik, wobei die Eltern die Haltung kanadischer Patrioten einnahmen, während die Tochter nur die Schattenseiten an der kanadischen Kultur betonte.

Dr. Rakoff räumte ein, diese drei Fälle hätte man beliebig aus den Fallgeschichten in fast jeder psychiatrischen Klinik herausgreifen können. Dennoch, stellte er fest, zeigten sie erstaunliche Gemeinsamkeiten, die sie von der großen Mehrzahl der von ihm behandelten Heranwachsenden unterschieden. Alle drei Patienten waren in Europa zur Welt gekommen, alle waren mit den Erlebnissen ihrer Eltern in den Konzentrationslagern intim vertraut und relativ brave und gehorsame Kinder gewesen, abgeschirmt von der Welt, die ihren Eltern als feindselig erschien. Ihre Schwierigkeiten waren während der Adoleszenz zutage getreten, als das erste Mädchen „phobisch", der Junge zu einem

„nicht zu bändigenden, genußsüchtigen, hysterischen, exaltierten Jugendlichen [wurde], der nichts anderes im Kopf hatte als ein tolles, aufregendes Leben", während das andere Mädchen „streitsüchtig, verdrossen und so depressiv [geworden war], daß sie sich schließlich, als sie die Spannungen mit den Eltern nicht mehr aushalten konnte, das Leben zu nehmen versuchte."

Dr. Rakoff schrieb, daß diese drei jungen Menschen eine schwerere Last elterlicher Erwartungen zu tragen hatten als die meisten Kinder. „Diese Eltern", schrieb er, „sind aufgrund ihrer Erlebnisse in den Konzentrationslagern zu beinahe heiligen Figuren geworden. Die Kinder waren unausgesetzt Schilderungen dessen ausgeliefert, was die Eltern erlitten hatten, und hatten, wenn sie ungehorsam oder ungezogen waren, stärkere Gewissensbisse als normale Kinder. Sie konnten ihren Eltern gegenüber nicht die Aggressionen ausdrücken, die üblicherweise zum Prozeß des Heranwachsens gehören. Wenn ihr körperliches Wachstum und der emotionale Reifungsprozeß in der Adoleszenz nach einem gewissen Ausdruck von Unabhängigkeitsverlangen und aufgestautem Zorn auf die Eltern drängten, konnte dies nur in verzerrter Form geschehen.

„Ein Leben, das nicht etwas Selbstverständliches, Gegebenes, sondern ein beinahe unerwartetes Geschenk ist, erscheint vielleicht nicht als ein Leben, das eben zu leben ist, sondern als eine Mission", resümierte Dr. Rakoff. „Es ist beinahe so, als ob die Eltern in dem Wunsch, ihr Überleben zu rechtfertigen, von den Kindern Eigenschaften verlangten, in denen sich ihre ganzen Erwartungen gegenüber all den Menschen sammelten, die ermordet worden waren. Die Liebe und die Ambitionen ganzer Familien wurden in der Erinnerung wiederbelebt und in Form von Hoffnungen den Kindern auferlegt, die die Erfüllungen, die normalerweise Mütter, Väter, Geschwister, Cousins und Kusinen, Onkel und Tanten geschenkt hätten, stellvertretend gewähren und mit ihrem Leben das gewaltsam verkürzte dieser Menschen zu Ende leben sollten."

In den folgenden Jahren setzten Dr. Rakoff und sein Kollege, der Psychologe John Sigal, ihre Untersuchungen der Fallgeschichten von Überlebenden-Kindern fort, die das *Jewish General Hospital* in Montreal aufsuchten. Bis 1972 waren sie von 144 Familien von Überlebenden konsultiert worden, eine Zahl, die hinreichte, eine methodische Studie in Angriff zu nehmen. Sie beantragten Mittel bei verschiedenen Geldgebern, kanadischen, amerikanischen, jüdischen Institutionen, aber während es ihnen gelang, Zuschüsse für andere Zwecke zu erlangen, konnten sie für dieses Forschungsprojekt keine finanzielle Unterstützung auftreiben. „Ich glaube, man dachte, wir wollten ein ‚Projekt künstlich zurechtbasteln'", sagte Dr. Rakoff später zu mir. Ungeachtet dessen sammelten sich die Fallstudien weiter an. 1973 veröffentlichten Rakoff und Sigal, zu denen noch zwei weitere Kollegen gestoßen waren, *Einige Auswirkungen des Überlebens der nazistischen Verfolgung auf die zweite Generation,* die erste systematische Studie, die sich mit Kindern von Holocaust-Überlebenden befaßte. Sie gingen von der Prämisse aus, daß eine Gleichartigkeit elterlicher Erfahrungen zu einer bestimmten Gleichartigkeit des Verhaltens bei ihren Kindern führen könne. Sie stellten fest, daß ein klinisches Sample von etwa sechzehnjährigen Kindern von Überlebenden tatsächlich mehr Verhaltens- und andere Störungen und ein weniger adäquates Problembewältigungsverhalten aufwies als eine klinische Kontrollgruppe.

Die Wissenschaftler unterstrichen, daß sie nur solche Familien von Überlebenden untersucht hätten, die professionelle Hilfe gesucht hatten, und daß sie über andere, die dies nicht getan hatten, keinerlei Daten besäßen. Doch die Probleme und Tendenzen, die sie entdeckt hatten, stimmten mit früheren klinischen Beobachtungen überein.

Kinder von Holocaust-Überlebenden berichteten in der Regel über stärkere Entfremdungsgefühle als die Kinder in der Kontrollgruppe. Holocaust-Überlebende empfänden im Vergleich zu den Eltern der Kontrollgruppe ihre Kinder als stärker gestört. Kinder vom Überlebenden seien anscheinend in höherem Maße von ihren Eltern abhängig als die aus der anderen Gruppe und hätten auch mehr Schwierigkeiten, Probleme zu bewältigen.

John Sigal erklärte diese Unterschiede hauptsächlich als Folge übertriebener elterlicher Sorge. Eltern, die den Holocaust überlebt hatten, stellte er fest, seien eine stark mit *einem* Thema beschäftigte Gruppe, „ganz fixiert auf endloses Trauern um ihre verlorenen Eltern, Geschwister etc. und auf die verschiedenen psychischen und physischen Leiden, die sie seit der Verfolgungszeit bedrängten. Weil sie darauf so sehr konzentriert sind, ist für sie die normale, gesunde Lebhaftigkeit der Kinder und ihr Bedürfnis nach einer lenkenden Hand gleichsam ein störender Eingriff in diesen Trauerprozeß oder eine zusätzliche Belastung, die ihren ohnedies schon strapazierten Kräften auferlegt wird. Dies hat zur Folge, daß die Kinder ängstlich werden und noch mehr Störungen verursachen.

Dr. Henry Krystal in Detroit arbeitete einen anderen Grund für das Verhalten der Kinder heraus. Eltern, die den Holocaust überlebt hatten, könnten sie unbewußt zu einem aggressiven Verhalten ermutigen, einer Aggresssivität, die sie, die Eltern selbst, gegenüber ihren toten Angehörigen nicht zeigen durften. Keiner der Fachleute, die sich mit dieser Thematik beschäftigten, verfolgte den Punkt weiter, aber ich gewann doch den Eindruck, daß Eltern, die den Holocaust überlebt hatten, sich insgeheim über die Aggressivität ihrer Kinder freuten, weil sie selbst während der Verfolgung – ob in Konzentrationslagern oder in Verstecken – sich nicht hatten erlauben dürfen, die Aggressionen erkennen zu lassen, die sie gegenüber ihren Verfolgern empfanden. Dies zu tun hätte sie in Todesgefahr gebracht.

Die hochgradige Abhängigkeit, die die Experten an den Kindern von Überlebenden beobachteten, hing nach ihrer Ansicht möglicherweise mit der Furcht der Kinder vor ihrer eigenen, unterdrückten Aggressivität und mit ihrer Angst vor der Außenwelt zusammen. „In der Adoleszenz", schrieben sie, „kommen zu diesen Schwierigkeiten noch die üblichen, für dieses Alter typischen Identitätskrisen hinzu. Sich mit den Eltern zu identifizieren würde zu Anomie und Depressivität führen, das Schuldbewußtsein im gegenteiligen Fall könnte die gleichen Folgen haben."

Die am Jewish General Hospital in Montreal durchgeführten Untersuchungen wurden durch die Arbeit von Dr. Bernard Trossman abgestützt, der Ende der sechziger Jahre erstmals Kinder von Holocaust-Überlebenden sah, die die *Student Mental Health Clinic* an der McGill University, gleichfalls in Montreal, aufsuchten. Ihre Probleme reichten von Schwierigkeiten beim Studium bis zum Stottern. Sie hatten alle eine ähnliche Familiengeschichte wie Dr. Rakoffs erste drei Patienten. Dr. Trossman stellte an seiner Gruppe mehrere gemeinsame Merkmale fest.

„Das erste und vielleicht harmloseste", schrieb er, „besteht darin, daß diese Eltern im Übermaß beschützend auftreten, ihre Kinder ständig vor drohenden Gefahren warnen ... Infolgedessen sind viele der Kinder mäßig phobisch geworden, und andere liegen mit ihren Eltern in einem ständigen Kampf, weil sie das lastende Joch abschütteln wollen.

Ein anderes Charakteristikum besteht darin, daß bei den schonungslosen, oft wiederholten Schilderungen ihrer schrecklichen Erinnerungen das Kind zum Publikum gemacht wird. Es ist schwer, die Wirkung abzuschätzen, da sich die Studenten zu diesem Punkt gelangweiltgeringschätzig äußern. Wahrscheinlich trägt das Verhalten der Eltern zu einer pathologischen Entwicklung depressiver Art bei – der Student empfindet Schuldbewußtsein wegen seines glücklicheren Loses.

In einem dritten, häufig anzutreffenden Fall nimmt ein bitter und hart gewordenes jüdisches Elternpaar gegenüber der nichtjüdischen Umwelt eine mißtrauisch-feindselige Haltung ein und erwartet von seinen Kindern, daß sie das gleiche tun. Wir erleben die Kinder in der Phase aktiver Auflehnung, in der sie zum wachsenden Grimm ihrer Eltern vielleicht darauf bestehen, mit nichtjüdischen Partnern eine Beziehung anzuknüpfen, oder begegnen dem erheiternden und zugleich mitleiderregenden Fall, daß ein rebellisches Mädchen in allen Schulfächern versagt – bis auf Deutsch!

Die vielleicht schädlichste elterliche Haltung ist dann gegeben, wenn verbal oder unausgesprochen vermittelt wird, daß das betreffende Kind dem leeren Leben der Eltern einen Sinn geben müsse ... Das Kind sieht sich mithin enormen Erwartungen ausgesetzt. Es wird nicht als Individuum behandelt, sondern als ein Symbol der Neuen Welt, in das man viel investiert hat ... Hohe Erwartungen seitens der Eltern sind für jeden College-Studenten eine schwierige Sache, aber ein unglückliches Leben mit Sinn zu füllen ist geradezu eine Unmöglichkeit, und sehr viele, sogar gute Studenten geben entweder verzweifelt auf oder rebellieren erbittert."

Dr. Trossman stellte fest, daß in mehreren Familien von HolocaustÜberlebenden der eine oder der andere Elternteil die elterliche Verantwortung völlig niedergelegt hatte und die „Schattenidentität" beibehielt, die er in der Verfolgungszeit angenommen hatte. „Ich habe keinen Vater", erklärte einer seiner Patienten. „Diese Zeit damals hat ihn kaputt gemacht. Er ist ein schwacher, verängstigter Mann." Kinder aus solchen Familien hatten große Schwierigkeiten mit der Identitätsbildung, namentlich wenn „der emotional abwesende Elternteil" demselben Geschlecht angehörte.

Ungefähr zur gleichen Zeit, als Rakoff, Sigal und Trossman in Montreal mit ihrer Arbeit beschäftigt waren, begannen im australischen Melbourne bei Henry Shaw, dem Direktor der Hillel-Stiftung an der Monash University, Kinder von Überlebenden aufzutauchen. Shaw arbeitete nicht an einer Klinik, aber als Leiter der Stiftung war er auch in einem gewissen Maß als Berater von Studenten tätig und auch mit der jüdischen Kolonie im Bundesstaat Victoria gut bekannt. Diese Gemeinschaft, die beinahe ausschließlich in Melbourne lebte, zählte 35 000 Personen, großenteils Einwanderer, die nach dem Krieg ins Land gekommen waren. Ende der sechziger Jahre hatte Shaw bemerkt, daß viele der Studenten, die er beriet, Kinder von Holocaust-Überlebenden waren, und Unterlagen zu sammeln begonnen, ohne Kenntnis dessen, daß auch anderswo in der Welt Leute sich mit ihnen beschäftigten.

„Es gibt ein eigenes Melbourner Muster dieser Überlebenden-Probleme", schrieb er mir 1975. „Ein Mann, der in Auschwitz Frau und Kinder verloren hat, lernt in einem DP-Lager eine Frau kennen, die Ehemann und Kinder in Buchenwald verloren hat. Sie gehen eine Verbindung ein, und es bleibt gerade genug ‚Zeit' dafür, daß die Frau ein Kind bekommt. Sie verlassen Europa – haben es möglichst weit hinter sich gelassen, sagen manche von ihnen – und machen sich in den fünfziger Jahren in Australien ansässig. Die Wirtschaft des Landes expandiert rasch, und binnen weniger Jahre werden sie reich. Immobilienhandel, Textilien, die üblichen Branchen. Die Kinder, denen ich begegne, haben Eltern, die dem Alter nach ihre Großeltern sein könnten. Sie sprechen nicht besonders gut englisch, verhalten sich schrecklich überbehütend und gönnen ihren Kindern alles. Die Kinder behandelt sie mit Verachtung. Die Eltern haben *eine* große Angst: daß die Kinder sich mit Nichtjuden verbinden könnten.

Ein enorm hoher Prozentsatz der jüdischen Studenten und Studentinnen in Melbourne besteht aus Söhnen und Töchtern von ‚Neu-Australiern'. Angesichts der Erinnerungen der Eltern an das Europa während der Holocaust-Jahre und des jähen Übergangs aus einer vom Tod bedrohten Existenz zu materiellem Wohlstand entwickelt sich zwischen Eltern und Kindern eine ungewöhnliche Spannung, nicht nur eine ‚Generationenlücke', sondern eine wahre ‚Kluft'. Alle jüdischen sozialen Einrichtungen sprechen von dieser schwierigen Beziehung.

Typisch (und keineswegs ein Einzelfall) war der Ausbruch, den ich bei einem glänzenden, für ein Prädikatsexamen arbeitenden Studenten erlebt habe: ‚Jeden Tag meines Lebens bekomme ich etwas über Europa, die Nazis und den Antisemitismus zu hören. Ich habe es satt. Wenn ich mich gegen eine judenfeindliche Agitation wehren muß, möchte ich es tun, wie ich es selber für richtig halte. Ich bin für meine Zukunft selbst verantwortlich.' Wenn ich es wage, Mitgliedern der ‚Vereinigung von Opfern der nazistischen Verfolgungen' zu empfehlen, sie sollten damit aufhören, zu ihren Kindern so häufig über Auschwitz zu sprechen, sieht man mich an, als hätte ich keinen Funken Mitgefühl. Viele von ihnen haben zum Judentum keine andere Beziehung oder Bindung als die Erinnerung an das, was sie während der Zeit der Verfolgung durchmachen mußten. Die meisten erwarten eine Art ‚privilegierter' Stellung und von ihren Kindern (in manchen Fällen aus der zweiten Familie), daß sie stellvertretend ihr Leben für sie nachholen. Dazu kommt noch, daß die jungen Männer und Frauen mit Universitätsausbildung mit ihren Eltern geistig nicht viel gemeinsam haben, und der Zusammenprall der geistigen Einstellungen wie ihr total unterschiedlicher Lebenshintergrund können leicht ernste Probleme heraufbeschwören. Das", schloß Henry Shaw, „wird vermutlich noch so manches Jahr ein Problem bleiben."

In Israel, wo doch so viele Überlebende des Holocaust leben, besteht ein erstaunlicher Mangel an Informationen über Kinder, deren Eltern die Verfolgung überstanden haben. „Keiner der zahlreichen ärztlichen Kongresse, die seit dem Krieg hier stattgefunden haben, hat sich mit diesem Problemkreis beschäftigt", schrieb R. Z. Winnik in den *Israel Annals of Psychiatry*. „Erst im Juli 1967 hielt dann die *Psychoanalytical Society* ihr erstes Symposium ab, das sich mit den psychotherapeutischen Erfahrungen ihrer Mitglieder bei der Behandlung von Naziopfern befaßte."

Die einzige systematische Studie über in Israel lebende Kinder von Holocaust-Überlebenden, die [bis 1979] veröffentlicht wurde, stammt von Hillel Klein, der zwischen 1967 und 1970 mit fünfundzwanzig Familien von Überlebenden aus drei Kibbuzim Gespräche führte. Die von ihm untersuchte Gruppe unterschied sich in signifikanter Weise von den Gruppen, die in Kanada und Australien beobachtet wurden. Auch in Isarael selbst stellte sie eine Ausnahme dar. Die meisten Überlebenden, die nach Israel ausgewandert waren, hatten sich nicht in Kibbuzim niedergelassen, zum Teil deswegen, weil das Gemeinschaftsleben sie zu sehr an ihre Lagererlebnisse erinnerte, an die sie nicht mehr erinnert werden wollten. Es gibt jedoch ein Kibbuz in Israel, *Lohamei Ha'Ghetta'ot*, in dem Überlebende des Holocaust die Mehrheit der Mitglieder stellen, und andere Kibbuzim, wo sie eine ansehnliche Minderheit bilden.

Kleins Gruppe hatte ziemlich spezifische Merkmale, die sie von den stärker heterogenen Gemeinschaften von Überlebenden anderwärts unterschieden. Die Familien stammten sämtlich aus Polen; die meisten Kibbuznik waren während des Krieges Heranwachsende gewesen; die meisten kamen aus dem Kleinbürgertum und hatten vor 1939 zionistischen Jugendorganisationen angehört; und wenigstens ein Partner in jeder Ehe hatte sich im von den Nazis beherrschten Europa den Partisanen angeschlossen oder die Flucht auf sowjetisches Gebiet geschafft. Vielleicht weil sie noch jüngere Menschen waren, hatten die meisten aus der Gruppe nicht unmittelbar nach Kriegsende geheiratet. Einige hatten damit bis zu sieben Jahren gewartet. Das älteste Kind in jeder Familie war vier bis acht Jahre nach der Befreiung geboren worden und wuchs ausschließlich im Kibbuz auf.

Alle diese Überlebenden, so stellte Klein fest, hatten in den drei Jahren nach der Befreiung irgendwann eine akute seelische Krise durchgemacht, keiner hatte jedoch bei einem Psychiater Hilfe gesucht. Beinahe alle fünfzig Kibbuznik hatten keine unmittelbaren Angehörigen mehr, und obwohl deren Tod beweisbar war, neigten die Überlebenden dazu, ihn nicht wahrhaben zu wollen. Sie hielten an der Fiktion fest, daß irgend jemand am Leben geblieben, in einen anderen Teil der Welt ausgewandert sei und eines Tages noch gefunden werden würde. Die Überlebenden, stellte Klein fest, bildeten sich auch ein, sie würden für das, was sie durchlitten hatten, mit einer bevorzugten Behandlung durch ihre Kibbuz-Genossen oder eine besondere Rücksichtnahme entschädigt, was Urlaub und Arbeitsaufteilung betraf. Viele hatten erwartet, in Israel gleichsam eine Mutter zu finden, die sie für ihr Leid entschädigen würde. Darin wurden sie enttäuscht, denn das Land wurde zuerst in den Unabhängigkeitskrieg verwickelt, und danach brachen wirtschaftlich schwere Zeiten an.

Die Eltern im Kibbuz, die den Holocaust überlebt hatten, sahen – wie solche Eltern auch anderswo – in ihren Kindern eine Quelle der Geborgenheit und eines erfüllten Lebens. Sie verbrachten in der Regel mehr Zeit mit ihnen, als jene Eltern im Kibbuz, die nicht Überlebende waren, und „das in der Familie dominierende Motiv ist anscheinend die Wiederherstellung der verlorenen Familie und ein Rückgängigmachen der Vernichtung." Ihre Kinder hatten, wie fast alle Kinder von Holocaust-Überlebenden, die Namen von Angehörigen bekommen, die in Europa ermordet worden waren, und die Eltern schienen sie als so etwas wie Wiedergeburten der Verlorenen zu erleben. Daß die Kinder gesund und körperlich intakt waren, erschien ihnen immer wieder als ein Wunder. Manche Mütter waren während der Schwangerschaft überzeugt gewesen, daß sie mißgebildete Kinder zur Welt bringen würden. Selbst noch nach der Geburt sorgten sich die Eltern, daß sie selbst einen Schaden davongetragen und ihn an die Kinder vererbt haben könnten. „Wir haben trotz all der Verfolgungen, die wir erleiden mußten, so zufriedenstellende Kinder", war eine Bemerkung, die Klein oft zu hören bekam.

Keines der Kinder, die er untersuchte, zeigte irgendwelche auffälligen Verhaltensstörungen, wenn auch zehn der fünfundzwanzig Fingernägel kauten oder Daumen lutschten. Ihre schulischen Leistungen lagen über dem Durchschnitt. Sie zeigten ein hohes Intelligenzniveau und ein sehr gutes sprachliches Ausdrucksvermögen. Darüberhinaus konstatierte Klein verschiedene Tendenzen, die sie als Gruppe zu charakterisieren schienen.

„Die Kleinen lassen erkennen, daß sie Konfliktsituationen mit der Erwachsenenwelt – Eltern, Lehrer und Betreuerinnen – unbewußt leugnen und offene Bekundungen von Zorn und Aggressivität gegenüber den Eltern vermeiden", schrieb er. „Es besteht die ausgeprägte Neigung [bei psychologischen Tests], angstmachende Situationen in erfreuliche zu verwandeln und glückliche und positive Schlußwendungen zu erfinden. Die Haltung des Leugnens zeigt sich am deutlichsten, wenn Aggressionen provozierende Situationen dargestellt werden, insbesondere wenn die Kinder mit Trennung und Tod konfrontiert werden.

Werden die Kinder mit unverhüllter Aggression (von Kindern wie von Erwachsenen) oder mit Kriegsgefahr konfrontiert, neigen sie zu passiven Reaktionen, zu Fluchtverhalten oder dazu, sich zu verstecken, zu weinen, sich an die Kindergruppe zu klammern und nicht mit aktiver Aggressivität zu reagieren. Wenn sie sehen, daß andere Kinder miteinander raufen, versuchen sie zu schlichten oder bitten Erwachsene um Hilfe."

Klein stellte fest, daß alle diese Kinder dazu neigten, möglichst viel in der Nähe ihrer Eltern zu bleiben, was innerhalb der Gegebenheiten des Kibbuz-Lebens recht ungewöhnlich ist. Da hier die Eltern nicht mit den Kindern zusammenwohnen und da sie sich in die Kinderbetreuung mit anderen Kibbuz-Mitgliedern teilen, sind viele Kibbuz-Kinder nicht versessen darauf, viel Zeit mit ihren Eltern zu verbringen. Hingegen war den Kindern von Holocaust-Überlebenden, wie Klein konstatierte, jede Art von Trennung unangenehm, selbst wenn es sich nur um eine kurze Abwesenheit handelte. „Es besteht der Wunsch, den Elternteil zu beschützen, der den Holocaust überlebt hat, ihn besonders sorglich zu behandeln und Fragen zu vermeiden, die ihm vielleicht weh tun könnten. Eine Trennung von Angehörigen, Erziehungspersonen oder Freunden löst schwere Angstgefühle aus, und für die Vermeidung oder Leugnung von Trennungen wird sehr viel emotionale Energie mobilisiert."

Während seiner Befragungen, so berichtete Klein, hätten die Kinder eine sehr geringe Verträglichkeit für traumatische Erinnerungen an die Vergangenheit gezeigt. „Die Kinder zeigen die Tendenz, den Heroismus der Eltern zu betonen", schrieb er. „Sie sind stolz auf die aktive Haltung der Eltern während der Verfolgungen und ebenso heute als Verteidiger, Retter oder Sachwalter von Verfolgten. Es ist keine Rede von den Leiden, die die Eltern ertragen mußten, von irgendwelchen traumatisierenden Situationen, die sie erduldet hatten. Man hat den Eindruck eines gemeinsamen Leugnens seitens der Kinder und der Eltern, die nie von der qualvollen Leidenszeit sprechen, die sie im Getto oder im Konzentrationslager durchgemacht haben. Sie behandeln diese Erinnerung wie ein gemeinsames Geheimnis, durch Negieren und Leugnen."

Kinder von Überlebenden, die im Kibbuz aufwuchsen, bemerkte Klein, identifizierten sich nie vollständig mit der Opfersituation, in die ihre Eltern gebracht worden waren. „Sie betrachteten die Vergangenheit irgendwie als eine verlorene Schlacht", schrieb er, „wettgemacht durch Siege jüngeren Datums, die zur Wiedergeburt Israels geführt hätten." Der Rahmen des Kibbuz-Lebens gab ihnen an Stelle der Verwandten, die sie verloren hatten, eine Über-Familie. Alle lebten, lernten und arbeiteten innerhalb einer Gleichaltrigengruppe. Sie und ihre Eltern gehörten einer Gemeinschaft an, in der sie in einem gewissen Maß an den Entscheidungen beteiligt waren. Klein konstatierte auch, daß Eltern, die den Holocaust überlebt hatten, im Kibbuz weniger darum bemüht seien, dies zu rechtfertigen, als andere solcher Eltern. „Im Verlauf der Jahre sind sie dazu gelangt, ihr Leben als Teil einer Gesamtsituation zu sehen, als Dienst am nationalen Überleben . . . Aggressionen ließen sich gegen einen äußeren Feind (die Araber) richten, und die Gefühle der Erniedrigung, Entwürdigung und Hilflosigkeit, die während der Verfolgung durch die Nazis erduldet werden mußten, konnten durch Siege kompensiert werden. Zudem wird die Sinnlosigkeit des Leidens mittels der Vorstellung geleugnet, es sei eine historisch notwendige Entwicklung gewesen, die zur Wiedergeburt Israels geführt habe. In manchen Phantasien, wie sie die Überlebenden zum Ausdruck brachten, findet sich gleichsam eine Wiederbelebung ihrer ehemaligen Gemeinden und Verwandten wie auch ihrer eigenen Eltern."

Im allgemeinen fand Klein die Familien von Überlebenden, die in Kibbuzim zu Hause waren, in ihre Gesellschaft viel besser integriert als Überlebende anderswo. Die Überlebenden, mit denen er sprach, waren mit ihrer Stellung im Leben zufrieden und glaubten, daß das, was ihnen unter den Nazis widerfahren war, ihr Leistungsvermögen nicht geschwächt habe. „Andererseits", schrieb er, „ist ihnen ihre Furcht vor der Möglichkeit, daß ihre Familien zugrunde gehen könnten, bewußt und anzumerken und manchmal in der Realität sehr begründet, wie während des Sechs-Tage-Krieges oder in anderen gefahrvollen Situationen. Andererseits haben die Überlebenden und ihre Kinder ausgesprochen Furcht davor, sadistisch oder aggressiv zu agieren. Während des Krieges gegen die Araber empfanden sie das Bedürfnis, immer wieder seinen defensiven Charakter zu unterstreichen. Der Krieg und die damit verbundenen Gefahren wurden mit ihrem eigenen Erleben gleichgesetzt... Das erste Bewußtwerden des Sieges bewirkte bei den Holocaust-Überlebenden ein Unbehagen in der neuen Rolle als Sieger. Sie hatten das Bedürfnis, die Identifizierung mit dem Aggressor zu leugnen und die Aggression als defensiv und vorübergehend zu rechtfertigen."

Im Kibbuz, schloß Klein, manifestiere sich die Vergangenheit nicht offen in den alltäglichen Aktivitäten und Sorgen der Überlebenden. Ihren Kindern seien über die Kriegszeit der Eltern nicht mehr spezifische historische Fakten bekannt gewesen als Kindern aus anderen Familien.

Die *Child Guidance Clinic* am *Shalvata Hospital* in Tel Aviv wurde gleichfalls von Überlebenden-Familien aufgesucht, doch dort teilten sich, nach L. Rosenberger, die Eltern in zwei Kategorien. Die Eltern vom ersten Typus schienen die emotionalen Bedürfnisse ihrer Kinder zu ignorieren und sie statt dessen mit materiellen Dingen zu überschütten. Dieses Verhalten wurde als eine Reaktion auf die materiellen Entbehrungen gedeutet, die die betreffenden Eltern in der Verfolgungszeit hatten ertragen müssen. Die Eltern vom zweiten Typus versuchten durch die Kinder ihre eigene Kindheit nachzuholen und benutzten sie oft, um eine Erfüllung zu finden, die sie nirgendwo sonst zu erlangen vermochten. Die Mitglieder beider Gruppen neigten dazu, sich in die Therapie ihrer Kinder einzumischen, wenn der therapeutische Prozeß deren Abhängigkeit von ihnen zu bedrohen begann.

Die wenigen Fachleute in den Vereinigten Staaten, die zu diesem Thema geschrieben haben, bestätigten die meisten der Befunde aus Kanada und Israel. ,,Bei diesen Kindern stellt man ein apathisches Verhalten fest, eine Unfähigkeit, Berufsziele zu formulieren, eine überaus starke Neigung, traumatische Erfahrungen immer wieder zu durchleben", schrieb Dr. Henry Krystal, der in Detroit mit Familien von Holocaust-Überlebenden arbeitete. Andere Experten berichteten, Kinder von Überlebenden seien vielfach ,,ängstlich, bedrückt und der Gesellschaft etwas entfremdet". Sie nähmen die Wünsche ihrer Eltern, besonders in ethnischen oder religiösen Dingen, passiv hin. Einige Fachleute bemerkten, daß das Kind eines Überlebenden Depressivität als Primärreaktion auf externe Belastungen jeglicher Art lerne. Andere verwiesen auf Reaktionen, die von extremen Schuldgefühlen, Feindseligkeit und Unsicherheit im Punkt der jüdischen Identität geprägt waren. Alle führten Ambivalenzmuster in der Gefühlswelt der Kinder von Überlebenden an. ,,In jeden gegen die Eltern gerichteten feindseligen Gedanken scheinen sehr rasch Schuldgefühle einzuströmen", schrieb Stephen Karr 1973, nachdem er eine nichtklinische Gruppe im Gebiet um die Bucht von San Francisco untersucht hatte. Eine andere ambivalente Haltung betraf den Erfolg im Leben. Während die meisten Kinder von Holocaust-Überlebenden über die hohen Erwartungen klagten, die die Eltern an sie richteten, hatten manche den Eindruck, man habe ihnen unausgesprochen zu verstehen gegeben, nicht nach Erfolg zu streben, nicht über das Leistungsniveau hinauszugehen, das ihre Eltern gesetzt hatten.

1969 begann die New Yorker Psychoanalytikerin Judith Kestenberg sich mit der Frage nach den Auswirkungen des Holocaust auf die zweite Generation zu beschäftigen. Ein paar Jahre vorher hatte sie einen Halbwüchsigen analysiert, ,,der ein bizarres Verhalten zeigte, nicht essen wollte, sich im Wald versteckte" und sie wie eine ,,feindselige Verfolgerin" behandelt habe. Sie kam bald auf einen Zusammenhang zwischen dem Verhalten ihres Patienten, und dem, was seine Angehörigen während der Judenverfolgung in Europa durchgemacht hatten. ,,Vom Bild dieses Patienten verfolgt, der ausgezehrt und hohläugig wie ein Muselmann [so nannten KZ-Häftlinge untereinander völlig apathische Leidensgenossen, die sich selbst schon aufgegeben hatten] zu mir kam", schrieb sie später, „betrachtete ich Kinder von Überlebenden in Israel und glaubte auf manchen Gesichtern einen entrückten Ausdruck zu erkennen, an das Starren von Menschen gemahnend, die Verfolgungen überlebt haben."

Judith Kestenberg entwarf einen Fragebogen und versandte ihn anschließend in 320 Exemplaren an Psychoanalytiker in sechs Ländern. Sie fragte bei den Kollegen an, ob sie Kinder von Holocaust-Überlebenden analysiert hätten und wenn, ob ihre Analysen irgendwelche besonderen Merkmale ergeben hätten. Sie stellte fest, daß insgesamt nur zwanzig Kinder von Überlebenden analysiert worden waren und daß die Antworten aussagekräftigere Schlüsse über die Analytiker selbst als über die Patienten zuließen, über die sie eigentlich Informationen hatte einholen wollen.

„Auf der Basis einigermaßen einheitlicher Erfahrungen in Amerika, Europa und Israel", schrieb sie, „läßt sich ziemlich generell feststellen, daß Psychiater selbst sich dagegen sperren, die beängstigenden Auswirkungen der nazistischen Verfolgung auf Kinder von Überlebenden aufzudecken. Die Einstellungen der Psychoanalytiker offenbaren sich direkt oder indirekt und in einer sehr großen Spannweite: Manche bekundeten starkes Interesse an dem Thema, andere vergaßen, daß sie den Fragebogen gesehen hatten. Die überwältigende Mehrheit der befragten Kollegen ließ eine erstaunliche Indifferenz gegenüber dem Problem erkennen. Manche klagten, daß ihre Empfehlung, mit den Kindern eine Analyse machen zu lassen, von den Eltern nicht befolgt worden sei. Andere waren über die Fragen verblüfft, da es ihnen nie eingefallen wäre, die Dynamik ihrer Patienten damit in Beziehung zu bringen, daß ihre Eltern früher verfolgt worden waren."

Dennoch war dann Mitte der siebziger Jahre die Auffassung, daß gewisse Persönlichkeitsmerkmale von Holocaust-Überlebenden häufig auch bei ihren Kindern aufträten, die niemals ein Konzentrationslager von innen gesehen hatten, weithin akzeptiert. Als ein israelischer Psychiater, der in der *Shalvata Psychiatric Clinic* in Tel Aviv Familien von Überlebenden behandelt hatte, 1977 ein Sabbatjahr an der Stanford University in Kalifornien antrat, begegnete er dort Kollegen, die selbst entsprechende Forschungen betrieben hatten. Die Stanford University Medical School hatte eine ausgezeichnete Presseabteilung, und als Shamai Davidson, der Gastdozent aus Israel, Vorlesungen über seine Befunde und Erkenntnisse zu halten begann, schickte die Abteilung Kurzfassungen an verschiedene amerikanische Publikationen. Das

Nachrichtenmagazin *Time* brachte einen Absatz über Davidsons Forschungsergebnisse. Über Nacht wurden die „Auswirkungen des Nazi-Holocaust auf die zweite Generation" zu einem heißen Thema. Verschiedene akademische Berufsgruppen planten Konferenzen darüber, Studenten der Soziologie und der Psychologie begannen Dissertationen darüber zu schreiben – das Gebiet, mit dem sich bis dahin nur ein paar Wissenschaftler hie und da beschäftigt hatten, wurde nun zu einem wichtigen Untersuchungsgegenstand.

Zunächst hatte es den Anschein, als definiere allein die Fachwelt die Probleme der Kinder von Überlebenden, wie es bei unseren Eltern weitgehend der Fall gewesen war. Aber zwischen den beiden Generationen bestanden wichtige Unterschiede. Unsere Eltern waren spät in ihrem Leben in ihre jeweilige neue Heimat gekommen. Sie waren zumeist nicht im akademischen Bereich oder in Akademikerberufen tätig. Viele verfügten nicht über die notwendige Sprachgewandtheit, um öffentlich über sich selbst sprechen zu können. Zwar waren viele von Zorn darüber erfüllt, wie sie als Gruppe der Welt dargestellt wurden, doch sie besaßen nicht die notwendigen Kontakte und auch nicht die emotionale Energie, um dieses Bild zu korrigieren.

Kinder von Überlebenden hingegen waren in jedem der Länder, in die ihre Eltern emigriert waren, eine besonders gut ausgebildete Gruppe. Namentlich diejenigen, die in den Vereinigten Staaten groß geworden waren, waren äußerst sachkundig auf Gebieten, von denen unsere Eltern nichts verstanden. Unsere Eltern waren aus einem ungemein breiten sozialen Spektrum gekommen, das Armut, Analphabetentum, die enge Begrenztheit des *Stedtl*-Denkens am einen Ende ebenso wie einen stark assimilierten, kosmopolitischen europäischen Intellektualismus am anderen umfaßte, wir aber gehörten im großen und ganzen der Mittelschicht an. Wir waren in den sechziger Jahren herangewachsen, in einer Zeit, die eine Stärkung des psychologischen Bewußtseins brachte, in der Gruppe um Gruppe sich Anliegen und Fragestellungen zuwandte, die über individuelle Probleme hinausgingen. Wir erlebten, wie Frauen, Schwarze und andere ethnische Gruppen, Homosexuelle, sogar Straßeninitiativen sich zusammenschlossen, wichtige Fragen in intensiven Gruppendiskussionen erörterten und an die Öffentlichkeit trugen. Die meisten Personen, die ich interviewte, bekundeten eine Abneigung gegen große Versammlungen und Demonstrationen von der Art, wie sie in den sechziger Jahren bei den amerikanischen Studenten beliebt waren. Sie sprachen davon, daß sie sich in einer großen

Menschenmenge nicht wohl fühlten, ob die Leute nun zusammengekommen waren, um gegen das militärische Engagement Amerikas in Vietnam zu protestieren oder Solidarität mit der Frauenbewegung zu demonstrieren. Zudem waren die meisten Kinder von Holocaust-Überlebenden, mit denen ich sprach, nie aktive Mitglieder irgendeiner Organisation gewesen. Beinahe alle beschrieben sich in dieser oder jener Form als „Einzelgänger" oder als Menschen, die für Gruppen nichts übrig hatten. „Ich habe mich nie als ein Kind von Überlebenden empfunden", erklärten mir mehrere Leute mit einer gewissen Betroffenheit darüber, daß sie Glied einer größeren Gemeinschaft waren.

Je mehr ich mich mit Altersgenossen von mir unterhielt, desto stärker wurde das Gefühl, daß sie alle eine Version meines eisernen Kastens in sich trugen, dessen Inhalt sie – aus Furcht, er könnte explodieren – nie angerührt und untersucht hatten. Klar wurde mir auch, daß das, was unsere Eltern unter dem Hitler-Regime erlitten hatten, nicht nur ein paar klinisch kategorisierte Symptome, sondern eine eigene Weltsicht hatte entstehen lassen. Ob wir es zugaben oder nicht, die Vergangenheit unserer Eltern hatte einen dominierenden Einfluß auf die Grundentscheidungen gehabt, die wir in unserem Leben getroffen hatten. In einigen Fällen schienen – wie Judith Kestenberg und andere Psychiater festgestellt hatten – Kinder von Überlebenden tatsächlich zu durchleben, was einige ihrer Verwandten in der Verfolgungszeit erlitten hatten, oder – dramatischer – das Leben auszuleben, das diese ausgelebt hätten, wären sie in ihrem Handeln frei gewesen.

13

Als Albert Singerman im Frühjahr 1977 zum erstenmal in meine Wohnung trat, machte er mir Angst. Ein kleiner, gutgebauter Mann mit rotblondem Schnauzbart, zurücktretendem dunkelbraunem Haar und muskulösen Armen, wirkte er, als wäre er bereit, jemanden zusammenzuschlagen. Er trug einen Wollpullover, Blue Jeans und eine fleckige olivgrüne Uniformjacke, die mir und der Welt überhaupt anzeigte, daß er in Vietnam gewesen war. „Alle meine Freunde sind Vietnam-Veteranen", sagte er kurz nach seinem Eintreten, und diese Erklärung zog sofort eine deutliche Grenzlinie zwischen uns.

Al Singerman war also tatsächlich in einem Krieg gewesen, hatte erlebt, was wir anderen uns nur in der Vorstellung ausgemalt hatten. Er war Soldat gewesen. Menschen umbringen, das war sein Handwerk gewesen. Dieser Gedanke löste in mir eine Vielzahl von Reaktionen aus, von Scheu und Furcht bis zu jenem Mißtrauen, dem ich in Äußerungen über Holocaust-Überlebende begegnet war. Was hatte er getan? Hatte er viele Menschen getötet? Neigte er dazu, irgendwelche unheimlichen Dinge zu tun?

Es war mir peinlich, als mir diese Gedanken bewußt wurden. *Denk keinen Blödsinn!* sagte ich zu mir. *Wenn du nicht wüßtest, daß er ein Veteran ist, würdest du ihn aus einem Büro voller brillentragender, junger Buchhalter nicht herauskennen.* Trotzdem war mir unbehaglich. Al ging es genauso. Er war schon vorher, während der Zeit seines aktiven Einsatzes als Kriegsgegner, interviewt worden, und er hatte für Journalisten nicht viel übrig. Reporter, sagte er, hätten die Unart, dumme, klischeehafte Fragen zu stellen, auf die man gar nicht antworten könne. Hoffentlich, sagte er, sei ich anders. Und damit setzten wir uns. Nervös.

Al sprach in kurzen, ohne Überlegungen hingeworfenen Sätzen, wie ein Sportreporter, der über den Ablauf eines Hockey-Spiels berichtet. Er habe noch zu der Zeit, als er auf einem Armeestützpunkt stationiert war, seine pazifistischen Aktivitäten begonnen, indem er mithalf, eine Anti-Kriegszeitung herauszubringen und zu verteilen. Er habe früh geheiratet, seine Buchhalterprüfung abgelegt und sich den ‚Rap Groups' der Vietnam-Veteranen angeschlossen. Ob ich das Buch darüber gesehen hätte, fragte er. Ich bejahte. Er war inzwischen dreißig und arbeitete für eine amerikanische Großbank. Er lebte mit seiner Frau Miriam und ihrer fünfjährigen Tochter auf Staten Island und sagte, er sei sehr stolz darauf, Vater zu sein. „Ich bin der beste in unserer Straße. Ich möchte, daß Sie das wissen. Wenn ich von der Arbeit nach Hause komme, kommt nicht nur meine Tochter angelaufen, alle Kinder kommen gerannt."

Miriams Eltern waren jenes Ehepaar Fiszman, das mit der S. S. *Marine Flasher* in die Vereinigten Staaten gekommen war, worüber der *Boston Herald-Traveler* berichtet hatte. Die Familien Fiszman und Singerman stammten beide aus Polen. Miriam war neunundzwanzig und unterrichtete Kinder mit Lernschwierigkeiten. Sie waren seit neun Jahren verheiratet. Al behauptete, einen guten Teil dieser Zeit sei er zwar ein unmöglicher Partner gewesen, aber die Ehe habe trotzdem irgendwie gehalten. Das habe, meinte Al, vermutlich mit ihrem gemeinsamen Lebenshintergrund zu tun, obgleich er und Miriam kein einziges Mal über den Holocaust gesprochen hätten. „Ich bin mir nicht sicher, ob wir dazu imstande wären", sagte er zu mir.

Al wie Miriam waren in DP-Lagern in Deutschland zur Welt gekommen und als kleine Kinder in die Vereinigten Staaten gelangt. Miriams Eltern hatten zuerst in New York in der südlichen Bronx gewohnt, aber als kurz nach ihrer Ankunft ein Nachbarskind auf der Straße überfallen und ausgeraubt wurde, packten sie ihre Blechkoffer wieder und zogen nach Brooklyn. Als Al zwölf wurde, lebte auch seine Familie in Brooklyn. Beide erinnerten sich, daß ihre Väter jeden Wochentag sehr lange gearbeitet hätten – Alberts Vater als Schneider, Miriams Vater als Mützenmacher –, um in Amerika Boden unter die Füße zu bekommen. Ihre Mütter waren verschieden wie Tag und Nacht. Miriam kann sich noch erinnern, daß ihre Mutter sie bis zur sechsten Klasse jeden Morgen die halbe Meile zur Schule gebracht hatte, damit sie auch ja sicher hinkam; Al behauptete, von seiner Mutter nie eine fürsorgliche Geste erlebt zu haben. „Sie hat einmal gesagt: ‚Leute wie ich sollten keine Kinder aufziehen', und ich glaube, damit hatte sie recht", sagte er zu mir. „Weder Vater noch Mutter sind wirklich fähig, Zuneigung oder Liebe zu zeigen. Besonders nicht Mutter. Die Lager haben ihre Psyche durch die Mangel gedreht. Sie konnte nie arbeiten gehen. Sie war einfach zu nervös, um Belastungen auszuhalten."

Die beiden hatten sich kennengelernt, als Al achtzehn war. Miriams Familie war in das Haus gezogen, das seinen Eltern gehörte, und seine Mutter hatte ihn nach unten geschickt, wo er für die neuen Mieter die Schränke in der Küche lackieren sollte.

Mittlerweile wohnten sie auf Staten Island in einem Straßenzug mit je zwei aneinandergebauten Zweifamilienhäusern, in einer Wohngegend, die das kahle, patinalose Aussehen einer Neubausiedlung hatte. Die Hauseigentümer an ihrer Straße waren Polizisten, Feuerwehrmänner und Angestellte, viele von ihnen italienischer Abstammung, und in ihren Gärten standen und lagen Dreiräder, rote Kinderwagen und Picknickutensilien kunterbunt umher. Die Singermans lebten gern hier. Sie wanderten mit ihrer fünfjährigen Tochter den Strand entlang, der dem New Yorker Hafen gegenüberliegt. Sie veranstalteten in ihrem Garten Grillfeste. Ihre Türen standen für die Kinder aus der Nachbarschaft offen, die zum Spielen kamen. Weder die geistlose

Fertigbauweise der Häuser, die das ihre umstellten, störte sie, noch der Umstand, daß sie nach Manhattan mindestens vierzig Minuten Fahrt hatten. Ihr Heim und ihre Tochter waren der Mittelpunkt ihres Lebens. Sie wollten auch noch ein zweites Kind haben.

Wenn Al ruhelos wurde, was bisweilen vorkam, setzte er sich ans Steuer seines Datsun 280 Z – sein einziger persönlicher Luxus – und brauste davon, über die Verrazzano-Narrows-Brücke zu den Schnellstraßen. Es war seine Art, sich zu lockern und sich klarzumachen, was ihm durch den Kopf ging. Im Auto fielen ihm oft Dinge ein, an die er sonst nicht herankam. Wenn er bei mir eintraf, um unsere Gespräche fortzusetzen, hatte die Fahrt oft Stücke von Träumen oder halberinnerte Szenen aus seiner Kindheit an die Oberfläche befördert. Wie mehreren Kindern von Holocaust-Überlebenden, mit denen ich gesprochen hatte, fiel es auch ihm sehr schwer, sich in die Erinnerung zu rufen, wie er als Junge vor der Pubertät gewesen war.

,,Ich habe ungeheuer viel verdrängt. Ich muß alles abgeblockt haben", sagte er, und sein Gesicht löste sich zu einem unerwartet einnehmenden Grinsen. ,,Ich denke, daß ich mich nicht erinnern kann, das muß etwas mit meinen Eltern und damit zu tun haben, daß sie in den Lagern waren. Aber sicher bin ich mir nicht. Das ist für mich ein sehr wichtiges Thema. Ich würde sagen, ungefähr seit ich neun oder zehn war, weiß ich keine Zeit, in der es mich einmal nicht beschäftigt hätte. Manchmal hat es mich völlig mit Beschlag belegt. Ich war immer voller Wut darüber, hatte aber keine Anlaufstelle. Ich habe bisher noch nie mit jemandem darüber gesprochen. Es fällt mir verdammt schwer, darüber zu reden."

Ich fragte Al, was seines Wissens seine Eltern vor der Hitler-Zeit getan hatten, aber er konnte sich nur an sehr wenig erinnern. Er wußte, daß sie aus Lodz stammten und daß sein Vater schon einmal verheiratet gewesen war und in seiner ersten Ehe Kinder gehabt hatte. Über seine Mutter wußte Al nichts. ,,Ich bin mir nicht hundertprozentig sicher, wo sie während der Zeit der Verfolgung waren", sagte er. ,,Ich glaube, Vater war in Auschwitz. Beide waren in Lagern und sind sehr früh hineingekommen. Vater war Schneider und mußte Uniformen nähen. Wo Mutter war, weiß ich wirklich nicht. Ich habe noch heute Angst, danach zu fragen. Ich kenne die Namen meiner verstorbenen Geschwister nicht. Ich weiß nicht, wie viele es waren. Meine Eltern kamen beide aus sehr großen Familien, und man muß es mir gesagt haben. Natürlich hat man es mir gesagt. Aber ich kann mich nicht erinnern."

Der Umzug in eine neue Wohnung, als er sieben Jahre alt war, das war das Früheste, woran Al sich erinnerte. Diese hatte drei Räume: eine Küche und zwei winzige Schlafzimmer. ,,Wir hatten kein Wohnzimmer, und es gab Mäuse, und dabei war es eine Verbesserung. Also kann man sich vorstellen, wie wir vorher gehaust hatten'', sagte Al emphatisch. ,,Ich weiß noch, als wir hingegangen sind, um sie uns anzusehen, hat mir Mutter das Versprechen abgenommen, daß ich mich anständig benehme, wenn wir umziehen, und gesagt, daß wir nicht umziehen würden, wenn ich nicht verspräche, brav zu sein. Ich habe ständig Sachen angestellt. Wirklich *schlimme* Sachen. Einmal habe ich einem Kind einen Stein an den Kopf geworfen, der ihm beinahe ein Auge ausgeschlagen hätte. Ich habe immerzu andere Kinder verprügelt. Die Leute in unserem Block wollten, daß ich in ein Erziehungsheim gesteckt werde, und Mutter ist die Straße auf und ab gerast und hat zu den Leuten gesagt, sie würde nicht zulassen, daß ich fortgebracht werde. Und *ich* wollte, sie würden mich wegholen. Ich wollte immer von ihr weg.''

Al lehnte sich auf dem Stuhl zurück und schüttelte den Kopf.

,,Ich denke immer auf Mutter bezogen. Ich sage nie ,meine Eltern' und Vater erwähne ich nicht einmal, weil es mir vorkommt, als wäre er nie dagewesen. Ich kann mich nicht an ihn erinnern. Bis zur Pubertät kann ich mich kaum erinnern, daß es meinen Vater gegeben hat. Daß ich mich überhaupt an ihn erinnere, das kommt davon, daß ich ihn betteln mußte, mit mir Ball zu spielen. Darum, nur einen Ball ein bißchen hin und her zu werfen!

Er ist oft einfach nur dagesessen, geistig völlig weggetreten. Er ist dagesessen wie irgendein Gegenstand und hat ins Nichts gestarrt. Er hat die Zeitung gelesen ... er hat *The Forward* gelesen, ein jiddisches Blatt ... und dann ist er schlafen gegangen. Ich habe ihn oft angeschrien: ,*Du bist nicht mein Vater!* Du verhältst dich nie wie ein Vater zu mir!' Dann hat er mir erzählt, daß er mich, als ich zwei war, auf dem Rücken herumgetragen hätte, daß er arbeiten geht, damit wir ein Dach über dem Kopf haben und er Essen mit nach Hause bringen kann. Was ich denn sonst noch wolle?''

Al sah mich an, als wollte er fragen, wie mir zumute gewesen wäre, wenn mein Vater so etwas zu mir gesagt hätte. Dann zuckte er die Achseln.

,,Damit hatte es sich für ihn. Ich habe gesehen, wie die Väter meiner Freunde mit ihren Söhnen Sachen zusammen gemacht haben. Sie sind mit ihnen zum Angeln gefahren. Sie haben mit ihnen Ball gespielt. Sie haben sich mit ihnen *unterhalten*. Mir ist es vorgekommen, als hätte ich überhaupt keinen Vater. Ich habe mich für ihn geschämt. Er war wie ein *Nebbich*.

Er hatte keinen Schimmer, was lief, und ich hatte den Eindruck, daß ich allmählich genauso wurde. Ich habe nicht gewußt, wie man sich als Mann verhält. Es war mir fast unmöglich, unter Jungen und später unter Männern Freunde zu finden. Ich habe keine Idee gehabt, wie Männer miteinander umgehen.

Mutter war immer hochgradig nervös. Sehr reizbar. Sie hatte einen Schrank, immer vollgestopft mit Tabletten, weil sie jedes erdenkliche Leiden hatte, das es nur gab. Sie ist ohnmächtig geworden, wenn nur ein Hut auf den Boden gefallen ist. Alles, was Streß mit sich gebracht hat, war für sie einfach zuviel. Während des Eichmann-Prozesses ist sie richtig umgekippt. Sie hatte einen Nervenzusammenbruch, und eine Verwandte von uns mußte aus Nebraska kommen und einige Zeit bei uns bleiben. Mutter war ein aktiverer Mensch als Vater. Sie ist gern ins Kino gegangen. Hat gern Bücher gelesen. Ist gern ausgegangen. Vater dagegen wollte nie irgendwohin. Er wollte einfach zu Hause sitzen und verschimmeln."

Al sprach mit solcher Bitterkeit, daß ich ihn auf irgend etwas in seinem Elternhaus bringen wollte, worauf er stolz gewesen war. Ich fragte ihn, ob er allein mit seiner Mutter nicht auch Schönes erlebt habe. Ob sie nicht zusammen etwas unternommen hätten, ausgegangen seien. Ob es, da er doch ein so guter Vater war, nicht wahrscheinlich sei, daß er einiges davon zu Hause gelernt hatte. Gar nichts?

Al blieb dabei, daß er sich an keinen unbeschwerten, fröhlichen Augenblick zu Hause erinnern könne. „Ihnen ist *eines* nicht klar", sagte er mehrmals zu mir. „Bei uns zu Hause hat es kein Gespräch gegeben. Vater hat nur ins Leere gestarrt. Mutter hat meinen Bruder und mich angekreischt. Wenn wir nicht folgten, hat sie uns angeschrien: ‚*Feind Israels! Judenfeind!*' Auf jiddisch hat sie das geschrien. Daß ich kein Jude sei, weil ich nicht parierte. Herrgott, habe ich das gehaßt! Weil mir klar war, was sie damit sagen wollte. Ich habe gewußt, daß sie es genauso gemeint hat, wie wenn sie über die Deutschen sprach.

„Ich habe über die Verfolgung Bescheid gewußt", sagte Al und hob die Stimme, als wollte ich einen Streit mit ihm anfangen. „Es war fast, als ob sie mit mir über nichts anderes gesprochen hätten als darüber, was die Deutschen ihnen damals angetan hatten. Ich habe zu hören bekommen, daß Mutter auf den Kopf geschlagen worden ist. Vater hat mir erzählt, daß man mit seinen Händen, seinen Fingernägeln, seinem Rücken Sachen gemacht hat. Sie haben ihm die Nägel herausgerissen und ihn geprügelt. Man sieht es, daß mit den Nägeln irgend etwas passiert ist – sie wachsen alle schief –, und er hat Rückenbeschwerden, solange ich zurückdenken kann.

Wahrscheinlich haben sie über viel mehr gesprochen, aber das einzige, woran ich mich erinnere, sind die Mißhandlungen. Ich habe es vielleicht zehn Minuten lang geschafft, dazusitzen und zuzuhören. Im äußersten Fall fünfzehn. Sie wollten immer weiter- und weiterreden. Ich habe schreien müssen, damit sie aufgehört haben. Ich habe mir die Ohren zuhalten und brüllen müssen: ‚Ich will es nicht hören!' oder aus dem Zimmer gehen, damit sie Schluß machten. Sie waren der Meinung, ich müßte es erfahren. Warum ich es erfahren müßte, haben sie nie erklärt – ich mußte es eben erfahren. Ich weiß nicht, was daran schuld ist, daß meine Mutter so ist, wie sie sich zeigt. Ich nehme an, sie war schon vorher ein unglücklicher Mensch, und die Dinge während der Zeit der Verfolgung haben es nur ärger gemacht. Ich habe immer Angst davor gehabt zu fragen, was eigentlich mit ihr geschehen ist, wo sie war. Vermutlich will ich es gar nicht wissen."

Ich fragte Al, was das sei, was er lieber nicht wissen wolle.

Er lächelte. Grübchen bildeten sich in seinen Wangen wie bei einem kleinen Jungen. „Furchtbare Dinge."

„Was speziell?"

„Das Schlimmste."

„Und das wäre?"

„Daß sie vergewaltigt wurde."

Wir schwiegen beide. Ich hatte über diese Möglichkeit oft im Zusammenhang mit meiner eigenen Mutter nachgedacht. In Kriegszeiten werden Frauen immer vergewaltigt. In *Der Pfandleiher*, einem Film, den sowohl Al wie ich als Jugendliche gesehen hatten, wurden weibliche Häftlinge in einem Konzentrationslager gezeigt, die als Prostituierte arbeiteten, in kleinen Zimmern nackt warteten, bis der nächste SS-Offizier hereinkam. Auch dieses Bild war in meinen eisernen Kasten hineingestopft worden, und nun schwebte es zwischen uns in der Luft. Ich hatte nie den Mut aufgebracht, Mutter zu fragen, ob es ihr passiert sei.

„Das geht mir, glaube ich, schon lange im Kopf herum", sagte Al leise. „Ich habe es bisher noch nicht einmal laut ausgesprochen. Es fällt mir schwer, auch nur zu sagen ... aber ich glaube eigentlich doch nicht, daß sie vergewaltigt wurde. Weil sie, soviel ich weiß, die ganze Zeit über mit ihrer Familie zusammen war. Die ganze Familie kam schon sehr früh hinein, 1939, und es ist ihnen geglückt, die ganze Zeit hindurch beisammen zu bleiben. Mutters Vater ist ganz am Ende des Krieges gestorben, ein paar Tage, bevor sie befreit wurden. Er ist auf einem Gewaltmarsch umgekommen. Mutter hatte auch einen jüngeren Bruder, der bei Kriegsende sechzehn war. Sie sind, als der Krieg vorüber war, nach Polen zurückgekehrt, und dort haben ihn Polen umgebracht. Es hat mich tief erschüttert, als ich davon erfuhr. Ich habe es erst vor kurzem erfahren, vergangenes Jahr.

Als Kind habe ich es nicht ertragen können, wenn sie über irgend etwas sprachen, was mit der Verfolgung zu tun hatte. Sie haben mir oft Bilder von Angehörigen gezeigt, und ich wollte die Bilder nicht sehen. Ich bin jedesmal wütend geworden. Ich habe sie nicht ansehen können."

„Warum?" fragte ich.

„Warum? Ich weiß nicht, warum", sagte er. „Sehn Sie, wenn sie einem von den Lagern und den Mißhandlungen berichten und einem Bilder von den toten Verwandten zeigen, müssen sie nicht aussprechen, was für ein Zorn in ihnen ist. Man *spürt* es. Es liegt in der Luft. Aber wie soll man sich als Zehnjähriger dazu stellen? Wenn sie über die Angehörigen gesprochen haben, hat mich die Empörung darüber gepackt, daß sie alle *tot* waren. Das bewegt mich heute noch. Daß sie alle tot waren und ich daran *nichts* ändern konnte."

Er lebte seinen Grimm auf zweierlei Weise aus. Er fing mit beinahe jedem anderen Jungen im Viertel Raufereien an und ebenso mit seinem jüngeren Bruder, der gleichfalls in den Ruf eines überall Rabatz machenden Halbstarken kam. Und er zog sich in sich, von der Familie zurück. Al war schon als kleiner Junge gern in die Schule gegangen. Er erinnerte sich, daß er seine Hausaufgaben dazu benützt hatte auszublenden, was bei ihnen zu Hause vor sich ging. In seiner Kindheit war er, im Unterschied zu den Eltern, auch sehr fromm gewesen. Das hatte ihm einen Vorwand geliefert, jeden Freitagabend und den ganzen Sonnabend bei seinen strenggläubigen Verwandten zu verbringen, bei denen er viel lieber war als zu Hause.

Als er vierzehn war, berichtet Al, habe er den Bruch mit seinen Eltern vollzogen. „Sie haben nicht gewußt, wie sie mit meinem Bruder und mir fertigwerden sollten. Mutter hat sich immer bei Vater beklagt, und der ist dann brüllend ins Zimmer gekommen und hat begonnen, uns zu verdreschen. Wenn ich ihn gebraucht habe, war er nie da, aber jederzeit, um uns zu verhauen. Als ich vierzehn war, habe ich einmal einen Stuhl gepackt, ihn damit auf die Schulter geschlagen und gedroht, ihn umzubringen, wenn er uns noch einmal anrühren sollte."

Al drückte den Rücken durch und hob den Kopf. „Ich habe Arbeit in einem Lebensmittelgeschäft angenommen und mich von da an selbst durchgebracht. Ich habe mein eigenes Geld verdient, mir selber Sachen zum Anziehen gekauft. Ich bin gekommen und gegangen, wie es mir paßte. So war das. Damals habe ich auch mit dem Gewichtheben angefangen. Ich war empört darüber, daß sich die Juden während der Verfolgung nicht gewehrt haben, daß sie passiv geblieben sind. Jedenfalls war das alles, was ich damals wußte. Ein solcher Jude wollte ich nicht sein. Ich war entschlossen, mich zu wehren."

Damals, als Al damit beschäftigt war, seinen Körper zu kräftigen und sein Leben selbst in die Hand zu nehmen, spürte er zugleich in sich eine immer stärker werdende Tendenz, die ihm die Lust an jeglicher Art von Aktivität nahm. „Ich erinnere mich", sagte er zu mir, „mit vierzehn hat das angefangen, daß ich tot sein wollte. Wenn meine Eltern den Krieg nicht überlebt hätten, wäre ich nicht auf die Welt gekommen, sagte ich mir. Ich habe im Tod etwas Gutes gesehen. Ich habe meine Eltern gehaßt. Ich hatte Angst, mit anderen Menschen zu sprechen, und wußte nicht, wie man sich mit jemandem anfreundet. Ich habe keinem Menschen getraut. Es ist schließlich so schlimm geworden, daß ich in der Schule keine Antwort gab, wenn die Lehrer mich aufriefen. Sie können sich vorstellen, wie durcheinander ich war. Ich war in einer anderen Welt. Trotzdem habe ich in der Schule weiterhin gute Leistungen gebracht. Ich habe viel gelesen. Science-Fiction und russische Romane. Nichts über den Holocaust. Das war einfach zuviel für mich. Nicht einmal *Das Tagebuch der Anne Frank*. Ich habe Science-Fiction gelesen, weil ich für alles Unwirkliche was übrig hatte. Die russischen Romane habe ich gelesen, weil ich sah, wie sich die Menschen darin selbst zugrunde richteten, und das gleiche stellte ich an mir selbst fest."

Als Al sechzehn geworden war, hatte er beschlossen, einen Psychiater aufzusuchen. Er war zweimal hingegangen, jedoch nicht fähig gewesen, Vertrauen zu ihm zu entwickeln. Und seine Eltern hatten es nicht gern gesehen. Es koste zuviel, hatten sie eingewandt. „Inzwischen", erzählte Al, „war es so schlimm geworden, daß ich stundenlang im Bett lag und nur einfach zur Decke hinaufstarrte. Ich bin aufs City College gegangen, mit Maschinenbau als Hauptfach. Ich hatte damals eine Freundin, eine feste Beziehung, die ungefähr zwei Jahre gehalten hat. Aber wir sind uns nie nahe gekommen. Sie hat nie etwas von mir gewußt, nicht das Geringste. Wir waren im Bett, aber der Sex war für mich nur eine andere Art Waffe, mit der man Menschen weh tun konnte. Ich war weg, fort in meiner eigenen Welt. Nichts ist an mich herangekommen.

Mit achtzehn, in meinem zweiten College-Jahr, war es mir beinahe unmöglich, mich zu konzentrieren. Da habe ich beschlossen, eine Therapie zu machen, das College zu verlassen und einen Job anzunehmen. Für mich waren die Psychotypen alle ein und dasselbe, und so bin ich bei einem Analytiker gelandet. Bei dem lag ich dann fünf Monate lang auf der Couch und habe über meine Träume gesprochen und darüber, warum ich dachte, daß keine erwachsenen Menschen darin vorkämen. Er hat sich nur Notizen gemacht, und mehr als ein Knurren und Nicken habe ich ihm nie entlocken können. Das ist vielleicht eine Branche! Ich hatte das Gefühl, daß mein Zustand nicht besser, sondern schlimmer wurde, und dabei wußte ich nicht einmal, was mit mir los war. Ich habe dem Therapeuten nie gesagt, daß meine Eltern in Konzentrationslagern gewesen waren. Er hat mich auch nie gefragt. Ich hatte damals, glaube ich, keinen Schimmer davon, daß irgendwelche von meinen Schwierigkeiten damit etwas zu tun hatten."

Al seufzte. „Nun ja, zur Armee gehen, das erschien mir als die perfekte Lösung. Ich wollte abhauen. Ich wollte irgendwohin, wo niemand bemerken oder sich dafür interessieren würde, daß ich da war. Untertauchen wie in ein großes Meer. Alle Typen, die ich kannte, haben versucht, aus der Armee *heraus*zukommen. Ich habe mich freiwillig gemeldet. Inzwischen war ich neunzehn, ein wandelndes Vakuum. Ich war derart empfindungslos, daß man mir *Nägel* ins Fleisch hätte hämmern können, und ich hätte es nicht gemerkt. Zur Armee zu gehen, ist mir als eine ganz natürliche Sache erschienen. Ich hatte mir schon immer im Fernsehen Kriegsfilme angesehen. Als Junge war ich ganz versessen darauf gewesen. Es hat mich begeistert, wenn ich sah, wie die Deutschen umgebracht wurden.

Als ich zur Armee ging, wußte ich, daß sie mich nach Vietnam schicken würden. Ein paarmal – zwei-, dreimal – ist mir bewußt geworden, auf was ich mich da einließ, und eine gewisse Panik hat mich erfaßt. Aber ich bin trotzdem gegangen. Ich war stolz darauf, daß ich es tat. Ich hatte das Gefühl, daß ich endlich, in Vietnam, beweisen könnte, daß auch ich imstande war, etwas zu überleben.

Erst lange nach meiner Rückkehr ist mir klar geworden, daß ich als Heranwachsender den Grimm meiner Eltern mitempfunden und viele Schuldgefühle gehabt habe. Aber am stärksten von allem, was sie an mich weitergegeben haben, war vielleicht dieses ‚Sich-etwas-beweisen‘, dieses *Wir haben die Lager überlebt'*. Es wurde zu etwas, was ich mir selber beweisen mußte. In Vietnam wollte ich mir beweisen, daß ich zum Überleben fähig war."

Das Thema der Überlebensfähigkeit und der selbstauferlegten Prüfung war für Al mit neunzehn nichts Neues. Wie Ruth Alexander, die sich vorzustellen versucht hatte, jeder Straßenblock auf ihrem Schulweg sei eine Meile durch den Schnee, wie ich selbst, wenn ich als Schulkind in der Untergrundbahn fuhr, hatte auch Al schon immer Überlebensphantasien gehabt. Als Kind hatte er sich oft vorgestellt, wie er einen großen Raum mit vielen Duschköpfen betrat und sich zwang, den Atem anzuhalten, um zu sehen, wie lange er es in einer Gaskammer vielleicht ausgehalten hätte, bis der Tod kam. Die Duschen kehrten in der Vorstellungswelt vieler Leute, die ich befragte, immer wieder. Gemeinsam war uns auch, daß wir unser Durchhaltevermögen und unsere Fähigkeit, Schmerzen zu ertragen, getestet hatten.

„Als Junge habe ich mir einmal beim Football-Spielen mehrere Finger gebrochen", erinnerte Al sich plötzlich. „Ich bin nicht zum Arzt gegangen. Es war toll für mich, daß ich alles ertragen konnte, was mir passiert ist. Mit neun Jahren bin ich über einen Zaun geklettert und habe mir dabei einen riesigen Splitter in die Hand gerammt. Jedes andere Kind hätte geschrien. Ich bin nach Hause gegangen, habe Wasser heiß gemacht, und mit einer Nadel die Haut weggezogen. Beim Zahnarzt habe ich mir nie Novocain geben lassen. Als hätte ich mich auf etwas vorbereiten wollen. All die Jahre habe ich mich vorbereitet, für den Fall ... Ich denke den Gedanken nie zu Ende. Für welchen Fall? Für den Fall, daß sie mich holen kommen."

Im November 1966 fuhr Al nach Südostasien ab. „Ich war seekrank. Scheußlich seekrank. Aber glücklich. In Okinawa gab's einen Zwischenaufenthalt, und *alle* auf dem Schiff sind an Land gegangen. Eine letzte Gelegenheit, sich auszutoben. Ich bin ganz allein auf dem Schiff zurückgeblieben. Als die anderen zurückkamen, haben sie mir den

Kopf gewaschen. ‚Daß du nicht mitgekommen bist! Du hast keine Ahnung, was dir in Vietnam blühen kann. Es kann sein, daß du krepierst. Und da läßt du dir das entgehen!' Ich habe sie angesehen, als wären sie verrückt, und gesagt: ‚Was redet ihr denn da? Ich komme *lebend* zurück.' Ich will damit sagen, daß das für mich gar keine Frage war. Deswegen bin ich ja nach Vietnam. Klar, alle haben gedacht, sie werden lebend zurückkommen. Aber für mich war die Sache ein bißchen anders. Ich fuhr ja aus dem speziellen Grund hin, um zu beweisen, daß ich fähig war, lebend wieder rauszukommen."

An diesem Punkt unseres Gesprächs begann ich in meinem Sessel unruhig hin und her zu rücken. Bis dahin hatte ich mich mit allem identifizieren können, was Al gesagt hatte, wenn auch die Spannungen und Probleme in seiner Familie vielleicht die extremsten waren, von denen ich jemals gehört hatte. Meine Eltern hatten mir nie von Quälereien erzählt. Sie hatten mir gegenüber nicht einmal davon gesprochen, daß sie geschlagen worden seien. Doch damals, als Kind, brauchte ich solche Dinge nicht gesagt zu bekommen, und ich konnte mich leicht an Al's Stelle versetzen. Auch ich hatte die Empfindungslosigkeit erlebt, die er geschildert hatte, und jetzt hatte ich begonnen, dem Zorn eine Bahn zu schaffen, der ihn die meiste Zeit seines Lebens umgetrieben hatte. Der Zorn war mir nicht unverständlich. Nichts, was er erzählte, war neu für mich.

Eine andere Sache war der Vietnam-Krieg. Die jungen Männer, die ich kannte, hatten alles versucht, um darum herumzukommen. Meine Freunde und ich hatten zu den Leuten gehört, die Protestlieder sangen, Anti-Kriegsveranstaltungen besuchten und für Politiker arbeiteten, die sich gegen die Intervention in Südostasien stellten. Wesentlicher aber war in diesem Fall, daß ich Situationen, die ich beobachtete, häufig auf einen Konflikt zwischen zwei Parteien reduzierte: Angreifer und Opfer; der Nazi und der Jude. In irgendeiner Weise an Unterdrückung beteiligt zu sein, so hatte ich immer empfunden, wäre ein Verrat an mir selbst, und als ich Al über seine freiwillige Teilnahme an einem Krieg sprechen hörte, der für mich Unterdrückung war, wurde ich in Verwirrung gestürzt.

Was ich im Fernsehen vom Vietnam-Krieg gesehen hatte, ließ mich an viele Szenen denken, wie ich sie mir aus dem Zweiten Weltkrieg vorstellte. Die amerikanische Strategie, Dorf um Dorf zu ‚säubern' und niederzubrennen, erinnerte mich daran, wie die Nazis *Stedtls* in Osteuropa liquidiert hatten. Auf den Aufnahmen von langen, gewundenen Reihen vietnamesischer Zivilisten, die ihre Heimstätten verlassen mußten, ahnungslos, was aus ihnen werden sollte, sah ich die Gesichter vertriebener Juden. Uniformierte Soldaten, die Gewehre schwenkten oder in Panzern saßen, machten mir Angst, einerlei, unter welcher Fahne sie kämpften, welche Farbe ihre Uniformen hatten. Es war schwer, sich damit abzufinden, daß der junge Mann in meinem Wohnzimmer, mit dem ich so vieles gemeinsam hatte, einer von ihnen gewesen war. Ich hatte Angst, ihm Fragen zu stellen. Mein Verhalten ihm gegenüber veränderte sich.

Das spürte Al. Bislang hatte er zu mir beinahe wie zu einer Schwester gesprochen, die er nie gehabt hatte, die wortlos verstand, wovon er sprach. Nun war ich plötzlich auch ein Außenseiter, und sein Verhalten zu mir veränderte sich gleichfalls. Vorher war er ganz in Erinnerungen verloren gewesen, hatte sie unbefangen aus sich herausströmen lassen. Jetzt wurde er vorsichtiger, wählte er seine Worte mit Bedacht. Ich spürte eine ungeheure Einsamkeit in ihm. Seine Sätze waren mehr überlegt. Es war anstrengend, ihm zuzuhören, doch längst nicht so anstrengend wie für ihn die Mühe, die Dinge zu erklären.

„Der Vietnam-Krieg war ein ganz eigenartiger Krieg", begann er und blickte dabei geradeaus vor sich hin, in die Mitte meines Wohnzimmers. „Man hat nicht gesehen, auf wen man schoß. Man konnte Menschen umbringen, ohne daß Gefühle daran beteiligt waren. Es war ein gesichtsloser Krieg. Bei der Infanterie lebte man von einem Tag auf den andern. Man hat jeden Tag mit der Hoffnung durchgestanden, daß man es bis zum nächsten schaffen wird. Was einen wirklich davor bewahrt hat, den Verstand zu verlieren, war das Wissen, man ist 365 Tage dort. Also hat man die Tage gezählt. Nur so konnte man überhaupt weitermachen."

Aber hast du keine Parallele gesehen? dachte ich immer wieder. *Bist du dir denn nicht wie ein Deutscher vorgekommen?*

„Dabei war der Kampf gegen die Vietcong für mich dort bei weitem nicht das schlimmste. Man hatte ständig die Blutegel an sich, die Wanzen. Und dann die Malaria. Durchfall. Vor allem aber der Schlamm. Ständig bis zum Hals im Schlamm. Wir waren im Mekong-Delta, und dort hat's so ausgesehen. Aber soviel ich auch geschimpft habe, wie ein Schwein habe ich mich darin gesuhlt. Es hat mir ein perverses Vergnügen bereitet. Es hat mir was gegeben, daß ich *dort* war, daß ich fähig war, das alles durchzustehen."

Al hielt inne und sprach dann sehr leise weiter.

„Wie gesagt, die meiste Zeit hat man überhaupt nicht gesehen, auf wen man geschossen hat, von einem einzigen Vorfall abgesehen. Wir haben eine Ananasplantage durchquert. Darum herum war eine Reihe alter Schützenlöcher, und wir bekamen Befehl, in jedes eine Handgranate zu werfen und es auszuräuchern. Wir lachten alle darüber. Wir haben es nicht für möglich gehalten, daß noch jemand da drinnen sein könnte. Doch aus einem Loch, in das ich eine Handgranate warf, flog vor mir ein Körper hoch. Ich weiß nicht, ob es ein Vietcong oder ein Bauer war. Die Explosion hat ihm die Kleider vom Leib gerissen, die direkt vor meinen Füßen landeten. Damals, als es passiert ist, habe ich es sehr komisch gefunden. Ich begann zu lachen. Und schon am nächsten Tag, glaube ich, hatte ich es vergessen. Einfach verdrängt. Muß es ungefähr fünf Jahre lang verdrängt haben. Doch nach diesem Vorkommnis ist es oft passiert, daß ich nicht geschossen habe, wenn ich dachte, es könnten Zivilisten in der Nähe sein.

An einen ganz bestimmten Vorfall erinnere ich mich noch, als wäre es gestern gewesen. Und dabei ist es zehn Jahre her. Wir waren in einem von Vietcong stark infiltrierten Gebiet, und ich mußte Wache schieben. Wir hatten neben einem Haus einen Hinterhalt gelegt, und das bedrückte mich, weil ich wußte, daß den Leuten, die in dem Haus wohnten, etwas passieren könnte. In der Nacht hörte ich, wie sich neben dem Haus etwas rührte. Weil so viele Vietcong in dem Gebiet waren, war mein erster Gedanke, daß dort Leute etwas verstecken oder vielleicht aus einem Versteck Waffen holen wollten. Aber ich konnte es nicht sicher sagen. Und ich hatte die Hand auf dem Auslöser meiner Claymore-Mine. Die Claymore war in einer Position, daß sie jeden Fleck der Umgebung um uns herum abdeckte. Ich hatte drei Auslöser vor mir, und einer davon hätte den Menschen dort drüben auf der Stelle getötet. Niemand hätte ein Wort darüber verloren. Vermutlich hätte ich einen ‚Bronze Star' dafür bekommen.

Ich konnte nicht draufdrücken. Ich konnte nicht auf den Auslöser drücken. Es ist noch öfter vorgekommen, daß ich unfähig war abzudrücken. Am meisten aber hat mich aufgeregt, wenn wir in die Dörfer gingen..."

Als Stimme verlor sich. *Hast du denn da die Parallele nicht hergestellt?* fragte ich stumm. *Sind dir denn nicht die Augen aufgegangen?*

„Wenn wir in die Dörfer rein sind", fuhr er langsam fort, „war das meistens im Mekong-Delta. Meine Einheit verfolgte die Strategie, daß zuerst die Artillerie das Dorf beschoß, in das wir reingingen. Und wenn wir dann hineinkamen, waren natürlich meistens ein paar Leute tot. Die übrigen waren abgehauen. In der Regel. Manchmal aber ist es vorgekommen, daß Leute zurückgelassen wurden. Wir haben dann das Dorf durchkämmt und anschließend niedergebrannt. Was mich, wie ich noch weiß, so aufgeregt hat, das war die Tatsache, daß wir diese Menschen dort gelassen haben. So wie sie dort herumlagen. Wir haben ihnen nie was *getan*. Aber wir haben sie jedesmal einfach so dasitzen lassen, mitten in ihrem niedergebrannten Dorf."

„Haben Sie", sagte ich nach einer Pause, „jemals in Ihrem Kopf eine Verbindung zwischen der Judenverfolgung und dem hergestellt, was Sie damals in Vietnam getan haben?"

Al schüttelte den Kopf, von der Frage nicht überrascht. „Zunächst nicht. Nein. Ich hätte es wahrscheinlich nicht verkraftet. Ich glaube, ich wäre total ausgeflippt, wenn ich eine solche Parallele hergestellt hätte. Am Leben zu bleiben, das war in Vietnam schon Belastung genug. Ich hatte in meinem Kopf nicht genug Platz, um solche Parallelen zu sehen.

Halt, einmal doch. Einmal habe ich die Parallele zwischen den Lagern und Vietnam gesehen. Sogar sehr stark. Ich habe mich in Vietnam mit ein paar Katholiken angefreundet und mich mit zwei von ihnen über Religion unterhalten, weil mich das beschäftigt hat. Ich habe Ihnen ja erzählt, daß ich als kleiner Junge sehr fromm war. Später ist das schwächer geworden, aber an Gott habe ich immer geglaubt. In Vietnam dann bin ich immer mehr zum Atheisten geworden. Ich hatte vorher über diese Dinge nicht viel nachgedacht. Aber dort fing ich an, mir Gedanken zu machen. Ich dachte: Wenn es einen Gott gäbe, hätte er niemals den Holocaust zugelassen, und er hätte auch Vietnam nicht zugelassen. *Ich fühlte mich doppelt getroffen.* Als Kind hatte ich Leute sagen hören, zum Holocaust ist es gekommen, weil Gott die Juden bestrafen wollte. Das war schwer zu glauben. Daß Gott bereit war, sechs Millionen Menschen zugrunde zu richten, nur um zu beweisen, daß sie Sünder waren. Und in Vietnam ist es mir schließlich klargeworden. Ich habe mir gesagt: Es kann keinen Gott geben. Irgend jemand bindet das den Leuten auf. Wenn es einen Gott gäbe, würde er auf keinen Fall zulassen, daß solche Greuel geschehen."

Ich begann zu verstehen, daß Al sich als ein Opfer des Krieges sah. Mochte es auch sein Wunsch gewesen sein, sich als Aggressor daran zu beteiligen, als ein Jude, der sich zur Wehr setzt, so war er doch aus

Vietnam als ein Überlebender zurückgekommen, der sich den Opfern zugehörig fühlte.

„Denken Sie, nach meiner Rückkehr bin ich zunächst noch für den Krieg eingetreten. Ich konnte es nicht fassen. Dann ist mir klargeworden, daß ich den Krieg nicht wegen des Krieges unterstützt habe. Ich war dafür, weil ich ihn überlebt hatte. Er ist zu meinem persönlichen Krieg geworden. Ich war stolz darauf, ihn überstanden zu haben.

Nachdem ich zurückgekommen war, ist es mir noch schwerer gefallen, Kontakte zu Leuten aufzunehmen. Die Schwierigkeiten, die ich hatte, hatten auch ziemlich viele andere, die in Vietnam gekämpft hatten. Extrem feindselige Gefühle vor allem gegenüber der amerikanischen Öffentlichkeit. Eine Wut auf alles, was mit Vietnam zusammenhing. Ich hatte keine Freunde. Es fiel mir sehr schwer, Freundschaften zu schließen. Mit Miriam gab es Knatsch. Mit meinen Eltern habe ich nicht gesprochen. Es ist mir sogar schwergefallen, in den ‚Rap Groups' den Mund aufzumachen, und das noch viereinhalb Jahre nach meiner Rückkehr.

Eines Abends in der ‚Rap Group' ist mir die Geschichte mit der Handgranate eingefallen. Ich habe den andern erzählt, was passiert war, wie ich gelacht hatte, als die Leiche in die Luft geschleudert wurde und die Kleider vor mir auf dem Boden landeten. Später hat man mir gesagt, daß ich dabei kreidebleich war. Ich war in Schweiß gebadet, das erste Mal, daß ich wirklich etwas *gefühlt* habe. Das erste Mal, daß ich überhaupt fähig war, etwas zu empfinden. Während meiner ganzen Zeit in Vietnam schien es mir einerlei zu sein, ob Menschen lebten oder starben. Ich habe nichts empfunden. Die Erstarrung, die mit der Verfolgung meiner Eltern zusammenhing, begann sich ein bißchen zu lösen.

Aber selbst in den ‚Rap Groups' habe ich kein Wort über die Konzentrationslager gesagt. Was sie betraf, erlaubte ich mir keine solchen Gefühle wie im Fall Vietnam. Diese Gefühlsstarre, zeit meines Lebens in mir, war noch immer da – nur noch schlimmer. Ich habe in den Gruppendiskussionen darüber gesprochen. Ich habe sie beschrieben. Aber ich war außerstande zu sagen, woher sie kam. Oft habe ich stundenlang über diese Mauer gesprochen, die ich seit meiner Kindheit um mich herum gespürt habe, aber ich konnte nie *sagen, woher sie kam.*"

Al starrte mich eine Weile stumm an. Ich fühlte mich ganz schlapp und wünschte, das Gespräch ginge zu Ende. Sein Gesicht, das mir, als ich ihn zum erstenmal sah, so männlich-hart erschienen war, war weich geworden. Auch er war müde. Er hatte eine Türe geöffnet, die lange Jahre festgeklemmt gewesen war, und war wie vor den Kopf geschlagen, als er sah, was dahinter war. Er rieb sich die Augen und schüttelte dann den Kopf.

,,Wissen Sie", sagte er, ,,einmal in der ‚Rap Group' ist es aus mir herausgebrochen. Wir sind eines Abends im Taxi gesessen und zum Sender WBAI zu einer Talk-Show über Veteranen gefahren. Wir waren alle recht fröhlich aufgelegt, und plötzlich hat einer angefangen, ein deutsches Lied zu singen. Ich habe die Kontrolle über mich verloren und zu ihm gesagt, er soll die Klappe halten. Er wollte wissen, warum. ‚Was soll das heißen – *warum?*' habe ich zu ihm gesagt. ‚Du weißt doch, daß meine Eltern in Konzentrationslagern waren.' Er war baff und hat gesagt, davon hätte er nichts gewußt. Ich darauf: ‚Was soll das heißen, du hast es nicht gewußt? Ich habe doch darüber *gesprochen.*' ‚Nein', hat er gesagt. ‚Nie.' Und mehrere der anderen Jungs im Taxi haben es bestätigt. Ich war völlig überrascht, denn das waren die einzigen Menschen auf der Welt, zu denen ich Vertrauen hatte.

Ich war betroffen. Sie waren betroffen. Doch als die Gruppe das nächste Mal zusammenkam, hatte ich es von mir weggeschoben. Ich wußte nicht, wie ich darüber sprechen sollte. Wie es zur Sprache bringen. In der Gruppe habe ich oft über meine Träume gesprochen. Einzelne Stücke und Trümmer von dem, was ich dir jetzt erzähle, sind nach oben gekommen, aber ich habe sie nie zusammenfügen können. Jetzt aber scheint es, daß die Stücke alle zusammenpassen."

Al schüttelte den Kopf. ,,Ich glaube, daß ich mein ganzes Leben gewünscht habe, fähig zu sein, mich *irgend jemandem* anzuvertrauen. Ich will damit sagen, selbst wenn das, was wir hier tun, nicht gedruckt würde, wäre mir das völlig egal. Zum erstenmal habe ich darüber gesprochen, zum erstenmal habe ich es geschafft. Es ist einfach so, daß das alles so übermächtig ist. Man muß es tun *wollen.* Man muß wissen, welche Fragen man stellt. Man muß den Mut zum Fragen haben.

,,Sehn Sie mich an. Ich kenne meine Eltern nicht. Ich bin dreißig Jahre alt und kenne meine Eltern nicht."

Sein Gesicht zeigte eine Mischung aus Traurigkeit, Zorn und äußerster Verwirrung. ,,Ich bin dreißig Jahre alt und kenne meine Eltern nicht. Sie sind für mich wie fremde Menschen."

14

Yehudah Cohen*, ein schlanker, dunkelhaariger, bärtiger, in der Forschung tätiger Wissenschaftler, kam mit wenigen Monaten Abstand von Al Singerman in der gleichen Gemeinschaft von Verschleppten (DPs) in Deutschland zur Welt, die 1947 fast eine Viertelmillion staatenloser Juden umfaßte. Wie der Vater von Al war auch sein Vater Schneider gewesen, zuerst in Lodz, dann in Auschwitz und später in den Vereinigten Staaten. Seine Mutter hatte sich, wie auch die Mutter von Al, in der kleinen Stadt im mittleren Westen, wo die Familie sich niedergelassen hatte, zu Hause um die Kinder gekümmert. Doch im Unterschied zu Al, der erzählte, daß es für seine Kraft zuviel gewesen sei, was seine Eltern in der Verfolgungszeit durchgemacht hatten, war Yehudah dagegen abgeschirmt worden. Mit sechzehn, als Al sich in seine eigene Welt zurückgezogen hatte, war Yehudah der zionistischen Jugendorganisation Habonim beigetreten. Während Al zu seiner Umgebung kaum sprach, war Yehudah extravertiert, bei seinen Freunden für seine Schlagfertigkeit und eine Neigung zu ätzend sarkastischen Witzen bekannt.

Wenn Gäste ins Haus der Cohens kommen, begrüßt sie der einunddreißig Jahre alte Wissenschaftler selbst heute noch mit tiefschwarzem Humor. „Ich mache unsere Besucher mit meiner Frau, meiner Tochter und Onkel George bekannt", sagte er zu mir und legte, wie ein Witze abziehender Alleinunterhalter, eine kurze Pause ein, damit ich mich für den Knalleffekt wappnen konnte. „Und dann zeige ich auf den nächsten Lampenschirm.

Manche Leute werden grün im Gesicht. Sie finden es gräßlich geschmacklos. Nun ja, vielleicht ist sowas wirklich morbider, widerlicher Humor. Aber ich finde nicht, daß Humor in irgendeiner Art herabwürdigend wirkt. Ich habe ihn von meinem Vater übernommen. Er hat mir nie Horrorgeschichten über die Zeit im Konzentrationslager erzählt. Wenn Vater überhaupt was erzählt hat, dann waren es lustige Sachen, Witze. Ich glaube, wie Vater Dinge ansehen kann, aber nur die humorvollen Aspekte daran verbalisiert, das hat ihm geholfen – nicht körperlich, aber seelisch –, die Lager durchzustehen. Ich weiß nicht, ob es eine erworbene oder eine ererbte Eigenschaft ist, aber ich bin stolz darauf."

* Name von der Autorin geändert

Ich holte tief Luft. Schwarzer Humor ist nie mein Fall gewesen. Ich sehe meistens nur die Schwärze daran, den Humor aber nicht. Lenny Bruce und die Komiker nach ihm mit ihren morbiden Witzen, den ‚sick jokes', hatten mich immer abgestoßen, und ich hatte mich oft über ihre Beliebtheit gewundert. Yehudah Cohen jedoch hatte nichts von ihrer Art an sich, sich über sich selbst lustig zu machen. Das Leben in Israel hatte seine Haltung, sein Auftreten und seine Art, sich zu kleiden, beeinflußt. Er hielt sich sehr gerade, trug den Hemdkragen offen, die Ärmel halb aufgekrempelt und sprach in einem entschiedenen, unzweideutigen Ton, als ob Zweifel ein Luxus wären.

Als ich ihm sagte, daß ich seinen Witz nicht komisch fände, zuckte er die Achseln. ,,Sehn Sie", sagte er, ,,ich würde den Humor meines Vaters nicht als normal bezeichnen, aber ich war immer darauf stolz. Er hat das Recht, morbide Witze zu machen. Es ist in keiner Weise eine Kränkung für das Andenken an irgend jemanden, der umgekommen ist. Ich soll zum Gedenken den Kopf senken und eine Träne vergießen? Nein, nicht ich! Ich werde meine Tränen vergießen, wenn ich für mich bin. Vaters enormes Understatement hat etwas an sich, das das Grauen viel stärker ausdrückt, als wenn jemand sagt: ‚Sie haben geschossen. Sie haben getötet. Sie haben geschändet.' Ich finde, daß sich mit Humor viel mehr sagen läßt. Ich bin stolz darauf, daß Vater mir humorvolle Anekdoten über die Judenverfolgung erzählen kann, in der Gewißheit, daß ich das übrige schon verstehen werde.

Eine seiner klassischen Geschichten ging so: Er und die anderen Jungs hatten irgendwann einmal großen Hunger, und er hat sich gesagt, es muß was geschehen. Sie haben sich einen Besen besorgt – das war in einem der Außenlager von Auschwitz –, und Vater begann den Gehsteig vor der Kommandantur zu fegen. Er stand da und beobachtet aus dem Augenwinkel, wie der Vorhang am Fenster etwas aufund dann wieder zuging. Dann kam einer der Gestapomänner heraus und sagte: ‚Du, du bist ein fleißiger Jude.' Vater sagte: ‚Jawohl, Herr Kommandant.' Der Gestapomann erkundigte sich nach Vaters Beruf und bekam zur Antwort, daß er Schneider war.

‚Hast du deine Sachen zum Arbeiten dabei?' fragte der Mann.

‚Ja, natürlich, Herr Kommandant.'

‚Gut. Komm morgen um sieben wieder. Ich habe Arbeit für dich.'

Vater lief zurück zu seiner Baracke und trennte die ganze Nacht

Kleidungsstücke auf, um sich Faden zu verschaffen, fand irgendwo eine Nadel, und am nächsten Morgen in aller Herrgottsfrühe rannte er zurück, um Näharbeiten zu machen. Ausbesserungen."

Yehudah legte wieder eine Pause ein. Ein geübter Erzähler.

„Nun, es passiert nichts. Sie hungern noch immer. Ein paar Wochen später erscheinen zwei bewaffnete Wächter und fragen nach Vater. Er denkt: So, jetzt ist es so weit! Schüttelte allen die Hand. Seh euch irgendwo dort oben wieder. Er dachte, sein letztes Stündlein habe geschlagen. Sie führten ihn in die Offizierskantine und gaben ihm mehrere Dosen Kondensmilch und ein paar Sachen zum Essen für die von ihm geleistete Arbeit. Er mußte alles quittieren, hat er erzählt. Typisch deutsche Bürokratie. Dann ging er in seine Baracke zurück. Er konnte nicht sagen, was ihn mehr überrascht hat: daß er zurückkam. Oder daß er zurückkam und auch noch mit ein paar Bissen.

Jeder bekam also einen Schluck Dosenmilch und ein bißchen was zu essen, und auf diese Weise sind sie durch den Winter gekommen. Ich fand das eine wunderbare Geschichte und wunderbar, daß er sie *erzählen* konnte."

Yehudah schätzte, daß er erst mit sechzehn oder siebzehn diese Geschichte gehört hatte. Davor, sagte er, hätten seine Eltern nur selten von sich aus über die Vergangenheit erzählt. Wie viele der Kinder von Überlebenden, die ich befragt hatte, beschrieb er seine Eltern als sehr zurückhaltende Menschen, die nicht viel über sich selbst gesprochen hätten. Er war sich auch nicht sicher, was er als Kind alles über die Zeit während des Krieges gehört hatte. Nach seinem Eindruck hatten seine Eltern ihn dagegen abgeschirmt. Trotzdem konnte er sich nicht erinnern, daß es je eine Zeit gegeben hatte, in der er nichts von der Verfolgung wußte. „Seit wann ich es weiß, könnte ich Ihnen genausowenig sagen, wie ich Ihnen sagen könnte, wann mir bewußt geworden ist, daß ich atme", bemerkte er. „Ich habe mich sicher nie für etwas anderes gehalten als alle anderen Leute. Meine Altersgenossen sind alle in Deutschland zur Welt gekommen, und ihre Eltern haben alle jiddisch gesprochen. Keiner von ihnen hatte Großeltern, und ich kann mich nicht erinnern, jemals gefragt zu haben, wo Großmama und Großpapa sind. Als Kind habe ich mir vorgestellt, alle Juden seien 1946 nach Amerika gekommen. Von den anderen habe ich nichts gewußt. Manche von den Freunden meiner Eltern hatten eine Nummer auf dem Arm, aber für mich gehörte das zum Leben. Ich kann mich nicht erinnern, danach gefragt zu haben."

Obwohl Yehudahs Eltern zu denjenigen Überlebenden gehörten, die während jener Zeit viel von ihrer Glaubensstrenge verloren hatten, hielt die Familie sich an die jüdischen Traditionen. An den Festtagen und freitagabends zündete seine Mutter Kerzen an und trug traditionelle Speisen auf; sein Vater sprach zum Wein den Kiddusch-Segen. Sie hängten Mazze an die Türrahmen in ihrem Haus und schickten Jehudah, obwohl er nicht wollte, in den Hebräischunterricht. Es war ein bewußt jüdisches Heim, in vielem wie bei den anderen Familien, die Yehudah als Kind besuchte. Erst als sein Vater mehr Geld zu verdienen begann und die Cohens in eine bessere Wohngegend zogen, freundete Yehudah sich eng mit nichtjüdischen Kindern an.

„Wir waren ein Trio", erzählte er. „Der eine Junge kam aus einer typischen WASP-Familie, der andere war Pole. Wir haben jeden Tag miteinander gespielt, ohne daß es etwas gegeben hätte. Ich habe keine Erinnerung, daß ich jemals gekränkt oder beleidigt worden wäre, weil ich Jude war. Lästig war für mich nur, wenn ich in den Hebräischunterricht gehen mußte, sie dagegen nicht. Ich habe meine Eltern gefragt, warum, und zur Antwort bekommen: ‚Weil du Jude bist.' Das war schon ärgerlich", räumte er ein.

Durch Yehudahs Bart blitzte ein Grinsen, und ich hatte das Gefühl, daß er mir etwas andrehen wollte. Die Art, wie er Dinge zusammenfaßte, hatte etwas Oberflächliches und klang mir nicht echt. Ich hatte den Eindruck, daß er über Geschehnisse hinwegglitt, an die er sich entweder nicht erinnern oder die er übergehen wollte. Er sprach so rasch, daß es schwierig war, ihn zu unterbrechen, und sein Tonfall hatte eine sarkastische Färbung, die einen entmutigte, es zu tun. Sowohl seine jüngere Schwester wie auch seine Mutter hatten mir erzählt, daß er als Kind verprügelt worden war. Ich unterbrach ihn nun doch und fragte, ob er sich daran noch erinnern könne.

„O ja", antwortete er, „als ich in der ersten oder zweiten Klasse war, gab es richtige Antisemiten in unserem Viertel. Ukrainer zumeist. Sie haben mich mehrmals verprügelt und als dreckigen Juden beschimpft. Einmal bin ich von zwei älteren Mädchen herumgestoßen, buchstäblich mit den Füßen getreten worden. Ich kam jedesmal weinend nach Hause, und Mutter hat ein paarmal die Polizei gerufen. Die Polizisten haben sich ungeheuer aufgeregt, daß so etwas in Amerika passiert. Sie hat zu ihnen gesagt: ‚Haben wir nicht schon genug gelitten?' Darauf meinten sie, daß sie einen Viertkläßler nicht verhaften könnten. Wenn kein Einbruch vorliege, was könnten sie tun? Aber soviel ich weiß, sind sie zu den Familien gegangen und haben sie ins Gebet genommen."

Yehudah war der Meinung, ich solle aus solchen Vorfällen nicht zuviel ableiten. Dergleichen, sagte er, erlebten Juden, die außerhalb von New York wohnten, immer wieder. „Ich sollte auch klarstellen, daß ich selber zu manchem davon Anlaß gegeben habe. Als ich zehn wurde, habe ich mich aus einem spindeldürren Bürschchen in einen aufgeblähten Fettkloß verwandelt, der fast neunzig Kilo gewogen haben muß. Ich war eine perfekte Zielscheibe. Und dann kam ich an jüdischen Feiertagen nicht in die Schule, was einen gewissen Ärger ausgelöst hat."

Er habe, sagte Yehudah, nie bewußt darüber nachgedacht, wie sich die Leidenserfahrungen seiner Eltern auf ihn ausgewirkt hatten. Dies sei etwas Schmerzliches, Privates und seine Eltern wollten sich nicht weiter darüber auslassen. „Sie sind nicht so weit gegangen zu bestreiten, daß es passiert war", erklärte Yehudah. „Ich will damit sagen, es war nicht so wie bei einem Freund von mir aus Schweden. Seine Eltern sind aus Polen weggegangen und irgendwohin weit hinauf in den Norden, in die Nähe der Rentiere, gezogen, fort von allen Juden, um zu vergessen. Als mein Freund aufwuchs, wurde nicht das Passah-, sondern das Osterfest gefeiert. Aber wenn uns Leute besuchen kamen und über die Verfolgungszeit sprachen, haben meine Eltern immer gesagt: ,Pst! Die Kinder können uns hören.' Es fällt mir sehr schwer, mich zu erinnern, was ich mir damals gedacht habe. Ich weiß noch, es kam vor, daß am Morgen Vater zu Mutter oder umgekehrt sie zu ihm sagte: ,Vergangene Nacht habe ich wieder diesen Traum gehabt.' Es war klar, um was für einen Traum es sich handelte. Darüber mußte nicht gesprochen werden. Wenn ich mir im Fernsehen Kriegsfilme ansah, habe ich sie nie mit dem Holocaust in Verbindung gebracht. Was meinen Eltern auch geschehen war, wie im Film war es nicht gewesen. Was ihnen geschehen war, war geschehen, weil sie Juden waren. Nicht, weil sie etwas Unrechtes getan hatten. Ich nehme an, daß ich gedacht habe: Das ist nicht recht. Irgendwo hatte ich auch das sehr starke Empfinden, daß es nie wieder geschehen darf. Aber ich habe diese Gefühle nie in Worte gefaßt. Das einzige Mal, wo ich es nach meiner Erinnerung doch tat, war kurz vor dem 1967er Krieg in Israel."

Wie die meisten erstgeborenen Kinder von Holocaust-Überlebenden aus seiner Umgebung erzielt Yehudah außergewöhnlich gute Leistungen als Schüler. In der High-School war er unter den Besten seines Jahrgangs. Er hatte enge Freunde und, soviel er sich erinnern konnte, keine ernsten Auseinandersetzungen mit seinen Eltern. Allerdings mochte er die sozial getrennten Cliquen in der Schule nicht und erinnerte sich, daß er sich keiner davon anschließen wollte. „In der High-School mußte man sich anpassen", sagte er zu mir. „Man mußte mit einer Aktentasche aufkreuzen – das war damals eines der modischen Dinge. Man mußte das Haar auf eine bestimmte Art tragen. Ich habe in der High-School nie bei was mitgemacht, bis ich in der dritten Klasse war und ein Freund mich aufgefordert hat, mit ihm zu einem Treffen zu gehen."

„Was ist das für ein Treffen?" wollte Yehudah wissen.

„Das ist für dich doch egal", antwortete der Freund. „Du hast ja nichts Besseres zu tun."

Das Treffen war, wie sich herausstellte, eine Zusammenkunft jüdischer High-School-Schüler, die sich für Israel und die sozialen Bewegungen vor der Staatsgründung interessierten. Die Gruppe gehörte zu der Jugendorganisation Habonim, die in ganz Nordamerika lokale Gruppen hatte und das Ziel anstrebte, junge Amerikaner zu einem Aufenthalt in Kibbuzim nach Israel zu bringen.

„Die Leute dort waren freundlich, und so bin ich öfter hingegangen", sagte Yehudah. „Man hatte nie das Gefühl, zu einer Organisation zu gehören. Es gab keine Doktrin, kein Dogma, keine Hierarchie. Man kam sich nicht wie in einer Jugendgruppe vor, sondern empfand es als ein zwangloses, freundschaftliches Beisammensein. Bei der Habonim wurde man so akzeptiert, wie man war. Es war egal, wieviel Geld die Eltern verdienten. Oder wie man aussah oder sprach oder ob man Zigaretten rauchte oder nicht. Man wurde als Individuum akzeptiert, und ich habe mich dort wohl gefühlt. Ich konnte mich geben, wie ich war. Wir kamen einfach zusammen, weil wir gemeinsame Interessen hatten, obwohl wir alle aus unterschiedlichen Verhältnissen stammten. Statt daß man allein ein ganzes Buch las, las jeder von uns ein Kapitel daraus, und dann sprachen wir darüber. Ich begann über die jüdische Nation und den Sozialismus zu lesen, habe viel gelesen, auch ein Buch mit dem Titel ‚Wie Schafe zur Schlachtbank', wobei ich zum erstenmal erfuhr, daß es während des Krieges einen jüdischen Widerstand gegeben hatte. Dieser ganze historische Bereich war völlig vernachlässigt worden. Ich habe festgestellt, daß es doch Juden gegeben hatte, die sich zur Wehr setzten. Ich wollte wissen, warum darüber nicht gesprochen wurde. Warum wußten die Leute nichts davon?"

An diesem Punkt, zum erstenmal seit Beginn unseres Gesprächs, schien Yehudah ein bißchen aus der Deckung zu gehen. Der sarkastische Ton in seiner Stimme, der ihr etwas Gepreßtes gegeben hatte, wurde schwächer. Er sprach auch langsamer.

„Ich vermute, der Keim des Entschlusses, nach Israel zu gehen, war schon da, ehe ich in die Habonim eingetreten bin", sagte er nun. „Wir hatten Verwandte in Israel. Mutter hatte einen Bruder, Menahem, der 1933 aus Polen weggegangen war, und ich habe oft gehört, daß es all den Leuten, die wie er Europa verlassen hatten, gut ging. Sie waren helle. Sie sind am Leben geblieben. Sie sind zu einer Zeit weggegangen, als die ganze Familie hätte weggehen sollen. Sie haben nie eine Verfolgung erlebt.

Aber", setzte er rasch hinzu, „ich habe damals Israel nicht als eine Zuflucht betrachtet, und tue es heute noch nicht. In meiner High-School-Zeit war eine Menge los, wenn man bei der Habonim war – Partys, Gruppenspiele, Wanderungen, gemeinsame Wochenenden. Ich habe junge Leute kennengelernt, die mir sympathisch waren. Ich habe meine spätere Frau dort kennengelernt. Es hat mir auch etwas gegeben, was mir weder die öffentliche Schule noch der Hebräischunterricht vermittelt haben, nämlich einen Sinn für die jüdische Geschichte. Das war etwas, woran mir viel lag.

Meine Eltern haben mich nicht gedrängt, daß ich in der Habonim bleibe, im Gegenteil. Wir haben uns immer am anderen Ende der Stadt getroffen, und meine Eltern waren ärgerlich, weil ich eine Stunde hin und eine Stunde zurück brauchte. Die ganze Idee mit Israel hat sie gar nicht begeistert. Als ich davon zu sprechen begann, daß ich ein Jahr lang in einem Kibbuz arbeiten möchte, waren sie wirklich entsetzt. Ich wollte gleich nach der High-School hinfahren, aber sie haben nein gesagt. Es hat ein volles Jahr gedauert, bis ich sie überreden konnte, denn sie waren überzeugt, wenn ich erst einmal fort war, würde ich nie mehr zurückkommen. Sie dachten, ich würde irgendwo im Negev Farmer werden. Ich mußte sie beruhigen, daß ich mich nur umsehen wollte, wie es dort ist, und wieder nach Hause kommen würde. Das war auch die Wahrheit. Ich wollte sehen, wie es dort war. „Ich mache den College-Abschluß einfach ein Jahr später', habe ich zu ihnen gesagt. ‚Was macht das schon?'

Yehudah beendete sein erstes College-Jahr an der Columbia University in New York und flog dann nach Israel. Seine Schilderung unterschied sich von den oft allzu gefühlvollen, alles in rosigem Licht darstellenden Berichten vieler amerikanischer Juden und hatte eine ausgeprägte Ähnlichkeit mit den Beschreibungen anderer Kinder von Holocaust-Überlebenden, die dort gewesen waren. „Was mir gleich am allerersten Tag in Israel bewußt wurde", sagte Yehudah, „war dieses Gefühl von Normalität. Ich habe jüdische Polizisten gesehen, jüdische Taschendiebe, jüdische Zuhälter und ebenso Juden von der Art, wie ich sie von zu Hause gewohnt war. Es war ein positiver Schock für mich: Wir sind eine ganz normale Nation. Das hier ist ein jüdisches Staatswesen, wo ein Jude Herr seines eigenen Schicksals sein kann. Ich sah keine selige Insel, wo alles schön und grün war. Israel ist ein Land, wo jeder Jude sein kann, wie er es sein will, allerdings muß er darum kämpfen – ob das nun heißt, gegen die Bürokratie oder gegen die orthodoxen Juden oder gegen die Araber. Aber er kann kämpfen. Er ist nicht abhängig von der Gunst einer Regierung, die nicht die seine ist.

Meine Gefühlseinstellung ist offensichtlich von dem beeinflußt, was meine Eltern erleben mußten. Ich betrachte mich als sehr jüdisch. Nicht als sehr religiös. Aber als sehr jüdisch. Es gibt ein paar Punkte, in denen ich mit den Machthabern in Rußland übereinstimme. Sie klassifizieren die Juden als eine Nationalität, und damit bin ich einverstanden. Manchmal empfinde ich die Religion als beinahe sekundär. Das ist meine Basis, alles andere, woran ich glaube, baut sich darauf auf."

Yehudah verbrachte das College-Jahr 1965/66 damit, daß er halbtags in seinem Kibbuz arbeitete und die andere Hälfte des Tages Hebräisch lernte und Geschichte studierte. Ungefähr zu der Zeit, als Al Singerman seine Grundausbildung bei der Armee begann, war Yehudah damit beschäftigt, sich auf das Gemeinschaftsleben im Kibbuz einzustellen, das im wesentlichen eine Großfarm war. Er kam zu dem Schluß, daß das Land, das er hatte „ausprobieren" wollen, einen besonderen Anspruch auf ihn hatte und daß er sich hier wohler fühlte als jemals irgendwo vorher. Doch am Ende dieses Jahres kehrte er in die Vereinigten Staaten zurück und nahm sein Studium an der Columbia University wieder auf. „Ich habe Israel mit dem deprimierenden Gefühl verlassen", sagte er, „daß ich es erst nach langen Jahren wiedersehen würde."

Zehn Monate später brach der Sechs-Tage-Krieg aus. Im Mai 1967 brachte die Presse jeden Tag auf der ersten Seite Meldungen über wachsende Spannungen im Nahen Osten. Präsident Nasser sperrte die Straße von Tiran für die israelische Schiffahrt; Einheiten der UNO-Friedenstruppe wurden aufgefordert, ihre Positionen im Gaza-Streifen zu räumen. Yehudah bereitete sich zu dieser Zeit auf sein Abschlußexamen vor, das für Ende Mai angesetzt war. In der Habonim begann sich herumzusprechen, daß Israel vielleicht Freiwillige als Ersatzleute für die Arbeiter brauchen werde, die zu den Waffen gerufen wurden. Yehudah wurde von höchster Erregung erfaßt.

„Schießen wollte ich nicht", sagte er zu mir. „Ich habe für Waffen nichts übrig. Aber ich habe einen inneren Zwang empfunden, nach Israel zu fliegen. Der Zusammenhang mit dem Geschehen von damals war für mich klar – es durfte nicht noch einmal passieren. Wenn ich keinen anderen Beitrag leisten könnte, als Obst zu pflücken, dann würde ich eben Obst pflücken. Es kam nicht in Frage, daß ich in den Vereinigten Staaten herumsaß und untätig zusah. Ich wäre verrückt geworden, wenn ich in New York gesessen wäre und die Nachrichten gehört hätte. Die Verbindung zum Holocaust lag auf der Hand. Es war typisch. Wieder einmal ist es so weit. Die Welt legt die Hände in den Schoß, man schickt Beschwerden an die Vereinten Nationen, und niemand rührt einen Finger.

Alle diese Gefühle hatten schon lange in mir gebrodelt, waren stärker und stärker geworden, nehme ich an", sagte Yehudah, „aber das war das erste Mal, daß ich ihnen Worte gegeben hatte. Ich war überzeugt, daß sich nichts geändert hatte. Immer wieder habe ich gedacht: Sie werden Israel in die Zange nehmen, sie werden Israel angreifen, und wenn Israel vernichtet ist, dann wird die Welt Blumen schicken. Zum Teufel mit der Welt! Ich darf da nicht mitmachen."

Yehudah schloß seine Prüfungen ab und flog dann mit einem Formular für die Einwilligung seiner Eltern, daß er das Land verlassen dürfe, nach Hause. Er brauchte ihre Unterschrift, um unter der Ägide der Habonim nach Israel fliegen zu können. „Meine Eltern sind hysterisch geworden", erzählte er mir. „Buchstäblich hysterisch. Es war das einzige Mal in meinem Leben, daß ich Mutter auf ihre Autorität pochen sah. Es war klar, daß ein Krieg bevorstand. Die Frage war nur, wann. Niemand konnte zu dieser Zeit wissen, daß er weniger als eine Woche dauern würde. Mutter brach zusammen. ‚Nach allem, was wir verloren haben – müssen wir auch noch dich verlieren?'

Ich habe ihr eine doppelte Antwort gegeben. Zum ersten, wie ausgerechnet ich von allen Menschen auf der Welt es fertigbringen könnte, nicht hinzufliegen? Wir dürften nicht zulassen, daß es noch einmal geschieht. Zum zweiten sagte ich zu ihr, wenn sie mir ihre Erlaubnis verweigerte, würde ich trotzdem fliegen.

Weder Mutter noch Vater konnten dagegen an. Sie haben die Einwilligung unterschrieben und mich nur gebeten, noch den Sabbat bei ihnen zu verbringen. Ich saß in der letzten Maschine, die aus den Vereinigten Staaten abging. Wir sind erst am 4. Juni, einem Sonntag, abends abgeflogen und haben achtundvierzig Stunden bis nach Israel gebraucht. Wir landeten in der zweiten Nacht des Krieges. Der Flughafen war verdunkelt. Wir kamen mit einer Mirage als Eskorte an. Der Krieg war beinahe schon vorbei, als sie uns aussortiert und untergebracht hatten."

In diesem Sommer, 1967, ergoß sich ein Flut von Freiwilligen nach Israel. Tausende junger Juden aus Europa, Nord- und Südamerika und Australien strömten, von den gleichen Gefühlen erfaßt wie Yehudah, in den Tagen vor und nach dem Sechs-Tage-Krieg in das Land. Die israelische Armee demobilisierte schon kurz nach der Feuereinstellung, und die Männer kehrten an ihre Arbeitsplätze zurück. Plötzlich gab es ein Überangebot an Arbeitskräften. Wie viele andere Freiwillige zog auch Yehudah von Kibbuz zu Kibbuz, um seine Dienste anzubieten, mußte aber feststellen, daß nirgendwo Hilfskräfte gebraucht wurden. Trotzdem blieb er den Sommer über. Inzwischen wußte er, daß er endgültig zurückkehren werde.

Nachdem er das College hinter sich hatte, beschloß er, seine Ausbildung am Weizman-Institut in Rehovot fortzusetzen. Er heiratete die junge Frau, die er in der Habonim kennengelernt hatte, und übersiedelte 1969 mit ihr nach Israel, wo sie die Staatsbürgerschaft erwarben. „Ich habe meinen Wehrdienst abgeleistet", sagte Yehudah zu mir. „Ich hatte das Vergnügen, am 1973er Krieg teilzunehmen – und habe fortan glücklich und zufrieden gelebt", schloß er rasch, und im selben Augenblick kam seine Mutter ins Zimmer.

Sie war eine kleine Frau von behutsamer Art, sehr darauf bedacht, dem Sohn nicht lästig zu fallen.

„Was suchst du, Mama?" fragte er.

Sie sagte nichts, blickte sich im Wohnzimmer um und ging ebenso still, wie sie hereingekommen war, wieder hinaus. Yehudah schwieg, bis er hörte, wie die Küchentür zuging.

„Ich möchte mich vor ihr nicht in Szene setzen", erklärte er mir. „Vielleicht möchte ich ihr auch nicht weh tun. Sie soll nicht hören, daß ich ernsthaft über diese Dinge spreche. Sie könnte es verkehrt aufnehmen. Es könnte ihr Kummer bereiten. Vielleicht möchte ich auch nur vor ihr nicht über Gefühle sprechen."

Ich sagte zu Yehudah, daß seine Mutter mir gegenüber geäußert hatte, sie mache sich Sorgen, daß sie ihre Kinder mit Erzählungen aus der Zeit der Verfolgung belastet habe. Yehudah wirkte überrascht. „Aber ganz und gar nicht", sagte er. „Ich habe Ihnen ja schon gesagt, mein Vater ist ein extrem verschlossener Mensch. Bei ihm muß man zwischen den Zeilen lesen. Mutter geht mehr aus sich heraus, aber sie hat auch nicht viel erzählt. Sie hat mir ja nicht einmal gesagt, wo sie damals waren."

Nun, da ich alle meine Fragen gestellt hatte, wirkte Yehudah entspannter. Er schien sogar zu zögern, das Gespräch zu beenden. „Ich weiß nicht, ob meine Gefühlseinstellung zu Israel vom Holocaust kommt oder aus der Tradition oder von der Religion", sagte er nachdenklich. „Wie gesagt, ich hatte mir das Thema bisher noch nie richtig durch den Kopf gehen lassen. Es liegt auf der Hand, daß der Holocaust ein ganz entscheidender Aspekt im Leben meiner Eltern war, und alles, was ich selbst erlebt habe – wie ich aufgezogen wurde –, hatte damit zu tun. Für mich ist der Holocaust gefühlsmäßig etwas anderes als für jemanden, der sich eine Dokumentarsendung darüber ansieht oder sich aus Büchern informiert. Ich spüre in mir, daß ich ihn besser erfasse, als so jemand ihn erfassen kann oder jemals erfassen wird.

Ich vertraue der Welt nicht. Ich habe – und das wahrscheinlich wegen des Holocaust – immer Angst davor, nur dazusitzen und untätig zuzusehen. Ich würde sagen, meine Familiengeschichte hat mir bewußt gemacht, daß Jude zu sein bestimmte Pflichten mit sich bringt. Man hat dafür zu sorgen, daß die Bürgerrechte keines einzigen Menschen mit Füßen getreten werden. Und man muß dafür sorgen, daß auf einem selber nicht herumgetrampelt wird. Es gibt noch heute Nazis in Amerika. Ich glaube, die Leute verschließen aus Angst die Augen davor. Es ist die alte Haltung: Wenn man so tut, als sähe man sie nicht, wenn man sich nicht muckt, dann gehen sie vielleicht weg.

So ist es einfach nicht!" sagte Yehudah heftig. „Und ich stimme auch nicht mit allem überein, was Israel tut. Aber wenn mir die Regierung nicht paßt, stimme ich gegen sie. Wenn mir die Politik nicht paßt, versuche ich was zu tun, um sie zu verändern. Genauso denke ich, was das sowjetische Judentum betrifft. Ich glaube, daß es gegenwärtig zugrunde gerichtet wird und daß nicht genug versucht wird, es zu retten. Die gleiche alte Geschichte: Der Welt ist es zum größten Teil egal. Wir sind nach Rußland *gefahren*. Wir haben gesehen, was sich dort abspielt. Wir schreiben an Leute, und sie schreiben uns, daß das für sie wie ein Rettungsanker ist. Ich arbeite nicht gerne mit Organisationen zusammen, und hier bietet sich eine Möglichkeit, selbst etwas zu unternehmen. Einfach einen Brief schreiben. Ich bin schlicht entsetzt, daß nicht mehr Leute etwas tun, wo doch alle Welt weiß, was vor sich geht."

Die Küchentür öffnete sich wieder, und wieder verstummte Yehudah. Diesmal war es seine dreijährige Tochter, die wollte, daß er mit dem Reden aufhöre.

Yehudahs dunkle Augen wandten sich ihr zu.

„Geh ein bißchen auf die Straße und spiel dort", sagte er scherzend.

Seine Tochter ließ nicht locker. Sie sah ohne zu blinzeln zu ihrem Vater hinauf.

„Na schön", sagte Yehudah. „Schluß jetzt mit dem Holocaust." Und setzte sich auf den Boden, um zu spielen.

15

„Wie könnte ich es fertigbringen, nicht hinzufliegen? Ausgerechnet ich?

Die gleichen Gedanken hatten mich im Mai 1967 bewegt. Auch ich hatte mich aufgemacht und war nach Israel geflogen, den Kopf voller Ideen, mein Leben im Kampf einzusetzen. Ich hatte im Geist Bilder von Bäumen gesehen, die bis auf den Stumpf niedergebrannt waren. *Ich konnte mir nicht erlauben, mich bequem zurückzulehnen und ruhig zuzusehen*, hatte Yehudah gesagt. *Israel war kein Zufluchtsort für mich. Hier ist ein Staatswesen, wo ein Jude Herr seines eigenen Schicksals sein kann.*

Wie Yehudahs Eltern hatten auch meine Eltern starke Bedenken dagegen gehabt, daß ich nach Israel ging. Daß ich mich bewußt in Gefahr brachte, das erwarteten sie auf gar keinen Fall von mir. Wie Yehudah geriet auch ich zum erstenmal in meinem Leben mit den Eltern über Kreuz. Ich hatte ihnen gegenüber immer eine extrem beschützende Haltung eingenommen, wie beinahe alle von mir befragten Kinder von Holocaust-Überlebenden, und vorher war es mir nicht schwer gefallen, ihren Wünschen zu entsprechen. Wir hatten nie eine größere Meinungsverschiedenheit über die Entscheidungen gehabt, die ich traf, so daß es sie nun tief bekümmerte, als ich auf der Reise nach Israel bestand.

Die Menschen in Israel, fanden meine Eltern, seien nicht frei. Sie könnten die blockierten Landesgrenzen nicht überschreiten und seien total von der Hilfswilligkeit des Westens abhängig. Das Land sei ganz offenkundig unsicher, mit einem sehr heißen Klima und außerdem 6000 Meilen von Amerika entfernt. Vater war der Ansicht, Palästina sei – wie die Tschechoslowakei – von jeher ein Einfallstor für Invasionsheere gewesen, geographisch verwundbar, letzten Endes nicht zu verteidigen. Mutter, der Kosmopolitin, behagte die Vorstellung nicht, daß so viele Juden in ein und derselben Region abgesondert lebten. Es erinnere sie an die Konzentrationslager, meinte sie. Es würde meinen Horizont einengen.

Ich mußte mir gute Gründe einfallen lassen, warum ich nach Israel wollte, und so erklärte ich ihnen, die Hebräische Universität sei eine hervorragende, nach dem Vorbild englischer Universitäten eingerichtete Hochschule und verfüge über ein ausgezeichnetes englisches Department. Außerdem seien Lehrkörper und Studentenschaft international. Genauso wie Ruth Alexander Rochester verlassen hatte, um in New York zu studieren, verließ ich mein Elternhaus, um mich in Jerusalem weiterzubilden.

Meine Eltern nahmen mir diese Erklärung nicht ganz ab. Warum, so fragten sie, könne ich denn nicht nach Paris oder London gehen, in ein Land, wo kein Kriegszustand herrschte. Weil ich, gab ich zur Antwort, dafür das Geld nicht hätte. Ich hatte früher im Jahr von den ‚Amerikanischen Freunden der Hebräischen Universität' ein Stipendium zugesprochen bekommen. Während meiner ganzen Zeit auf der High-School und auf dem College hatte ich nebenher gearbeitet. Ich verlangte von meinen Eltern keine finanzielle Unterstützung. Meine Sturheit bereitete ihnen ein gewisses Vergnügen, wenn auch Vater zu verstehen gab, daß ich sie im Stich lasse, und Mutter ätzende Bemerkungen über die Ironien der Geschichte von sich gab.

,,Dein Großvater würde sich im Grab umdrehen, wenn er in einem läge", sagte sie sarkastisch. ,,Daß seine Enkelin, die Enkelin eines getauften Juden, zur Zionistin wird! Er würde es nicht verstehen."

Ich verstand es damals auch nicht sehr gut, doch Mutters Neigung, alles in Schwarz-weiß-Manier darzustellen, erschien mir hier fehl am Platz. Ich war durchaus keine Zionistin, obwohl meine Freunde in New York zu glauben schienen, ich sei eine geworden. Ich wußte so gut wie nichts über den Zionismus. Und das wenige, was ich wußte, mißfiel mir eher. Ich hatte nie davon geträumt, nach Israel zu gehen. Nie hatten mich die Berichte über frühe Siedler fasziniert, die Sumpf- und Wüstenland in blühende Gärten verwandelten. Ich fand nichts an den paar Exportprodukten aus Israel, die ich gesehen hatte: dem religiösen Kunsthandwerk und den mit Türkisen eingelegten und mit imitiertem Geld bemalten Tellern, die in Barton's Candy Stores in unserem Viertel verkauft wurden. Ich hatte nichts für die Philanthropen übrig, die es sich zum Lebensinhalt zu machen schienen, an Banketten zum Wohl der Juden teilzunehmen, nichts für die israelischen Politiker, die die jungen Juden in der Diaspora zur *alija* ins Heimatland der Juden ermahnten, oder für die braven Kinder in der Sonntagsschule, die ihre Bar-Mizwa-Feier ganz ernst nahmen und vorhatten, sich an organisierten Reisen von Jugendgruppen nach Israel zu beteiligen.

Mit ihnen allen verband mich nichts, und trotzdem mußte ich nach Israel, obwohl ich niemandem eine befriedigende Erklärung dafür zu geben vermochte. Ich empfand ebenso klar, wie ich das Widerstreben meiner Eltern spürte, daß Israel mir ein weiteres Stück des Puzzles liefern, daß dort zu leben zu einer Erklärung beitragen würde, warum ich mich – einerlei, wie erfolgreich und beliebt ich in der Schule und bei meinen Freunden auch war – irgendwie in einer Abseitsposition fühlte.

Wie die meisten der erstgeborenen Kinder von Holocaust-Überlebenden, mit denen ich gesprochen hatte, war ich als Kind und junges Mädchen ungewöhnlich aktiv gewesen. Meine Lehrer hatten oft gesagt, in mir stecke soviel Energie, daß ich nicht wisse, wohin damit. Ich war erfolgreich in der Schule, wo ich Gruppen organisierte, Lieder und unser Abschlußstück schrieb, war Mannschaftskapitän von Volleyball- und Basketball-Teams. Nach der Schule ging ich eislaufen, radfahren, zu meiner wöchentlichen Klavierstunde oder verdiente mir als Babysitter Geld. Ich sang in Chören mit, ich leistete freiwillige soziale Arbeit. Mit zwölf Jahren begann ich meine Zeit, Stunde für Stunde, einzuteilen, auf einem Bogen Millimeterpapier, der am Merkbrett über meinem Schreibtisch befestigt war. Die Graphik zeigte kaum eine halbe Stunde täglich, die nicht ausgefüllt war. Ich ging von einer Tätigkeit zur nächsten über, unbeschwert von Introspektion.

Meine Eltern begünstigten keine Selbstbeobachtung, und ich glaubte, ihren Grund zu verstehen. Die Zeit war dazu da, sinnvoll, zweckdienlich genutzt zu werden, und eine Beschäftigung mit dem eigenen Innenleben erreichte keinen greifbaren Zweck. „Es ist nicht gut, soviel nachzudenken", pflegten meine Eltern zu sagen, wenn sie mich dabei antrafen, wie ich über irgendein Problem nachdachte, das mich beschäftigte. Sie konnten es nicht ertragen, mich in grübelnder Stimmung zu sehen. Sie konnten Unentschlossenheit ebensowenig ertragen, wie andere Überlebende „Gerede" aushalten konnten. Ihr Leben war von einem praktischen Denken bestimmt, einer Dringlichkeit, die ihnen jeden Augenblick, der nicht sinnvoll aktiv genutzt wurde, als Zeitvergeudung erscheinen ließ. Dazu kam noch, daß sie Untätigkeit oder zuviel Nachdenken mit Gefühlen des Unglücklichseins gleichsetzten. Wenn sie mich dabei antrafen, wie ich aus einem Fenster schaute oder scheinbar mit nichts beschäftigt war, fragten sie allzu oft: „Was ist los mit dir? Gibt's was?" und Vater schmeichelte mir ein Lächeln ab.

In Wahrheit war es so, daß sich hinter meiner Fassade von Betriebsamkeit ein Mensch verbarg, den Zweifel plagten, ob überhaupt etwas von dem, was er tat, einen Sinn hatte. Je mehr ich mich beschäftigte, um so weniger fühlte ich mich engagiert. Wie Al Singerman fragte auch ich mich oft, ob in meinem Seelenhaushalt nicht etwas fehle, und ob dieser Mangel mich nicht daran hindere, die ganze Skala der Gefühle zu empfinden, über die ich in Büchern las und die ich andere Leute ausdrücken sah. Meine Reaktionen kamen mir ganz ungewöhnlich langsam, verzögert vor: Es gab Ereignisse, die ich erst Tage und Wochen, nachdem sie geschehen waren, gefühlsmäßig registrierte, und meine Reaktion darauf war vage, gedämpft, ja, oft blieb sie ganz aus. Meine Betreuerin in der frühen Kindheit, Milena, die ich als Großmutter ‚adoptiert' hatte und die mein Liebling unter den Erwachsenen gewesen war, starb langsam an Krebs dahin, als ich siebzehn wurde. Ich besuchte sie und kochte für sie getreulich, aber als sie schließlich starb, vergoß ich keine Träne um sie. Ich trauerte um sie nicht mehr, als ich um meine richtigen Großeltern getrauert hatte. Eines Tages war sie einfach fort, und ich blieb mit einer weiteren Photographie zurück. Ich war mit Verwandten aufgewachsen, die nur auf Photos existierten, mit einer Bildergalerie, nicht mit einer lebenden, atmenden Sippe. Nun kam noch ein Bild dazu.

Ich empfand keinen Zorn, wenn ich diese Bilder ansah. Zumindest kann ich mich nicht erinnern, Zorn empfunden zu haben. In mir war eine Starre, ja, ein Nichtfühlen, das auch andere Bereiche meines Lebens zu erfassen schien. Zorn erschien mir als ein Privileg, das sich meine Eltern erworben hatten, nicht aber ich. Man muß gelitten haben, um Zorn empfinden zu dürfen, dachte ich, und von früh auf hatte ich zu hören bekommen, daß ich und die anderen Kinder, mit denen ich aufwuchs, keinen Schimmer hätten, was leiden heißt. Leiden, sagten meine Eltern, sei für uns ein Begriff aus zweiter Hand, und wenn sie sich ansahen, wie meine Brüder und ich dahinlebten, waren sie sich nicht einmal dessen gewiß. Wir hatten beinahe alles, was wir haben wollten; wir schienen blind dafür, daß Hunger, Verlust oder Gefangenschaft existentielle Möglichkeiten waren. Unser Leben war unbeschwert, und unsere Eltern, die sich abarbeiteten, um es unbeschwert zu machen, mußten uns allein schon durch ihre Gegenwart und ihre Haltungen vor Augen führen, daß uns, ihren Kindern, das Leben Chancen bot, die für sie selbst unwiederbringlich dahin waren.

Jedesmal, wenn ich mich über meine Eltern ärgerte – weil sie mir etwas abschlugen, mich in Verlegenheit brachten oder aus sonst einem der Gründe, aus denen Kinder sich über ihre Eltern ärgern –, schluckte ich den Ärger hinunter und drückte ihn tief in mich hinein. Wie konnte ich mich erdreisten, auf sie ärgerlich zu sein? Sie hatten sich mit genug anderem herumzuschlagen. Als in den sechziger Jahren die Jugendrebellion um sich griff, zu einer Art Generationsstil wurde, und viele Heranwachsende die Wertbegriffe ihrer Eltern zum alten Eisen warfen, versuchte ich wie so viele meinesgleichen, mich an den Maßstäben meiner Eltern zu messen. Ich machte meine Eltern zu einem Studienobjekt. Ich machte mir ihre Wertvorstellungen zu eigen und ich wollte nachleben, was sie erlebt hatten. Wie fast alle Kinder von Holocaust-Überlebenden, die ich befragt hatte, stieß auch mich die frivole Sorglosigkeit des Mittelschicht-Milieus ab, in dem ich lebte. Auf Partys und Tanzveranstaltungen überkam mich Unruhe. Ich blickte mit Verachtung auf meine Freundinnen, die es fertigbrachten, einen ganzen Tag mit Nichtstun oder damit zu vertrödeln, daß sie in einen Freizeitpark gingen oder am Strand in der Sonne lagen. In der High-School, wo die meisten meiner Freundinnen davon träumten, eine gute Partie zu machen, im Berufsleben Erfolg zu haben oder einmal reich genug zu sein, daß sie sich chic ausstaffieren konnten, träumte ich von Möglichkeiten, zu leiden, mich Schmerzen auszusetzen, Schmerz zu fühlen und zu bezwingen.

Dieser Gedanke nahm mich noch mehr gefangen, als meine Familie schließlich mehr oder weniger wie die anderen Familien in unserer Wohngegend zu leben begann. Als ich dreizehn wurde, war mein Vater gewerkschaftlich organisierter Zuschneider im Konfektionsviertel geworden und hatte einen sicheren Arbeitsplatz. Mutters Modeschneiderei florierte. Sie beschäftigte drei Gehilfinnen, konnte es sich erlauben, lästigen Kundinnen die Meinung zu sagen, und verdiente sogar so gut, daß wir während des Sommers Urlaub in den Berkshires machen konnten. Ihre chronischen Depressionszustände hatten nachgelassen, der Jähzorn meines Vaters hatte sich etwas gemäßigt. Fünfzehn Jahre nach ihrer Befreiung aus den Konzentrationslagern hatten sie ein bißchen Sicherheit im Leben gefunden.

1960 wurde Mutter – sie war vierzig, Vater sechsundfünfzig – zum drittenmal schwanger, und dieses Ereignis wirkte wie ein Symbol ihrer veränderten Lebensumstände. Ihre Ärzte warnten sie vor den Risiken, die sie mit einer neuerlichen Schwangerschaft einginge. Sie hatte einen Rückenschaden, sie hatte mehrmals wochenlange Extensionsbehandlungen durchgemacht und mit beinahe allen Organen ihres Körpers außer dem Herzen Schwierigkeiten gehabt. Abtreibungen waren zwar damals im Staat New York illegal, aber man bot ihr trotzdem einen Schwangerschaftsabbruch im Krankenhaus an, weil es für sie lebensbedrohlich wäre, ein drittes Kind zu bekommen.

Trotz der ärztlichen Empfehlungen und trotz der finanziellen Belastung durch weiteren Familienzuwachs beschlossen meine Eltern, das Kind solle zur Welt kommen. Ich spürte, daß sie es nicht über sich brachten, einem neuen Geschöpf das Leben zu verkürzen, nachdem soviel Leben in ihren Familien ausgelöscht worden war. Mein kleiner Bruder David sollte das neueste Blatt an unserem Stammbaum bilden, ein weiteres Mitglied der kleinen Gesellschaft, die unsere Familie war.

Davids Betreuung wurde zu einer zusätzlichen Beschäftigung für mich. Als er zwei, drei Monate alt war, beklebte ich seinen Kinderwagen mit Kennedy-Plakaten und verteilte Flugblätter für den Wahlkampf, wenn ich ihn nach der Schule durch den Park spazierenfuhr. Präsident Kennedy erschien meinen Eltern als eine jüngere, kraftvollere Inkarnation von Franklin Delano Roosevelt, dem Mann, dem es nach ihrer Ansicht zu verdanken war, daß dem Zweiten Weltkrieg ein Ende bereitet worden war. Kennedy und die Gruppe junger Amerikaner, die er ins Weiße Haus mitbrachte, erschienen als Beweis für all das Positive, das die Vereinigten Staaten zu bieten hatten, als Beweis dafür, daß meine Eltern recht daran getan hatten, in diesem Land ihre Kinder großzuziehen. Und als im Jahr darauf die Fernsehstationen über den Eichmann-Prozeß berichteten und unsere Eltern wie festgenagelt im Wohnzimmer saßen und sich mit unbewegten Gesichtern die Zeugenaussagen anhörten, lockerten das Lachen, die ersten Schritte und Worte meines Brüderchens den Zugriff der Vergangenheit. Meine Eltern hatten eine innige Freude an ihrem neuen Baby; sie schienen jünger und unbeschwerter zu werden.

1964 erweiterte eine unerwartete Zufallsentdeckung unseren Familienkreis. Eines Vormittags las Mutter nach ihrer Gewohnheit die *New York Times Book Review* und stieß dabei auf die Rezension eines Buches der österreichischen Autorin Ilse Aichinger. Das Buch, *Die größere Hoffnung*, war soeben unter dem Titel *Herod's Children* in der englischen Ausgabe erschienen. Die Besprechung verwirrte Mutter. Es kam ihr vor, als wäre ihr die Handlung des Romans bekannt, obwohl sie ihn nicht kannte. Sie rief in der öffentlichen Bibliothek an, und als Vater das Buch mitbrachte, las sie es bis zwei Uhr morgens in einem Zug durch. Der Roman handelte von Kindern in Wien während der Kriegszeit, und als Mutter ihn las, erkannte sie, daß sich – hinter den Figuren kaum verhüllt – Verwandte verbargen, von denen ihr Vater erzählt hatte, als sie ein Kind war. Mit einer Erregung, wie ich sie an ihr noch nie erlebt hatte, schrieb sie an Ilse Aichinger und erhielt umgehend eine erstaunliche Antwort. Die Verwandtschaft in Österreich, schrieb Ilse Aichinger, habe angenommen, Mutter sei zwanzig Jahre vorher in Auschwitz umgekommen, da man auf keiner der Listen von Überlebenden ihren Namen gefunden habe.

Es war, als wäre von Mutters Leben eine schwere Last genommen worden, und diese Erleichterung ihrer Bürde machte sich in unserem Heim bemerkbar. Erst viel später erfuhr ich, daß sie drei Jahre lang eine Analyse gemacht hatte, daß sie einer der wenigen Holocaust-Überlebenden war, die erkannt hatten, sie bedurften professioneller Hilfe. Damals hatte ich keine Ahnung gehabt, daß sie allwöchentlich an vier Vormittagen auf der Couch lag und ihre Vergangenheit durchzuarbeiten versuchte. Ich wußte nur eines: Mutter, die auf mich immer so allein auf der Welt gewirkt hatte, hatte nun eine Familie, die sich über mich und meine Brüder hinaus verzweigte und Menschen einschloß, die waren wie sie. Die Stücke des Puzzles, dessen Vorhandensein ich nur dunkel geahnt hatte, begannen sich zusammenzufügen.

Ich hatte mich schon immer gefragt, woher Mutter ihre Musikbegeisterung hatte, ob sonst noch jemand in ihrer Familie ein so starkes Interesse an Büchern gehabt habe, ob sich an Mutter die Geschmacksvorlieben ihrer Familie zeigten oder ob sie dagegen rebelliert habe. Wenn Ärzte mich gefragt hatten, ob jemand in der Verwandtschaft zu bestimmten Krankheiten neige, hatte ich nie Auskunft geben können, weil ich nicht wußte, welche Krankheiten die Verwandtschaft gehabt hatte. Fragten mich Freunde, welchem Zweig meiner Familie ich nachgeraten sei, wußte ich gleichfalls nicht viel zu sagen, weil ich insbesondere über den mütterlichen nur ein kärgliches Wissen hatte. Nun, nach der Entdeckung überlebender Verwandter, begann Mutter plötzlich über die Rabineks zu sprechen, wie sie es noch nie getan hatte.

Ihr Großvater, Ingenieur Rabinek, so erklärte sie mir, habe die Bahnlinie von Wien nach Serbien hinein gebaut. Jedes seiner fünf Kinder sei an einem anderen Ort längs der Trasse zur Welt gekommen. Sie seien in der k. u. k. Monarchie aufgewachsen. Sie hätten im Wien Freuds, Schnitzlers und Mahlers gelebt, sagte sie voll Stolz. Ihr ältester Onkel, Leo, sei in einem Wiener Kaffeehaus an einem Hitzschlag gestorben. Ihr Onkel Gustav sei im belgischen Kongo auf einem Flußdampfer vergiftet worden. Er habe sich dort als Elfenbeinhändler betätigt und sich mit den Afrikanern so gut verstanden, daß die Belgier es für notwendig gehalten hätten, ihn umzubringen. Ihre Tante Gisela sei in einem Konzentrationslager umgekommen, ihre Tante Gabi zusammen mit allen ihren Kindern 1938 aus Wien nach England geflohen.

Der Wiener Zweig der Familie Rabinek hatte nun Ableger im kalifornischen Berkeley, in London, Salzburg, Belfast und Woodstock, im Staat New York. Dazu gehörten ein Komponist, ein Schriftsteller, ein Maler, ein Arzt, ein Pharmakologe, ein Professor für Biophysik und eine Reihe anderer Intellektueller. Alle hatten ihre jüdische Identität in Wien zurückgelassen und lebten an ihren neuen Wohnorten als Christen. Gabi, Mutters Lieblingstante, hatte sieben Jahre lang in Manhattan gewohnt, nur sechs Straßen weit von uns entfernt, und die Wege der beiden Frauen hatten sich nie gekreuzt. Sie war 1955 gestorben, ohne je erfahren zu haben, daß ihre Nichte im selben Teil von New York wohnte.

Eine internationale Korrespondenz kam in Gang, gefolgt von einer Reihe von Besuchen, durch die die Konturen von Mutters Lebensgeschichte mit Gesichtern, Stimmen, realen Menschen ausgefüllt wurden, die an die Stelle von Figuren aus Erzählungen traten. Mutter sah ihren Verwandten ähnlich. Sie sprach das gleiche, mit deutschen Ausdrücken durchsetzte Englisch. Sie kochte wie sie, sie las die gleichen Bücher. Zum erstenmal erlebte ich Mutter nicht als eine einsame, erwachsene Frau, sondern als das jüngste Mitglied einer großen Familie. In Gegenwart unserer Verwandten benahm sie sich respektvoll und zugleich mädchenhaft. Ich bekam langsam eine Ahnung, wie sie vor dem Krieg gewesen sein mochte.

Ungefähr zur gleichen Zeit, als Mutter ihre Verwandten wiederfand, beschlossen die mit der Entschädigung der Naziopfer befaßten deutschen Behörden nach einem ausgedehnten Schriftwechsel, Mutter für die während ihrer Konzentrationslagerhaft erlittenen Schäden eine Pension zu gewähren. Sie weigerten sich zwar anzuerkennen, daß sie irgendwelche körperlichen Beeinträchtigungen davongetragen hatte, doch eine Reihe von Psychiatern war zu dem Befund gelangt, daß sie zu dreißig Prozent manisch-depressiv sei und damit Anspruch auf Entschädigungszahlungen habe. Im Unterschied zu anderen Holocaust-Überlebenden hatten meine Eltern keine Bedenken, das Geld anzunehmen. Im Gegenteil, sie waren über die Pension froh und führten sie rasch einer guten Verwendung zu. Mutter trat ihre erste Auslandsreise seit der Ankunft in den Vereinigten Staaten an. Sie flog nach Prag, um ihre Kusine Kitty, nach Salzburg, um Ilse Aichinger und nach Jerusalem, um Margot zu besuchen, der Mutter das Verdienst zuschrieb, sie in Theresienstadt am Leben erhalten zu haben.

Als sie von der Reise zurückkam, von der sie viel zu berichten hatte, war ich bereit, meine eigene anzutreten. Ich war damals in meinem vorletzten Jahr in der High-School und brannte ungeduldig darauf, in die Welt hinauszukommen. Obwohl es in der Schule andere meinesgleichen gab, junge Juden, deren Eltern Europa vor oder nach dem Krieg verlassen hatten, fühlte ich mich mit meiner Umwelt irgendwie nicht im Einklang.

Meine Freunde und ich wuchsen in der West Side von New York heran, einer ganz eigenen Version von Amerika. Die Lehrer und Lehrerinnen an unseren Schulen, die Männer hinter den Tresen der Delikatessenläden, die Schriftsteller und Musiker, die in unserer Gegend wohnten, waren in ihrer überwältigenden Mehrheit Juden. Doch anders als die Juden in Boro Park, in Brooklyn oder Downsview in Toronto, deren Leben um die Religion kreiste, taten sich die Juden in unserem Stadtviertel etwas darauf zugute, von ihrer Religion abzurücken. Wenn sie in die Synagoge gingen, dann war das mehr eine Geste gegenüber den Mitjuden als ein Glaubensakt. Wurden in der Schule meine Freunde gefragt, ob sie Juden seien, gaben sie die Standardantwort: „Meine Eltern sind Juden."

Die Gemeinschaft jüdischer Flüchtlinge, in der ich aufwuchs, war im Punkt ihrer jüdischen Identität äußerst ambivalent eingestellt. Sie hatte an den Traditionen des jüdischen Lebens in Mitteleuropa festgehalten: Ihre Mitglieder besuchten die besten Konzerte, gingen in die Oper, in die Theater, lasen die neuesten Bücher und spornten ihre Kinder an, beruflichen Ehrgeiz zu entwickeln. Sie pflanzten ihnen einen Stolz auf das europäische Erbe ein, jüdischen Stolz hingegen vermittelten sie ihnen kaum. Viele schienen zu zögern, ihre Kinder darauf hinzuweisen, daß sie tatsächlich ein jüdisches Erbe hatten. Sie leisteten keinen Beitrag dazu, einer verpflanzten jüdischen Tradition neue Gestalt zu geben, und traten diese Rolle an die gläubigen oder an die zionistisch gesinnten Juden ab. Die assimilatorische Strömung im Judaismus, die in Deutschland, in der Tschechoslowakei und Österreich so stark gewesen war, schien sich mit der Übersiedlung nach Amerika in Luft aufgelöst zu haben. Ihrer Prämisse, daß Juden an einer christlichen Gesellschaft ungehindert partizipieren und zugleich ihre kulturellen Bindungen bewahren könnten, hatte der Nazismus einen schweren Schlag versetzt. Die zahlreichen Überlebenden, denen in der Verfolgungszeit der Glaube abhanden gekommen war, wußten nicht, was sie an ihre Kinder weitergeben sollten. Der Holocaust war zum Prüfstein ihrer Identität als Juden geworden und wurde dies auch für ihre Kinder. Das Problem war nur, daß er zwar eine Identität verlieh, jedoch keine Struktur lieferte, keinen Schlüssel zu einer Lebensgestaltung.

Das war einer der Gründe, warum Israel mich anzog. Die Juden dort schienen sich zumindest mit der Geschichte auseinandergesetzt zu haben und zu einer Neudefinition jüdischer Identität gelangt zu sein. Unter all den Oberflächlichkeiten, die mir am Zionismus mißfielen, fand sich ein Argument von zwingender Überzeugungskraft: daß der Holocaust nur das letzte Glied in einer furchtbaren Kette von Verfolgungen gewesen sei und daß die Gründung des jüdischen Staates, nachdem ein Drittel des jüdischen Volkes ermordet worden war, ein Bollwerk gegen Heimatlosigkeit und Wehrlosigkeit geschaffen habe.

Wie Yehudah Cohen betrachtete ich diesen Staat nicht als ein Refugium. Hier bot sich, ein ganz seltener Fall, eine Alternative, eine Möglichkeit, in einer Gemeinschaft zu leben, in der die Erfahrung von Tod und Vertreibung nicht die Ausnahme, sondern die Regel war.

Vielleicht kam auch dazu, daß ich die Emigration meiner Eltern nachvollziehen wollte. Ich trat die Reise nach Israel mit leichtem Gepäck an, entschlossen, eine neue Sprache, das Hebräische, zu erlernen, so wie meine Eltern Englisch gelernt hatten, in einem neuen Land leben zu lernen, mit einem mir neuen Klima, mit neuen Gesetzen, Menschen neuer Art. Ich kam nach Israel mit der Bereitschaft, notfalls in die Armee einzutreten, meine amerikanische Staatsangehörigkeit aufzugeben und noch einmal ganz von vorne anzufangen.

Das Israel, wie ich es 1967 vorfand, war ein aufgeschlossenes, überschäumend optimistisches Land, erfüllt vom Hochgefühl über den Sieg in einem kurzen, entscheidenden Krieg. Der Stacheldraht, der das Land jahrelang eingeengt hatte, war beseitigt worden. Israelis reisten eifrig in Gegenden, von denen sie nie gedacht hätten, sie würden sie jemals im Leben sehen. Es wimmelte von jungen Menschen aus dem Ausland, die sich wie Yehudah aufgemacht hatten, um als freiwillige Helfer die im Kampf stehenden Männer zu ersetzen. Sie waren mit dem Flugzeug aus Europa, Südamerika und Australien gekommen, von der Überzeugung geleitet, ihre Anwesenheit in Israel würde sich spürbar auswirken, und ebenso von der Chance angezogen, ihren Mut auf die Probe zu stellen. Nicht alle von ihnen waren Kinder von Holocaust-Überlebenden, doch im Laufe der nächsten drei Jahre entdeckte ich viele unter ihnen. In ihnen begegnete ich zum erstenmal überhaupt einer Gruppe von Menschen meinesgleichen.

Wir standen, sonnengebräunt und blinzelnd unter dem wolkenlosen Sommerhimmel zu beiden Seiten der Schnellstraßen, die Jerusalem, Tel Aviv und Haifa miteinander verbanden. Etwas befangen standen wir da im ungewohnt heißen, trockenen Wind, der den Staub hochwirbelte und uns den Schweiß von den Gesichtern leckte, ehe er sich sammeln konnte, und versuchten, mit hochgerecktem Daumen Autos anzuhalten. Die *mitnadvim* oder ‚Freiwilligen', wie uns die Presse rasch taufte, standen immer ein bißchen weiter unten an der Straße als die Soldaten, die mitgenommen werden wollten. Bei jedem von uns war das Haar länger und ungebärdiger als bei den Soldaten; unsere Körper waren weicher, und statt Uniformen trugen wir abgeschnittene Jeans und T-Shirts. Die meisten von uns waren Studenten, die den Krieg nur aus dem Kino kannten, und viele der jungen Männer hatten zu Hause alle Hebel in Bewegung gesetzt, um der Einberufung zu entgehen. Für uns war die Armee immer etwas gewesen, um das man einen Bogen machte. Und jetzt erlebten wir den Militärdienst als eine

Auszeichnung. Wir warfen verstohlene, neidvolle Blicke auf die jungen Männer, die ihre Gewehre so lässig umgehängt trugen wie Touristen ihre Kameras. Ihre Gesichter waren so jung wie unsere, ihre Züge vertraut. Sehr viele von ihnen waren Söhne und Töchter europäischer Juden, die kurz vor oder nach dem Zweiten Weltkrieg nach Palästina gekommen waren. Ein paar andere Wendungen im Verlauf der Familiengeschichte, dachte ich, und die beiden Gruppen, die an den Schnellstraßen standen, hätten die Plätze tauschen können.

Ich war in diesem Sommer neunzehn Jahre alt und hungrig nach Erlebnissen, begierig darauf, mich in eine nationale Gemeinschaft einzugliedern. Mein Leben war bis dahin unbeschwert, frei von Härten und Entbehrungen gewesen. Mein Gesicht war glatt, faltenlos und hatte nicht viel Ausdruck. Wenn ich in den Spiegel schaute, empfand ich oft den Wunsch, es zeige mehr Charakter, was für mich bedeutete: irgendein Anzeichen, irgend eine Spur von Schmerzerfahrung. Ich war behütet aufgewachsen. Allein schon, daß ich hier in der Hitze am Rand der Schnellstraße stand, erschien mir als ein erster Schritt, diesen Zustand zu korrigieren. Ich fühlte mich geehrt, wenn mich ein Soldat ansah, und empfand Ehrfurcht, wenn einer von ihnen gar geruhte, ein Gespräch mit mir anzufangen. Ich wünschte, meine Eltern und ihre Freunde hätten sein können, was ich in diesen Soldaten sah: Kämpfer, die vielleicht ihr Leben aufs Spiel setzen, doch dann zu ihren eigenen Bedingungen sterben würden.

Trotz aller Beteuerung meiner Abneigung gegen den Zionismus und Mythen des Gefühls schmolz ich dahin, wenn schließlich jemand anhielt, mich einsteigen ließ und die Fahrt hinauf nach Jerusalem begann. Die Autos waren damals mit Anhaltern vollgestopft. Es schien, als fühlte sich jeder Fahrzeuginhaber verpflichtet, sein Gefährt mit anderen Leuten, die unterwegs waren, zu teilen. Wir summten Begleitstimmen zu den Liedern, die aus dem Radio kamen, und erzählten einander, woher wir waren. Wir kamen an Orangenhainen vorbei, deren Duft durch die offenen Wagenfenster hereindrang. Dann sah man lange, geschwungene Wasserstrahlen, die grüne Felder bewässerten. Später, als das Land auf die fernen Berge hin anzusteigen begann, säumten zerborstene, an Totenschädel erinnernde Felsblöcke und vor sich hinrostende gepanzerte Fahrzeuge die Schnellstraße nach Jerusalem – Erinnerungen an den Unabhängigkeitskrieg.

Jedesmal, wenn ich auf dieser Straße nach Jerusalem fuhr, begannen sich in mir Stolz, Staunen und ein seltsam tröstliches Gefühl zu regen.

Den Namen Rabin, Dajan, Scharon und Gur, die immer wieder im Radio zu hören waren, fügte ich andere hinzu, die ich mir in der Sonntagsschule auf keinen Fall hatte merken wollen: Gideon und Deborah, Josua, David und Jonathan. Auf der Straße nach Jerusalem erwachte für mich die Historie zum Leben, der Geist von Schlachten und Pilgerzügen schien die Luft zu erfüllen. Zum erstenmal empfand ich mich als Teil einer Geschichte, die weit hinter den Holocaust zurückreichte, in ein Zeitalter, in dem Juden als Ebenbürtige gekämpft hatten: Heer gegen Heer.

Die Hügel von Judäa waren ganz anders als die Berge, die ich bis dahin gesehen hatte, krumm und angenagt vom Alter, wie Muskeln am sehnigen Rücken eines alten Mannes. Sie wirkten nicht nur unzerstörbar, sondern auch grenzenlos fruchtbar, fähig, selbst nach jahrhundertelanger Erosion neuem Wachstum Nahrung zu geben. Ganze neue Wälder waren in das graue, pulverige Erdreich gepflanzt worden, und diese jungen Bäume erinnerten mich daran, wie wir in die Sonntagsschule Zehn-Cent-Stücke mitgebracht und für jedes eine mit einem Blatt bedruckte Briefmarke erhalten hatten. Wir hatten in unserem Klassenzimmer ein großes Plakat mit einem Baum darauf – das war eines der wenigen Dinge, die mir von jenen Sonntagvormittagen in der Erinnerung geblieben waren –, und wir Kinder leckten eines nach dem andern unsere Briefmarken ab und klebten sie an die kahlen Äste, bis der Baum in üppigem Blattgrün prangte. Unsere Zehn-Cent-Stücke, hatte man uns damals gesagt, sollten dazu verwendet werden, in Israel einen Baum zu pflanzen, und als ich die Wälder an den Berghängen sah, war mir, als sähe ich meinen eigenen Stammbaum auf wundersame Weise wiederhergestellt und in neuem Gedeihen.

Ich lebte drei Jahre in Jerusalem. Während dieser Zeit wurden Martin Luther King, Robert Kennedy und Studenten an der Kent State University ermordet, verschärfte sich der Krieg in Vietnam, berichtete die Presse über Demonstrationszüge von Schwarzen, Frauen, Homosexuellen und Hippies wie auch über die großen Rockkonzerte, Krawalle, Unruhen und andere Ereignisse mit Massenbeteiligung in den späten sechziger Jahren. In Europa schlossen Studenten Aktionsgemeinschaften mit Arbeitern und errichteten auf den Straßen Barrikaden gegen die Polizei.

In Israel herrschte Ruhe. An den Universitäten war man damit beschäftigt, die durch den Krieg verlorene Zeit einzuholen. Der Campus in Jerusalem war friedlich; er hatte mehr Ähnlichkeit mit einem würdevollen Staatsarchiv als mit einem College. Demonstrationen gab es nicht. Die Studenten bereiteten sich auf die Examina vor, nach denen sie ins Arbeitsleben eintreten wollten.

Im August 1967 bemühte ich mich, zusammen mit Hunderten anderer ausländischer Studenten, mir sechs Stunden pro Tag, an sechs Tagen in der Woche soviel Hebräisch anzueignen, daß ich den Vorlesungen folgen konnte, die zwei Monate später beginnen sollten. Von acht Uhr morgens bis zwei Uhr nachmittags lasen, schrieben und sprachen wir hebräisch. Wir lasen Auszüge aus der Bibel, aus der Presse, aus den Short Storys von Peretz und Agnon, aus der Lyrik von Bialik, Tschernikowsky und Rachel. Die Silben, die ich so häßlich gefunden hatte, wenn sie in der Synagoge rezitiert wurden, erschienen mir nun wie reine Musik. Ich ließ sie über die Zunge rollen und im Mund zergehen wie köstliche Pralinen. Wie Vater sich nach der Ankunft in New York in die Kurzfassungen von Büchern im *Reader's Digest* vertieft und „Early to bed, early to rise" wiederholt hatte, bis es zur Litanei wurde, wanderte ich nun durch die Straßen Jerusalems und sagte stumm Sprichwörter auf. Ich hatte von meinen Eltern gelernt, daß die Sprache der Schlüssel zur Kultur eines Landes sei, und war entschlossen, mich so rasch wie möglich in eine Israelin zu verwandeln.

Wenn ich auf der Straße Leute nach dem Weg fragte, erlaubte ich mir nicht, das auf englisch zu tun, nicht einmal, die Auskunft gebende Person um langsames Sprechen zu bitten. Ich versuchte, das Wesentliche des Gesagten zu erfassen, und erst nachdem ich mich noch mehr verlaufen hatte als vorher, fragte ich ein zweites Mal – auf hebräisch. Auf diese Weise verirrte ich mich in obskure Viertel und kam häufig zu Verabredungen zu spät, doch nach ein paar Monaten sprach ich fließend Hebräisch, fast ohne jeden amerikanischen Akzent.

Das war für mich eine Sache des Stolzes. Ich wollte nicht als ‚angelsächsisch' gelten – ein sonderbarer Begriff, der in Israel Australier, Amerikaner, Südafrikaner, Kanadier und Engländer vereinte und den Beiklang von Wohlstand, Bildung und komfortablen Lebensverhältnissen hatte. Alle die Chancen, um derentwillen meine Eltern nach Amerika ausgewandert waren, erschienen mir nun als ein Luxus, den ich nicht verdient hatte. Ich hätte, wäre es möglich gewesen, gern die Tatsache geleugnet, daß ich mein ganzes Leben bis dahin in den Vereinigten Staaten verbracht hatte. Ich sei Tschechin, erzählte ich den Leuten. Ich sei in Prag geboren. Und schon ziemlich bald glaubten sie, an meinem Hebräisch einen tschechischen Akzent zu entdecken. Sie machten Bemerkungen, in welchen Punkten ich mich von anderen amerikanischen Studenten unterschiede, ahnungslos, wie sehr ich mich anstrengte, um ihnen diesen Eindruck zu vermitteln.

Ich imitierte die Eigenheiten, die Ausdrucksweise und Vorlieben der Israelis in meinem Studentenheim und mied den Umgang mit Amerikanern. Ich warf meine abgelatschten Tennisschuhe aus New York weg und ersetzte sie durch die derben Sandalen, wie man sie im Kibbuz trug. Ich begann, wie ein israelischer Soldat, meine Armbanduhr so umzuschnallen, daß das Zifferblatt über der Innenseite des Gelenks war. Hatte ich früher das Haar lose und zerzaust herabhängend getragen wie die Straßensänger in Greenwich Village, so band ich es mir jetzt zu einer ordentlichen, konventionellen Pferdeschwanzfrisur nach hinten. Ich nahm eine Teilzeitarbeit als Haushilfe in einer Familie an, wo ich für israelische Jungen im Alter zwischen sieben und siebzehn Jahren putzte und kochte. Ich brauchte ein Taschengeld, vor allem aber wollte ich mich soweit wie möglich in meine Umwelt integrieren. Ich wollte ein Teil von Israel werden. Hier wollte ich mir eine Zukunft aufbauen.

Zunächst ging der Übergang problemlos. Ich stand gerne morgens um sieben Uhr auf, wenn die Luft kühl und frisch die Haut berührte und die Hügel um Jerusalem, wie auf einem mittelalterlichen Gemälde, wirkten, als seien sie für die Ewigkeit gebaut. Ich lernte, mein Tempo zu drosseln und mich im Rhythmus der Stadt zu bewegen, wo die Läden jeden Nachmittag zwei Stunden lang schlossen und am Sabbat die Straßen still dalagen, Cafés und Kinos dunkel blieben. *Zum erstenmal hatte ich ein Gefühl, daß die Dinge einen Zusammenhang hatten*, erzählte mir ein anderer Nachkomme von Holocaust-Überlebenden von seinen ersten Monaten in Jerusalem. *Die Tage waren miteinander verknüpft. Essen war ein Tun, das Sinn hatte. Meine Bedürfnisse kamen von innen nach außen statt umgekehrt. Ich habe aufgehört, Dinge zu tun, nur weil ich glaubte, sie würden von mir erwartet, und angefangen, sie zu tun, wenn mir danach war. Israel hat mich normal gemacht. Nicht durch ein bestimmtes Geschehnis oder eine Offenbarung. Es war mehr so, daß sich für mich eine sinnvolle Art zu leben herausgebildet hat, daß eine Sensibilität entstanden ist. Israel war für mich die Antwort, die ich gesucht hatte.*

In Israel, so schien es mir, waren all die beschwerlichen Probleme mit der jüdischen Identität aufgelöst. Während des Chanukka-Festes strahlten die Menora-Leuchter von den Dächern öffentlicher Gebäude wie auch hinter den Fenstern von Privatwohnungen. Über Weihnachtsgeschenke brauchte man sich nicht den Kopf zu zerbrechen. Weihnachten und Silvester vergingen beinahe, ohne daß man es bemerkte, wie ganz beliebige Wochentage. Die Juden lebten in Israel so wie die Menschen in anderen Ländern auch. Das heißt, sie arbeiteten als Müllkutscher, Omnisbusfahrer, Bauarbeiter, Friseure, Polizisten *und* Diebe neben den traditionellen freien Berufen der Mittelschicht, in denen die große Mehrheit der Juden in den Vereinigten Staaten Fuß gefaßt hatte. Am verblüffendsten jedoch war für mich, daß nun Juden in Israel in besetzten Gebieten Patrouille gingen. Sie waren als Administratoren des Landes tätig, das sie im Krieg erobert hatten. Die Militärregierung, die auf der West Bank, im Gaza-Streifen, auf der Halbinsel Sinai und auf den Golan-Höhen die Amtsgewalt ausübte, war ein Unterdrückungsregime in den Augen einer Bevölkerungsgruppe, die die Juden nicht als Überlebende, nicht einmal als Opfer einer tausendjährigen Verfolgung, sondern schlicht als mächtige und manchmal hart durchgreifende Invasoren betrachtete.

Dieser neue jüdische Typus beeindruckte mich tief, machte mir aber auch innerlich immer mehr zu schaffen, je länger ich in Israel lebte. Wenn meine Freunde und ich, in Shorts und Sandalen, zum Roten Meer hinabfuhren, kamen wir an dem verlassenen Flüchtlingslager außerhalb von Jericho vorbei, wo vertriebene Araber zu neunt in einem Raum gelebt hatten, ehe sie neuerlich auf die Flucht gingen. In Ost-Jerusalem, im arabischen Teil der Stadt, boten alte Männer und barfüßige Gassenjungen Schlüsselanhänger und Postkarten mit den Photographien israelischer Generäle feil, mit einer so totalen Mißachtung ihres eigenen Stolzes und ihrer eigenen Kultur, daß ich vor Scham für sie zusammenzuckte. Wir Freiwilligen wurden aufgefordert, den Gaza-Streifen und arabische Städte wie Hebron und Nablus zu meiden, weil die Bevölkerung dort sehr antiisraelisch eingestellt sei, und obwohl die Presse die humane Einstellung der Militärbehörden herausstellte, fiel es mir viel leichter, den Schmerz und die Demütigung der Besiegten nachzufühlen, als mich mit den Siegern zu identifizieren.

Mit rationalen Argumenten konnte ich diese Gefühle nicht abstützen. Der Sechs-Tage-Krieg war schließlich ein Verteidigungskrieg gewesen. Ägypten, Syrien, der Irak und Jordanien hatten Truppen rings um Israel zusammengezogen. Ägypten hatte die Friedenstruppe der

Vereinten Nationen aufgefordert, ihre Stellungen in der Pufferzone zu räumen, Ägypten hatte die Straße von Tiran für die Durchfahrt israelischer Schiffe gesperrt. Israel hatte den Krieg nicht angefangen. Es war nicht sein Vorhaben gewesen, bevölkerte Gebiete zu erobern. Daß es so gekommen war, gab eher Anlaß zum Jubeln als zu den ambivalenten, unbehaglichen Gefühlen, die ich empfand.

„Ich verstehe dich nicht", sagten meine israelischen Freunde, wenn ich darüber zu sprechen versuchte. „Wäre es dir denn lieber, wir hätten den Krieg verloren? Glaubst du, irgend jemand von uns wäre jetzt noch am Leben und könnte über seine Gefühle sprechen? Wir wären doch alle tot." Dies leuchtete mir ein, und ich wäre gern imstande gewesen, mit solcher Unzweideutigkeit zu sprechen wie sie, doch je länger ich in Israel lebte, desto stärker wurde ich mir der Kluft bewußt, die zwischen meinen Anliegen, meiner Denkart und der meiner *sabra*-Kommilitonen bestand. Wir empfanden verschieden. Unterschiedliche Erfahrungen hatten uns geformt. In meinen Literatur- und musikwissenschaftlichen Seminaren saßen die meisten Israelis stumm da. Sie machten sich fleißig Notizen; ihnen ging es darum, sich den Stoff anzueignen und, wenn sie gefragt wurden, die richtige Antwort zu wissen. Ich glaubte nicht an richtige Antworten. Alles, was ich im Leben gesehen oder gehört hatte, hatte mich das Gegenteil gelehrt. Wo sie dogmatisch waren, war ich nachdenklich; wo sie Gewißheit hatten, war ich mir viel weniger sicher.

Ihr Leben war seit ihrer Kindheit in hohem Maße strukturiert gewesen, dominiert davon, was gut für die Gruppe, nicht, was gut für das Individuum war. Sie hatten sich von Kindesbeinen an innerhalb von Gruppen bewegt, erst im Kindergarten, dann in der Jugendbewegung und später in der Armee. Sie waren in ihre Gesellschaft ebenso integriert, wie ich der meinen entfremdet war, und wenn ich auch manchmal gern so gewesen wäre wie sie, mußte ich doch erkennen, daß ich dazu nicht fähig war. Ich hatte zu viele Zweifel, zu viele Fragen. Sie ignorierten die wenigen Araber, die an der Hebräischen Universität studierten, während ich mich mit ihnen unterhielt. Sie nahmen die von unseren Professoren vorgetragenen Theorien und ihre Lehrpraxis hin, ich stellte sie in Frage. Sie schienen kein Interesse daran zu haben, sich mit der Geschichte und dem zu beschäftigen, was dazu geführt hatte, daß sie in einem jüdischen Staat aufwuchsen; ich versuchte mit leidenschaftlichem Eifer, alledem auf den Grund zu kommen. Der Holocaust sprach stumm aus den Denkmälern, der Lebensform und den Gesichtern der Menschen, in deren Mitte ich in Israel lebte, und dennoch wurde das Thema nur selten angeschnitten. *Tief in ihrem Innern*, hatte ein junger Rechtsanwalt in einem Gespräch mit mir in New York gesagt, *sehen sich die Israelis als Lots Weib. Sie haben Angst, wenn sie sich umdrehen und auf den Holocaust zurückblicken, werden sie zur Salzsäule erstarren.*

Als ich mein zweites Jahr an der Hebräischen Universität begann, war ich zum gleichen Schluß gekommen, und diese Erkenntnis war für mich eine Enttäuschung. Einer der Hauptgründe, warum ich beschlossen hatte, in Jerusalem zu studieren, war der Wunsch gewesen, die Fäden der neueren jüdischen Geschichte zu entwirren, doch statt Bereitschaft zum Dialog begegnete ich einem Zögern, das Thema überhaupt anzuschneiden. Wie ich mich zuerst von den Amerikanern in meiner Umgebung abgesondert hatte, begann ich mich nun von den Israelis zu entfernen, denen ich mich mit soviel Anstrengung hatte angleichen wollen. Wir hatten unterschiedliche Ziele. Ich wollte Türen öffnen, die sie fest hinter sich geschlossen hatten. Ihre Wünsche waren darauf gerichtet, all das zu erlangen, was zum Leben der amerikanischen Mittelschicht gehörte, und ebendies lehnte ich ab.

Ich schloß mich der lockeren Gemeinschaft der Freiwilligen an, die in Israel geblieben waren. Die meisten von ihnen gehörten der ersten Generation an, die in den jetzigen Heimatstaaten ihrer Familien geboren worden war. Wenn ihr Hebräisch ausließ, sprachen sie französisch, deutsch, spanisch oder englisch. Sie waren alle mindestens zweisprachig aufgewachsen, mit einem Fuß fest auf dem Boden der mittel- und osteuropäischen Traditionen, mit dem anderen auf dem der westlichen Kultur. Sie waren alle ‚Zwitterwesen' wie ich und in der Hoffnung nach Israel gekommen, eine neue Bindung ans Leben zu finden. Wir sprachen nie direkt über diese Suche. Wir versuchten nur selten, genau zu analysieren, wonach wir suchten. Doch die Geschichten, die wir einander, beim Kaffee, in den Vorlesungspausen oder spätabends erzählten, waren alle Variationen über dasselbe Thema. Unsere jeweiligen Reisen nach Jerusalem hatten etwas von Pilgerfahrten an sich, und obwohl ich damals nicht ahnte, daß ich eines Tages die Geschichten dieser Pilgerfahrten zusammentragen würde, begann ich sie aufzuschreiben.

„Ich habe eine Geschichte zu erzählen, aber keine Sprache dafür", begann spät an einem Abend ein junger Mann im Studentenheim in Jerusalem. Er stammte aus der Tschechoslowakei und sprach etwas

Russisch, aber kein Hebräisch oder Englisch. Da ich als einzige der Anwesenden das Tschechische wie auch das Englische und Hebräische beherrschte, begann ich simultan zu dolmetschen, was er zu berichten hatte.

Tomas war 1946 als Kind einer Familie geboren worden, die der Krieg auseinandergerissen hatte. Sein Vater war als Jude in ein Konzentrationslager verschleppt worden. Die Mutter, Christin, hatte sich dem Untergrund angeschlossen. Als sein Vater 1945 befreit worden war, kehrte er nach Prag zurück und versuchte, sein früheres Leben wiederaufzunehmen. Das Naziregime hatte ihn jedoch zum Zionisten gemacht. 1947 eilte er nach Palästina, um für den jüdischen Staat zu kämpfen. „Ich kann mich nicht erinnern, Vater je von Angesicht zu Angesicht gesehen zu haben", sagte Tomas, „bis ich jetzt nach Israel kam. Soviel ich weiß, hatte er vor, in die Tschechoslowakei zurückzukehren, aber nach dem Unabhängigkeitskrieg hat er sich in Israel niedergelassen. Er hat eine geflüchtete Tschechin geheiratet, die er hier kennengelernt hatte, und bald darauf haben sie eine Tochter bekommen. Er hat sich nie von meiner Mutter scheiden lassen."

Tomas sprach sehr rasch, als hätte er monatelang unter Druck gestanden. Er war klein und mager, Haar und Augen waren von blasser Farbe, und seine Gesichtshaut spannte sich straff über die ausgeprägten Wangenknochen. An diesem Abend stand er unter einer besonders starken inneren Spannung, weil er beschlossen hatte, in die Tschechoslowakei zurückzukehren. Er war in der Zeit, als Alexander Dubčeks liberale Regierung großzügig Visa ausstellen ließ, legal nach Israel gereist. Dann hatte der russische Einmarsch dem ‚Sozialismus mit menschlichem Antlitz' ein Ende bereitet, und abermals waren strenge Reisebeschränkungen verhängt worden, Tomas wußte, daß er, wenn er in die Tschechoslowakei zurückkehrte, mit aller Wahrscheinlichkeit das Land nie mehr würde verlassen können. Das, erklärte er, mache es für ihn so wichtig, seine Geschichte zu erzählen.

„Ich bin über meinen Vater nach und nach ins Bild gesetzt worden. Zuerst schrieb er Mutter, daß er vorhabe, in Israel zu bleiben, dann, als er zum zweiten Mal heiratete, bat er sie, ihre Ehe und meine Existenz geheim zu halten. Er hat auch mir Briefe geschickt, und ich habe ihm zurückgeschrieben, aber nicht an seine häusliche Adresse. Als Kind habe ich davon geträumt, nach Israel zu fahren und meinen Vater zurückzuholen. Mutter hat nie wieder geheiratet. Ihr Leben konzentrierte sich auf mich und ihre Arbeit. Sie ist nie in die Kommunistische

Partei eingetreten, obwohl man sie unter starken Druck gesetzt hat. Sie hat immer westliche Zeitungen und Illustrierte gelesen. Sie hat nie vor den Herrschenden Angst gehabt."

Tomas war in der Tschechoslowakei aufgewachsen, ohne viel davon zu erfahren, was den Juden unter dem Nazismus widerfahren war. Er hatte in der Schule eine kommunistische Erziehung erhalten: Die Sowjetunion hatte das Land befreit, die Nazis hinausgetrieben und dem dekadenten kapitalistischen Einfluß dort ein Ende bereitet. Von der Austilgung der Juden wurde nichts erwähnt. Tomas hatte nie geglaubt, was ihm in der Schule beigebracht wurde, weil er es von seiner Mutter anders hörte. Insbesondere hatte er der offiziellen Parteilinie hinsichtlich Israels nicht geglaubt. Er war aufgewachsen mit der Vorstellung von Israel als einem Land der Helden, wohin sein Vater gezogen war, um in Freiheit zu leben. Seine Mutter hatte ihm oft gesagt, daß sein Vater nicht anders gekonnt habe, als für sein Volk zu kämpfen, daß er gute Gründe gehabt habe, seine Familie zu verlassen. Als Tomas älter wurde, begann er zu verstehen. In der Tschechoslowakei gab es nur noch ganz wenige Juden. Das Jüdische Rathaus in Prag, einst ein Gebäude voll Leben und Geschäftigkeit, war dunkel und leer. Alte Männer versammelten sich dort zur Mittagszeit, um koschere Speisen zu sich zu nehmen. Die Pinkassynagoge, eine der ältesten in Europa, war ebenfalls leer. An ihren Wänden standen in nur gut zwei Zentimeter hohen Buchstaben die Namen von fast 80000 Juden aus der Tschechoslowakei, die von den Nazis ermordet worden waren, unter ihnen die meiner Großeltern mütterlicher- und väterlicherseits und eines Großelternpaars von Tomas.

„In der Oberschule kam meine Schwester plötzlich dahinter, daß es mich gab", fuhr Tomas fort. „Sie war kein fröhliches Geschöpf. Vielleicht hat sie gespürt, daß Vater an ein anderes, von ihm verlassenes Kind dachte, wenn er sie ansah. Sie war ein Einzelkind. Sie hat sich einsam gefühlt. Eines Tages, als Vater aus dem Haus war, hat sie seinen Schreibtisch durchsucht und einen meiner Briefe gefunden. Sie hat Vater nichts von ihrer Entdeckung gesagt, aber an mich geschrieben. Sie wollte eine Erklärung."

Tomas fuhr sich mit der Hand durchs Haar und begann im Zimmer hin und her zu gehen. Wir anderen – in dem schwach beleuchteten Raum saßen ungefähr sieben oder acht Personen – blieben still. Ich dolmetschte weiter vom Tschechischen ins Englische und hatte dabei das Gefühl, als nähme ich eine Bluttransfusion vor. Wären meine

Eltern nicht nach Amerika ausgewandert, ging mir mehrmals durch den Kopf, wäre ich vielleicht mit Tomas zur Schule gegangen. Wir hätten vielleicht im gleichen Viertel gewohnt. Vielleicht wären wir Freunde geworden.

,,Damit begann ein Briefwechsel zwischen meiner Schwester und mir'', fuhr er fort. ,,Ich habe mich als Schüler ziemlich treiben lassen, nicht gewußt, was ich wollte. Ich habe viel getrunken. Mir im Radio westliche Musik angehört, mir Joan Baez und Bob Dylan vorgespielt, auf Platten, die Verwandte und Freunde ins Land gebracht hatten. Dann beschloß ich, auf die Kunstakademie zu gehen. Ich habe mich nicht sehr angestrengt, weil ich keinen Ansporn hatte. Dort war ich in der Prager Boheme. Wir haben getrunken. Wir haben herumgepennt. Die Briefe meiner Schwester schienen von einem anderen Planeten zu kommen. Wir haben einander mehrere Jahre lang geschrieben, und es hat mir Freude gemacht. Man hätte ihre Briefe nie als lauwarm bezeichnen können, aber im Lauf der Zeit sind sie derart gefühlvoll geworden, daß ein Außenstehender, der von unserer verwandtschaftlichen Beziehung nichts wußte, sie als Liebesbriefe bezeichnet hätte.''

1968, als Tomas zweiundzwanzig war, begann die Regierung Alexander Dubčeks im ,Prager Frühling' die Innenpolitik zu liberalisieren. Die Reisebeschränkungen, denen die Bürger des Landes unterworfen gewesen waren, wurden aufgehoben, und als die Nachricht davon ins Ausland gelangte, wurde Tomas sowohl von seinem Vater als auch von seiner Schwester zu einem Besuch in Israel gedrängt. Tomas hatte sich, als er älter wurde, in zunehmendem Maß für die Entwicklung im Nahen Osten interessiert. Während des Sechs-Tage-Krieges hatte er die Nachrichtensendungen des tschechoslowakischen Rundfunks genau verfolgt und sie mit den Berichten verglichen, die er nachts mit seiner Mutter auf den Frequenzen von Radio Free Europe abhörte. Er wollte Israel sehen. Er wollte irgendwohin reisen, nur um aus der Tschechoslowakei herauszukommen. Vor allem aber wollte er das Phantom seiner Phantasie – seinen Vater – sehen.

,,Mutter hat mir zugeredet hinzufahren'', sagte Tomas. ,,In all diesen Jahren hatte sie sich nie gestattet, gegenüber Vater bitter zu werden. Sie komme schon zurecht, hat sie zu mir gesagt. Sie hat gefunden, ich müßte hinfahren. *Ich* aber, ich habe mich nicht aufraffen können. Es war fast, als hätte ich geahnt, was passieren wird. Ich dachte, vielleicht wäre es besser, an die Dinge, so wie sie waren, nicht zu rühren, niemals zu erfahren, was für ein Mensch Vater ist. Doch schließlich war die Neugier stärker als alles andere, und so bin ich hierhergekommen."

Es war Mitternacht in Jerusalem, und wir alle saßen hellwach da. Tomas, der auf und abgegangen war, blieb stehen, um eine Tasse Tee zu trinken, und sprach dann weiter. Meine Kehle war trocken. Hin und wieder lief mir ein Schauer über den Rücken. Tomas' Geschichte war mir zugleich fremd und doch auch wie bekannt, als könnte ich sie mit den Details ausfüllen, die er wegließ. Ich hatte im Sommer des Vorjahres eine Reise nach Prag gemacht. Ich hatte mir das Jüdische Rathaus und die Pinkassynagoge angesehen, wo die Namen meiner toten Verwandten an den Wänden standen. Es war die einzige Stätte in der ganzen Welt, wo ihr Erdendasein festgehalten worden war. Die Synagoge war in jenem Monat wegen Umbauarbeiten geschlossen gewesen. Irgend jemand hatte im Untergrund Spuren römischer Ruinen entdeckt. Ich hatte den Aufseher bestochen, mich hineinzulassen, und war schluchzend im Innern gestanden, umgeben von den Wänden mit nichts als den Namen, hatte jahrelang aufgestauten Tränen freien Lauf gelassen, all den Tränen, die ich nicht vergossen hatte, wenn ich meine Eltern über die Verfolgungszeit oder ihre toten Angehörigen sprechen hörte. Der Aufseher hatte mich fünf Minuten alleingelassen. Dann kam er wieder und sagte, daß ich gehen müsse. Es gab keine Stelle, wo man einen Stein oder eine Blume oder sonst etwas hätte niederlegen können. Ich berührte die kleine Stelle an der Wand, die die Namen meiner Großeltern und meiner Onkel trug. Dann ging ich hinaus.

Alles, was ich damals empfunden hatte, als ich im Regen über das Kopfsteinpflaster der Prager Straßen ging, kehrte zurück, während Tomas erzählte. Er sprach nun in aufgebrachtem Ton. Er gestikulierte mit den Armen, und sein hageres, scharf geschnittenes Gesicht nahm einen angespannten, kummervollen Ausdruck an.

„Ich habe mich hier schon auf dem Flughafen, sofort nach der Landung, nicht wohl gefühlt. Ich war Prag gewohnt. Ich war Schönheit gewohnt. Und als ich hier ankam – nichts als Staub und Sand. Die Sandwüsten Afrikas, dachte ich immer wieder. Als ich Vater zum erstenmal sah, wußte ich sofort, daß mit einer Erklärung nicht zu rechnen war. Er war jetzt ein Israeli. Er wollte mir alles an dem Land zeigen, für das er gekämpft hatte. Er gab mit mir vor seinen Bekannten an. Er gab mit seinem Sohn an. Er hat mir Geld gegeben. Er wollte, daß ich Hebräisch lerne und in Israel bleibe. Daß ich zur Armee gehe. In seinem Geschäft arbeite. Er ist ein vielbeschäftigter, sehr fleißiger

Mann. Er macht nicht gern viele Worte. Nicht über die Vergangenheit. Er sei froh, daß meine Schwester jetzt jemanden hatte, mit dem sie Zeit verbringen konnte. Sie sei schwer zu haben, sagte er. Sie habe schon immer Schwierigkeiten gehabt.

Meine Halbschwester hat mir sehr gefallen. Wir konnten miteinander plaudern. Sie sprach Tschechisch. Sie hat mich herumgeführt. Wir haben wunderbare Stunden zusammen erlebt. Wir sind in Plattengeschäfte gegangen und haben sämtliche Schallplatten gekauft, die ich in der Tschechoslowakei gern gehabt hätte. Auf einer davon war ein Lied, *Hey Jude*, das wir immer wieder gespielt haben, bis ich es auswendig konnte. *Take a sad song and make it better.* Das war unser Lied. Ich habe im Wohnzimmer geschlafen, wo der Plattenspieler stand, und dort Musik gehört. Ich habe mir die Stadt angeschaut und bin in die Schule gegangen, um Hebräisch zu lernen, aber das hat mir Mühe gemacht. Ich habe die Leute nicht gemocht. Das Klima war scheußlich. Und diese Hitze! Prag hat mir gefehlt. Mutter hat mir gefehlt.

Meine Schwester ist mit einem Medizinstudenten gegangen. Er hat sie auf Partys und an den Strand mitgenommen. Manchmal saß er mit uns im Wohnzimmer, wenn wir uns Platten anhörten. Ich habe gemerkt, Vater und meine Stiefmutter wollten, daß sie heiratet. Wir sind oft ans Meer gegangen. Ich hatte noch nie das Meer gesehen, bin oft stundenlang am Strand entlanggegangen und habe mich gefragt, was ich in Palästina suche. Mein Vater und meine Schwester wollten nicht glauben, daß ich in die Tschechoslowakei zurückkehren würde. Nach dem Einmarsch der Russen, hat Vater gesagt, gebe es dort keine Zukunft mehr. Sie würden die Grenze dichtmachen. Wenn ich zurückginge, käme ich nie wieder heraus. Ich lernte doch Hebräisch. Ich sei doch sein Sohn. Ich käme so gut mit meiner Schwester aus. Er erwartete, daß ich mich dazu entschloß, in Israel zu bleiben.

„Das ist für mich eine unmögliche Vorstellung", sagte Tomas und blieb in der Zimmermitte stehen. „Ich bin nicht als Jude aufgewachsen. Israel ist nicht mein Land. Ich kenne die Leute hier nicht. Ich spreche die Sprache nicht. Das Essen schmeckt mir nicht. Ich habe mich die ersten paar Monate sehr bemüht, es hier nett zu finden. Ich habe versucht, so zu sein, wie mein Vater mich haben wollte. Die ganze Zeit, seitdem ich hier bin, habe ich es versucht. Aber ich schaffe es nicht. Ich kann mich nicht zu etwas machen, was ich nicht bin. Je mehr ich darüber nachdenke, desto unmöglicher wird die Situation. Ganz abgesehen von der Beziehung zu meiner Schwester."

Tom seufzte und fuhr sich mit der Hand durch das zerzauste Haar. „Eines Tages ist sie weinend vom Strand zurückgekommen. Niemand sonst war im Haus. Sie kam, setzte sich neben mich ins Wohnzimmer, wo ich gerade Platten hörte, und erzählte, was vorgefallen war. Sie sei mit ihrem Freund an den Strand gegangen. Er habe mit ihr schlafen wollen und sie habe Angst gehabt. Sie hätten sich gestritten. Sie habe nicht gewollt, er aber unbedingt. Schließlich hätten sie doch miteinander geschlafen und deswegen weine sie jetzt. Es sei nicht so gewesen, wie sie es sich vorgestellt habe. Es sei nicht so gewesen, wie sie es gewollt hätte.

Ich habe diese Platte aufgelegt, die uns beiden so gut gefiel. Die mit *Hey Jude* drauf. Ich habe sie zu trösten versucht. Ich habe sie in die Arme genommen und zu ihr gesagt, so sei es manchmal beim ersten Mal. Es würde sich geben, würde ihr mit der Zeit gefallen. Aber sie wollte nicht aufhören zu weinen. Sie sagte, es sei alles ganz schlimm, schrecklich, auf diese Weise ihre Jungfräulichkeit zu verlieren und sie möchte es ungeschehen machen. Sie möchte, daß *ich* mit ihr schlafe. Ich wollte ihr helfen. Sie hat mir leid getan. Und so hab' ich es gemacht."

Ich dolmetschte diese letzten Worte und hätte gern eine Pause eingelegt und ihm Fragen zu früheren Bemerkungen gestellt. Aber ich war in dieser Situation nicht Interviewerin, sondern Dolmetscherin. Tomas fuhr fort, zu sprechen, auf und ab zu gehen, zu gestikulieren.

„So hat es also angefangen. Und dann ist es weitergegangen. Ein Vierteljahr ist es so weitergegangen, wir alle vier unter demselben Dach, und mein Vater und meine Stiefmutter ahnungslos, ohne den geringsten Verdacht. Vater hat mich sogar gebeten, ich soll versuchen, ihr ein bißchen vernünftig zuzureden. Sie hört auf dich, hat er gesagt. Ich hätte einen guten Einfluß auf sie, und das solle ich nutzen. Ich sollte ihr sagen, daß sie voranmachen und den Medizinstudenten heiraten soll, ehe er es sich anders überlegt. Er hat oft gesagt, daß meine Schwester in einer Traumwelt lebt, daß sie glaubt, ihre Eltern würden immer da sein und für sie sorgen. Es sei schwer, ihr begreiflich zu machen, daß sie sich da täusche. Alles, was ich zu ihr sagte, wäre von Nutzen. Und wie es mit meinem Hebräisch vorangehe. Wir tauschten ein paar Sätze in dieser schrecklichen Sprache aus. Dann hat er prophezeit, daß ich in ein paar Monaten so weit wäre, in seinem Geschäft mitzuarbeiten. So waren die Gespräche zwischen uns beschaffen.

Mein Vater macht sich nicht viel Gedanken über das, was man zu ihm sagt, und er überlegt auch nicht lange, was die anderen eigentlich denken. Er ist überhaupt nicht auf die Idee gekommen, daß ich mich, selbst wenn ich in Palästina bliebe, kaum für sein Geschäft interessieren würde. Er ist nicht auf die Idee gekommen, daß seine Tochter den Mann, mit dem er sie verheiratet sehen möchte, vielleicht nicht liebt. Er hatte keinen Schimmer davon, daß zwischen uns etwas war. Meine Schwester hat ihm erzählt, wie sehr ich das Meer liebe und daß sie gern mit mir nach Eilat fahren würde. Vater hat uns soviel Geld mitgegeben, daß wir uns in den besten Hotels hätten einquartieren können.

Wir haben in Eilat im Freien gezeltet. Wir haben uns einen Jeep gemietet und sind hinaus in die Wüste gefahren. Wir sind zusammen mit amerikanischen Touristen in den Booten mit gläsernem Boden gefahren. Wir haben mit den Beatniks am Strand Haschisch geraucht. Wir haben uns eingebildet, frei zu sein. Wir sprachen davon abzuhauen, irgendwohin weit weg abzuhauen, nach Neuseeland beispielsweise und Kinder zu adoptieren. Wir schwammen und saßen in der Sonne, bis uns ganz blöde im Kopf war. Dann war die Zeit um, und wir haben uns in den Bus nach Hause gesetzt.

Sie hat während dieser acht Stunden meistens geschlafen, und ich habe zum Fenster hinausgestarrt. Es gibt Leute, die schreiben Gedichte über die Wüste – auf mich hat sie wie ein Geröllhaufen gewirkt, der kein Ende nimmt. Ich dachte daran, daß Vater aus Prag mit seinen gotischen Kirchtürmen und den verwinkelten Gassen, den steilen Dächern, der Moldau weggegangen war. Wie hatte er es nur fertiggebracht, die Zivilisation für das hier aufzugeben? Wie hatte er es fertiggebracht, Mutter und mich im Stich zu lassen? Ich dachte auch über meine Schwester nach. Habe mir gesagt, daß dies alles nur eine Tagträumerei ist, die ein Ende finden muß. Daß es für uns beide das beste wäre, wenn ich nach Prag zurückkehre und sie den Medizinstudenten heiratet. Es wäre die einzige Lösung."

Kurz nachdem die beiden von ihrem Ausflug nach Eilat zurückgekommen waren, gab Tomas' Vater die Verlobung seiner Tochter bekannt. Sie sollte in einem superelegenten Hotel gefeiert werden, in dem die amerikanischen Touristen abstiegen. Tomas nahm sich jeden Tag aufs neue vor, nach Prag zurückzufliegen, sobald die Hochzeit vorüber war, machte jedoch keine konkreten Pläne. Er wurde bald dreiundzwanzig, fast so alt, wie sein Vater gewesen war, als er die Tschechoslowakei verließ und nach Palästina ging. Vater und Sohn hatten kein einziges Mal über diese Entscheidung gesprochen. Der Vater hatte von sich aus keine Erklärung gegeben, und Tomas nicht danach gefragt. Die Vergangenheit hing zwischen ihnen wie ein unsichtbarer Vorhang, und beide machten keine Anstalten, ihn hochzuziehen. Da Tomas mit seinem Vater auch nicht über die Gegenwart sprechen konnte, führten sie belanglose Unterhaltungen. Sein Vater sprach übers Geschäft, Tomas hörte zu.

Die Hochzeit fand wie geplant statt. Das junge Paar bezog seine Wohnung, und Tomas sah seine Schwester weiterhin. Die Situation sei inzwischen unerträglich für ihn geworden, sagte er. Er habe kein Verlangen, in Israel zu bleiben. Seine Wurzeln, all die Dinge, an denen er hänge, die Menschen aus seiner Familie, denen er sich am nächsten fühle, all das sei in der Tschechoslowakei. Dort sei seine sprachliche Heimat. Hier könne er sich kaum verständlich machen. Er sei nicht dafür erzogen worden, in einem levantinischen Land zu leben, meinte er. Wie sollte er sich plötzlich in einen Juden verwandeln können, nachdem ihm in seinem ganzen bisherigen Leben Religion und jüdische Tradition fremd gewesen seien? Wenn sein Vater einen jüdischen Sohn haben wollte, warum habe er ihn dann in Prag zurückgelassen? Warum habe er seine, Tomas' Existenz der Schwester verheimlicht? Jetzt steckten sie in einem schönen Chaos. Es könne nie mehr in Ordnung gebracht werden. Die einzige Lösung bestehe darin, Abschied zu nehmen und nach Prag zurückzufliegen. Denn dorthin gehöre er. Was mache es schon aus, wenn er nie wieder aus der Tschechoslowakei heraus dürfe? Wohin könnte es ihn schon ziehen? Wo sonst gebe es für ihn eine Platz zu leben? Das einzige, was ihn jetzt in Israel festhalte, sei seine Schwester, und für alle Beteiligten wäre es das beste, wenn er fortginge.

,,Aber ich kann nicht", sagte er. ,,Ich kann sie nicht einfach hier sitzen lassen. Ich bin ja alles, was sie hat. Ich bin ihre Familie. Ich bin der einzige Mensch, zu dem sie Vertrauen hat."

Er hörte auf, hin und her zu gehen, und setzte sich, erschöpft. Niemand sagte ein Wort. Niemand rührte sich, lange Zeit.

An jenem Abend, vor beinahe zehn Jahren, hatte Tomas mir seine Geschichte anvertraut. Ich arbeitete damals als Reporterin für die *Jerusalem Post*, was für ihn genügte, mich als eine seriöse Schriftstellerin zu qualifizieren. ,,Versprich mir, das eines Tages zu Papier zu bringen", sagte er. ,,Ich kann nicht schreiben. Ich spreche nicht Englisch. Du verstehst, was ich gesagt habe. Eines Tages kannst du es in ein Buch aufnehmen."

Ein paar Monate nach jenem Abend kehrte Tomas nach Prag zurück. Sein Paß wurde eingezogen. Er schrieb mir zwar, aber Briefe von ihm trafen nur sporadisch ein, weshalb ich annahm, daß einige davon von den tschechoslowakischen Behörden abgefangen worden waren. Tomas war in seinen Äußerungen nicht so umsichtig wie die Freunde meiner Eltern in ihren Briefen aus der Tschechoslowakei. Er schilderte die Situation im Land ohne Umschweife. Er berichtete von prominenten Personen, die ins Gefängnis gewandert seien, und von den Auseinandersetzungen, die er in der kleinen Druckerei hatte, wo er arbeitete. Einige Zeit später schrieb er, daß er geheiratet, und noch später, daß er seine Frau verlassen habe. Auch habe er festgestellt, daß er jedesmal, wenn sich das Gespräch mit seinen Freunden dem Nahen Osten zuwandte, für Israel Partei ergriff. Er begann seine Briefe mit hebräischen Buchstaben zu unterschreiben. Mir war klar: So wie er vorher ein in Israel lebender Tscheche gewesen war, war er nun zu einem in der Tschechoslowakei lebenden Juden geworden. Ich machte mir Sorgen um ihn.

Fast zehn Jahre lang trug ich seine Geschichte unter meinen Papieren mit mir herum. Es war eine Sache, in die ich erst hineinwachsen mußte. Ich mußte mir Zeit lassen, um sie zu verstehen. Zuerst hatte Tomas' Erzählung mir schaudernde Scheu eingeflößt. Sie erschien mir wie eine griechische Tragödie, düster, rätselhaft, die von einem der ältesten Tabus handelt. Sie war, fand ich, im höchsten Maße ungewöhnlich. Sie hatte zu mir keinen Bezug. Doch als ich im Laufe der Jahre öfter wiederlas, was ich von seinem Bericht aufgeschrieben hatte, begann ich Tomas im Zusammenhang mit anderen Kindern von Holocaust-Überlebenden zu sehen, denen ich begegnet war. Wie wir anderen war auch er mit einem nie erklärten Geheimnis um seine Vergangenheit aufgewachsen. Man hatte ihm gesagt, das Geschehene, was es auch gewesen sein mochte, habe seinen Vater derart radikalisiert, daß er den Zwang empfunden habe, seine Familie zu verlassen. Tomas war ohne Vater aufgewachsen und war nach Israel gereist, um ihn sich zurückzuholen. Doch der Vater hatte einen Schlußstrich unter die Vergangenheit gezogen, und Tomas war mit seinem Versuch, sie aufzudecken, gescheitert.

Statt dessen hatte er eine Schwester gefunden, die offenbar sein Gefühl des Verlassenseins teilte, obwohl sie mit ihrem Vater im selben Haus aufgewachsen war. Was zwischen ihnen geschehen war, so sah ich es schließlich, war weniger eine Folge körperlicher Anziehung oder der Umstände oder eines Verlangens nach Vergeltung gewesen, sondern aus dem Wunsch entstanden, zu heilen. Die Beziehung zwischen ihnen hatte gewissermaßen als ein Akt des Heilens, als ein Versuch begonnen, einen Verlust zu ersetzen. Es war, dachte ich, gleichsam eine Entschädigung gewesen.

16

Drei Jahre meines Lebens, von neunzehn bis zweiundzwanzig, verbrachte ich in Jerusalem. Es war eine schöne Zeit für mich. In Jerusalem genossen Studenten, wie Soldaten oder Kibbuzniks, ein besonderes Maß an Respekt und Prestige. Es gab nur sechs Universitäten im Land und nur 40000 Studenten. Wir hörten unsere Vorlesungen in hellen, erst jüngst gebauten Lehrsälen und büffelten in der Nationalbibliothek, die in der Mitte des Campus der Hebräischen Universität stand. Restaurants, Buslinien, Theater und Konzertsäle – überall bekamen wir einen Spezialrabatt. Die prominentesten Persönlichkeiten des Landes erschienen in unseren Auditorien und hielten vor uns Ansprachen, denn wir waren die Elite der Nation, das Reservoir einer künftigen Führungsschicht Israels.

Ich genoß diese Sonderstellung und nutzte die Möglichkeiten, die sie bot. Ich saß lange Stunden in der Bibliothek und noch längere in den zahlreichen Cafés von Jerusalem, an den komplizierten, uferlosen Diskussionen teilnehmend, wie sie dem Studentenleben überall in der Welt gemeinsam sind. Daneben war ich mit zwanzig Reporterin für die *Jerusalem Post* geworden, die einzige englischsprachige Tageszeitung des Landes, und durch diese Teilzeittätigkeit wurde ich mit Wohngegenden und Lebensformen bekannt, die viele andere Studenten nie zu sehen bekamen. Mich interessierten die Schwierigkeiten von Neueinwanderern, ihre Probleme, Unterkunft und Arbeit zu finden und sich einer neuen Kultur anzupassen. Es reizte mich, über die orientalischen Juden zu schreiben, die damals in der Studentenschaft mit einem Anteil von weniger als fünf Prozent vertreten waren. Viele von ihnen lebten in spartanischen Verhältnissen, kärglicher als das Leben des ärmsten Studenten. Entbehrung und Mühsal interessierten mich.

„Ihr Kinder macht euch keine Vorstellung, wie für die meisten Leute das Leben aussieht", sagte Mutter manchmal zu meinem Bruder und mir, als wir größer wurden, und ich wußte, daß sie recht hatte. Ich fand es wichtig, selbst diese Kenntnis zu erlangen. Ich wollte sie erlangen, so wie andere Mädchen, die ich kannte, darauf neugierig waren, was es mit der Liebe oder der Sexualität auf sich hat. Gefahr oder Armut oder Diskriminierung zu kennen, das erschien mir als ein Maßstab des Erwachsenseins. An beruflichem Erfolg oder Geld oder Besitz war mir nicht allzu viel gelegen. Meine Eltern hatten nichts von alledem und dennoch ein reiches Leben. Was sie dagegen hatten und was auch ich haben wollte, war das Gefühl, imstande zu sein, Katastrophen jeglicher Art zu überstehen. Sie hatten eine Kraft, eine Fähigkeit, sich nicht unterkriegen zu lassen, wie auch die des menschlichen Mitleidens, die, so glaubte ich, aus dem Leiden erwachsen waren.

„Das kommt ganz von selbst", sagte Mutter oft zu mir, als ich heranwuchs, denn schon als Kind zog es mich zu armen, zu unglücklichen Menschen hin, zu Menschen, denen ich helfen zu können glaubte. „Das Leben hat es an sich, einen leiden zu lassen, ob es einem gefällt oder nicht." Doch ich war ungeduldig. Ich spürte etwas Zwiespältiges an der Haltung meiner Eltern. Einerseits wollten sie mich sorgenfrei sehen. Andererseits aber waren sie kritisch gegenüber Leuten, die voll Selbstzufriedenheit ein Leben ohne Sorgen führten. Sie respektierten sie nicht ganz. Ich fand, daß Menschen, die niemals Opfer gewesen waren, eine Dimension des Menschlichen fehlte. Psychiater hatten festgestellt, daß manche Holocaust-Überlebende und ihre Kinder sich stark mit dem Aggressor identifizierten; andere, wie ich selbst, konnten sich nur mit dem Opfer identifizieren. Zu den Unterdrückern, ja, nur zum Establishment zu gehören, bedeutete für mich fast soviel, wie ein Nazi zu sein. Es war eine weitgehend unbewußte Assoziation, gleichwohl aber hatte sie schon immer meine Entscheidungen beeinflußt. In der High-School und im ‚summer camp', als Mitglied von Komitees, Teams und Organisationen hatte ich konsequent Autorität und Machtausübung in Frage gestellt. Und wenn mir selbst Autorität über andere zugewiesen wurde, fühlte ich mich sehr unwohl. Die Idee der Autorität bedeutete für mich, so wie ich dachte, Menschen Schmerz zuzufügen.

Nach meinem ersten Jahr an der Hebräischen Universität war ich aus dem modernen, zentralgeheizten Studentenheim ausgezogen und hatte mir ein Zimmer an der Shmuel-HaNavi-Straße gemietet, in einem von russischen, nordafrikanischen und ungarischen Immigranten bewohnten Viertel, das beinahe als Slum zu bezeichnen war. Meine Vermieterin war eine russische Babuschka, Pani Soborowskaja, die in einer jiddisch-russischen Mischung mit mir sprach und oft erzählte, daß sie sich bei Pogromen in Odessa im Keller ihrer Familie versteckt habe. Freitagabends zündete sie die Sabbatkerzen an und ging nicht aus dem fensterlosen mittleren Raum ihrer Dreizimmerwohnung, als trieben draußen noch immer Horden potentieller Feinde ihr Unwesen. Sie hütete ihre paar Habseligkeiten wie Schätze, kontrollierte meinen Warmwasserverbrauch und befragte mich nach dem pekuniären Wert von allem, was es in meinem Zimmer zu sehen gab.

„*Skolko?*" (Wieviel?) wollte sie wissen und deutete auf meine Schreibmaschine, meinen batteriebetriebenen Plattenspieler, mein Radiogerät oder den Mantel, den Mutter mir genäht hatte. Ich tat mein Bestes, ihr auf tschechisch und in meinem aufgeschnappten Russisch zu erklären, wie teuer diese Dinge in New York waren. Pani Sborowskaja nickte und schnalzte mit der Zunge, voll Staunen über den Reichtum in Amerika. Ihre Reaktionen belustigten mich oft, öfter aber drückte mich schwer das Gewissen. Ihre winzige Wohnung, ihre unaufhörliche Beschäftigung mit den Preisen von Dingen, die schäbigen, sackartigen Kleider und ihr schlichtes Kopftuch hielten mir immer vor Augen, daß ich hier nur auf einer Zwischenstation und in eine bessere Zukunft unterwegs war.

In den Wintermonaten, wenn die Jerusalemer Kälte in die Mauern der Häuser eindrang, war Pani Sborowskajas einzige Wärmequelle für die ganze Wohnung ein uraltes Kerosinöfchen. Sein Docht mußte mit Kerosin getränkt und dann mit einem Streichholz angezündet werden, worauf sich das Zimmer mit großen Rauchschwaden füllte. Der Qualm und der Gestank machten es notwendig, die Fenster zu öffnen, was nicht der Zweck der Übung war und den Raum noch kälter als vorher machte. An kalten Abenden tippte ich mit Handschuhen Briefe an meine Eltern, und im Bett hatte ich Pullover und Wollsocken an. Ich trug diese Unbequemlichkeiten mit Stolz, genauso wie ich stolz darauf war, in einem gefährdeten Land zu leben.

1969 war die anfängliche Hochstimmung verflogen, die auf den Sieg im Sechs-Tage-Krieg gefolgt war. Nun brachte die Presse Berichte über den ‚Abnützungskrieg', einen weniger dramatischen, aber permanenten Krieg, einen Nervenkrieg. Der Rundfunk meldete häufig Grenzscharmützel längs des Suezkanals, Flugzeugentführungen sowie Sabotage- und Terrorakte in israelischen Städten. In Jerusalem waren die Cafeteria der Hebräischen Universität, ein Supermarkt im Stadtzentrum und Machaneh Yehudad, der Markt unter freiem Himmel, von Explosionen erschüttert und Dutzende von Zivilisten verletzt worden. Den Campus der Universität umgab nun ein eiserner Zaun. Am Eingang, wie auch an den Eingängen von Kinos, Banken, zum Postamt und anderen öffentlichen Gebäuden wurden Routinekontrollen von Handtaschen und Paketen eingeführt.

Der Krieg gegen den Terrorismus war anders als die Kriege, die das Fernsehen zeigte. Eine Bombe konnte in der Aktentasche eines Studenten, ein Sprengsatz in einer auf einer Parkbank abgestellten Tüte versteckt sein. Wir Studenten wurden instruiert, in der Bibliothek und in unseren Unterrichtsräumen jedes Paket zu melden, dessen Besitzer nicht festzustellen war. Wenn einige von uns auf der Suche nach Gefahren nach Israel gekommen waren, hatten sie dieses Ziel erreicht. Alle paar Wochen kam es irgendwo in Jerusalem zu einer Explosion oder zur Entdeckung eines Sprengsatzes. In unseren Unterrichtsräumen konnten wir Sirenen und dann das Schwirren eines Hubschraubers hören, der die Verletzten ins Hadassah-Krankenhaus brachte. Später versammelten sich dann auf dem grünen Rasen vor der Nationalbibliothek Studenten um ein Transistorradio, um die Einzelheiten zu hören. Wenn es sich um einen größeren Terrorakt handelte, über den wahrscheinlich auch die amerikanischen Fernsehgesellschaften berichten würden, bildeten sich im Zentralpostamt Schlangen amerikanischer Studenten, die nach Hause telephonieren oder telegraphieren wollten, daß ihnen nichts zugestoßen war. Der Krieg hatte in unser Leben Einzug gehalten. Zwischen den Vorlesungen und den Studentenpartys gab es immer wieder Augenblicke der Bestürzung und der Furcht. Niemand sprach davon, daß er Angst hatte; es war verpönt. Aber eine gewisse Belastung wurde Teil des Lebens in Jerusalem. Terroranschläge konnten nicht nur bedeuten, daß man dabei umkam, sondern auch, daß man vielleicht für den Rest seines Lebens Narben tragen oder verstümmelt sein würde. Diese düstere Aussicht ängstigte mich, und ich schämte mich meiner Angst. Ich wollte mich von diesem Gefühl kurieren. Schließlich hatten meine Eltern nicht weniger als drei Jahre mit der Drohung des Todes leben müssen. In den Grenzkibbuzim arbeiteten die Bauern unter der ständigen Gefahr, daß ihre Felder von Artillerie beschossen wurden, und zu dieser Zeit schickte die Universität Studenten, die sich freiwillig gemeldet hatten, zu diesen Siedlungen, um die Moral der Kibbuzniks zu stützen. Ich beschloß, auf eine Woche hinzufahren, in meiner Eigenschaft als Reporterin wie als Freiwillige.

An einem klaren Aprilmorgen um 5.30 Uhr wartete ich an der Universität auf den Bus, der mich und an die fünfzig weitere Freiwillige ins Beisan-Tal bringen sollte. Vor dem Hintergrund der Landschaft, bereits bräunlich ausgetrocknet, obwohl der Sommer erst nahte, wirkten ihre Gesichter verschlafen, weich und ungeschützt. Sie trugen Jeans und Safarihemden. Zwei oder drei hatten eine Gitarre dabei. Es waren zumeist ‚Angelsachsen' wie ich, Studenten aus den Vereinigten Staaten, England, Südafrika und Kanada, mit den sorglosen Mienen von Urlaubern, die aufs Land unterwegs sind, um dort eine Woche zu verbringen.

Ein paar Schritte von ihnen entfernt, saß auf einem großen Stein ein junger Mann, der anders aussah als sie. Sein Gesicht war blaß und mager, die Nase gebogen, Hemd und Hose hingen lose an seiner hageren Gestalt. Er wirkte wie ein zerlumpter Gassenjunge, der einer Parade zusieht. Es war der Ausdruck auf seinem Gesicht, eine seltsame Mischung aus Sarkasmus und Ungeduld, der meine Aufmerksamkeit gefangennahm.

Dann kam der Bus, und die Freiwilligen stiegen ein. Sie tauschten belegte Brote und Obst miteinander. Nach einiger Zeit holten sie ihre Gitarren aus den Kästen und begannen die Lieder der sechziger Jahre zu singen, die amerikanischen Folk-Songs und Protest-Songs, die damals um die Welt gingen. Ich kannte die Texte auswendig, denn ich hatte die Lieder ein paar Jahre vorher in New York auf dem Washington Square gesungen. Schon bald verlor ich das Interesse am Singen. Was mich interessierte, war der hagere Mann, der vorne im Bus allein saß, und bald darauf fragte ich ihn, ob ich mich neben ihn setzen könne.

Ich stellte mich als Reporterin vor und sagte, daß ich einen Artikel über die Studenten schreiben wolle, die sich freiwillig gemeldet hatten, während ihrer Frühjahrsferien in einem Kibbuz an der Grenze zu arbeiten. Er wirkte belustigt. Ohne daß er ein Wort gesprochen hatte, hatte ich den deutlichen Eindruck, daß er meine Art, mich vorzustellen, meinen Auftrag und die ganze Busladung Studenten leicht lächerlich fand.

„Was studierst du?" fragte ich ihn.

„Ich studiere nicht", sagte er. „Früher mal Soziologie."

„Und jetzt?"

„Ich studiere jetzt nicht."

„Wie bist du dann in diesen Bus gekommen?"
„Ich habe mich als Studenten ausgegeben."
„Aber wieso das?"
„Ich hatte meine Gründe", sagte er und lächelte.
Irgend etwas an diesem raschen Lächeln und an seinem abgezehrten Gesicht fesselte meine Aufmerksamkeit.
„Woher kommst du?"
„Aus Warschau", antwortete er. „Ich bin im Getto zur Welt gekommen. Als ich zwei Jahre alt war, hat man mich hinausgeschmuggelt. Meine Eltern sind dort gestorben. Stellst du wirklich gerne Fragen oder ist das irgendein Spiel, das du spielst?"

Ich sah ihn überrascht an. Auf den Gedanken war ich noch nicht gekommen, daß irgendein Mensch im Warschauer Getto *geboren* sein konnte. Ich schwieg, weil ich nicht wußte, was ich sagen sollte.

„Tut mir leid, wenn ich dich gekränkt habe", sagte er. „Ich bin es nur einfach nicht gewöhnt, daß mir Leute Fragen stellen."
„Du hast mich nicht gekränkt", sagte ich langsam.

Er hatte mich beeindruckt. Männer, die aussahen, als hätten sie gelitten, hatten mich schon immer beeindruckt, und Marc mit seinem scharf geschnittenen, angespannten Gesicht und dem nervösen Lächeln sah aus, als wäre er durch Feuer gegangen.

Auf der Fahrt zu dem Grenzkibbuz erfuhr ich von ihm, daß er in einer Warschauer Vorstadt aufgewachsen war und daß er und ein Freund schon als Kinder zusammen eine Reise nach Palästina gespielt hätten. Noch als Student hatte Marc diesen Wunschtraum geträumt und war schließlich nach Haifa gelangt, ehe er sein Studium abschließen konnte.

Israel war für ihn ein ebensolcher Schock gewesen wie für Tomas, als dieser aus Prag dort ankam. Marc hatte sich ein Land mit Ackerbau treibenden, in einer utopischen Gesellschaft lebenden Philosophen vorgestellt. Ohne den Grund anzugeben, erzählte er mir, daß er kurz nach seiner Ankunft, neun Jahre vorher, einen Nervenzusammenbruch gehabt habe. Er sitze im Bus als blinder Passagier, weil er seinen letzten Scheck von der Fürsorge verbraucht und keine Freunde mehr habe, die er anpumpen könnte. Die Einfachheit des Kibbuzlebens sage ihm zu und er sei gerne bereit, gegen Unterkunft und Verpflegung sechs Stunden am Tag zu arbeiten.

Damals sah ich eigentlich nicht den Menschen, der zu mir sprach. Ich sah Geschichte. Ich war zu sehr davon gefesselt, woher er gekommen war, als daß ich seine gegenwärtige Situation erfaßt hätte. Meine Eltern hatten mich, als ich acht Jahre alt war, ins Theater mitgenommen, wo wir uns *The Wall* ansahen, ein Stück über das Warschauer Getto. Die melancholischen Weisen der Ziehharmonika klangen mir noch in den Ohren nach. Ich stellte mir Marc als Kleinkind vor, versteckt in Kohlenkellern, ein Taschentuch auf den Mund gepreßt, um das Schreien zu ersticken, und in der Phantasie sah ich, wie er von einem Widerstandskämpfer, der sich in der Kanalisation auskannte, aus dem Getto hinausgetragen worden war. Das Warschauer Getto war in meiner Vorstellung eine Insel für sich gewesen. Dort war es dazu gekommen, daß Juden Feinde mit in den Tod nahmen. Daß Marc im Getto geboren und daß seine Eltern dort umgekommen waren, machte ihn für mich so faszinierend, wie gutes Aussehen oder gute Aussichten bei Männern auf andere Mädchen faszinierend wirkten. Wir waren in dieser Woche viel beisammen, und ich ließ mir kein Wort aus seinem Mund entgehen.

Jeden Morgen standen die Freiwilligen um fünf Uhr auf und warteten, bis die Minenräumfahrzeuge die Bananenfelder durchkämmt hatten. Dann gingen wir hinaus in die Pflanzungen, und kamen uns tapfer vor, wenn wir einen kurzen Blick hin zu den jordanischen Hügeln riskierten und uns fragten, ob wir vielleicht feindliches Feuer auf uns ziehen würden. Das Kibbuz wirkte in der Frühe idyllisch. Die Blumenbeete, die weißen Häuschen, die Rasenflächen und die Palmenreihen ließen kaum an Gefahr denken. Die einzigen Hinweise auf Sicherheitsvorkehrungen, waren die weißen, wie Giraffenhälse anmutenden Betonvorsprünge, die sich in regelmäßigen Abständen auf den Rasenflächen zeigten: die Zugänge zu den Bunkern.

Der Artilleriebeschuß kam am vierten Morgen, gerade als die Sonne das erste Licht ins Tal schickte. Die Granaten kamen mit einem langgezogenen Pfeifton. Wenn sie einschlugen, gab es einen Krach, als detonierte eine Dynamitladung weit weg in einem Bergwerk. Der Beschuß war rhythmisch: Plopp, langgezogenes Pfeifen, *rumms!* Plopps, langgezogenes Pfeifen, *rumms!* Der Rhythmus holte mich aus dem Schlaf. Halbwach horchte ich eine Weile, ohne zu begreifen, was los war.

„Aufwachen!" schrie jemand im Zimmer nebenan. Stimmen und hastige Geräusche ließen das Häuschen zum Leben erwachen. Die anderen Mädchen rannten zur Tür hinaus und die Stufen zum Schutzraum hinunter. Ich blieb zurück und zog mich langsam an. Ich schaute zum Fenster hinaus, suchte nach einer sichtbaren Bestätigung, daß Gefahr bestand, doch alles, was ich sah, war das wohlgeordnete Muster der Häuschen und Wege im Morgendämmer. Dann detonierte eine Granate anscheinend – so hörte es sich an – in großer Nähe, und ich rannte hinunter in den Schutzraum.

Er war lang und kühl, schmal und sauber wie ein Korridor auf einem gepflegten Dampfer. Holzbänke standen an den weißen Wänden, und hölzerne Kojen boten Gelegenheit zum Schlafen. Etwa zwanzig Personen saßen hier, lasen, unterhielten sich und aßen die Jaffa-Orangen und sauren Bonbons, die eine Frau verteilte. Über uns ging der Artilleriebeschuß weiter: Plopp, langgezogenes Pfeifen, *rumms!* Die Studenten ahmten die locker-gelassene Art der Kibbuzniks nach. Es war schwer zu sagen, was ihnen durch den Kopf gehen mochte. Ich dachte über Marc nach und fragte mich, ob er Kindheitserinnerungen an das Warschauer Getto hatte. Ein paar Minuten, nachdem der Beschuß aufgehört hatte, verließen wir den Schutzraum und gingen zum Arbeiten auf die Bananenfelder. Niemand sprach über die halbe Stunde unter der Erde.

„Hast du genug Material für deinen Zeitungsartikel gefunden?" fragte Marc im Bus auf der Rückfahrt nach Jerusalem.

Ich bejahte die Frage und sagte zu ihm, ich sei froh, daß es in die Stadt zurückging. Er war ebenfalls froh darüber. Er sagte, er wohne in Jerusalem in einem Tal voller Behausungen wie seinem eigenen Fertigbauhäuschen, zwanzig Jahre vorher für die einströmenden Immigranten gebaut. Die Leute, die damals dort gewohnt hätten, sagte er, seien längst weggezogen. Heute lebten dort arme Familien aus Nordafrika. „Leute, über die man in den Zeitungen nichts liest", bemerkte er. „Jedenfalls nicht auf englisch, in der *Jerusalem Post.*"

Ich sagte zu ihm, falls ich jemals in seine Wohngegend kommen sollte, würde ich auf eine Tasse Tee vorbeischauen. Als wir in Jerusalem eintrafen, nahmen wir voneinander Abschied.

Als ich eines Tages, ein halbes Jahr später, von der Universität zurückkam, sagte Pani Sborowskaja, für mich sei Besuch dagewesen. „Ein Trunkenbold", kicherte sie. „Wie in Rußland. Ein *richtiger* Trunkenbold. Und er hat Ihren Namen gewußt."

„Ich kenne keinen einzigen Trunkenbold", sagte ich. „Er muß nach jemand anderem gesucht haben."

Dann klopfte es an die Tür, und als ich öffnete, sah ich Marc dastehen, ans Treppengeländer gelehnt.

„Du bist mich nie besuchen gekommen", sagte er. Seine Worte waren vernuschelt, die mageren Wangen stark gerötet.

„Nein, ich bin nie in diesen Teil von ... " Ich unterbrach mich. „Möchtest du nicht hereinkommen?"

„Klar. Klar will ich reinkommen. Ich habe mir letzte Woche vorgenommen, dich zu besuchen."

Er wankte an mir und Pani Sborowskaja vorbei, die so dastand, daß sie den Zugang zu ihrem Teil der Wohnung blockierte, trat in mein Zimmer und sank in einer Ecke auf den Boden. „Kannst du mir ein Glas Kognak geben?" fragte er.

„Ich habe keinen", sagte ich. „Ich trinke keinen Alkohol."

Er steckte die Hand in eine Hosentasche und hielt mir Geld hin. „Dann kauf mir bitte eine Flasche."

Ich starrte ihn an.

„Ich gehe schon selber hinunter", sagte er und machte Anstalten aufzustehen.

„Nein, bleib, ich gehe", sagte ich.

Ich ließ ihn auf dem Boden sitzend zurück und eilte hinaus, vorbei an Pani Sborowskaja, die im Morgenrock an einem günstigen Platz saß, von dem aus sie beobachten konnte, was sich an diesem merkwürdigen Besucher beobachten ließ.

„Wohin gehen Sie denn?" wollte sie wissen. „Bleibt er allein in ihrem Zimmer?"

„Ich bin gleich wieder da", antwortet ich.

In Israel wird in den meisten Lebensmittelgeschäften Alkohol verkauft, so daß ich keine Mühe hatte, eine Flasche Kognak aufzutreiben. Als ich damit zurückkam, bat Marc um zwei Gläser und etwas Orangensaft. Dann begann er sich den Schnaps hinter die Binde zu kippen.

„Warum tust du das? Es ist so abstoßend", sagte ich.

„Weißt du nicht, daß man zum Optimisten werden kann, wenn man trinkt? Nein, wohl kaum. Du bist vermutlich noch nie im Leben betrunken gewesen."

„Nein."

Ich setzte mich im Schneidersitz auf das schmale Feldbett, auf dem ich schlief. Er blieb auf dem Boden sitzen, an die Wand gelehnt. Sein Gesicht war gerötet, was ihm noch mehr als sonst Ähnlichkeit mit einem Vogel gab. Auch um seine Augen bildeten sich rote Ränder. Ich fragte mich, was wohl als nächstes geschehen werde. Ich überlegte, was ihn zu seinem Besuch veranlaßt haben könnte.

„Wie es scheint, haben wir gemeinsame Bekannte", sagte er. Seine Sprache war allmählich schwer zu entschlüsseln, seine Art formeller geworden. „Ich war bei ein paar Leuten zum Abendessen eingeladen, und in der Unterhaltung ist dein Name gefallen. Ich habe mir von ihnen deine Adresse geben lassen.

Ich bin heute hierhergekommen, um dich zu fragen, ob du daran interessiert wärst, eine Vereinbarung zu schließen."

„Eine Vereinbarung?" fragte ich. Ich verstand nicht, was er meinte.

„Ich bin hierhergekommen, um dich zu bitten, meine Geliebte zu werden. Ich werde es so einrichten, daß wir uns irgendwo treffen können. Du brauchst dir keine Gedanken zu machen. Ich bin heute in einer besseren Situation als vergangenes Jahr um diese Zeit. Ich habe ein bißchen Geld. Wir könnten uns zuerst einmal wöchentlich treffen. Oder öfter, falls uns etwas daran liegt."

Ich schwieg. Die Situation war so absurd, so anders als alles, was ich jemals erlebt hatte, daß mir die Worte fehlten. Ich war amerikanische junge Männer gewohnt, die lässig ankamen und eingelernte Sprüche abzogen, oder Israelis, die einen praktisch ins Bett kippten. Das aber war mir noch nie passiert, daß jemand in betrunkenem Zustand daherkam und mir in aller Form eine Antrag machte, seine Geliebte zu werden. Schon das Wort hörte sich merkwürdig an, als hätte er es aus einem Roman aus dem 19. Jahrhundert.

Doch noch ehe ich eine Chance hatte, Marc zu antworten, rutschte er an der Wand nach unten, schlief ein und begann ein rauhes Schnarchen von sich zu geben. Ich deckte ihn zu, setzte mich wieder auf mein Bett und lauschte seinem rasselnden Atmen. Ich dachte gar nicht erst darüber nach, ob ich seinen Antrag akzeptieren sollte oder nicht. Marc war ja bereits da, in meinem Zimmer. Mein Ja hatte nichts mit Liebe oder sexuellem Angezogensein zu tun. Für mich ging es um eine Prüfung meiner selbst, um einen Test meiner Fähigkeiten, etwas auszuhalten, und um einen Schnellkurs für das Leben auf der Schattenseite der Gesellschaft.

Als Marc aufwachte, war es draußen noch hell. Ich brachte ihm eine große Tasse Kaffee, die er ohne ein Wort leer trank. Ich fühlte, daß wir uns einig geworden waren, einen Pakt geschlossen hatten.

Wir gingen aus dem Haus und auf die Straße. Ich nahm außer meinen Schlüsseln nichts mit. Wir waren schon mehrere Straßen weit gegangen, als Marc fragte, ob ich Geld dabei hätte, was ich verneinte. Er selbst hatte sein letztes für die Flasche Kognak hergegeben.

„Alles, was wir brauchen, ist das Bus-Fahrgeld für einen von uns. Kein Problem." Dann sagte er, ich solle allein weitergehen und mich nicht darum kümmern, was er tue.

Weiter vorn an der Straße standen fünf oder sechs Halbstarke in glänzenden Hosen und Schuhen lässig um zwei Motorräder. Es waren Jungen aus den Slums, Burschen von der Sorte, die samstagabends auf den Rängen der Kinos Rabatz machten und in den Bussen zerkaute Sonnenblumenkerne auf den Boden spuckten. Marc blieb bei ihnen stehen, und ich ging weiter. Kurz darauf war er wieder an meiner Seite und drückte mir Geld für den Bus in die Hand.

Ich blieb stehen. „Hast du *gebettelt?*"

„Nein, ich habe das Geld auf der Straße gefunden."

„Und womit willst du im Bus zahlen?"

„Warte ab", antwortete er, und in diesem Augenblick erreichten wir die Bus-Haltestelle.

Er sagte, wenn der Bus komme, solle ich einsteigen, als wäre ich allein. Sobald ich nach hinten durchgegangen sei, solle ich Ausschau halten, ob er auch im Bus sei und, falls nicht, an der Klingelschnur ziehen und aussteigen. Ich tat, was er sagte. Vom hinteren Teil des Busses aus konnte ich ihn auf den Busfahrer einreden sehen, das Gesicht fahl und unrasiert, die dünnen Arme beim Sprechen gestikulierend. Marc schien es nicht zu kümmern, daß ihn die Fahrgäste beobachteten, wie er sich eine Gratisfahrt erschnorrte. Er war höflich, aber entschlossen. Ich schämte mich für ihn, während ich hinsah.

„Nur ganz wenige Fahrer sagen nein", sagte er ein paar Minuten später zu mir, als die Mitfahrenden nicht mehr die Köpfe verdrehten, um zu sehen, wohin er sich gesetzt hatte. „Der, der fragt, ist immer im Vorteil. Das schlechte Gewissen bekommt der, der geben könnte, aber nicht gibt."

Ich sagte nichts darauf, was mir bei Marc zur Gewohnheit werden sollte. Ich begann die Welt aus einem ganz anderen Blickwinkel als dem gewohnten zu sehen. Meine Brieftasche mit sämtlichen Belegen meiner Identität und bevorzugten Stellung hatte ich in Panir Sborowskajas Wohnung zurückgelassen. Plötzlich war ich ohne Papiere und mit einem Mann zusammen, den ich unter anderen Umständen als einen herumstreunenden Schnorrer betrachtet hätte. Nun war er zu meinem Führer in eine Welt geworden, in der Menschen von der Mildtätigkeit anderer lebten.

Wir gingen zuerst zu der Wohnung einer Bekannten von Marc, der ersten Person aus einer Gruppe mit ihm befreundeter polnischer Emigranten, die gemeinsam in einer etwas düsteren Vergangenheit zu leben schienen. Die Frau, die uns öffnete, war wohl in Marcs Alter, nahe dreißig, wirkte aber älter. Hinter ihr breitete sich die geräumige Wohnung aus, die wie eine Pfandleihanstalt ohne Kundschaft wirkte. Alte Uhren, gerahmte Photographien und Holzkisten, alles mit Staub bedeckt, nahmen die Wände ein. Hier sah es aus, wie ich mir die Wohnung meiner Mutter bei ihrer Rückkehr nach Prag vorgestellt hatte. Der Raum vermittelte ein Gefühl des Trostlosen, des Tragischen. Es kam mir vor, als wäre hier die Zeit angehalten worden.

Die Frau sprach mit Marc polnisch. Sie stritten sich, soviel verstand ich, um Geld. Wir tranken Tee aus Gläsern, und dann holte sie eine Tonpfeife und ein Tütchen mit Haschisch.

Zum erstenmal richtete sie das Wort an mich. „Rauchen Sie?"

„Sie ist Amerikanerin", sagte Marc, ehe ich antworten konnte.

Das sollte offensichtlich heißen, daß ich mich mit Drogen auskannte, daß für mich eine Selbstverständlichkeit sei, was in Israel noch mit Arabern oder den der Unterschicht angehörenden Juden, die aus Nordafrika eingewandert waren, in Verbindung gebracht wurde. Es unterstrich auch, daß ich in der alten, modrigen Welt dieses Zimmers eine Fremde war. Ich war frisch, unbelastet von der Vergangenheit, naiv, stark. Eine Amerikanerin. In der Art, wie die beiden das Wort aussprachen, lag eine Mischung aus Neid und Geringschätzung.

Ich saß still da, nahm die Tonpfeife, wenn sie mir angeboten wurde, und sog die Atmosphäre des dämmrigen, bedrückenden Raumes in mich ein. Er war wie ein Museumssaal, wie die Rekonstruktion eines Originals, das in Rußland vernichtet worden war. Wenn man hier saß, hatte man tatsächlich nicht das Gefühl, in Israel zu sein. Als wir uns verabschiedeten und hinaustraten in das rosige nachmittägliche Licht, war mir, als wäre ich in einem Kino gesessen.

Wir gingen von dem wuchtigen Betonkomplex weg und auf den Kamm des Hügels, wo die Wohnhochhäuser standen. Gegenüber war ein anderer Hügel, ebenfalls mit neuen Etagenhäusern, quadratisch und von einem sauberen Weiß vor dem Hintergrund es blauen Himmels. Zwischen den Hügeln befand sich ein Tal, dessen Grund mit vielleicht hundert Hütten aus Asbestplatten ausgefüllt war, ein Anblick von der Art, die Armut pittoresk erscheinen läßt. Aus der Ferne wirkten die Häuschen gemütlich und viel humaner als die riesigen Wohnblocks. Ein paar der Bewohner hatten ihre winzigen Grundstücke mit Stacheldraht abgegrenzt und mit Büschen bepflanzt. Andere hatten kleine Schuppen aus Wellblech und Plastikbahnen zusammengebastelt. Eine schmale Straße, auf der kein Verkehr zu bemerken war, schlängelte sich zur Talsohle hinab.

„Der Lebensmittelladen ist da drüben", sagte Marc, während wir die Straße hinuntergingen. „Der Bus hält dort. Nur alle vierzig Minuten. Nicht wie die Busse in Rehavia. Wenn man ihn verpaßt und in Eile ist, muß man diese Treppe hinaufsteigen." Er deutete auf eine pyramidenartige Stufenreihe, die zu den Betonblocks oben auf dem anderen Hügel hinaufstieg. Die Klassengrenzen waren hier topographisch klar gezogen: Die Menschen, die unten im Tal lebten, mußten aufblicken.

Zwischen der Straße und seinem Häuschen gab es keinen Gehsteig. Es gab hier überhaupt keine Gehsteige. Wir gingen auf einem unbefestigten Weg zwischen den Gärtchen der Nachbarn durch. Ich glitt aus, als ich auf einen losen Stein trat, und fragte mich, wie die Leute hier wohl nachts ihren Weg fänden. Eine Straßenbeleuchtung gab es nicht. Aus der Nähe gesehen, waren die Häuschen windige Bruchbuden, wie Streichholzschachteln anzusehen. Armselig gekleidete dunkelhäutige Kinder trieben sich im Freien herum. Ich erinnerte mich an eine Aufnahme von *favelas*, die ich im Magazin *Life* gesehen hatte.

„Wenn du ohnmächtig wirst, ist das dein Bier", warnte mich Marc, als er die Tür zu seiner Behausung aufschloß.

Ich sah grüne Wände, erbsengrün wie in Krankenhauskorridoren und heruntergekommenen Pflegeheimen. Der Boden war knöchelhoch mit weggeworfenen oder gebrauchten Dingen bedeckt: feuchte Kleidungsstücke, zerrissene Bücher, ausgelatschte Schuhe, leere Flaschen, Töpfe und Teller mit verkrusteten Essensresten. Die geschlossenen Fenster waren klein, und der Dreck an den Scheiben ließ kaum Tageslicht herein. Von der Decke baumelte eine einsame Glühbirne. In einer Ecke des Raums war ein schmutziges Spülbecken, in der anderen stand ein mit Papieren übersäter Schreibtisch. Eine Metalliege, beladen mit drei durchgelegenen Matratzenteilen, alten Illustrierten und Decken, stand an einer Wand, über deren Sprünge Zeitungsblätter gepinnt waren.

„Nimm Platz", sagte Marc und schob die Sachen auf den Matratzenteilen zu einem Haufen zusammen.

Ich setzte mich vorsichtig auf die Liege. Dort, wo ich eine Hand auf der Matratze abgestützt hatte, war ein großer, brauner Fleck auf dem Drell des Bezugs. Ich zog sie rasch weg und legte sie in den Schoß.

„Das hast du wohl nicht erwartet."
Ich schüttelte den Kopf.
Ich dachte: Wie kann ein Mensch nur so hausen? Wie kann ein Mensch sich im Dreck seines Lebens selbst begraben? Doch während ein Teil von mir vor dem Chaos des Raumes, in dem ich saß, zurückschauderte, erkannte ein anderer hier die Kapitulation vor der Sinnlosigkeit, eine Verzweiflung, die mir nicht unvertraut waren. Sie bildeten die Kehrseite meiner Betriebsamkeit. Schon sah ich mich die Ärmel aufkrempeln, schon war ich mit Überlegungen beschäftigt, wie in den Raum Ordnung gebracht werden könnte.

„Hast du es dir anders überlegt?" fragte mich Marc. Aus seinem Ton sprach zweierlei: Sarkasmus wie tiefe Besorgnis. „Was denkst du jetzt?"

„Warum du hier lebst", sagte ich.

„Hier enttäuscht mich nie was." Er pochte mit den Fingerknöcheln gegen die dünnen Wände. „Es ist so ungefähr das einzige, das mich nie enttäuscht. Menschen, Bücher, sogar die Natur, alles enttäuscht einen auf diese oder jene Weise. Ich habe zu viele Enttäuschungen erlebt."

Mein Gesichtsausdruck muß Marc gesagt haben, daß ich den Ton des Selbstmitleids in seinen Worten registriert hatte, denn plötzlich wurde er munter und lustig. Er begann den Wirrwarr auf dem Boden mit dem Fuß zu einem Haufen zusammenzuschieben. „Ich möchte das meiste davon wegwerfen", sagte er und zog Kleidungsstücke heraus, die zwar schmutzig, aber noch brauchbar waren. „Wir können draußen ein Feuer machen und das Zeug verbrennen."

„Verbrennen?"

„Warum nicht? Siehst du was, was du haben möchtest?"

„Nein."

„Hast du vor, dazusitzen und mir zuzuschauen?" Er nahm von dem Haufen einen Armvoll und trug ihn ins Freie. „Na, willst du mir nicht helfen?"

Einen Augenblick lang überlegte ich: Noch ist Zeit, deiner Wege zu gehen. Ich malte mir aus, was meine Familie und meine Freunde sagen würden, wenn sie diese Behausung und den Mann sähen, der sie bewohnte. „Bist du verrückt geworden?" würden sie sagen. „Was um Himmelswillen hast du hier verloren? Was willst du denn damit beweisen?" Damals hätte ich keine Antwort gewußt. Im Rückblick weiß ich, daß ich niemandem wahrheitsgemäß hätte erklären können, was ich eigentlich tat, nicht Marc, nicht meinen Eltern, nicht mir selbst.

Ich wurde von der Idee angezogen, hinab in die unterste Schicht der Gesellschaft zu sinken, darin auf die gleiche Weise unterzutauchen, wie Al Singerman in der Armee hatte untertauchen wollen. Ich wollte mich mit den Leidenserfahrungen meiner Eltern verknüpft fühlen, und Marc war dafür ein Medium, ein ahnungsloses von mir benutztes Werkzeug. Erst Jahre später, als ich auf eine Tagebucheintragung von Moses Leib Lilienblum stieß, einem frühen Zionisten in Rußland, wurde mir das klar. „Ich bin froh, daß ich gelitten habe", schrieb er während des Odessa-Pogroms 1881. „Wenigstens ein einziges Mal in meinem Leben habe ich die Möglichkeit gehabt zu fühlen, was meine Vorfahren jeden Tag ihres Lebens fühlen mußten... Ich bin ihr Sohn, ihr Dulden ist mir teuer, und ihre Glorie ist mir Erhöhung."

Als ich an jenem Nachmittag in Marcs Häuschen stand, die Arme beladen mit Abfall, sah ich nicht so klar, was ich tat. Ich wußte einzig, daß ich einem leidenschaftlichen Impuls folgte, der vor allen Menschen, die ich kannte, namentlich aber vor Marc selbst, geheim gehalten werden mußte. Er sah in mir eine fröhliche, gesunde junge Amerikanerin, von deren Kraft und Optimismus er sich etwas abzweigen konnte. Ich wollte, daß er das tat. Ich fühlte, daß ich Kraft und Gesundheit erübrigen konnte, war dafür, daß sie für einen guten Zweck eingesetzt würden. Doch auch das mußte geheim bleiben, denn Marc hätte nie zugegeben, daß er irgendwelcher Hilfe bedurfte. Einige Zeit vorher hatte ihn regelmäßig eine Sozialarbeiterin besucht. „Einmal in der Woche", hatte er mir erzählt, „ist sie gekommen und hat mit mir geredet. Meistens hat sie Fragen gestellt. Das Dumme war nur, daß ihre Fragen für mich belanglos waren und daß nichts von dem, was sie in ihren Berichten schrieb, etwas mit der Wirklichkeit zu tun hatte. Sie war nicht dumm. Sie mußte zugeben, daß sie nicht viel für mich tun konnte, außer mir ein paar Stunden Gesellschaft zu leisten. Und da sie so bekümmert war, weil sie überhaupt nichts ändern konnte, war sie obendrein keine sehr gute Gesellschaft."

Es war zunächst nicht das wichtigste, mit Marc zu sprechen, denn es gab praktische Dinge zu tun. Er hatte draußen, auf dem kleinen Fleck Erde vor dem Häuschen, ein Feuer angezündet, und während die Sonne unterging, verbrannten wir alles, was nicht verwertet werden konnte. Aus der Nachbarschaft erschienen ein paar Kinder, um sich das rauchende Feuer anzusehen, und fragten sich ohne Zweifel, was wir da Verrücktes trieben. Ein toller Drang, Ordnung zu schaffen, ein Chaos zu beseitigen, hatte uns erfaßt. Wir waren dabei, einen Anfang zu machen. Wir waren wie Kinder, die ein Spielzeughaus bauen, aus einem Nichts etwas schaffen, in einem winzigen Maßstab am nationalen Aufbauwerk teilnehmen. Es gab so viele Details zu überlegen, so viele Dinge für das Haus zu entwerfen, das wir erschufen, daß uns keine Zeit blieb, über die Beziehung zwischen uns selbst viel nachzudenken.

Ich schrieb Listen von Sachen, die ich aus meinem Zimmer hierherbringen wollte, die gekauft werden mußten, die man vielleicht, von anderen Leuten weggeworfen, auf der Straße finden würde. Marc sollte sämtliche Flaschen im Haus einsammeln, zum Supermarkt oben auf dem Hügel bringen und mit dem Pfandgeld, das er dafür bekam, einen Teil der Stromrechnung bezahlen. Dann würde er das bißchen Wäsche, das nicht verbrannt worden war, zusammenpacken und in die Wäscherei bringen.

Als das Feuer niedergebrannt war und wir den Boden im Häuschen freigeräumt hatten, war es dunkel und ziemlich frisch geworden. Es gab nichts mehr zu tun. Ich fror und hatte Hunger. Ich wollte ein Bad nehmen, aber es gab keine Wanne und kein heißes Wasser. ,,Ich möchte nicht hier bleiben", sagte ich zu Marc, ,,und bei mir kannst du nicht übernachten." Er nickte. ,,Ich habe einen Freund."

Wir gingen hinaus ins Dunkel, über den unebenen Boden und die Stufen hinauf zum Kamm des Hügels, dann durch leeren Straßen zu dem Mehrfamilienhaus, in dem sein Freund wohnte. In der Wohnung trafen wir niemanden an. Im Kühlschrank war etwas zu essen, es gab heißes Wasser im Bad, und auf dem Boden lagen Matratzen. Dort schliefen wir in dieser Nacht. Wir besiegelten unseren Vertrag mit seinen Bedingungen, und unsere Berührungen hatten Zartheit, doch nichts Vibrierendes. Ich empfand körperlich nichts, kein Ineinanderaufgehen. Meine Gedanken flogen fort und zurück, während ich auf dem improvisierten Lager auf dem Boden in der Wohnung eines fremden Menschen lag; ich war Komplize, Schwester, eine Gefährtin vielleicht, aber keine Partnerin in der Lust. Unsere Umarmung war kurz, und danach lag ich fühllos-starr da, die Augen weit geöffnet und überdachte – während Marc schlief – immer wieder, was dieser Tag gebracht hatte. Einmal hatte er mir einen neugiereigen Blick zugeworfen und gesagt: ,,Du hältst dich für Florence Nightingale, stimmt's?" Ich hatte ihm keine Antwort gegeben, denn ein Ja hätte bedeutet, daß die Affäre beendet gewesen wäre, ehe sie begonnen hatte. Es machte Marc nichts aus, bei Busfahrern um eine Gratisfahrt oder auf der Straße um

Geld zu betteln, doch in persönlichen Dingen klammerte er sich an seine Würde. Die Gründe, warum ich mit ihm zusammen war, mußten geheim bleiben.

Am nächsten und an den darauf folgenden Tagen ging ich morgens zur Universität, während Marc den Tag mit Lesen, Spazierengehen, Besuchen bei Freunden verbrachte. Er war seit einiger Zeit ohne Anstellung. Wie lange schon, das wußte ich nicht. Im Unterschied zur großen Masse der Menschheit, sagte er einmal, brauche er die Arbeit nicht, um das Leben erträglich zu machen. Nun hatte er es sich zur Aufgabe gemacht, Sachen für das Häuschen aufzutreiben. Während ich an der Universität Vorlesungen hörte und für die *Jerusalem Post* Interviews machte, zog er los und sammelte Gegenstände ein, die er früher einmal Bekannten geliehen hatte, oder er feilschte mit arabischen Straßenhändlern um neue Sachen. Jedesmal, wenn ich mit dem Bus die lange Strecke zum Talgrund hinabfuhr und durch die Unkrautgärten zu Marcs Häuschen ging, fand ich beim Eintreten etwas Neues vor. Einmal stand ein kleiner elektrischer Grill auf dem Küchentisch neben dem Spülbecken, den Marc Jahre vorher jemandem geliehen hatte. Ein anderes Mal erschienen neue Teller, dann eine Teekanne, die kleine Lampe und schließlich ein paar Malerpinsel und mehrere Dosen Farbe.

An einem Wochenende tünchten wir die grünen Wände weiß. Wir säuberten die Gemüsekisten, die Freunde aus einem Supermarkt hatten mitgehen lassen, malten sie an und befestigten sie als provisorische Bücherregale an den Wänden. Wir bekamen von Leuten, die sich ein neues Ehebett kaufen wollten, alte Matratzen geschenkt, legten sie in dem inzwischen weißgestrichenen Raum aufeinander und breiteten eine Decke darüber. Das Häuschen sah nicht mehr heruntergekommen aus, sondern begann bohemehaft zu wirken: Es entwickelte Stil. Wenn Marc spätabends seine Kognakflasche herausholte und sich zu betrinken begann, redete ich mir ein, daß sich auch das ändern würde, daß sein Leben wieder in Ordnung kommen könnte, genauso wie sein Häuschen. Ich saß bei ihm, während seine Augen sich rot umränderten und sein Sprechen zu einem Lallen wurde, und bemühte mich zu ergründen, was ihn zu diesem Verhalten trieb. Marc seinerseits versuchte mir die Gründe zu entlocken, die mich veranlaßten, hier bei ihm zu sein. So verbrachten wir ganze Abende, ohne einem gegenseitigen Verstehen näherzukommen.

Gelegentlich kamen Freunde zu Besuch. Meine Freunde erschienen aus Neugier, um nachzusehen, wo ich geblieben war. Sie kamen in das

Tal wie Touristen, sahen sich bestürzt um, fanden wenig gemeinsamen Gesprächsstoff mit Marc und verabschiedeten sich mit der stummen Frage, was ich hier triebe. Sie spürten, daß mich irgendein Experiment beschäftigte, und waren überzeugt, daß es nicht lange dauern werde. Marc erschien ihnen als eine mitleiderregende, rätselhafte Figur, als ein seltsamer Kauz in diesem Land, das zu jener Zeit keine Gegenkultur oder alternative Lebensform kannte. Sie sahen, daß er sehr intelligent und daß sein Leben aus den Fugen geraten war, daß er Hilfe brauchte. Ein paar wenige waren von ihm angetan, die übrigen abgestoßen. Sie warteten darauf, daß ich wieder zu Sinnen käme und das unkomplizierte Studentenleben wiederaufnähme, das ich vorläufig unterbrochen hatte.

Marcs Freunde waren anders. Sie waren älter und schienen, auch wenn manche eine Arbeit hatten, am Rand der Gesellschaft zu leben. Die meisten hielten sich schon seit mehreren Jahren in Israel auf, hatten jedoch in keiner der konventionellen Formen Wurzeln geschlagen. Sie hatten nicht geheiratet, sie hatten sich nicht in die israelische Gesellschaft integriert, aber auch keinen engen Zusammenhang untereinander. Die meisten waren allein aus Osteuropa gekommen und führten ein einsames Leben, ohne Familie, ohne Bindung an irgendeine Gruppe. Für sie schien es in keiner Gesellschaft der Gegenwart wie der Vergangenheit einen Ort zu geben, einen passenden Platz. Das Leben jedes einzelnen von ihnen schien von Tragik und emotionaler Instabilität gezeichnet, und die Erklärung dafür hatte immer etwas mit der Verfolgung durch die Nazis oder der Einwanderung nach Israel zu tun. Sie waren zynisch, voll Mißtrauen gegenüber fremden Menschen, und ihr Hauptinteresse galt offenbar endlosen, komplizierten Gesprächen. Sie waren alle in irgendeinem Punkt Gescheiterte – in der Arbeit erfolglos, gesundheitlich geschwächt, unfähig, Bindungen zu anderen Menschen zu entwickeln.

Anfangs faszinierten mich diese Menschen. Ich saß oft dabei und sah ihnen zu, wie sie aus Gläsern Tee und danach Kognak tranken. Ich versuchte ihren Gesprächen über Kunst und Politik zu folgen. Auf ihren Gesichtern lag immer ein Ausdruck der Schwermut, so wie eine nicht ermüdende Frische und Naivität die in Israel lebenden Amerikaner kennzeichnete. Diese Schwermut hatte mich an dem Tag, an dem ich Marc kennenlernte, in ihren Bann gezogen. Sie hatte mich an das Melancholische bei Mutter und an den melancholischen Zug denken lassen, den ich mir selbst zuschrieb. Doch bei Marc und seinen Bekannten überschattete diese Eigenschaft alles andere. Sie fraß sich in die Unterhaltung, sie legte einen Eishauch über jedes Lachen, zersetzte alles, was sie berührte. Als ich mir klarmachte, wie wenig ich über Marcs Leben wußte, fand ich sie nicht mehr romantisch, sondern bedrückend. Sie machte mir Angst. Man mußte sich davor hüten. Ich wollte nicht wie Marc und seine Bekannten werden und konnte nicht einmal mit Gewißheit sagen, daß ich ihm half.

In der Mitte meines dritten Jahres in Jerusalem begann es mich nach Hause zu ziehen. Ich war nach Israel gekommen, um als Jüdin in einem jüdischen Staat zu leben, daneben aber auch – was mir allmählich aufging –, um selbst die Probleme zu erleben, mit denen meine Eltern es zu tun gehabt hatten, als sie aus der Tschechoslowakei in die Vereinigten Staaten auswanderten. Ich beherrschte nun die Sprache, die Jahrhunderte des Exils, der Zerstreuung, der Unterdrückung und den Holocaust überdauert hatte, eine Sprache, die meinem Großvater nicht geläufig gewesen war. Ich hatte dank meines Studiums und einfach dadurch, daß ich in der israelischen Gesellschaft lebte, die Fähigkeit erlangt, über den Zweiten Weltkrieg zurück in eine Geschichte zu blicken, die reich und groß, aber auch von Verfolgung geprägt war. Israel hatte mir eine jüdische Erziehung gegeben, viel besser, als jede Sonntagsschule sie vermitteln konnte, und viel breiter, als das, was ich von meinen Eltern und ihren Freunden mitbekommen hatte. Das Leben hier hatte mir gezeigt, daß ich fähig war, notfalls schwere Zeiten zu ertragen und einen Krieg zu überstehen. Ich hatte damals in dem Schutzraum im Grenzkibbuz und an der Universität unter meinen Kommilitonen, die alle beim Militär gedient hatten, Menschen erlebt, die nicht anders waren als ich selbst. Ich hatte gesehen, daß Mühsal und Gefahr ihnen nicht unbedingt einen edlen Charakter oder auch nur Mitmenschlichkeit gegeben hatten, daß deren Auswirkungen ebenso vielgestaltig waren wie die menschliche Natur.

Es war mir auch ganz klar geworden, daß ich meine eigene, individuelle Geschichte hatte, getrennt von der meiner Eltern. Ich war in New York aufgewachsen, nicht in Prag. Meine Neigungen, meine Wertbegriffe und meine Erwartungen ans Leben waren ebenso unvermeidlich von Amerika wie vom Geist des mitteleuropäischen Judentums geformt worden, in dem ich aufgezogen worden war. Ich las die Briefe meiner Eltern noch einmal und nun mit geschärftem Blick. „Ich habe 1948 beschlossen, in die Vereinigten Staaten zu gehen, damit Du in einem freien Land aufwachsen kannst", hatte mir Vater geschrieben. „Wir waren nach Kriegsende ein bißchen müde, und wäre es nicht Deinetwegen gewesen, wären wir wohl nicht ausgewandert. Deine Mutter wußte, daß es nicht einfach sein würde, besonders für mich nicht leicht, mit vierundvierzig Jahren noch einmal von vorn anzufangen. Ich verstehe Deinen Idealismus, was Israel betrifft. Doch mir, als einem ‚Überlebenden', liegt vor allem daran zu verhindern, daß unsere Familie noch weitere Verluste erleidet. Ich möchte, daß meine Kinder in Frieden leben, in einem Land, wo ihnen die besten Chancen geboten werden."

Die Zukunft, die ich in Israel sah, war eine der begrenzten Möglichkeiten. Ich spürte die Einengung durch die Feinde jenseits der Grenzen und begann, die freudige Erregung meiner Eltern sonntagvormittags zu verstehen, wenn sie meilenweit ins offene Land hinausfuhren. Ich sah die Einschränkungen, die das Leben in einem kleinen Land mit sich bringt, die beruflichen und kulturellen Einschränkungen, die viele im Land geborene Israelis veranlaßten, ihre Karriere im Ausland zu betreiben. Vor allem aber machte sich bei mir die Belastung bemerkbar, die ein permanenter Zustand leichter Spannung bewirkte, in dem es zum Alltag gehörte, daß man jederzeit auf Nachrichten über Tod und Zerstörung gefaßt sein mußte. Die Standardreaktion, der man damals in Israel begegnete, drückte sich in den Worte *Ein breira* aus, „Wir haben keine andere Wahl." Diese anhaltende Krisensituation hatte auch etwas für sich. Sie beseitigte die Bürde, wählen zu müssen. Sie machte Nachdenklichkeit und Zweifel zu einem Luxus, den man sich nicht leisten konnte, und reduzierte das Farbenspektrum des Lebens auf schwarz und weiß. Ich aber konnte frei wählen. Wie den meisten jungen Amerikanern bot sich mir eine Fülle von Entscheidungsmöglichkeiten, und ich entschied mich dafür, nach Hause zurückzukehren.

Aus Israel wegzugehen war so einfach nicht. Sogar fremde Leute schienen auf meine Entscheidung zu reagieren, als fügte ich ihnen eine persönliche Kränkung zu. Mein Wunsch, nach Hause zurückzukehren, setzte mich der Beschuldigung aus, ich drückte mich um eines bequemen Lebens willen vor einer moralischen Verpflichtung, und manche Freunde verbargen nicht, daß sie von mir enttäuscht waren. „Was willst du denn in Amerika?" fragten sie mich. „Siehst du nicht, daß Menschen wie du hier gebraucht werden? Bist du dir nicht im klaren darüber, daß ein Jude in der Diaspora nie sicher leben kann? Wie kann jemand wie du, nach allem, was deine Eltern durchgemacht haben, nicht sehen, daß Israel die einzige Lösung für die Juden ist?"

Die Leidenserfahrungen meiner Eltern hatten mich nichts dergleichen gelehrt. Im Gegenteil, sie hatten mich gelehrt, Ideologien und endgültigen Lösungen zu mißtrauen. Sie hatten in mir einen eingefleischten Widerstand dagegen erzeugt, mir von anderen definieren zu lassen, was ich sei und was ich zu tun hätte, selbst wenn solche Versuche von Juden ausgingen. Was meine Eltern erlitten hatten, hatte mir beigebracht, selbständig zu werden, unabhängig im höchsten Maß, und der Stimme meines eigenen Innern zu folgen. Ich hatte drei Jahre in Israel gelebt, studiert und gearbeitet und das Land lieben gelernt. Aber nun wollte ich Marc und den Krieg und menschliches Leiden hinter mir lassen. Ich wollte wieder nach Amerika. Die *Graduate School of Journalism* der Columbia University hatte mich angenommen, und im Sommer 1970 verließ ich Israel, um nach Hause zurückzukehren.

17

"Leiden?"

Deborah Schwartz blickte mit gezügelter Neugier zu mir hoch. Selbst wenn sie verblüfft war, zeigte ihr Gesicht Würde und Selbstbeherrschung. „Leiden?" wiederholte sie. „Nein, ich wollte nie leiden. Und schon gar nicht, um eine Gemeinsamkeit mit meinen Eltern herzustellen oder um mir selbst etwas zu beweisen. Aus welchem Grund sollte jemand freiwillig leiden, leiden *wollen*? Ich hatte mehr als genug vom Leiden. Im Gegenteil, ich habe mich beauftragt gefühlt, nach einem erfüllten Leben zu streben und einen Ausgleich für das zu schaffen, was meine Eltern verloren hatten. Ich fühlte eine Verpflichtung gegenüber meinen Verwandten, die zugrunde gegangen waren, und gegenüber meinen Eltern, die überlebt hatten, aber diese Verpflichtung hat darin bestanden, die Vergangenheit neu zu sehen. Ich hatte das Gefühl, mein Leben gehört mir nicht ganz allein, und ich wollte so viel wie möglich daraus machen. Hast du nie empfunden, daß sie alle von dort oben auf dich herabschauen? Hast du nie gehofft, daß sie sich trösteten, sie seien nicht vergeblich gestorben? Ich wollte keinen von ihnen enttäuschen. Sie sollten stolz auf mich sein."

Im Sommer 1970, zur Zeit meiner Rückkehr aus Israel, hatte sich Deborah eifrig auf den Miss-America-Schönheitswettbewerb vorbereitet, der alljährlich im September in Atlantic City stattfand. Sie war damals achtzehn Jahre alt, schlank, munter, selbstsicher, ein überaus braves Mädchen, und es war ein Wunder, daß ihre drei jüngeren Geschwister sie ertragen konnten. Jeden Morgen machte sie eine Reihe von Spezialübungen, um ihren Körper noch besser in Form zu bringen. Jeden Tag lag sie regungslos in der Sonne, um sich gleichmäßig bräunen zu lassen. Stundenlang spielte sie auf ihrem Flügel wieder und wieder Chopins *Revolutionsetüde*, darum bemüht, jeder musikalischen Phrase das Äußerste an Dramatik und Nuancierung abzugewinnen. Ihre Darbietung, wenn es soweit war, mußte hinreißend sein, ebenso hinreißend, wie Deborah selbst zu wirken hoffte, und wenn alle Mitglieder der Familie Schwartz bis zum September die Etüde im Schlaf pfeifen konnten, was lag daran? Die ganze Familie war an der Operation beteiligt.

Wochenlang lebte Deborah von Diätsodas, Salaten ohne Sauce und von magerem Fleisch. „Meine Eltern haben mich nicht aus dem Auge gelassen", sagte sie. „Vater hat mir Kekse aus dem Mund gezogen, wenn er mich dabei erwischte, daß ich welche aß. Das ganze Haus stand unter Hochspannung. Alle haben an jedem Detail Anteil genommen. Ich fühlte mich von einer ganz großartigen Solidarität gestützt. Die ganze Stadt kannte mich: die Tankstellenwärter, die Briefträger, die Leute in den Läden, die Kinder auf der Straße. Immer wieder sind Leute zu Vater in die Fabrik gekommen und haben gefragt: ‚Die Deborah, ist das Ihr Kind? Für uns gibt es keinen Zweifel, daß sie gewinnen wird. Sie sollen wissen, daß wir voll hinter ihr stehen!'"

Meine Eltern waren sehr glücklich. Sehr aufgeregt. Und es hat mir wohlgetan, daß ich ihnen soviel *naches*, soviel Freude, bereiten konnte. Ich dachte, daß ich gewinnen würde. Nicht, weil ich von meinem Aussehen so begeistert war, obwohl ich fand, daß ich die wesentlichen äußeren Vorbedingungen besaß, um die Krone zu bekommen. Ich war überzeugt, ich hatte eine besondere Botschaft für die Leute. Zu gewinnen, das wäre ein Sieg für mich, habe ich gedacht, aber auch ein Sieg über die Vergangenheit, ein Sieg für die Minderheiten, die verfolgt worden waren, und ein Sieg für meine Eltern, die überlebt hatten. Daß jemand mit meinem Lebenshintergrund, dessen Mutter mit sechzehn in Auschwitz gewesen war, hier in Amerika so hervortreten könnte, das wäre eine große Leistung. Amerikanerin zu sein, hat mir mehr bedeutet als jedem anderen Mädchen in Atlantic City. Für mich war es keine Selbstverständlichkeit."

Deborah Schwartz erzählte mir das alles mit einer kühlen, freundlichen Stimme, die nie unsicher wurde oder vor Verlegenheit stockte, selbst dann nicht, wenn sie in Allgemeinplätzen redete. Sie war, noch acht Jahre nach dem Wettbewerb, unerschrocken patriotisch gesinnt, und es war ihr ohne weiteres zuzutrauen, daß sie über die Vereinigten Staaten Dinge sagte, wie sie die meisten jungen Leute mit Werbeplakaten der Armee, den konservativen *Töchtern der Amerikanischen Revolution* oder den Ansprachen unerschütterlich optimistischer Politiker wie des verstorbenen Senators Hubert H. Humphrey assoziierten. Tatsächlich hatte ihr Ehrgeiz von jeher der Politik gegolten. Schon als kleines Kind hatte sie sich in Träumereien ausgemalt, sie würde einmal eine Königin werden wie Esther in der Bibel, die den Perserkönig Xerxes geheiratet und ihr Volk gerettet hatte. Später hatte sie solche Phantasien weiter ausgesponnen: Sie hatte sich vorgestellt, daß sie einen arabischen Führer wie Präsident Nasser von Ägypten oder König Hussein von Jordanien heiraten und zwischen den feindlichen Parteien im Nahen Osten Frieden stiften werde. Als sie dann zur Schönheitskönigin gewählt wurde, lebte sie diesen Traum aus.

In Atlantic City fanden die Journalisten, daß sie etwas aus dem Rahmen der herkömmlichen Schönheitsköniginnen falle. In den Pressemappen, die sie erhielten, waren die Auszeichnungen, Zukunftspläne und Lieblingssportarten jeder der teilnehmenden jungen Frauen aufgeführt. Miss Louisiana war eine „Uni-Schönheit" aus der „pompom linie", der ersten Reihe der Cheerleaders, Miss Alabama „Präsidentin des Sportprogramms in ihrer College-Verbindung" gewesen. Die meisten Königinnen aus den Bundesstaaten beabsichtigten, Diplome als Krankenschwestern, Volksschullehrerinnen, Sportlehrerinnen oder in Hauswirtschaft zu erwerben, nachdem sie das College abgeschlossen hatten. Wenn sie Sport trieben, dann vorzugsweise Wasserski, Schwimmen und Tennis. Sie hatten wenig aufregende, ziemlich kindliche Hobbys.

Deborah war in mehrfacher Hinsicht anders. Sie war Präsidentin ihres regionalen Zweigs der B-nai-B'rith-Jugendorganisation und Mitglied in einem Komitee zur Betreuung vietnamesischer Kinder gewesen, die während des Krieges Brand- und andere Verletzungen erlitten hatten. Sie hatte vor, im College Politikwissenschaft als Hauptfach zu nehmen und danach die Rechte zu studieren. Sie gab Schach und Laufen als ihre Lieblingssportarten an. Doch der auffallendste Unterschied zwischen ihr und den neunundvierzig Schönheitsköniginnen der anderen Bundesstaaten trat zutage, als die Juroren ihre Bewerbung prüften. *Ich bin eine Amerikanerin der ersten Generation,* hatte sie geschrieben. *Nachdem sie den Nazi-Holocaust im Zweiten Weltkrieg überlebt hatten, kamen meine Eltern, heimatlos und verwaist, auf der Suche nach einem neuen Leben nach Amerika. Ich hoffe, einmal als Botschafterin ins Ausland gehen zu können, aber zunächst sehe ich meine Mission darin, den Amerikanern ein Wort über Amerika zu sagen. Ich will es meinen Altersgenossen, ihren Eltern und allen Menschen sagen, denen ich begegne. Ich fühle mich verpflichtet, an die Amerikaner zu appellieren, sich am ,,größten Experiment im Streben nach menschlicher Freiheit und Würde, das der Mensch jemals unternommen hat'' zu beteiligen – der Demokratie in unserem Land! Das Leben ist viel zu kurz, um es an Kriege und kleinliche Mißverständnisse zu verschwenden.*

,,Großer Gott, war ich damals idealistisch!'' sagte Deborah jetzt, und ihre schön gezeichneten, blaugrauen Augen weiteten sich. Obwohl sie seit sechs Jahren verheiratet war und mittlerweile zwei Kinder hatte, wirkte und sprach sie noch ganz ähnlich wie das schlanke, ehrgeizige, idealistische Mädchen, das sich vorgenommen hatte, Atlantic City im Sturm zu erobern. Sie hatte ein geradezu irritierendes Sendungsbewußtsein an sich, die von keinem Zweifel angefochtene Rechtschaffenheit eines gehorsamen ältesten Kindes, das jede, aber auch jede Erwartung seiner Eltern eingelöst hat.

Diese Eigenschaft stand neben einer heimlichen, aber hartnäckigen Unsicherheit, was die Zukunft betraf. Seit ihrer Kindheit war Deborah von Albträumen geplagt worden, in denen sie und ihre Familie von Männern gejagt wurden, Angehörige starben oder umgebracht wurden. Wenn sie in ein Konzert oder zu einer Versammlung ging, beschäftigte sie oft der Gedanke, ob vielleicht jemand in dem Gebäude heimlich eine Sprengladung gelegt habe. Mußte ihr Mann über Nacht wegbleiben, stellte sie vor der Haustüre Flaschen in einer Reihe nebeneinander – ein Frühwarnsystem, daß es ihr ermöglichen sollte, rechtzeitig zu fliehen.

,,Es ist wie dein eiserner Kasten'', sagte sie. ,,Ich habe in mir ein Riesenproblem, das mich bedrückt. Ich überlege immer, was ich tun würde, wenn ich die Flucht ergreifen müßte. Wo sind die Ausgänge? Zu wem würde ich fliehen? Wer würde mich und meine Kinder verstecken, wenn wir ein Versteck brauchten?" Deborah bezauberte fremde Leute mit ihrer bedächtigen südstaatlichen Art, allzeit zum Lächeln bereit, doch sie selbst brauchte lange, sich anderen Menschen zu öffnen. Sie war argwöhnisch gegenüber dem äußeren Anschein, vorsichtig, skeptisch. Sie hatte ein starkes Quantum jener Wachsamkeit, die ich bei allen von mir befragten Kindern von Holocaust-Überlebenden festgestellt hatte. Mehr als ein Jahr hatte sie gebraucht, bis sie fand, daß sie mir vertrauen könne.

Wir hatten uns angefreundet, ein höchst ungleiches Paar von Freundinnen. Ein flüchtiger Beobachter hätte sicher nichts Gemeinsames gefunden, das uns verband. Sie war eine gewissenhafte Ehefrau und Mutter, die es nebenher noch schaffte, jede Woche fünfzehn Kindern Klavierstunden zu geben. Ihre Familie und ihr Haushalt nahmen sie derart in Anspruch, daß sie nur selten die Zeit fand, ein Buch von vorne bis hinten zu lesen. Ich war eine gewissenhafte Schriftstellerin und verbrachte meine Tage zumeist allein, war nie verheiratet gewesen und hatte das Leben in Suburbia als eine Art Friedhof betrachtet. Trotzdem fuhr ich mit der Bahn hinaus in die Vorstadt, um Deborah zu besuchen, und sie kam in die Stadt, um mich zu sehen. Es machte uns Freude, beisammen zu sein. Daß wir beide so verschiedene Wege eingeschlagen hatten, war für mich deshalb interessant, weil wir als Kinder und Heranwachsende sehr ähnlich gewesen waren. Wir hatten beide ein überaus enges Verhältnis zu unseren Eltern und uns beide in der Gesellschaft von Erwachsenen wohl gefühlt. Beide hatten wir in der Schule, im Sport, im Musikunterricht sehr gute Leistungen erbracht. Die Leute hatten uns bemerkt und sich an uns erinnert, zum großen Verdruß unserer jüngeren Brüder. Wenn Deborah über ihre Kindheit sprach, war mir manchmal, als schilderte sie mich.

„Vater ist der einzige Überlebende einer neunköpfigen Familie", hatte sie in dem gleichen klaren, unbeteiligten Ton sagen gelernt, den ich mir angewöhnt hatte, wenn ich über meinen Vater sprach. „Mutters Eltern, ihr Bruder, damals noch ein Baby, und die meisten ihrer Verwandten wurden ebenfalls umgebracht. Sie beide stellen die Glieder einer Kette dar, die Hitler nicht zugrunde richten konnte, und ich sehe mich selbst als ein weiteres Glied dieser Kette. Meine Eltern haben nie vor mir zu verheimlichen versucht, daß sie gelitten und was sie verloren haben, und ich habe immer das Verlangen empfunden, mehr zu erfahren, obwohl es weh getan hat. Ich hatte immer einen Brocken, hart wie Stein, im Hals, wenn wir über das Thema sprachen, habe aber nie vor ihnen geweint. Ich weiß, sie hätten es nicht verkraftet. Sie können es nicht mitansehen, wenn irgendeins ihrer Kinder leidet. Es regt sie schon auf, wenn einer von uns nur ein bißchen Kopfschmerzen hat. Wenn sie mich unglücklich oder krank sähen, würden sie das als Strafe empfinden, und ich wollte sie nicht bestrafen. Ich habe immer gefunden, daß meine Eltern mehr als ihren Anteil gelitten haben, und wollte auf gar keinen Fall, daß sie noch mehr zu leiden hätten, wenn ich unartig oder respektlos zu ihnen wäre.

Ein braves Kind zu sein war Deborah ebenso leicht gefallen wie mir, obgleich sie sich, wie ihr Bruder Joseph, immer als verschieden von allen Leuten empfand, die sie kannte. „Im Süden", sagte sie zu mir, „sind die Familien tief verwurzelt, Generation um Generation. Man kauft ein Stück Grund und sagt sich: Hier wird die Familie in Zukunft leben. Meine Eltern haben nicht so gedacht. Sie sind in den Süden gezogen, weil dort eine Fabrik zum Verkauf stand. Es gab keine Bindungen, die sie veranlaßten, dort zu leben, und für mich auch nicht. Ich habe mich noch nirgends verwurzelt gefühlt. Ich bin in einer Kleinstadt aufgewachsen, wo wir nicht nur anders waren als die Leute sonst, sondern auch anders als die Juden am Ort."

Auf ihr Anderssein, sagte Deborah zu mir, sei sie stolz, es gebe ihr Stärke und Richtung. In der St. Catherine's School, wo sie in ihrer Klasse von fünfunddreißig Mädchen das einzige jüdische gewesen war, hatte sie es sich zur Aufgabe gemacht, ihren Mitschülerinnen Aspekte der jüdischen Religion zu erläutern. Sie brachte ihnen und den Nonnen, ihren Lehrerinnen, die hebräischen Wörter bei, die sie kannte. Wenn sie an der Reihe war, das Schulgebet zu sprechen, sagte sie das *Schema Israel* auf. Als Schulsprecherin wob sie Hinweise auf den Holocaust in ihre Ansprachen. Sie behauptete zwar, in der Schule nie ein antisemitisches Vorkommnis erlebt zu haben, aber ich hatte den Eindruck, daß Deborah, wenn so etwas doch vorgekommen war, sicher viel zu stolz gewesen wäre, es zu registrieren. Eine Übersicht über ihre Leistungen auf der High-School las sich wie eine Stellenbewerbung. In den nichtsportlichen Fächern hatte sie immer zu den drei besten Schülerinnen in der Schule gehört. Sie hatte sich auch im Sport hervorgetan und war zumeist Kapitän oder beste Spielerin ihrer Baseball-, Basketball- oder Leichtathletikmannschaft gewesen. Sie hatte von der

National Federation of Music Clubs, vom *Scholastic Magazine* und von der B'nai-B'rith-Jugendorganisation gestiftete Preise errungen. Sie hatte Artikel für die Jugendseite des Lokalblattes geschrieben. Nach der Schule hatte sie schwarzen Kindern Nachhilfeunterricht gegeben und auch als Freiwillige mit geistig zurückgebliebenen Kindern gearbeitet. „Ich habe mich nie gelangweilt", sagte sie zu mir. „Ich war immer sehr beschäftigt, und das war gut so. Ich war mir sehr bewußt, daß meine Wurzeln in Europa brutal ausgerissen worden waren und daß niemand sich darüber Gedanken gemacht hatte. In den Jahren, als ich heranwuchs, habe ich mir oft Gedanken über andere gemacht, besonders über Menschen, die verfolgt wurden oder weniger glücklich dran waren als ich, und das hat mich dazu motiviert, zu helfen und für das Gute einzutreten. Ich glaubte, wie die menschliche Natur nun einmal ist, wird sich die Vergangenheit wahrscheinlich irgendwann in der Zukunft wiederholen. Ich habe gefunden, den Menschen sollte die Vergangenheit bewußt gemacht werden, und deshalb habe ich darüber gesprochen."

Die Nonnen in der St. Catherine's School hatten Deborah bei ihrem Einsatz ermutigt, ihre Klassenkameraden in diesem südstaatlichen Internat hingegen weniger Verständnis gezeigt. „Sie waren Mädchen von der Sorte, wie man sie in den Magazinen *Ingenue* und *Seventeen* sah", sagte Deborah. „Sie haben sündhaft teure Schuhe und exquisite Sachen getragen. Die Hälfte von ihnen kam von außerhalb des Ortes. Sie stammten aus Familien, die Mitglieder in Country Clubs waren. Sie haben Tennis gespielt und sind geritten. Als ich, mit fünfzehn, sechzehn, in das Alter kam, wo man anfängt, auf Partys zu gehen, wurde ich nie dazu eingeladen. Mädchen in der Schule haben mir aus Bosheit davon erzählt."

Deborah legte eine Pause ein, um sich ihre Worte gut zu überlegen, und wieder staunte ich über ihre vorsichtige und auf Würde bedachte Art. Sie hielt sich nicht gern lange mit – wie sie es nannte – „negativen Dingen" auf, und ebensowenig mochte sie Leute, die sich ein Vergnügen daraus machten, schlechte Nachrichten zu verbreiten. Sie war nicht die Art Mensch, die jemals zugeben würde, gedemütigt worden zu sein. Sie achtete auch sehr darauf, keine Brücken hinter sich zu verbrennen, über die sie später einmal vielleicht würde gehen müssen.

„Ich war in der Schule akzeptiert", sagte sie dann, „und wir haben viel miteinander telephoniert, wie es die meisten jungen Mädchen tun. Doch was das gesellige Leben betrifft – sowas hatte ich nicht. Ich bin kaum je mit Jungs ausgegangen. Ich habe gewußt, daß es meine Eltern tief treffen würde, wenn ich anfinge, mit nichtjüdischen Jungs auszugehen. Ich hätte es hinter ihrem Rücken tun müssen, und das wollte ich nicht. Ich habe mich meinen Eltern sehr verpflichtet gefühlt und mir einfach nicht vorstellen können, mich gegen ihren Willen mit Jungs zu treffen, ihnen, nachdem sie soviel durchgemacht hatten, noch mehr Sorgen zu bereiten.

Ich dachte immer daran, was sie mitgemacht hatten, und besonders dann, wenn wir eine Meinungsverschiedenheit hatten. Wenn ich irgendwas angestellt hatte, hat Mutter gesagt: *Wie kannst du es wagen, mich so respektlos zu behandeln? Mir zu widersprechen. Wenn ich nur meine Mutter hier hätte!* Immer wenn sie mit uns schimpfte, kam sie damit, um dem, was sie sagte, noch mehr Nachdruck zu geben, um uns damit zu beeindrucken. Und weißt du – es hat mich beeindruckt. Was kann man darauf sagen? Es gibt nichts zu sagen. Wenn ich eine Nacht bei einer Freundin verbringen wollte, Mutter aber dagegen war, wenn ich ins Kino wollte und sie es mir abschlug, sagte ich mir, daß ich kein Recht hätte, mich dagegen aufzulehnen. Was man selbst leidet, steht in keinem Verhältnis zu dem, was sie erleiden mußten. Ich glaube nicht, daß sie es getan hat, um mir ein schlechtes Gewissen zu machen. Ich denke, was sie wirklich gemeint hat, war: *Wie kannst du diese Sache so wichtig finden, daß du imstande bist, mir zu widersprechen? Du kennst das?"*

Ich kannte es. Und ob ich es kannte! Beinahe jedes von mir befragte Kind von Holocaust-Überlebenden hatte von dem gleichen Verhaltensmuster erzählt, das sich über Auseinandersetzungen in der Familie legte. Ob es bei dem Streit um eine Mahlzeit, neue Schuhe, eine Übernachtung bei Freunden, das College, die Heirat oder eine Reise ging, die Diskussion bewegte sich jedesmal vom eigentlichen Streitpunkt weg und auf die Frage zu, auf welcher Seite mehr gelitten wurde. *Wie kannst du mir nur weh tun?* fragte unsere Mutter oder unser Vater, stumm oder in Worten. *Wie kannst du uns noch mehr leiden lassen?* Manche Kinder von Überlebenden, mit denen ich sprach, wurden von dieser Logik einfach außer Gefecht gesetzt. „Ich wußte nicht, was ich dazu sagen sollte", bemerkte ein junger Arzt im Gespräch mit mir. „Ich hatte ihnen doch nichts getan. Ich war ja schließlich kein Deutscher." Andere reagierten mit einem Zorn, der immer stärker wurde, bis sie kaum mehr mit ihren Eltern sprechen konnten. „Es war schlicht und einfach emotionale Erpressung", sagte der junge Direktor einer Ballettkompanie. „Alles, was sie getan haben, ihre Übellaunigkeit, ihre Nervosität, ihre Aburteilungen – alles war entschuldbar wegen ‚des Krieges'. Ich wurde immer der Undankbarkeit beschuldigt. Ich hatte immer das Gefühl, sie wollten mir Gewissensbisse machen, und das habe ich abgelehnt. Warum sollte ich mir schuldig oder undankbar vorkommen?"

Andere, wie Deborah und ich selbst, hatten die Sichtweise ihrer Eltern übernommen, sie sich in einem solchen Maß zu eigen gemacht, daß deren Wertvorstellungen und Lebensziele von ihren eigenen nicht mehr zu unterscheiden waren. Wir vergalten die Gefühle, die in unser Leben investiert worden waren, mit einer absoluten Loyalität gegenüber unseren Eltern. Wir sahen uns – zum Teil – als Fackelträger, die, wenn sie einen Erfolg errangen, ihn nicht nur für sich selbst, sondern auch stellvertretend für sie errangen.

Deborahs Interesse an Schönheitswettbewerben war genau genommen von ihrer Mutter angefacht worden. Jedesmal, wenn Mrs. Schwartz ihre Tochter zum Tanzunterricht oder zum Kinderphotographen geführt hatte, war ihr gesagt worden, daß Deborah ungewöhnlich hübsch und liebenswert sei und eine Persönlichkeit habe. Im Süden der Vereinigten Staaten war die Schönheitskönigin eines Bundesstaates eine öffentliche Figur, die beinahe den gleichen Bekanntheitsgrad erreichte wie der Gouverneur. Als Deborah in der High-School war, hatte Mrs. Schwartz bereits Erkundigungen über die Auswahlprozedur eingezogen und die Überzeugung gewonnen, daß ihre Tochter Gewinnchancen habe. Sie betrachtete den Titel der Schönheitskönigin eines Bundesstaates als eine der höchsten Ehrungen, nach denen im Süden ein Mädchen streben könne, und Deborah selbst dachte auch so, als sie in ihrem vorletzten Jahr auf der High-School war.

Allerdings ließ sie gegenüber den Leuten, die sie kannte, nichts davon verlauten, daß sie vorhatte, sich an irgendeinem Wettbewerb zu beteiligen. „Fast alle meine Freundinnen haben sich abfällig darüber geäußert", sagte sie. „Sie fanden, das sei eine Fleischbeschau. Jüdische Mädchen täten so etwas nicht. Ich war ganz anderer Meinung. Es hat mir Spaß gemacht, mich dort vor all den Leuten hinzustellen. Ich habe den Badeanzug-Wettbewerb gewonnen und war stolz darauf. Vor allem aber war mir sehr stark bewußt, daß der Titel mir zu einer Plattform verhalf. Ich habe Bess Myerson bewundert und wußte, es hat ihr für ihre Karriere sehr viel genützt, daß sie Miss America war. Es bot eine Möglichkeit, rasch nach vorn zu kommen, und hat einem alle möglichen Türen geöffnet. Als Miss America bekommt man ein Stipendium für eine Universität seiner Wahl, und ich wollte nach dem College die Rechte studieren. Hätte ich den Titel errungen, wäre mein Studium finanziert gewesen, und außerdem hätte es mir eine Eintrittskarte in die Welt der Politik verschafft. Ich habe gefunden, daß die anderen aus der Position der Miss America nicht genug machten. Ich dachte viel politischer als andere Mädchen, die nach Atlantic City kamen, und glaube heute noch, das hat eine Rolle dabei gespielt, daß ich nicht gewonnen habe."

Miss Texas, die einen Krebs als Maskottchen mitgebracht hatte, war in jenem Jahr in Atlantic City Siegerin geworden, und Deborah war enttäuscht nach Hause zurückgekehrt. Immerhin hatte sie durch den Wettbewerb mehr über Menschen und politische Manipulationen gelernt, als sie für möglich gehalten hatte. Sie nahm sich vor, aus ihrem ‚Regierungsjahr' als Schönheitskönigin ihres Bundesstaates soviel herauszuholen, wie sich nur herausholen ließ. Sie führte eine Parade an, tanzte den jüdischen Volkstanz Hora und hielt eine programmatische Rede, in der sie gegen die Behandlung der Juden in der Sowjetunion protestierte, was der Lokalzeitung die Schlagzeile eingab „Deborah Schwartz . . . eine Extremistin?' Sie sprach vor beiden Häusern des bundesstaatlichen Parlaments, erwähnte dabei ihre Familiengeschichte und forderte eindringlich zu Aktionen auf, um das schwere Los politischer Gefangener zu lindern. Dann trat sie das Mikrophon an ihre Mutter ab, die die vermutlich einzige Rede eines Holocaust-Überlebenden vor dem Parlament eines südlichen Bundesstaates hielt.

Ein ganzes Jahr lang war Deborah, mit ihrer Mutter als offizieller Begleiterin, damit beschäftigt, Jahrmärkte, Krankenhäuser, Armee- und Marinestützpunkte zu besuchen und bei politischen Veranstaltungen zusammen mit Persönlichkeiten wie Präsident Richard Nixon, Vizepräsident Spiro Agnew sowie mit prominenten, in Amerika zu Besuch weilenden Personen wie der Ehefrau Mosche Dajans aufzutreten. Sie traf mit Stadtdirektoren und Bürgermeistern zusammen, sie erwarb Geschick im Umgang mit der Presse und verlor viel von ihrer Naivität. Außerdem kam sie in diesem Jahr ihrer Mutter noch näher, als sie es ohnedies schon war.

„Wir sind zusammen durch den ganzen Staat gefahren", sagte Deborah. „Es war das erste Mal, daß sie sich von der Arbeit in unserer Firma und der Betreuung der Kinder freinahm, und sie hat es wirklich genossen. Ich hatte immer den Eindruck, daß sie sich hinter alle anderen zurückstellte und nie genug auf sich selbst sah. In diesem Jahr wirkte sie gesünder als je vorher. Es hat ihr gutgetan. Sie hat mir zwar nicht gesagt, daß sie ihre Wunschträume auslebte, aber ich habe gewußt, daß wir beide die Dinge taten und die Persönlichkeiten kennenlernten, die sie in meinem Alter vielleicht auch gern getan und kennengelernt hätte."

Als dann im Sommer 1971 Deborahs ‚Regierungszeit' zu Ende ging, war sie erschöpft. Zum erstenmal in ihrem Leben schlief sie bis in den Vormittag, blieb zu Hause, las zwar, tat aber sonst nicht viel. Im zurückliegenden Jahr war sie dem Licht der Öffentlichkeit im Übermaß ausgesetzt gewesen. Sie hatte genug von Menschenansammlungen und Publicity. Sie wollte ihre unterbrochene College-Ausbildung fortsetzen. Und sie wollte auch aus dem Süden weg. Verschiedene Organisationen und politische Gruppen forderten sie auf, für sie zu arbeiten, doch sie lehnte ab. Sie hatte vor, an der University of California in Los Angeles ihren Bachelor zu machen und sich danach bei der juristischen Fakultät zu bewerben.

„Damals habe ich mir nicht viel Gedanken übers Heiraten und junge Männer gemacht", erzählte sie. „Mit neunzehn hatte ich nicht viele Erfahrungen auf diesem Gebiet. Ich war nie mehr als zweimal mit demselben Jungen ausgegangen. An der High-School habe ich mich nie mit einem Jungen getroffen, und als ich Staatskönigin war, hatte ich keine Zeit dafür. Ich habe nie zu der Sorte Mädchen gehört, die herumsaßen und von jungen Männern träumten. An den Samstagabenden habe ich gelesen oder mich mit meinen Eltern unterhalten oder mit meinen Freundinnen geplaudert. Von seiten meiner Eltern habe ich keinen Heiratsdruck gespürt. Ich dachte, das kommt später, ich werde heiraten, wenn ich um die fünfundzwanzig bin."

Deborahs Eltern waren in orthodoxen Familien in Ungarn aufgewachsen. In Amerika hatten sie es zwar mit dem Besuch der Synagoge nicht mehr so genau genommen, doch was den Punkt der Verheiratung ihrer Kinder betraf, an einer konservativen, traditionellen Sicht festgehalten. Wenn sie aus geschäftlichen Gründen in New York waren, erkundigten sie sich oft nach passenden jungen Männern für ihre Tochter. Sie wünschten einen charakterfesten jungen Mann aus einer guten, jüdischen Familie, die wohlhabend war. Lernten sie die Eltern eines in Frage kommenden Kandidaten kennen, erzählten sie von ihrer Tochter und zeigten ihnen stolz Photographien von Deborah. „Damals habe ich nicht den Eindruck gehabt, daß sie darauf aus waren, mich unter die Haube zu bringen", sagte Deborah, „aber jetzt sehe ich, daß es so war. Wenn sie mir vorschlugen, mit jemandem zusammenzukommen, hatte ich nichts dagegen. Ich weiß, manche Kinder hätten zu ihren Eltern gesagt, das geht euch nichts an, aber die Sache war mir nicht sehr wichtig. Ich bin mit keinem Jungen gegangen. Meine Eltern waren für mich keine Feinde. Sie wollten nur das Beste für mich."

Eines Tages im August 1971 sagte Deborahs Vater zu ihr, er habe ein Ehepaar, das er bei einer Bar-Mizwa-Feier kennengelernt habe, für kommenden Sonntag zum Brunch eingeladen und sie möge bitte zu Hause sein. Die beiden waren ungarische Juden, die nach dem Krieg nach Israel ausgewandert, dort wieder weggegangen waren und sich schließlich in Kanada niedergelassen hatten. Ihr Lebenshintergrund hatte große Ähnlichkeit mit dem der Eltern Schwartz, und sie hatten einen Sohn, der vier Jahre älter als Deborah war. „Mein Vater hat immer nach Holocaust-Überlebenden Ausschau gehalten", berichtete sie mir. „Wenn er nach New York fliegt oder nach Toronto kommt, besucht er jedesmal Menschen, die während der Verfolgungszeit Ähnliches durchmachen mußten, und Leute aus seinem Heimatort. Die engsten Freunde meiner Eltern waren Überlebende; sie waren für uns wie Angehörige. Als also dieses Ehepaar aus Kanada zum Brunch kam und ungarisch sprach und über den Krieg redete, kam es mir vor, als lernte ich Verwandte kennen. Sie haben mir Aufnahmen von ihrem Sohn Joshua* gezeigt. Vater begann mit meinen Trophäen und meiner Krone zu prunken. Er hat Joshuas Vater Photos von mir mitgegeben. Ich vor einer Düsenmaschine. Ich beim Schönheitswettbewerb in Atlantic City.

Das war für mich nichts Neues. Manchmal, wenn Besuch zu uns kam, habe ich mich ans Klavier gesetzt und gespielt. Ich war es gewohnt, Leuten etwas vorzuspielen. Manchmal bin ich mir zwar wie ein dressierter Affe vorgekommen, habe aber trotzdem gespielt. Ich war ein braves Kind. Ich habe gemerkt, daß Vater diese Leute nett fand. Er war der Meinung, daß die Familie alle Voraussetzungen mitbrachte. Joshuas Vater hat mich sehr nett gefunden. Er wollte, daß Joshua am nächsten Wochenende mit dem Flugzeug kommt, damit er mich kennenlernt, aber Joshua war nicht bereit, wegen eines Mädchens irgendwohin zu fliegen. Dafür hatte er zuviel Selbstachtung."

Als der Sommer vorüber war, kehrte Deborah auf ein College-Se-

---

* Name von der Autorin geändert

mester an die University of Miami zurück, wo sie vorher Sommerkurse belegt hatte. Der Zufall fügte es, daß Joshuas Arbeitsstipendium ihn auf ein Vierteljahr nach Miami geführt hatte, und die beiden lernten einander schließlich kennen, als Deborah sich erbot, ihm bei der Suche nach einer Unterkunft behilflich zu sein.

„Er kam mit seinen Eltern", erzählte sie, „und ich weiß noch, daß ich sie beide auf die Wange geküßt und dann Joshua die Hand gegeben habe. Ich war zwar nicht hingerissen von ihm, habe mir aber seiner Eltern wegen große Mühe gegeben, ihn bei der Quartiersuche zu unterstützen. Ich habe von jeher gegenüber Überlebenden ein Gefühl der Nähe empfunden. Sie kommen einem ähnlich wie die Eltern und alle die Menschen vor, die gestorben sind. Ich habe alle Überlebenden mit meinen Eltern gleichgesetzt und mir ein sehr einseitiges Bild von ihnen gemacht. Meine Eltern waren anständige, großzügige Menschen, in geschäftlichen Dingen sehr honett und bei ihren Mitbürgern geachtet. Ich glaubte, daß der Krieg sie so gemacht hatte, daß sie mit menschlicher Anständigkeit das von ihnen erlebte Böse besiegt hatten und daß das für alle Überlebenden gilt. Und dann waren meine Eltern auch immer so herzlich, wenn sie mit anderen Juden aus Ungarn zusammentrafen. Sie waren für mich das Leitbild: Gegenüber Überlebenden verhält man sich anders als gegenüber anderen Leuten. Man ist toleranter. Man stellt manches in Rechnung. Erst später hat dann Vater gesagt: ,Denkst du, alle Überlebenden sind gute Menschen, nur weil sie die Verfolgungszeit überstanden haben? In den Lagern waren auch schlechte Menschen.' Auf diesen Gedanken wäre ich nie gekommen. Natürlich habe ich mich mit ihnen verbunden gefühlt. Wenn ich in New York oder in Israel aufgewachsen wäre, dann wäre es vielleicht keine so große Geschichte gewesen, jemanden wie Josh kennenzulernen. Doch dort, wo ich aufgewachsen bin, war es etwas Tolles, mit jemandem meinesgleichen zusammenzutreffen. Es hatte etwas Aufregendes."

Joshua fand eine Wohnung und rief Deborah hin und wieder an. Wenn sie sich trafen, ging es zwischen ihnen ruhig und nüchtern zu. Einmal, als das Ehepaar Schwartz zu Besuch bei Deborah war, erschien Joshua mit Rosen, überreichte sie ihr aber nicht, sondern legte sie wortlos auf einen Stuhl. Das Zurückhaltende an seiner Geste beeindruckte Mrs. Schwartz, doch Deborah war davon verwirrt. Sie konnte sich über Joshua nicht klar werden. Er versuchte nicht, ihre Hand zu nehmen oder sie zu küssen. Er benahm sich wie ein alter, enger

Freund. „Das war für mich eine ungewöhnliche Erfahrung – vor allem bei einem jungen Mann", sagte Deborah. „Ich habe mich ganz sicher, ganz frei und ihm sehr nahe gefühlt. Wir haben sehr viel über unsere Vergangenheit und unsere Familien gesprochen. Wir haben einander die Geschichten vorerzählt, die wir gehört hatten: Wie es dazu gekommen war, daß unsere Eltern Europa verließen, woher sie stammten, wo sie während des Krieges gewesen waren. Wir haben über die Menschen gesprochen, deren Namen wir trugen. Wir sprachen darüber, daß wir beide keine Großeltern hatten, daß wir Kinder wollten und daß sie Großeltern haben müßten. Daran lag uns beiden sehr viel. Als wir einmal irgendwohin gefahren sind, hat er ,Bells' zu pfeifen begonnen, das Lied, das Vater uns immer beim Schlafengehn vorgepfiffen hat. Da ist jemand, dachte ich, der dieselben Lieder kennt wie Vater, jemand, der ist wie ich."

Joshuas Eltern kamen aus Kanada nach Miami auf Besuch, und auch das Ehepaar Schwartz traf ein. Sie gingen alle zusammen zum Essen aus, und Deborah kam es vor, als wäre alles schon entschieden, ohne formelle Erklärungen. Joshuas Eltern hatten klar zu erkennen gegeben, daß ihnen Deborah als Schwiegertochter willkommen wäre. Ihre Eltern fanden Gefallen an Joshua. Die beiden Ehepaare gingen miteinander wie mit lange verloren geglaubten Verwandten um, trotzdem aber war zwischen Deborah und Joshua noch nichts vereinbart worden. Er plante, nach Kanada zurückzukehren, sobald seine von der Universität vermittelte Arbeit in Miami abgeschlossen war; sie hatte vor, an eine Universität in Washington überzuwechseln.

„Ich war zwanzig. Ich habe dir schon gesagt, daß ich nicht viel Erfahrung hatte", sagte Deborah und ihre Augen begannen, während sie erzählte, bei der Erinnerung zu funkeln. „Als ich ihn zum Flughafen fuhr, habe ich ihm gesagt, daß ich ihn liebe. So, wie ich es in Filmen gesehen hatte. Er hat darauf nichts gesagt. Ich habe mir gedacht: Jetzt hast du dich aber weit aus dem Fenster gebeugt, das darfst du nicht nochmal tun. Ich habe ihm gesagt, daß er mir fehlen wird. Er hat geantwortet, er werde von Zeit zu Zeit übers Wochenende nach Miami kommen."

Als Joshua fort war, stellte Deborah fest, daß sie unfähig war, sich auf irgend etwas zu konzentrieren. Sie konnte weder essen noch schlafen. Stundenlang hörte sie Schallplatten. Sie schrieb Joshua Luftpostbriefe, per Express obendrein: Sie werde nach Kanada kommen und dort ihre Ausbildung fortsetzen. Da es schwer war, von einer kanadischen Universität angenommen zu werden, kam sie auf die Idee, sich am Konservatorium einzuschreiben. Am Ende des Semesters flog sie nach Hause und erklärte ihren Eltern, sie könne nicht anders, sie müsse nach Toronto übersiedeln.

»Sie haben gefragt, ob ich mir meiner Sache sicher sei, und ich habe gesagt, ja«, erzählte Deborah. »Vater hatte in der Tasche einen Brief von einem jungen Mann aus England, der mich kennenlernen wollte. Aus einer Bankiersfamilie. Ich war nicht daran interessiert. Ich bin durch einen Schneesturm nach Toronto gefahren. Mutter kam mit. Ich hatte an meinem Wagen keine Winterreifen, und es hat so schlimm geschneit, daß wir in Syracuse steckengeblieben sind. Schließlich sind wir dann noch nach Toronto gekommen, und ich habe dort eine Wohnung gefunden.«

Mehrere Wochen später waren die beiden verlobt, und im Juni 1972 heirateten sie. An der Hochzeit nahmen sowohl der Bürgermeister als auch der Stadtdirektor ihres Heimatortes, mehrere weitere Amtsträger und Deborahs Manager aus der Zeit des Schönheitswettbewerbs ihres Bundesstaates teil. Die ganze jüdische Gemeinde, der die Familie Schwartz angehörte, war zu der Feier erschienen. Doch vielleicht am bemerkenswertesten unter den vielen Hochzeitsgästen war das Kontingent ungarischer Juden, die aus ganz Nordamerika angereist waren.

»Sämtliche Freunde meines Vaters waren gekommen«, erinnerte sich Deborah. »Es waren ungefähr 350 Personen, und es ist viel geredet und getanzt worden. Aus unseren eigenen Familien waren nicht viele da. Die Verwandtschaft war ja sehr klein. Das war mit ein Grund, warum ich niemals von zu Hause weggelaufen wäre. Wir waren ja nicht mehr sehr viele in unseren Familien. Wir mußten jede Gelegenheit zum Feiern nutzen.

Bei der Hochzeitsfeier hat Vater eine lange und sehr gefühlsbewegte Rede gehalten. Er hat zum Abschluß gesagt, die Hochzeit symbolisiere einen Sieg über Hitler, es sei die einzige Möglichkeit zurückzuschlagen. Das hat eingeschlagen wie eine Bombe. Alle haben leise geweint. Ich war stolz. Ich war traurig und glücklich zugleich. Ich war auch der Meinung, daß die Hochzeit ein Symbol war. Meine ganze Verwandtschaft war umgebracht worden, und ich begann jetzt die Familie wieder aufzubauen, die Kette weiterzuschmieden.«

Deborah lächelte und schlug die Beine übereinander. Sie saß mit durchgedrücktem Rücken in ihrem Sessel und wirkte doch völlig entspannt. Das dichte, dunkle Haar fiel ihr anmutig über die Schultern; Ruhe umfing ihren Körper. Ich dachte – wie schon so oft, seit ich sie kannte, daß sie in der Öffentlichkeit wirken, zumindest Nachrichtensprecherin im Fernsehen sein sollte.

„Ich bin also nie auf die juristische Fakultät gekommen", sagte sie sinnend, „und Botschafterin bin ich auch nicht geworden. Ich bin eine Mutter mit zwei Kindern, zünde jeden Freitagabend Kerzen an und wechsle Windeln. Es kommt mir vor, ich habe alles erreicht, was ich erreichen wollte. Ich kann später immer noch in die Politik gehen. Ich denke, ich werde mich in irgendeiner Form politisch betätigen, wenn die Kinder größer sind. Aber ich wollte möglichst rasch Kinder haben. Ich wollte es nicht hinausschieben, damit sie auf jeden Fall ihre Großeltern haben. Es macht mir solche Freude, wenn ich zuschaue, wie sie miteinander spielen. Es gibt mir das Gefühl, daß ich in gewisser Weise meinen Eltern alles zurückzahle, was sie mir gegeben haben."

18

Ich war mit Freunden in Jerusalem in einem Bus zur Universität unterwegs, als ich sie kennenlernte. *Ilana. Ilana Edelman**. Ich erinnere mich noch, wie sie die Hand ausstreckte, während der Bus schwankend um eine Ecke bog. Sie war klein, hatte etwas stechend blickende blaue Augen, ein spitzes Kinn und gerade Schultern, und weil sie nur eine Touristin auf der Durchreise war, eine von den zahlreichen Besuchern Jerusalems, tauschten wir nur die gewöhnlichen Höflichkeiten aus. Sie studierte in München, und besuchte in den Semesterferien Israel. Ich war eine in Jerusalem studierende Amerikanerin. Sie und meine Freunde hatten in Wien dieselbe Schule besucht.

„Falls du mal nach München kommen solltest, melde dich", sagte sie beiläufig. Ihr Deutsch hörte sich beinahe melodisch an, als sie mir ihre Adresse sagte, und das überraschte mich. Bei mir löst sich diese Sprache im Mund auf, die Wörter werden zu plumpen Witzen. Ich fragte mich, aus welchem Grund diese junge Wienerin mit einem israelischen Namen in München lebte. Aber sie war, wie gesagt, auf der Durchreise, und ich hatte gelernt, mein Interesse an Menschen, die nur auf der Durchreise sind, im Zaum zu halten.

---

* Name von der Autorin geändert

Nicht gesagt habe ich – was ich in Gesprächen zu verbergen versuche und vergesse, wenn ich mich an eine entsprechende Begebenheit erinnere –, daß Konfrontationen mit Deutschland bei mir keine Reaktion hervorrufen: Es ist nichts als ein Gefühl der Leere. Freunde, die annehmen, das Thema bereite mir Schmerz, machen ausgeklügelte verbale Umwege um das Land. Fremde Menschen, die ahnungslos über das Faktum stolpern, daß das eine meiner Großelternpaare außerhalb von Riga am Rand eines Massengrabs ermordet und das andere in Auschwitz vergast wurde, geraten in große Verlegenheit; sie nehmen an, daß mich Haß erfüllt.

Ich selbst bin manchmal verlegen, weil ich sie enttäuschen muß. Meine Eltern haben mir beigebracht, den Deutschen nichts vorzuwerfen – zumindest nicht der nach dem Krieg geborenen Generation. Sie boykottierten, im Unterschied zu anderen Holocaust-Überlebenden, keine deutschen Produkte und sind sogar einige Zeit Vormünder einer jungen Westdeutschen gewesen, deren nichtjüdische Mutter den Vater des Kindes den Nazis ans Messer geliefert hatte. Meine Eltern haben sich sehr bemüht, ihren Kindern ein ganz normales Leben zu verschaffen, und das ist ihnen auch in hohem Maß gelungen. So gut, daß ich mir zuweilen sage, sie hätten sich von der Pflicht des Christen zur Vergebung anstecken lassen. Es kann jedoch auch vorkommen, daß sie mit alttestamentarischer Unerbittlichkeit darauf bestehen, der Toten zu gedenken. Ich bin dazu erzogen worden, nicht zu hassen, aber auch nicht zu vergessen.

Während des Sommers nach meiner Begegnung mit Ilana Edelman war ich auf Reisen und hatte unversehens eine nicht verplante Woche frei. Aber nein, das stimmt nicht – es zog mich nach Deutschland, wie es vom Verbrecher heißt, daß es ihn zum Ort seiner Untat zurückzieht, unvermeidlich, grundlos. Ich *wollte* hinfahren.

Meine Vernunft wollte nicht mitmachen, meine Gedanken streikten, als der Zug über die Grenze fuhr. Meine Eindrücke damals sind noch nicht richtig geordnet – sie gleichen Pingpong-Bällen, die vom leichtesten Windzug hin und her geblasen werden. Die harte Sitzbank im Zug, die prangenden Blumenkästen am Bahnhof Dachau. Die Frauen im Zug hatten Wurstbrote dabei, ihre Fußknöchel waren plump. Die Schaffner waren beamtenhaft. *Ja, mein Fräulein, in vierundzwanzig Minuten.* Geisterzüge rasten vorüber, so schnell, daß es schien, als hätten sie nur ein einziges Fenster.

Im Münchner Hauptbahnhof roch es nach Würsten, Sauerkraut und abgestandenem Bier. Die Bahnsteige dehnten sich lang und leer hinaus zu den Rangiergeleisen, die vielbefahrenen Schienen glänzten. In einem Raum mit Telephonzellen wählte ich Ilanas Nummer. Obwohl wir uns damals nur fünf Minuten lang gesehen hatten, schien sie erfreut, daß ich in München war, und schlug mir vor, mit einem Taxi zu ihr zu kommen.

Wir unterhielten uns überraschend ungezwungen, ja, wir gerieten rasch in eine intensive Debatte. Ilana war eine europäische Sozialistin, sie hatte ihre politische Einstellung aus Büchern, an ihren Analysen und Theoremen ließ sich nichts aussetzen. Sie war derartig methodisch, daß ihre Leidenschaft für die Ideologie dadurch beinahe in den Schatten gestellt wurde. Sich in der Diskussion mit ihr zu behaupten, war, als wollte man der Schwerkraft widerstehen: Während ich Orientierung zu finden versuchte, wurde ich bereits vom Sog ihrer Logik zu ihrer Schlußfolgerung getragen.

Es machte mir nicht viel aus. Ich bin eine schlechte Debattiererin. Es ist mir lieber, zuzuhören und Fragen zu stellen. Ilana erläuterte, daß München die meisten radikalen Studenten in ganz Europa habe. Es gebe eine Menge Mao-Anhänger, eine Gruppe, die mit den Nordvietnamesen zusammenarbeite, und eine andere sei mit den arabischen terroristischen Organisationen verbündet. Und diese Gruppe bereite ihr am meisten Sorgen; sie wolle, sagte sie, eine radikale jüdische Koalition auf die Beine stellen, um diesem Einfluß entgegenzuwirken.

Alles, was sie in dieser hellen, bürgerlichen Küche erzählte, in der wir saßen und Wein tranken, kam mir höchst abstrus vor. Daß Nazis Maoisten und Terroristen in die Welt setzten, erschien mir ebenso unbegreiflich wie der Umstand, daß Ilana es fertigbrachte, in Deutschland zu leben. Sie stammte aus Wien, und ich nahm an, daß ihre Eltern während des Krieges in Lagern gewesen waren. Aber ich stellte ihr keinerlei Fragen. Ich war müde, und Ilana brauchte nicht viel Ansporn für ihren Redestrom. Ich ertappte mich dabei, daß ich nicht richtig aufnahm, was sie sagte, nur dem Klang ihrer Stimme lauschte, diesem von einem schwachen, aber harten deutschen Akzent gefärbten Englisch. Ilana gefiel mir: Sie war aufgeweckt, sie hatte Verstand. Dazu hatte ich auch den Eindruck, hinter ihrer intellektuellen Patina verberge sich ein starkes Gefühlsleben.

Am nächsten Tag ging sie ins Max-Planck-Institut, wo sie arbeitete, und ich machte einen Spaziergang durch das Schwabinger Studentenviertel. Neben modernen Gebäuden aus Glas und Stahl hockten zerlumpte deutsche Hippies auf ihren Untergrundzeitungen und schielten nach den Passanten. In der Mensa gab es eine Ausstellung von Plakaten und Photographien aus der Volksrepublik China: Reisfelder und Berge, Großmütter, bis zu den Knien durch den Schlamm watend, glänzende rote Bildunterschriften wie *Eine kleine Fabrik, beseelt von einem großen Willen.*

Am Abend fragte mich Ilana, wo ich überall gewesen sei. Ich schilderte ihr meine Eindrücke, sie hörte mir mit leicht schiefgelegtem Kopf und aufmerksamem Gesichtsausdruck zu. Es war ihr anzumerken, daß sie, während ich sprach, im Geist Dinge ‚ablegte', daß meine Reaktionen auf die Stadt für sie wichtig waren. Ich erzählte ihr von einem Mann im Anzug, gebräunt und mit silbrigem Haar, der vor einer Staffelei gestanden und gemalt hatte, als ich vorüberging. Er sah mich an – blaue Augen, hohe Stirn, ein schmallippiges Lächeln –, und mir ging der Gedanke durch den Kopf, wo er während des Krieges gewesen sein mochte. Ich sagte zu Ilana, daß die Pünktlichkeit, mit der die Straßenbahnen verkehrten, für mich beunruhigend sei, und daß die Gesichter der Leute auf den Straßen nach meinem Geschmack nicht genug Vielfalt hätten. Sie hörte zu, trank ihren Wein und lachte, wenn sie meine Schilderungen allzu übertrieben fand. Wir waren eine gemütliche Gesellschaft geworden, Ilana und ich. Sie wußte, ich hielt sie für pedantisch. Ich wußte, sie fand mich, wie alle Amerikaner, naiv. Trotzdem erzählten wir von unseren Liebesbeziehungen, tauschten Witze, Gedanken über unsere Arbeit und die Zukunft aus, als wären wir schon immer befreundet gewesen. Als ich an diesem Abend schlafen ging, hatte ich ganz vergessen, daß ich in Deutschland war, was vielleicht der Grund war, daß ich mir so verloren vorkam, als Ilana am nächsten Morgen wieder zur Arbeit aus dem Haus ging.

Ich zwang mich, die Wohnung zu verlassen, und fuhr mit der Straßenbahn in die Innenstadt. Ich sah mir Schaufensterauslagen an. Ich trat in eine Kirche. Ich kaufte mir ein Paar Schuhe. Ich muß mich in ein Restaurant gesetzt haben, um etwas zu essen. Ich ging spazieren ... ich weiß nicht mehr, was ich alles tat. An vielen Stellen waren Bretterwände zu sehen, weil eine Untergrundbahn gebaut wurde. Bretter, Leitern und Plattformen – glattes Holz, fast elegant anzusehen –, als ob hier eine Massenexekution mit dem Strick stattfinden sollte.

Am nächsten Tag beschloß ich, Ilanas Wohnung nicht zu verlassen. Sie hatte Bücher, ein gutes Radio, und wenn ich ein, zwei Briefe schreiben wollte, konnte ich dies an ihrem Schreibtisch tun, wohlversehen mit Briefpapier, Wörterbüchern in fünf Sprachen, einem Atlas, Ablagen für abzusendende und eingetroffene Briefe – sogar einem Heftchen mit internationalen Portogebühren. Ich weiß nicht mehr, ob ich zu ihr gesagt habe, ihr Schreibtisch würde sich durchaus für einen preußischen General eignen.

Ilana war an diesem Morgen ganz mit einem einzigen Thema beschäftigt. Es eilte ihr, zu erledigen, was sie sich vorgenommen hatte: Interviews mit amerikanischen Soldaten, die aus Vietnam zurückgekehrt waren, Recherchen über mögliche Verbrechen, als Zeuge miterlebt oder selbst begangener. Sie kannte viele in Westdeutschland stationierte Amerikaner und sah im Unterschied zu mir nichts Ironisches an einer von Deutschen betriebenen Ermittlung. Für sie war es wissenschaftliches Arbeiten – rein und unvoreingenommen –, und es trieb sie in ihr Büro, um weiterzumachen.

Ich ließ mir viel Zeit beim Frühstück und überlegte, womit ich den Vormittag verbringen sollte. Im Wohnzimmer gab es eine ganze Bibliothek. Ich schlenderte hinein und warf einen Blick auf Ilanas Sammlung amerikanischer Schriftsteller – Steinbeck, Dreiser, Hemingway, Salinger, Melville. Ohne nachzudenken zog ich einen Band heraus und blätterte ihn bis zur Titelseite durch. In der Ecke oben rechts war ein kleines Exlibris: *Ilse Eichmann, Stadlergasse 5, Wien 13*.

Heute glaube ich, ich muß sofort begriffen haben, daß Ilse Ilana war, damals aber versuchte ich die Erkenntnis aufzuschieben; ich plädierte sogar noch für sie. *Ilana stiehlt also Bücher.* Lächelnd stellte ich den Band zurück. *Das hätte man einer so streng moralischen Person wie ihr nicht zugetraut.* Ich nahm ein zweites Buch heraus und fand darin wieder *Ilse Eichmann*. Ilse Eichmann? Ich nahm Buch um Buch heraus, als könnte ich dahinter eine Erklärung finden. Vier oder fünf nacheinander hatten dieses Exlibris, dann kam handschriftlich *Ilana Edelman*, eine Umbenennung wie bei Neueinwanderern in Israel, die nach dem Verlust ihrer richtigen Namen die ihnen zugeteilten einfach hebraisieren.

Mir war nicht danach, über meine Entdeckung Spekulationen anzustellen. Ich mochte überhaupt nicht nachdenken. Ich kam mir vor wie ein Patient nach einer Operation: Ilanas Wohnzimmer war zum Krankenhaus geworden, und meine Krankheit hieß München. In der Luft lag der Geruch von Desinfektionsmitteln, so aseptisch wie die Blumenkästen am Dachauer Bahnhof. Wie immer, wenn ich krank bin, wurde ich stumm. Ich hatte, vorerst, keine Fragen an Ilana, und die Woche endete ebenso herzlich, wie sie begonnen hatte. Wir verstanden uns sehr gut, Ilana Edelman und ich.

In den drei Jahren danach habe ich mich oft gefragt, ob das alles nicht Einbildung gewesen war. Regelmäßig trafen Briefe von Ilana ein, in denen sie über ihre Arbeit, das Studium, ihre Reisepläne, ihre Fortschritte beim Zusammenschluß radikaler Zionisten berichtete. Ich schrieb ihr aus New York zurück, Anekdoten, über Zeitungsmeldungen, von denen ich annahm, sie würden sie in soziologischer Hinsicht interessieren.

Muß erwähnt werden, daß ich ihr von meiner Entdeckung nichts gesagt hatte? Ich hatte nicht einmal irgendeinem anderen Menschen davon erzählt. Ich sah keine Möglichkeit, das Thema anzuschneiden, wußte auch niemanden, bei dem ich es tun konnte. Manchmal erschien mir die Sache als ein albernes Vorkommnis, als eine reine Zufallsfügung, über die zu sprechen sich kaum lohne. Dann wieder nahm die Entdeckung eine sinistre Färbung an. Ich versuchte mir oft zu sagen, es könne unmöglich geschehen sein, meine Phantasie habe mir irgendeinen bizarren Streich gespielt, mir etwas vorgegaukelt. Doch die Bestürzung über die Sache mit Ilana war zu heftig, als daß ich sie hätte ignorieren können, und darin lag vielleicht der Grund, warum ich ihre Briefe auch dann noch beantwortete, als sie mich schon längst nicht mehr interessierten. Ich mußte die Verbindung zu ihr aufrechterhalten.

Als ich ihr in einem der folgenden Winter schrieb, daß ich im Frühjahr in Kopenhagen Urlaub machen wolle, antwortete sie, sie werde im selben Monat zu Vorstellungsgesprächen in Dänemark sein. Sie werde mich am Flughafen abholen. Heute bin ich der Ansicht, daß auch ihr daran gelegen war, die Verbindung nicht abreißen zu lassen, daß sie von mir ebensowenig loskam, wie ich von ihr. Doch damals fand ich es nur sonderbar, daß sie sich gedrängt fühlte, mich als Gastgeberin in einem Land zu empfangen, wo wir beide nicht zu Hause waren.

Ich erkannte sie nicht auf Anhieb. Die Jahre gehen doch nicht spurlos an einem Gesicht vorüber, und seit meinem Besuch in München hatte ihre Gestalt in meiner Erinnerung solche Dimensionen angenommen, daß eine zutreffende Vorstellung von ihrer wirklichen Körpergröße unmöglich geworden war. Sie saß in der Lounge des Flughafens, mit einem Stapel Blätter im Schoß, das Kinn mit kritischer Neugier zu den amerikanischen Touristen hingereckt, die durch die Zollabfertigung kamen.

„Deine Maschine hat genau zweieinviertel Stunden Verspätung."
Damit begrüßte sie mich.

Ich weiß noch, daß ich sie zu klein für jene Ilse fand, mit der ich mich auseinandersetzen wollte.

Verwirrt plapperte ich etwas von Nebel und schlechtem Wetter über dem Atlantik. Sie musterte mich neugierig, als bedürfte ich ärztlichen Beistands.

„Du hast dich nicht verändert", bemerkte sie breit lächelnd.

Ich hätte gern zu ihr gesagt, wie wenig ich davon wußte, was für ein Mensch sie war.

Ilana kannte sich in Kopenhagen gut aus. Sie führte mich durch die Stadt, wies mich auf die „echt dänischen" Geschäfte hin und zeigte mir, welche sich auf den Handel mit amerikanischen Touristen eingestellt hatten. Sie war seit meinem Besuch in München noch antiamerikanischer geworden, für die Dänen hingegen hatte sie nichts als Bewunderung.

„Die Dänen lassen nicht zu, daß sich in ihren Beziehungen untereinander Konflikte entwickeln", sagte sie. „Das gilt genauso für die Politik wie für persönliche Dinge. Hier besteht ein gesellschaftlicher Druck, Gewalttendenzen nicht hochkommen zu lassen, während die Sexualität immer mehr enttabuisiert wird. In Amerika liegen die Dinge umgekehrt, Gewalt wird hingenommen, und die Sexualität hat sich an sehr eng gefaßte Regeln zu halten."

Zum erstenmal wurden mir die deutschen Wurzeln ihrer analytischen Methode bewußt, die mich wie strenger Kontrapunkt anmutete. Sie begann mich anzustrengen, ich wurde schlapp und brauchte eine Verschnaufpause. Ilana bemerkte es sofort, erklärte es mit meinem langen Flug und schlug vor, irgendwo in Tivoli Kaffee zu trinken.

Vor einem Café im Freien sitzend, die Knie unter einem rotkarierten Tischtuch, hätte ich am liebsten vergessen, was ich mit Ilana austragen wollte. Die Stadt war so schön im Sonnenschein, die blonden Dänen lebten so vergnügt in ihrem Wohlfahrtsstaat. Ich hatte Lust, Pfeile auf Ballons zu werfen und zu der beschwingten Musik der Kapelle im Park zu tanzen. Ich hätte mir gerne wie Ilana ein Glas Bier bestellt und zu Eis mit Waffeln geplaudert. Aber ich hatte nicht den geringsten Appetit und habe nie Geschmack an Bier finden können.

Ich fürchte mich vor Schmerzen. Seit der Entdeckung von Ilanas Geheimnis hatte ich Entsetzen und Ratlosigkeit empfunden – aber keinen Schmerz. Dafür war ich zu betäubt. Da eine Aussprache zwischen uns dieser Betäubung ein Ende machen würde, zauderte ich in stummer Unschlüssigkeit. Während ich ihr zuhörte, experimentierte ich mit Wörtern – mit verschiedenen ablenkenden Einleitungen, Möglichkeiten, mein Problem darzustellen. *Mein* Problem? War es nicht ihr Problem? Es sah nicht so aus. Sie saß mit sprühenden Augen da und hielt mir einen endlosen Vortrag über Dänemark. Ich spielte meine Opferrolle bis zum Ende, mit dunklen Augen und ernstem Gesicht, gelähmt von der Absurdität der Situation und voller Angst, daß jeder Schritt meinerseits sie nur noch verschlimmern würde.

Ich zwang mich, ein Lebenszeichen zu geben. „Erinnerst du dich noch an meinen Besuch?"

„Ziemlich gut. Er liegt drei Jahre zurück."

Ilanas Gesicht hat etwas an sich, was ich nur mit dem Wort Selbstzufriedenheit beschreiben kann, ein selbstverständliches Überlegenheitsgefühl, jeder Kultur eigen, die sich als Urquell versteht. Sie hatte ihre zweite Identität mit der Selbstgewißheit angenommen, die ihrer Kultur wesenseigen war. Ich war nicht imstande, sie in Frage zu stellen.

Ich arbeitete mich näher hin. „Ich habe von München nicht viel gesehen. Ich weiß noch, daß ich in deinem Wohnzimmer saß und in deinen alten Büchern las."

Plump. Doch sie ging nicht darauf ein, und mit einemmal überwältigte mich die Vollkommenheit ihrer Verwandlung. Ich hatte das Gefühl, wenn jetzt jemand von einem anderen Tisch *Ilse, Ilse Eichmann* herriefe, sie würde nicht einmal zusammenzucken. Sie würde es nicht bemerken.

Meine Beklemmung muß mir anzusehen gewesen sein, denn sie lehnte sich mir entgegen und sagte: „Du kannst nicht erwarten, an einem einzigen Nachmittag die Uhr zurückzudrehen, und solltest es auch nicht versuchen. Wir haben uns lange nicht gesehen. Finde dich einfach damit ab, daß wir nicht über alles sprechen können, über das wir gerne sprechen würden, und laß es gut sein."

Ihr Vorschlag war so unmöglich, daß mir der Mund offenstehen blieb. Ich rang nach einem beiläufigen Ton, der mir aber nicht gelingen wollte. Ich war außerstande, mein Thema anzuschneiden, aber ebenso unfähig, mich längere Zeit für ein anderes zu interessieren. Ich spürte, wie ich es umkreiste, ihm immer näher kam, doch dann zurückwich. Wie ließ es sich undramatisch aussprechen? Wie sollte ich sagen: Ich weiß, du bist Ilse Eichmann und nicht, wie du vorgibst,

Ilana Edelman. Ich mache dir keinen Vorwurf daraus. Ich bin ratlos, was ich empfinden soll. Aber ich will, daß es ausgesprochen wird.

„Genug herumgesessen!" sagte sie plötzlich laut. „Du hast nur eine einzige Woche in Dänemark. Du mußt das bißchen Zeit nutzen, das du hast."

Sie winkte dem Kellner und zahlte.

Wir wanderten in Tivoli umher. Ilana hatte ihre deutsche Kamera in der Hand, stellte Belichtungszeiten ein und knipste. Ich fragte mich, was sie meinem Gesicht entnehmen mochte, in welchen Formen meine Beklemmung zum Ausdruck kam. Ich machte selbst Schnappschüsse: Ilana mit Tulpen, Ilana hinter einer riesigen Waffeltüte mit Eis stehend, Ilana, wie sie mich photographierte. Ich spürte, wie sich meine Magenmuskeln immer mehr anspannten, als schauderte mein inneres Ich vor der äußeren Schale zurück, die es fertigbrachte, den warmen Sonnenschein zu fühlen und das leise Fächeln des Windes zu genießen.

Nach einer Stunde schloß Ilana ihre Kameratasche.

„Ich habe eine Verabredung", sagte sie. „Wo treffen wir uns morgen?"

Ich hatte keinen Vorschlag.

„Der Bahnhof ist ein guter Treffpunkt. Um vier Uhr. Vor dem Restaurant?"

Ich nickte. Allmählich kam mir in Ilanas Gegenwart das Sprachvermögen abhanden. Ich hatte ihr die Rolle des Verfolgers und mir die des Opfers zugeteilt, ohne daß sie davon das geringste ahnte. Innerhalb dieser Beziehungskonstellation war sie so sicher wie mit ihrem israelischen Namen und ihren zionistischen Bindungen. Sie hatte Stücke der Vergangenheit genommen und sich damit eine Festung erbaut. Ich glaubte, daß Schmerz ihr nichts anhaben könne, und diese Unverletzlichkeit reizte mich. Plötzlich erfaßte mich das Verlangen, sie mit der Wahrheit zu konfrontieren. Es durfte keinen Aufschub mehr geben.

Statt dessen sagte ich: „Bis morgen dann. Auf dem Bahnhof."

Es ist vier Uhr, und dann wird es halb fünf im Kopenhagener Hauptbahnhof. Ich hebe die Füße vom Boden, damit der Mann mit dem Besen den Unrat auf den Fliesen zusammenfegen kann. Er hat ein freundliches Gesicht und bewegt sich ohne Schwere, dieser Däne – einer der sympathischen nach dem, was von den Dänen erzählt wird. Meine Eltern mögen sie. Als Hitler befahl, daß die dänischen Juden

den gelben Davidstern zu tragen hätten, heftete sich der König persönlich aus Protest den ‚Judenstern' an die Brust. Das war eine der Geschichten zum Schlafengehen, die mir als Kind erzählt wurden. Erst vor kurzem habe ich von jungen Dänen ohne allzu großen Respekt vor der Geschichte erfahren, daß noch heute eine Gruppe dänischer Bürger von den Vermögen zehrt, die sie während des Krieges anhäuften, als sie Juden aus dem Land schmuggelten. Und daß im Archiv einer führenden dänischen Zeitung die Nummern eines ganzen Monats fehlen, obwohl alle anderen ordentlich archiviert sind. In jenem Monat begrüßte der Verleger den Einmarsch der deutschen Truppen in Kopenhagen.

Soviel über alte Geschichten, grübelte ich, und wo bleibst du, Ilana? Du bleibst aus, während hier Reisende zu Zügen nach München, Hamburg, Wien, Berlin eilen. Ich glaube, daß es Vorahnungen gibt, und vielleicht ist dir heute ein solches Vorgefühl gekommen. Vielleicht bist du in diesem Augenblick hier im Bahnhof, hast dir aber überlegt, mich lieber doch nicht zu treffen. Vielleicht steigst du gerade in einem anderen Geschoß um und fährst mit intakter Identität nach München zurück. Aber kann dich das beschweren? Bei einem Menschen, der so denkt wie du, schlägt die Angst nicht so leicht Wurzeln, du hast dutzendweise Erklärungen parat. Du nimmst Dinge her und biegst sie dir zurecht. Es *muß* eine Erklärung für dein Ausbleiben geben. Wenn man unterwegs ist, kann immer etwas schiefgehen – versäumte Züge, die Schwierigkeit, sich von etwas loszumachen, um rechtzeitig woanders zu sein. Vielleicht hast du in meinem Hotel angerufen, um mich zu benachrichtigen, daß es später wird. Vielleicht versuchst du in diesem Augenblick, mich zu erreichen. Vielleicht aber auch nicht. Wenn man in einem Bahnhof tot umfiele, würde es bemerkt werden? Wäre es in Dänemark anders als in Deutschland? Meine Beine sind verkrampft, und wenn ich zu gehen versuche, bleibt der Krampf. Worauf warte ich eigentlich? Warum warte ich noch auf Ilana?

Ich schlenderte im Bahnhof herum, als wäre ich zu Hause. Ich suchte die Zeitungsstände nach vertrauten Blättern ab, registrierte die Neuankömmlinge auf den Bänken, fragte mich, ob irgendwelche von den Gepäckstücken vielleicht Flüchtlingen gehörten. Meine Sinne waren vor Erwartung ganz abgestumpft, und mir war, als finge ich gleich an zu halluzinieren. Ich bin nicht wie du, Ilana sagte ich mir. Ich sehe Dinge, die nicht da sind. Ich kann mir geistig Szenen vorstellen, die ich nie mit den Augen gesehen habe. Mißtrauen ist bei mir etwas Natürliches. Ich glaube nicht, daß die Dinge Bestand haben, einerlei, wie logisch du mir das Gegenteil beweist. Logik fasziniert, weil sie so seltsam ist.

Fünf Uhr. Eine Stunde vergangen, und eine Stunde ist genug. Ich machte mich daran, ihr einen Zettel zu schreiben, ihn als Beweis meines guten Willens in einen Spalt in der Wand zu stecken. Es wäre vielleicht mehr eine Art Gebet als eine Nachricht geworden, ein schriftlicher Wunsch, wie Leute ihn in Ritzen in der Klagemauer stecken. Ich begann zu schreiben, und als ich hochblickte, um mich zu vergewissern, wie spät es war, sah ich Ilanas spitzes Kinn.

„Tut mir schrecklich leid, daß du auf mich warten mußtest", sagte sie munter. „Ich habe den ersten Zug verpaßt, und dann gab es keine direkte Verbindung mehr."

Ich starrte sie an, von ihrer Gemütsruhe aus der Fassung gebracht.

„Ich möchte etwas essen", hörte ich mich sagen. „In einem dänischen Nobelrestaurant, das auf Amerikaner eingestellt ist. Du bist eingeladen."

In meinem Ton lag eine solche Bestimmtheit, daß Ilana keine Einwände erhob. Sie beeilte sich, mit mir Schritt zu halten, zweifellos erstaunt über meine ungewöhnliche Reaktion auf ihr Zuspätkommen. Ich trat in das erste große Restaurant, das ich sah. Die Preise waren exorbitant, doch ich empfand darüber Befriedigung. Daß dieses Essen teuer würde, paßte zur Situation.

Ein Kellner erschien. Er legte zwei Gedecke auf, goß Wasser ein. Als er wieder ging, schmolz meine ganze Entschlossenheit dahin. Ilana begann über die Vor- und Nachteile zu sprechen, wenn sie eine Stellung in Kopenhagen annähme, und ich nippte an meinem Glas Wasser, zog mich zurück, sah, wie sich das Gelände zwischen uns weitete. Der Kellner kam wieder, mit Butter auf einem Tellerchen und einem kleinen Korb mit Brötchen. Ich weiß noch – meine Erinnerung an das, was wir beide taten und sprachen, ist ganz präzise –, daß wir dann bestellten. Ich wählte Fisch in Rahmsoße, Ilana Fisch mit Meerrettich.

„Schmeckt das denn?" fragte ich.

„Es ist eine dänische Spezialität,"

Das öffnete aus irgendeinem Grund meinem Zorn ein Ventil.

„Ilana", sagte ich, „komme ich dir irgendwie verändert vor?"

„Verändert?" Sie sah mich merkwürdig an. „In welcher Hinsicht? Natürlich verändern sich die Leute mit der Zeit, und die heutigen Zeiten sind ganz anders als damals bei unserer ersten Bekanntschaft.

Die Situation in Israel – auch die in Amerika – ist heute eine andere. Damals hattet ihr dem Anschein nach eine egalitäre Gesellschaft. Gestern war nicht genug Zeit, dir davon zu erzählen, aber ich habe meine zinistischen Aktivitäten eingestellt wegen dieser Unvereinbarkeit: Eine Synthese von Marxismus und Zionismus ist einfach unmöglich. Die Widersprüche sind zu stark."

Ich hatte die Luft angehalten. Als ich den Mund öffnete, um zu sprechen, klangen die Worte wie aus einer Kanalisation herauf.

„Ilana", sagte ich, „ich kenne deinen richtigen Namen."

Sie hielt ein Knabberstäbchen zwischen den Fingern ihrer rechten Hand. Ich beobachtete es – kein Zittern. Sie klopfte sich damit zweimal auf die linke Hand, als gäbe sie sich selbst ein Signal.

Sie fragte: „Wie bist du draufgekommen?"

Ich erzählte ihr, daß ich mir die Bücher in ihrem Wohnzimmer angesehen hatte.

„So", sagte sie sehr professoral. „Und was möchtest du wissen?"

So weit hatte ich nicht vorausgedacht, doch noch ehe ich etwas sagen konnte, wies sie mich darauf hin, daß wir in einem öffentlichen Lokal saßen; ich solle leiser sprechen. Sie sagte es vorwurfsvoll, mit dem Air eines Menschen, der Herr einer Situation ist, doch ich entnahm ihrem Ton Nervosität, und das stachelte mich an. Ich wurde zu ihrer Verhörerin.

„Wann ist dir die Bedeutung deines Namens klargeworden?"

„Eichmann?" Sie zog die Augenbrauen hoch. „Sieh mal, diesen Namen gibt es in Österreich nicht oft. In der Schule, in der Kirche – jedesmal, wenn ich mit fremden Leuten bekannt gemacht wurde, hat er eine Reaktion ausgelöst. Du verstehst, eine Reaktion, die anders war, als Namen sonst auslösen. Oft Bewunderung. Und Ehrfurcht. Und Stolz. Du mußt wissen, Österreich ist noch heute ein sehr antisemitisches Land."

„Hat es überhaupt keine negativen Reaktionen gegeben?"

„O doch – natürlich." Ilana schlug rasch eine andere Richtung ein. „Es hat auch Entsetzen gegeben, Bestürzung, Betretenheit. Und manche Leute haben es nur zu gern gegen mich benutzt, wenn es ihnen in den Kram gepaßt hat – selbst wenn sie damals mit Eichmann völlig einverstanden gewesen waren. Selbst wenn sie keine reine Weste hatten. Aber du mußt dir meine Lage überlegen. Wir sind ... das heißt, ich *war* protestantisch. Österreich ist ein katholisches Land, weißt du. Ich habe zu einer Minderheit gehört."

Ich schüttelte den Kopf, weigerte mich, etwas zu empfinden, zu reagieren, verzeichnete nur. „Dein Vater ... in welchem Ausmaß ...?"

„Er war nie ein Nazi. Er war Soldat. Ein Feldwebel, der nie etwas von den Konzentrationslagern gesehen und überhaupt erst nach dem Krieg davon erfahren hat. Nicht mit dem berüchtigten Eichmann verwandt. Keinerlei Verwandtschaftsbeziehung."

Der Kellner erschien mit dem Essen, und Ilana schloß die Lippen, so daß sie eine gerade Linie bildeten. Wir sahen dem Kellner zu, wie er den gedünsteten Fisch aus der Serviette hob, Kartoffelkroketten von der Servierplatte nahm, all die anmutigen Handgriffe ausführte, für die wir ihn bezahlten. Kerzenlicht, Kristallgläser, kultiviertes Ambiente. Wer mochte während des Krieges hier gegessen haben?

„Sonst noch Fragen?" sagte Ilana, und ich stellte fest, daß der Kellner verschwunden war.

„Ja. Sind dir Juden von jeher sympathisch gewesen?"

„Soweit ich mich erinnern kann, ja." Mein sarkastischer Ton war ihr völlig entgangen. „In der Schule war ich immer mit jüdischen Kindern befreundet. Ich war ... ich war ein schwieriges Kind. Meine Eltern sind mit mir nicht mehr zurechtgekommen, als ich auf dem Gymnasium war. Ich habe die Schule gehaßt. Ich hatte psychische Probleme. Meine Großmutter ist gestorben, als ich sieben Jahre alt war – ich war der einzige Mensch in ihrem Sterbezimmer. Ich habe meine Eltern gehaßt, Österreich gehaßt. Ich konnte mich nur in Bücher flüchten. Ich habe alles verschlungen. Ich habe über die Verfolgung gelesen. Ich bin auf ein Buch mit Aufnahmen aus den Konzentrationslagern gestoßen. Dieses berühmte Bild war darin – du weißt schon, welches ich meine. Eine Frau mit weißem Haar und wunderschönen Augen starrt zwischen den Latten eines Viehwaggons heraus. Mit Augen wie meine Großmutter ..."

Es ist mir heute unbegreiflich, wie wir bei diesem Gespräch weiteressen konnten – daß ich meine Aufmerksamkeit von Ilana ab-, meiner Rahmsoße zuwenden und dann zu unserem Thema zurückkehren konnte, ohne den Gesichtsausdruck zu verändern. Ein Sozialpsychologe hätte einen Namen für unsere Interaktion gewußt. Wissenschaftler verstehen sich darauf, Dinge in den Griff zu bekommen, die sich der Vernunft widersetzen. Sie geben ihnen Namen wie Überlebensschuldgefühle, kongenitale Neigung, andere zu Opfern machen, Genozid.

„Es hat nicht an Dokumentationen gefehlt, um mir Schuldgefühle zu bereiten, das darfst du mir glauben. Ich habe alles gelesen. Ich gehörte dazu, daran konnte ich nichts ändern. Ich bin hineingeboren worden. Und so habe ich natürlich eine Phase erlebt, in der ich mich wie alle anderen schuldig gefühlt habe."

„Warum hast du dich schuldig gefühlt?" fragte ich, mehr aus Neugier als sonst einem Grund. Während eines Sommers, den ich in einem Kibbuz verbracht hatte, lernte ich einen Mann aus Neuseeland kennen. Er sagte zu mir, die Last der sechs Millionen hänge ihm gleichsam wie ein riesiger Albatros um den Hals, und deswegen sei er nach Israel ausgewandert.

„Warum? Liegt das denn nicht auf der Hand?" Ilana wurde erregt. „Ich bin eine Europäerin. Wenn Europäer fähig waren, so etwas ihresgleichen, Menschen innerhalb ihrer eigenen Grenzen, anzutun, weiß Gott, was sie anderswo anrichten könnten!"

„Vielleicht also verletzter Stolz?" fragte ich.

„Du weißt so gut wie ich, daß Schuld ein sehr komplexes Gefühl ist. Jeder hat in irgendeiner Form Schuldgefühle – als Amerikanerin ist dir das sicher klar. Ich war in einem schwierigen Alter, als mich die Schuldgefühle gepackt haben. In einem rebellischen Alter. Ich war Sozialistin. Ich wollte in einem Kibbuz arbeiten. Alle meine Freunde sind damals nach Israel gefahren, um in Kibbuzim zu arbeiten."

Sie kaute an einem Bissen von ihrem Fisch mit Meerrettich, womit sie mir die Möglichkeit gab, ihr wieder eine Frage zu stellen. Doch ich war am Ende meiner Fragen angelangt. Der Klang ihrer Stimme hatte sich verändert. Ich hatte das Gefühl, daß sie ein Geständnis ablege und von mir eine Art Absolution wolle. Aber ich konnte sie sowenig freisprechen wie sie mich: Wir waren Schattengestalten auf einer von Geschichte getränkten Ebene, so gewaltig und von Feuer verwüstet, daß es den Tod bedeutet hätte, aus uns herauszutreten und einander zu berühren.

„Du hast mich einmal gefragt, warum ich mich entschlossen habe, in München zu studieren, und ich habe zu dir gesagt, wegen der soziologischen Fakultät dort. Das war keine Unwahrheit, aber ich hatte noch einen anderen – wichtigeren – Grund. Ich bin nach München gefahren, um einen Rabbiner zu suchen, bei dem ich konvertieren konnte. In Wien war es unmöglich. In Frankreich ebenfalls. Ich dachte, in München wird es gehen – aber ich war unglaublich naiv. Die Europäische Rabbinerkonferenz hat sich nicht erweichen lassen.

Kaum hat jemand den Namen gehört, war das Gespräch schon zu Ende. Ich wußte, es gab Möglichkeiten, sie umzustimmen – ich habe von anderen Fällen gehört –, aber ich hatte zu wenig Geld und zuviel Ehrgefühl, um auch so zu handeln. Dann ist mir eingefallen, daß in München amerikanische Truppen stationiert sind. Ich habe mich ein bißchen über die Militärseelsorger informiert und dann den Rabbiner aufgesucht und ihm meine Lage erklärt. Er hat sich bereit gefunden, mein Studium zu beaufsichtigen."

Sie stocherte in ihrem gehobelten Meerrettich herum, den sie wie einen kleinen Heuhaufen in der Tellermitte zusammengeschoben hatte.

„Ich habe alles gelesen. Die Mischna. Ich kenne die Speisegesetze. Ich kenne alle Festtage. Ich kenne die Sprache – besser als Kinder, die in Tel Aviv aufwachsen. Ich habe sie studiert. Und dann bin ich übergetreten.

Danach wollte ich einen neuen Namen annehmen. Wie konnte ich eine Jüdin sein und den Namen behalten ... den Namen, den ich vorher hatte? Nach österreichischem Gesetz müssen alle Familienmitglieder schriftlich ihre Einwilligung erteilen. Meine Schwester hat sie mir ohne jeden Einwand gegeben. Mutter ebenfalls. Nur Vater hat nein gesagt. Er hat sich ein ganzes Jahr lang geweigert. Er konnte nicht verstehen, warum ich es tat – schließlich sei er nie Nazi gewesen und in seinem Leben gebe es nichts, dessen er sich zu schämen hätte. Er wollte nicht, daß ich mich seiner schämte. Also hat er es hinausgezögert, mich ein volles Jahr warten lassen."

Sie verstummte, und als ich aufblickte, sah ich, daß ihr Tränen in die Augen traten. Ihr Gesicht war gerötet und angeschwollen.

„Ich kann einfach nicht aufhören, den Meerrettich zu essen", sagte sie und schob sich eine Gabelvoll davon in den Mund.

Ich fragte mich, wie ich auf sie wirken mochte, während ich mit versteinertem Gesicht dasaß und Rahmsoße löffelte. Ich hatte das Gespräch erzwungen, und jetzt wußte ich nicht, was beginnen damit. Es gab kein Manuskript. Es gab nur Waagschalen vor meinen Augen, die Waage einer Blutjustiz und die weite dürre Wüstenei eines Niemandslands. Wir hatten beide nicht gelernt, wie man sich in einer solchen Umgebung verhält. Die Sprache versagte, Empathie nützte nichts mehr – wir sahen einander kaum. Zumindest ich sah Ilana auf der anderen Seite des Tisches kaum mehr. Nach einer Weile gewann ihr Gesicht die Fassung wieder, sie reckte das Kinn wie gewohnt nach vorn. Sie musterte den Raum mit Befriedigung und tupfte sich mit der bossierten Leinenserviette die Lippen trocken.

„Exzellentes Essen. Die Dänen sind anständige Leute. Sie behandeln Ausländer genauso wie ihre Landsleute."

Ich war vollkommen erschöpft. Ich wollte zahlen und schlafen gehen. Du bist auf Urlaub, rief ich mir in die Erinnerung. Ich würde bei meiner Rückkehr erholungsbedürftiger sein als vorher. Ich machte dem Kellner ein Zeichen mit der Hand.

„Ja, die Rechnung", sagte Ilana und sah auf die Uhr. „Ich hatte ganz vergessen, wie spät es ist. Ich muß meinen Zug erwischen. Ich fahre heute abend nach München zurück."

Wir gingen zum Bahnhof, ohne viel zu sprechen. An der Sperre zog sie ein photokopiertes Blatt aus der Handtasche, riß einen Streifen davon ab und gab ihn mir. Es war eine Liste ihrer Adressen im nächsten Vierteljahr.

„Du wirst ja viel unterwegs sein", sagte ich.

„Ja, Reisen schärft das Denken, finde ich." Sie schüttelte sich das Haar locker. „Es hält einen lebendig."

Wir gaben uns die Hand. Dann küßten wir einander auf die Wange.

Ich ging zu meinem Hotel zurück. Obwohl es erst acht Uhr war, schlief ich sofort ein. Ich muß sehr tief geschlafen haben, denn als ich den Hörer abnahm, sagte Ilana, die am Apparat war, sie habe es neunmal klingeln lassen.

„Wo bist du jetzt?"

„Ich steige gerade um."

Dann Schweigen.

„Ist deine Adresse in New York noch dieselbe?"

„In New York? Ja."

„Na schön. Ich habe vor, dir einen Brief zu unserem Gespräch heute abend zu schreiben. Ich habe mich schlecht ausgedrückt. Ich habe mich über das Thema nicht so klar geäußert, wie ich es gewünscht hätte. Du kannst mit einem Brief rechnen, wenn du in die Staaten zurückkehrst."

Ich behielt den Hörer in der Hand, nachdem sie aufgelegt hatte, und fragte mich, ob ich wach sei, ob ich mir das Gespräch nur eingebildet hätte. Die Uhr zeigte Mitternacht an. Ilana mußte aus Deutschland angerufen haben. Einen Augenblick später meldete sich der Portier und fragte, ob er mir irgendwie behilflich sein könne.

Nach meiner Rückkehr aus Kopenhagen fühlte ich jeden Morgen, wenn ich die Post holen ging, eine leichte Spannung. Ein Luftpostbrief konnte bewirken, daß sich mir der Magen zusammenzog, und doch suchte ich oft Briefkästen anderer Mieter ab und hielt Ausschau nach dem dünnen, bläulichen Papier von Briefen aus dem Ausland. Eines Tages hörte ich damit auf. Heute kommt es nicht oft vor, nur dann, wenn eine zufällige Bemerkung oder eine Schlagzeile einen Weg findet, meinen Widerstand zu umgehen, daß ich an Ilana Edelman denke. Noch immer glaube ich zuweilen, daß ich mir alles eingebildet habe – und daß niemals ein Brief von der anderen Seite kommen wird.

19

Im Juni 1972 war Tom Reed in der *Addiction Services Agency* der Stadt New York mit einer Begutachtung der städtischen Rehabilitationsprogramme für Drogensüchtige beschäftigt. Seine Arbeit gefiel ihm, und er machte sie gut. Er war stolz darauf, daß er Stellenvermittlungsangebote der Woodrow Wilson School an der Princeton University ausgeschlagen hatte, von der er im Vorjahr mit Diplom abgegangen war. „Ich wollte mir selber eine Arbeit suchen, ohne das Beziehungsnetz der Alten Herren", sagte er zu mir. „Ich wollte mich aus diesem Klub raushalten. Ein Student von der Woodrow Wilson School kam gleich in große, mächtige Institutionen: in den Auswärtigen Dienst, zur Weltbank, zu den Vereinten Nationen. Sie war eine Art Fabrik für künftige Führungskräfte: Sagen Sie nur, wohin Sie wollen, wir bringen Sie dort unter.

Ich war der Meinung, daß ich meinen Weg selbständig, ohne ihre Hilfe machen müßte. Ich wollte nicht von Princeton protegiert werden, denn gegen diese Welt war mir Mißtrauen anerzogen worden. Ich wollte dort etwas leisten, wollte beweisen, daß ich das, was ich mache, auch gut mache. Aber ich dachte sehr zwiespältig über eine erfolgreiche Karriere zu ihren Bedingungen. Ich hatte Angst, ich würde mir selbst fremd werden."

1969, als Deborah Schwartz ihren ersten Schönheitswettbewerb gewonnen hatte, war Tom Reed von der Yale University als Bachelor mit *magna cum laude* abgegangen. Den Sommer über hatte er sich schlüssig zu werden versucht, wo er sein Studium fortsetzen sollte. Er hatte mehrere, mit der Zusage großzügiger finanzieller Unterstützung verbundene Angebote: von der Yale School of Art and Architecture; für das Graduiertenkolleg für amerikanischen Studien in Yale; das Graduiertenkolleg in Soziologie an der University of Michigan; für die Stadtplanungsprogramme der Universitäten Harvard und Berkeley und von der Woodrow Wilson School an der Princeton University. Die Briefe waren alle gleichzeitig eingetroffen, und er hatte sie auf seinem Schreibtisch liegenlassen, mit schlechtem Gewissen, ratlos und betroffen über die Erkenntnis, daß er eigentlich keines der Angebote annehmen wollte.

„Ich dachte immer wieder: Was ist denn los mit mir? Warum breche ich nicht in Jubel aus? Alle wollen sie mich haben. Sie bieten mir Geld an. Sie halten mich für gut. Warum gehe ich nicht darauf ein?" Tom legte eine Pause ein, und seine flinken, haselnußbraunen Augen hörten auf zu zwinkern. Er holte mit tiefen Zügen Luft und atmete sie schnaubend wie eine kleine Dampfmaschine aus. Das tat er immer, wenn er erregt war.

„Manchmal komme ich mir wie eingesperrt vor, wenn ich Schwierigkeiten eingestehen muß", gestand er, „als ob das Eingeständnis selbst eine Realität erzeugte, die es sonst nicht gäbe. Ich sehe mich gern als einen gesunden, funktionierenden Menschen. Es fällt mir schwer zuzugeben, daß ich bei irgendeiner Sache Hilfe brauche oder daß sie schon so lange herumliegt. Ich würde lieber sagen können, sie ist zu Ende und abgetan. Problem gelöst. Die Sache ist die, daß ich zeit meines Lebens dieses Gefühl einer Mission in mir gehabt habe, der Verpflichtung, ein Vermächtnis, eine Fackel weiterzutragen. Ich wußte, es hing mit einem Teil meiner Vergangenheit zusammen, den ich nicht genügend durchleuchtet hatte. Ich mußte stark sein, denn es ging darum zu rennen, nicht zu gehen. Es bedeutete, ich mußte etwas Großes zustandebringen, etwas zurückholen, eine Ehre retten. Es hat einen hohen Energieeinsatz verlangt. Eine Zeitlang habe ich darin geschwelgt, doch dann wieder, wie in diesem Sommer, bin ich aus dem Gleichgewicht geraten und über dieses Vermächtnis gestolpert. Ich versuche erst jetzt, ein paar von diesen Dingen durchzuarbeiten. Damals, als ich mir nicht schlüssig war, wo ich weiterstudieren sollte, war ich mir überhaupt nicht sicher, ob ich es für mich selbst, für Mutter, meinen Großvater oder zu irgendeinem höheren historischen Zweck tat. Mir war, als liefe ich gegen eine Mauer. Ich war wie ein Football-Spieler, der den Paß verpfuscht hat. Und ich war nicht nur ein Fackelträger, sondern es hat Schmerz bereitet, die Fackel zu tragen. Ich dachte, das gehört zum Vermächtnis, Schmerz geduldig hinzunehmen, Schmerz zu empfinden. Ich war sehr durcheinander."

Als Tom Reed geboren wurde, lebten seine beiden Großelternpaare noch. Von allen Kindern von Holocaust-Überlebenden, mit denen ich gesprochen hatte, war er das einzige, das nicht den Namen eines während der Verfolgung umgekommenen Verwandten trug. Doch wie bei allen anderen verband sich auch mit seinem Namen eine Geschichte, die er mir erzählte. „Vater", sagte er, „hatte schon als Kind den *Tom Sawyer* geliebt. Für Vater, der in Breslau aufgewachsen war, war Tom ein Symbol Amerikas und der neuen Welt. Sein Familienname war Rotholtz, im Englischen *Redwood*, und man hat mir oft gesagt, daß dieser Baum für seine Zähigkeit bekannt ist. Aber Vater wollte alles wegschneiden, was ihn mit seinen deutschen Wurzeln verband. Vor einiger Zeit ist mir die Vermutung gekommen, daß er sich vielleicht auch auf diese Weise assimilieren wollte. Jedenfalls, er hat sich überlegt, ob er seinen Namen in ‚Red' anglisieren und verkürzen sollte, da er aber nie von einem Amerikaner gehört hatte, der Red hieß, entschied er sich für Reed. Ich habe schon erwogen, mich wieder Rotholtz zu nennen. Mit Tom dagegen bin ich ganz zufrieden. Ich habe es immer als ein Glück betrachtet, daß Vater nicht soviel für Huckleberry Finn übrig hatte."

Tom grinste, wobei sich in seinen Wangen Grübchen bildeten, und ich fand, daß er ganz so aussah, wie ich mir Tom Sawyer vorgestellt hatte. Er war dünn und lausbübisch, hatte lange, flinke Finger, die auf die Knie seiner Jeans klopften, und dichtes, dunkelblondes Haar, das sich nicht dazu bequemen wollte, flach auf dem Kopf zu liegen. Mit seinen dreißig Jahren sah er aus wie ein Junge im College-Alter, obwohl er schon seit fünf Jahren beruflich tätig war und in wissenschaftlichen Zeitschriften Aufsätze veröffentlicht hatte. Nur wenn sich sein Gesicht verdüsterte oder beim Nachdenken anspannte, wurde deutlich, daß die lange Geschichte, die er erzählte, seine eigene war. Tom war mit mir in Verbindung getreten, weil er erfahren hatte, daß ich über Kinder von Holocaust-Überlebenden recherchierte, und er fand, es sei an der Zeit, Fragen, die er ignoriert hatte, aus sich herauszulassen.

Er hatte sich von seiner Arbeit auf ein Jahr beurlauben lassen. Zwischen ihm und seiner Freundin Cathy – wie alle anderen Mädchen, mit denen er liiert gewesen war, keine Jüdin – war es aus. Die Familie hatte erfahren, daß seine Mutter an einer schweren Krankheit litt. All dies hatte bei Tom zu einem Umbruch in seinem Leben geführt; er sprach gern von seiner „Great Divide", seiner großen Wasserscheide. Er nutzte sein freies Jahr, um sich klarzuwerden, worin eigentlich seine eigenen Bedürfnisse und Wünsche bestanden, ohne die Familie einzubeziehen. Er besuchte einen Kurs an der New School in New York und arbeitete an einem Kinderbuch, wofür er einen Auftrag erhalten hatte. Und außerdem durchforschte er seine Familiengeschichte, wie er es vorher noch nie getan hatte.

Beide Seiten von Toms Familie hatten vor dem Krieg in Breslau gelebt. Die Familie seiner Mutter war in der Stadt hochangesehen, wohlhabend und geistig orientiert. Sein Großvater, so hatte Tom seit seiner Kindheit oft gehört, war damals ein sehr geachteter Rechtsanwalt, und seine Großmutter eine der ersten Frauen in Deutschland gewesen, die in Chemie promoviert hatten. Die Familie väterlicherseits, sagte er, sei nicht so hochgebildet gewesen und habe längst nicht soviel Anlaß gehabt, auf ihre gesellschaftliche Stellung stolz zu sein. „Sie hatten einen Laden und alle Hände voll zu tun, über die Runden zu kommen. Wenigstens hatte ich diesen Eindruck. Die Saga – die Geschichte ihres Exodus aus Deutschland – betraf anscheinend mehr Mutters als Vaters Familie. Ich weiß nicht mehr, wann Mutter sich hingesetzt und sie mir zum erstenmal erzählt hat, aber ich war mir von jeher bewußt, daß die Geschichte meiner Familie ungewöhnlich war und daß sie mir persönlich etwas ganz Besonderes zu sagen hatte.

Kurz gesagt geht's in der Geschichte darum, daß mein Großvater mütterlicherseits zunächst dachte, Hitler sei ein Betriebsunfall, der vorübergehen werde. Großvater hatte im Ersten Weltkrieg als deutscher Soldat gekämpft und war der Ansicht, daß er Anspruch auf einen Platz in Deutschland habe. Großmutter, in manchen Dingen viel intuitiver als ihr Ehemann, drängte darauf, das Land rasch zu verlassen. Großvater erfuhr von einem Schiff, das Flüchtlinge nach Amerika brachte, der *St. Louis,* und buchte für die ganze Familie eine Überfahrt. Vaters Eltern haben ebenfalls Plätze auf der *St. Louis* gebucht. Damals kannten die beiden Familien einander noch nicht. Vater hatte Europa bereits vorher verlassen. Er hatte an der Karlsuniversität in Prag studiert, die die Deutschen nach dem Einmarsch schlossen. Er war allein in die Vereinigten Staaten gekommen, eingezogen und auf den Kriegsschauplatz im Pazifik geschickt worden. Bis zum Ende des Krieges hatte er keine Ahnung, ob seine Eltern tot oder am Leben waren.

Auf diesem Schiff befanden sich also Mutter mit ihrer ganzen Familie und Vaters Eltern. Sie hatten Papiere, die ihnen erlaubten, in Kuba an Land zu gehen und dort zu bleiben, bis im Rahmen des amerikanischen Einwandererkontingents die Reihe an sie kam. Mutter war damals fünfzehn Jahre alt. Sie hat mir oft den Kontrast zwischen der schönen Seereise und den verrückten Ereignissen geschildert, die darauf folgten. Die *St. Louis* war ein Luxusdampfer. Mutter war mit ihrer Familie und all den anderen Passagieren in eine potentiell wunderbare Zukunft unterwegs. Zugleich aber schien die Welt in ein Chaos gestürzt zu sein. Männer machten auf der Landungsbrücke fremden Frauen Heiratsanträge, weil sie ihre Angehörigen verloren hatten. Sie wollten wieder eine Familie haben, und es war ihnen nicht mehr besonders wichtig, wie diese aussah. Die bürgerlichen Verhaltensregeln waren aus den Fugen geraten. Großmutter war ihre Chemikerausbildung zustatten gekommen, denn die Passagiere hatten keinerlei Geld oder Wertsachen aus Deutschland mitnehmen dürfen. Sie hatte etwas Gold mit irgendeinem anderen Stoff zu einer schwarzen Verbindung eingeschmolzen und in Schuhcremedosen versteckt. Ich habe das immer superschlau gefunden. Wenn man sich vorstellt, die Ladung der *St. Louis* wäre beschlagnahmt worden und irgendein Deutscher hätte ahnungslos seine Schuhe mit Gold poliert!"

Tom Reed lachte leise. Ich merkte ihm an, daß er auf die Geschichte stolz war. Der Stolz auf die Überlebenskunst seiner Angehörigen überwiege jedes Gefühl der Demütigung oder Scham darüber, daß sie aus Deutschland hinausgetrieben worden waren, sagte er. Es fiel ihm leicht, die Saga der *St. Louis* zu erzählen, was er schon oft getan hatte, und er erzählte sie, als handle es sich um ein altes Volksmärchen.

„Mutter hat die Reise über den Atlantik als angenehm, gewissermaßen als verführerisch in Erinnerung. Die Leute zogen sich abends zum Dinner um. Sie paßten sich der Atmosphäre einer Ozeanüberquerung an. Die deutsche Besatzung hat die jüdischen Passagiere sehr anständig behandelt. Dann brach, im Hafen von Havana, eine Panik aus. Entgegen ihrer Zusage erlaubte, die kubanische Regierung der *St. Louis* nicht anzulegen. Das Schiff würde nach Deutschland zurückkehren müssen, was für alle an Bord eine Katastrophe bedeutet hätte. Mutter erinnert sich, daß Leute übers Deck rannten, sich die Pulsadern aufschnitten, über Bord sprangen. Die *St. Louis* manövrierte sich langsam wieder aufs Meer hinaus, während der Kapitän mit einem Komitee der Passagiere eine Aktionsstrategie zu entwerfen versuchte. Diesem Komitee gehörte auch Großvater an.

Mutter erinnert sich, daß man die Lichter von Miami am Horizont sah, so nahe war das Schiff den Vereinigten Staaten. An Bord wurde überlegt, ob man eine Havarie inszenieren sollte, da in einem solchen Fall das nächstgelegene Land verpflichtet wäre, die Überlebenden zu retten. Selbst wenn dabei Menschen ertranken, so wurde argumentiert, wäre das immer noch besser, als wenn die Mehrzahl nach Deutschland zurückkehren müßte. Die US-Küstenwache hat jedoch dafür gesorgt, daß die *St. Louis* außerhalb der Hoheitsgewässer der Vereinigten Staaten blieb, zu weitab von der Küste, um eine Havarie ins Werk zu setzen.

So irrte die *St. Louis* auf dem Atlantik umher. Schließlich fanden sich vier europäische Staaten bereit, die Passagiere unter sich aufzuteilen. Mutters Familie gelangte nach London, Vaters Eltern sind in Brüssel gelandet. London, das lag auf der Hand, war die bessere Wahl, und ich habe immer vermutet, daß Großvater, da er dem Komitee der Passagiere angehörte, sich aussuchen konnte, wohin er mit seiner Familie ging. Vaters Eltern haben schwere Zeiten durchgemacht. Belgien wurde bald darauf von den Deutschen überrannt. Sie haben nie über diese Zeit gesprochen, und ich habe sie auch nie direkt danach gefragt. Ich habe immer nur gehört, daß sie im ‚Untergrund' überlebt hatten, und mir als Kind vorgestellt, das war in einem Kellerversteck."

Schließlich, erzählte Tom – der exakten Daten war er sich nicht sicher –, trafen beide Familien in New York ein. Die Familie seiner Mutter kam 1940. Für sie hatte die amerikanische Familienmatriarchin, Tante Minnie, gebürgt, die unter komfortablen Umständen in Amerika lebte. Nach der Ankunft in New York meldeten sie sich bei Tante Minnie erst, als jeder in der Familie Arbeit gefunden hatte. Sie arbeiteten in Fabriken. Toms Mutter und ihre Schwester, noch keine zwanzig, ernährten praktisch die Familie. Sie brachten mehr Geld nach Hause als ihr Vater, der in Breslau eine so imponierende Persönlichkeit gewesen war.

„Es hat Tante Minnie sehr beeindruckt, daß sie so rasch Arbeit gefunden hatten", sagte Tom mit einem Anflug von Ironie zu mir. „Sie hat die Geschichte jedes Jahr am Thanksgiving Day wiedererzählt, dem einzigen Tag im Jahr, an dem sie uns in ihr Haus einlud. Sie hatte ihre aus Deutschland geflüchteten Verwandten gern, wahrte aber doch eine gewisse gesellschaftliche Distanz zu uns. Dreißig Jahre lang wurden wir nur einmal jährlich zu ihr eingeladen, und erst später bin ich öfter aufgefordert worden zu kommen. Daß ich in Yale angenommen wurde, hat sie als Bestätigung genommen, daß sie richtig gehandelt habe, als sie für unsere Übersiedlung nach Amerika bürgte."

Die Familie seiner Mutter ließ sich in Washington Heights nieder, wo zahlreiche Juden deutscher Abstammung lebten, die seines Vaters wohnte in der Lower East Side in Manhattan. Ihre Mitglieder sprachen weniger Englisch als Toms Verwandte mütterlicherseits. Sie waren ärmer, und Tom spürte, daß sie durch etwas gegangen waren, was der Familie seiner Mutter erspart geblieben war. Sein Vater unterstützte sie finanziell und behandelte sie immer, als wäre es seine Pflicht, ihnen das Leben möglichst leicht zu machen. Tom verstand nicht ganz, warum sein Vater soviel Zeit bei ihnen verbrachte. Er wußte jedoch, daß die Familie seines Vaters ihr Schicksal nicht so gut gemeistert hatte, wie es der Familie seiner Mutter offenbar gelungen war. Dies zog ihn mehr zur mütterlichen Seite hin. Tom spürte, daß sie ihm etwas mitzuteilen, einen Auftrag für ihn hatten.

Toms Eltern hatten sich im ‚Breslauer Club' in New York kennengelernt und dort festgestellt, daß ihre Vergangenheit Gemeinsamkeiten hatte. Kurz danach heirateten sie und zogen nach Pearl River, im Staat New York, wo Mrs. Reed Arbeit als Chemikerin gefunden hatte. „Ich war in vieler Hinsicht der perfekte amerikanische Junge", sagte Tom zu mir. „Ich habe in einer Kleinstadt gelebt, bin auf eine prächtige neue Schule gegangen und hatte junge, hübsche Lehrerinnen. Ich liebte Annette Funicello, Topper, Superman und Ernie Kovacs. Ich begeisterte mich für alles, was mit der Raumfahrt zu tun hatte. Ich habe mit Baseballspieler-Karten gespielt, besaß einen Hula-hoop-Reifen und war ganz fasziniert davon, wie das Drama um den Ford Edsel (ein Ford-Wagen, der sehr schlecht verkauft wurde) ausgehen wird. Meine Familie war überhaupt nicht religiös. Jude zu sein, das hatte für mich mehr mit der Geschichte der Einwanderung, dem Krieg und den europäischen Wurzeln zu tun als mit irgendwelchen jüdischen Gesetzen oder Ritualen. Am Passahfest erzählte Vater immer die Geschichte unseres eigenen Exodus zusätzlich zu der in der Haggada. Immer wenn diese Geschichte wiedererzählt wurde, bekam ich ein Gefühl, als wäre ich ihr Anker in der neuen Welt."

Tom begann schnaufend zu atmen, und sein Puckgesicht wurde ernst. „Wir haben bescheiden gelebt. Wir haben wirklich nicht in die jüdische Nachbarschaft gepaßt. Nicht in Pearl River und auch nicht in Trenton, in New Jersey. Ich hatte den Eindruck, daß unsere Familie anders war. Ich dachte, wäre es nur ein bißchen anders gelaufen, könnte ich ein Deutscher oder ein Kubaner oder ein Engländer oder ein Belgier sein. Daß ich Amerikaner war, ist mir wie ein Zufall erschienen. Meine Familie benimmt sich immer so, als bestünde eine riesige Dankesschuld, und Vater hat sich mit Nachdruck von allem distanziert, was deutsch war. Ich weiß noch, daß er gegenüber fremden Leuten bestritten hat, in Deutschland geboren zu sein. Er hat keine deutschen Produkte gekauft, und ich sollte keinen Deutschunterricht erhalten, was es mir erschwert hat, mich mit meinen Großeltern zu unterhalten, die nur wenig Englisch sprachen. Aber an richtiggehende Ausbrüche von Empörung über die Deutschen kann ich mich nicht erinnern. Über persönliche Verluste ist ohne Leidenschaft gesprochen worden. Gelegentlich hat jemand gesagt: ‚Den haben die Nazis ermordet' oder ‚der hat es nicht geschafft'. Der Grimm und der Schmerz blieben unter der Oberfläche, und infolgedessen habe ich sehr lange gebraucht, um einen unmittelbaren Bezug zu diesen Dingen zu gewinnen.

Wenn ich heute zurückblicke, glaube ich, daß die Mythologisierung von Mutters Familie den Zweck gehabt hat, das Ego meines Großvaters gegen die schweren Verluste abzustützen, die er erlitten hatte. Sie hat für eine gewisse Kontinuität gesorgt, eine Verbindung hergestellt zu seiner Vergangenheit, zu einer bedeutenden Lebensleistung. Der Kontrast zwischen seiner Vergangenheit und der Gegenwart war scharf, der Bruch so kraß, daß eine tragende Brücke notwendig war. Selbst die bescheidenen Tätigkeiten in seinen späteren Jahren wurden als Beweis seiner Charakterstärke gepriesen. Er arbeitete in einer New Yorker Bank als Kassierer und hatte verschiedene Gelegenheitsjobs. Er war eine Art Hausmeister in dem Miethaus in Washington Heights, wo er wohnte. Dort lebten lauter Flüchtlinge, deren Bekanntenkreis wiederum ausschließlich aus Flüchtlingen bestand. Die soziale Ordnung in dieser Gemeinschaft war Nachhall einer längst entschwundenen Welt. Mir ist es schwer gefallen, ihren Umgang miteinander und ihr Arbeitsleben zusammenzubringen. Großmutter hat eine Zeitlang in einer Fabrik gearbeitet, und ich erinnere mich, daß ich sie dort besucht und einen kleinen Einblick in ein Leben bekommen habe, das mir weitgehend unbekannt gewesen war.

Ich war mir auch durchaus bewußt, was Mutter alles verloren hatte. Der Krieg hatte sowohl ihrer schulischen Ausbildung als auch ihrer

Adoleszenz ein Ende bereitet. Er hatte sie vor der Zeit in eine Erwachsenenrolle katapultiert und sie mit brutalem Zwang den Nöten eines Lebens ausgesetzt, vor dem sie sonst beschützt geblieben wäre. Sie war aus einem behaglichen bürgerlichen Heim herausgerissen worden, und hier in den Vereinigten Staaten hatte sie sich zunächst um die Bedürfnisse ihrer alternden Eltern kümmern und dann für Ehemann und Kinder sorgen müssen. Beides hat ihr nur wenig Zeit für sich selber gelassen. Immer wieder kam es vor, daß sie als eine Frau von Intelligenz in Bereichen tätig war, in denen ihre Talente nicht voll genutzt wurden. Als Heranwachsender spürte ich immer einen stillen Pakt zwischen uns, bei dem es um irgendein Ziel ging, das ich einmal erreichen sollte. Als ich ein Kind war, hat sie mich sehr gestützt. Sie hat nie meine Bedürfnisse außer acht gelassen. Die Hoffnungen, die sie in mich setzte, haben mir das Gefühl gegeben, daß ich irgendwie bedeutend war.

Großvater ist gestorben, als ich neun war. Es war der erste Todesfall, den ich erlebte, und man war sehr besorgt, wie ich ihn aufnehmen würde. Großvater hatte mich an dem Tag, an dem er starb, noch sehen wollen, die Krankenschwester mich aber nicht zu ihm gelassen. In den Tagen nach seinem Tod wurde mir erzählt, ich sei sein Augapfel gewesen. Er habe so sehr gewünscht, mich heranwachsen zu sehen, daß er bis zum Jahr 1968 vorausgeplant hatte, weil ich dann, genau am Wahltag, einundzwanzig würde und deshalb wählen dürfte. Mutter hat oft betont, war für ein bedeutender Mann Großvater in Europa gewesen sei. Welchen Eindruck er auf Tante Minnie gemacht habe. Daß er Artikel für den *Aufbau*, die deutschjüdische Tageszeitung in New York geschrieben habe. So wie die Frauen in der Familie vorher Großvater umsorgt hatten, begannen sie jetzt ihre Fürsorglichkeit mir zuzuwenden. Vater ist immer außerhalb dieses Vermächtnis-Denkens geblieben. Diese Vorstellungen wurden alle auf mich übertragen, weil ich der älteste Sohn war, und mir hat das gefallen. Es hat mir gefallen, daß ich Mutter und Großmutter und Tante für mich hatte und daß sie glaubten, meiner harrten große Dinge.''

Lange Zeit, sagte Tom zu mir, hätten diese Vermächtnis-Ideen sich nicht störend auf sein Leben ausgewirkt. Wie Deborah und ich selbst hatte er in der High-School mit einem Minimum an Anstrengung hervorragende Leistungen erbracht. Er war in den nichtsportlichen Fächern der erste in seinem Jahrgang. Redakteur des Jahrbuchs der letzten Klasse und bei seinen Schulkameraden sehr beliebt gewesen. Er hatte bei seinen Leistungstests fürs College ungewöhnlich gut abgeschnitten und war in Yale angenommen worden. In dem autobiographischen Aufsatz, den er bei seiner Bewerbung mit einreichen mußte, hatte er die Geschichte der *St. Louis* geschildert. Er hatte sich als einen Amerikaner der ersten Generation dargestellt, der eine aus den Leidenserfahrungen seiner Eltern während der Verfolgungszeit erwachsene Mission in sich fühle. Doch die volle Realität der historischen Themen, über die er geschrieben hatte, sei ihm, sagte er, erst aufgegangen, als er schon einige Zeit in Yale war.

„Ich war überwältigt, als man mir den Zugang zu dieser akademischen Gemeinschaft anbot, und ich habe *Angst gehabt*. Ich wußte nicht, ob ich es durchhalten würde. Yale atmete Geschichte. Vor meinem Fenster im Studentenheim war ein Standbild von Nathan Hale. Ich habe in dem Raum gebüffelt, in dem Eli Whitney, der Erfinder der Entkörnungsmaschine, gebüffelt hatte. Das Morse College war nach dem Morse benannt, der das Morsealphabet erfunden hat. Jede Gedenktafel, jedes Gebäude trug den Namen einer Persönlichkeit von großem Reichtum oder des Schöpfers eines bedeutenden Lebenswerks, und mit einem Schlag ist mir die Bedeutung meiner eigenen Geschichte bewußt geworden. Lange Zeit war sie für mich eine Kulisse gewesen, über die ich nur hin und wieder ein bißchen nachdachte. Jetzt aber bekam ich das Gefühl, daß sie wirklich zählte."

„Vielleicht habe ich mich auch deswegen meiner eigenen Geschichte zugewandt, um mich gegen alle diese feinen weiß-angelsächsisch-protestantischen Internatszöglinge zu behaupten, deren Vorfahren seit Generationen nach Yale gegangen waren. Ich habe mich lange nach dem Grund gefragt, warum ich in Yale angenommen worden war, und bin zu dem Schluß gelangt, daß es zum Teil ein Akt des Edelmuts, des *noblesse oblige* gegenüber einem jüdischen Einwanderer der ersten Generation war, hinter dessen Leben der Holocaust stand. Yale machte zu jener Zeit einen Wandlungsprozeß durch. Es war Mitte der sechziger Jahre. Die Aristokratie in New England hat sich allmählich für ein paar Außenseiter geöffnet. Ich kam mir vor, als hätte ich mich mit den Ellenbogen ins Prominentenlexikon gedrängt, und betrachtete meine Zulassung zum Studium in Yale als einen kleinen Sieg. Ich hatte es sozusagen in Tante Minnies Welt zu etwas gebracht.

In Yale habe ich mich angestrengt wie noch nie vorher. Am Ende meines ersten Jahres wurde ich als Vierter in einem Erstsemesterjahrgang von tausend College-Studenten eingestuft. Ich durfte Yales erlauchtem Präsidenten, Kingman Brewster, in der Woolsey Hall während einer prunkvollen Zeremonie zu brausenden Orgelklängen die Hand schütteln – die Feierlichkeiten in Yale hatten immer einen stark sakralen Charakter. Brewster war für mich die Spitze der Aristokratie von New England. Das Schiff in *seiner* Familie war die *Mayflower*, und das hat ihn sogar noch über Tante Minnie gestellt. Er trug die akademische Robe, und meine Eltern saßen oben auf der Galerie, während dem Publikum Kurzbiographien von mir und den anderen jungen Erstsemestern, die sich ausgezeichnet hatten, vorgetragen wurden. Ich trug mich in ein Ehrenbuch voller Unterschriften ein, die bis zum Gründer von Yale zurückreichten, und das war für mich damals das Höchste, was ich erreichen konnte. Ich wußte, daß ich ganz, ganz oben, aber zugleich auch, daß irgend etwas am Bröckeln war. Ich konnte dieses Tempo einfach nicht länger durchhalten. Das Vermächtnis hat mir vielleicht Energie und Rückhalt gegeben, aber eigentlich keine Richtung gewiesen. Andere, dringende Bedürfnisse haben sich gemeldet. Ich habe begonnen, mir Fragen nach mir selbst zu stellen, auf die meine Familie, bei aller Unterstützung, die sie mir gab, keine Antwort hatte.

Mein zweites College-Jahr war sehr klippenreich, damals hat wirklich meine ‚Great Divide' begonnen. Ich wußte nicht, worauf ich zusteuerte und wozu. Ich war in Schwierigkeiten. Ich hatte keine Klarheit. Ich glaube, ich wäre aus dem College raus, wenn ich überhaupt die Möglichkeit dazu gehabt hätte. Aber der Vietnamkrieg und die Gefahr, eingezogen zu werden, haben mich an der Uni gehalten. Damals ist ja viel passiert: Attentate, Demonstrationsmärsche nach Washington. Man mußte sich darüber klar werden, wie man selber zum Vietnamkrieg stand. Die Dinge sind drunter und drüber gegangen, und ich habe miterlebt, daß sogar Yale von einigen großen Veränderungen erfaßt wurde. Leute wie Kingman Brewster und William Sloane Coffin wurden landesweit bekannte Persönlichkeiten. Sie forderten die Studentenschaft in Yale auf, historisches Bewußtsein zu entwickeln, nach höheren Werten zu streben. Kingman Brewster sagte damals: Macht euch keine Gedanken darüber, was für ein Studienfach ihr wählt; ihr könnt die Wahrheit und die Schönheit studieren; ihr braucht nicht praxisbezogen zu studieren, denn die Welt steht euch offen; wenn ihr euer Examen in Yale gemacht habt, werden sich euch die Arbeitsmöglichkeiten nur so anbieten; man wird euch in Führungspositionen bitten."

Tom Reeds Stimme verlor sich. Obwohl er in Yale seinen Bachelor mit Auszeichnung gemacht hatte und dann nach Princeton gegangen war, betrachtete er diesen Abschnitt seines Lebens als eine Periode, in der er die in ihn gesetzten Erwartungen zu enttäuschen begann. Darüber zu sprechen kam ihn sehr schwer an, er wollte es beschönigen. „Vielleicht hat all dies für mein Leben gar keine Bedeutung", sagte er plötzlich. „Vielleicht ist diese ganze Geschichte mit dem Vermächtnis nur eine große, aufgemotzte Ausrede für das, was allen anderen Leuten auch passiert. Vielleicht ist das alles ein abgeschlossenes Kapitel und Geschichte. Ich wollte, ich könnte es einfach hinschmeißen. In jemandes Schoß kippen wie einen großen Haufen Scheiße. Ich würde es gerne vergessen. Es ist doch Vergangenheit. Ich würde gerne anfangen, mein eigenes Leben zu leben."

Schon als Kind war Tom Reeds größte Freude das Zeichnen gewesen. Er hatte von jeher Zeichnen und Malen geliebt, und seine Lehrerinnen hatten auf diese Begabung aufmerksam gemacht. Aber er hatte schreckliche Gewissensbisse, wenn er mehrere Stunden am Tag „nur zeichnete". Kingman Brewsters Aufruf, Geisteswissenschaften und Kunst zu studieren, hatte bei Tom eine starke Resonanz gefunden, jedoch auch eine Zwiespältigkeit verstärkt, die schon immer in ihm gewesen war. „Ich war nicht überzeugt, daß man so mühelos an Arbeit herankommt, und schon gar nicht, daß mir die ganze Welt offensteht. Ich war schließlich nicht nur ein Mitglied der Welt von Yale wie die anderen. Ich stand noch bei einer Vergangenheit anderer Art in der Schuld.

In diesem ersten Jahr in Yale habe ich ernsthaft daran gedacht, Medizin zu studieren. Aber ich konnte mich nicht dazu entschließen. Schließlich habe ich mich für ein interdisziplinäres Hauptfach entschieden, amerikanische Studien mit Schwergewicht auf Sozialgeschichte und Einwanderung. Ich fand dazu einen Zugang, fühlte mich aber gespalten, als ob alles, worauf ich bis dahin hingearbeitet hatte, im Begriff wäre zusammenzustürzen. Mutter sagte immer wieder: ‚Du schaffst es, Tom. Du schaffst es schon. Mach dir nicht so viele Sorgen, halt dich nur dran.' Und ich habe immerfort nur schwarz gesehen. Mir gesagt, ich bin doch kein Roboter. Offenbar war ich nicht mehr imstande einzulösen, was von mir erwartet wurde. Nein, aus mir würde nichts Großes werden. Ich war mir nicht einmal sicher, ob ich fähig sein würde, bis zum Bachelor of Arts durchzuhalten. Ich habe mich als Verräter an meinem Erbe empfunden. Als hätte ich etwas zerbrochen, was bis heute noch nicht ganz geheilt ist."

Tom machte seinen Abschluß in Yale und ging nach Princeton. Auf beiden Universitäten stand er wie unter einem Zwang, sein Können entsprechend ihren Maßstäben zu beweisen, und dann aus der Gemeinschaft auszusteigen, als wollte er sagen: „Ich bin gut genug. Ich will mich nur einfach nicht nach euch richten." Er fühlte sich innerlich gespalten, und dieser Zwiespalt vertiefte sich noch, nachdem er die Universität verlassen und für die *Addiction Services Agency* der Stadt New York zu arbeiten begonnen hatte. Er wurde mehrfach befördert und erhielt in regelmäßigen Abständen Gehaltserhöhungen, doch die Schwierigkeiten, die in seinem zweiten Jahr in Yale begonnen hatten, wollten nicht weichen. Sie erschwerten ihm den Umgang mit seinen Eltern und begannen auch seine Beziehung zu Cathy in Mitleidenschaft zu ziehen, die aus einer nichtjüdischen amerikanischen Familie stammte und allmählich die Geduld verlor, weil Tom hartnäckig Probleme mit etwas hatte, was er nicht einmal zu benennen vermochte. Die Krankheit seiner Mutter verschlimmerte den Widerstreit seiner Gefühle der Verpflichtung gegenüber der Vergangenheit und der Gegenwart noch mehr. Sein jüngerer Bruder hatte ein Medizinstudium angefangen, und an ihn, so empfand Tom oft, war nun die Fackel weitergereicht worden.

Im Alter von neunundzwanzig Jahren tat Tom endlich, was er schon zehn Jahre vorher hatte tun wollen. Er legte eine schöpferische Pause ein. Er verließ seine Arbeitsstätte. Er lebte inzwischen für sich und arbeitete an Karikaturen, Zeichnungen und einem Buch für Kinder. Er hatte viel über den Versuch nachgegrübelt, ein Vermächtnis zu leben, und den Wunsch empfunden, zusammen mit anderen Menschen dieser Idee auf den Grund zu gehen. Als er erfuhr, daß ich an einem Buch über Kinder von Holocaust-Überlebenden schrieb, war er nicht überrascht, denn ein solcher Plan hatte ihm selbst vorgeschwebt, obwohl seine Eltern nie in einem Konzentrationslager gewesen waren und seine engere Familie keinen Verlust erlitten hatte.

„Ich wollte dazu beitragen, so eine Art Gemeinschaft zu schaffen, die es vorher noch nicht gegeben hatte, von Menschen, denen es ähnlich erging wie mir", sagte er. „Allein konnte ich es wohl nicht schaffen. Ich wollte einen Schluß finden und das Vermächtnis ablegen, damit ich mit meinem eigenen Leben weitermachen konnte."

20

Gemeinschaft. Alle Nachkommen von Überlebenden des Holocaust, mit denen ich Gespräche führte, kamen auf dieses Wort, das für mich nie einen Realitätsgehalt besessen hatte. Sieben Jahre lang – von der Zeit, als ich aus Israel zurückkam, um auf die Columbia University zu gehen, bis zu jenem kalten Märzvormittag, an dem ich nach Toronto kam, um mit Deborah Schwartz zu sprechen – hatte ich nach dieser Gemeinschaft gesucht und mich dann wieder zu überzeugen versucht, daß es sie wohl nicht gebe.

Wenn mich solche Gedanken beschäftigten, bemühte ich mich, mir einzureden, ich spürte das Gewicht meines eisernen Kastens nicht, doch was er barg, wurde mit jedem Jahr schwerer und zugleich schwieriger zu entwirren. Sobald ich eine einzelne Erinnerung zu prüfen begann, selbst eine so konkrete wie die an Mutter, wie sie sich während meiner Kindheit ins Badezimmer einschloß, setzte sich in mir irgendein Mechanismus in Gang, um dieses Stück Erinnerung aufzulösen, seine Authentizität in Zweifel zu ziehen, zu bestreiten, daß sich jemals so etwas abgespielt hatte. Ich begann nicht nur an meinem Gedächtnis irre zu werden, sondern auch an meiner geistigen Gesundheit zu zweifeln, die mir doch immer allgemein bestätigt worden war. Wenn ich in die Berge von New Mexico zum Skilaufen fuhr und an den Abenden in den Hütten blonde Urlauber beim Bier saßen, sah ich statt ihrer die Deutschen und Österreicher 1938 in den Tiroler Bergen, von denen Mutter mir erzählt hatte. Wenn in New York der Besuch einer prominenten politischen Persönlichkeit oder ein Aufruf zu einer Massenkundgebung ganze Verbände uniformierter Polizei auf die Straßen brachte, spielte mir mein Kopf ähnliche Streiche, und ich sah an der Stelle New Yorker Polizisten SS-Einheiten. Manchmal, in Banken oder Postämtern oder sonstwelchen großen öffentlichen Gebäuden, wurde ich jäh von einem Gefühl der Ohnmacht oder von Zorn überwältigt. Der Beamte, der sich mit meiner Anfrage befaßte, verwandelte sich in einen Gestaposchergen, und ich wurde zu seinem Opfer, jeglicher Rechte beraubt. Du bist zu alt für solche paranoiden Vorstellungen, sagte ich mir dann. Meine Lebensrealität sah anders aus als die meiner Eltern. Ich war in Amerika als ein privilegiertes Kind aufgewachsen, das niemals einen eindeutig antisemitischen Vorfall erlebt hatte. Doch wie Tom Reed wollte ich nicht zugeben, daß ich mich in irgendwelchen Schwierigkeiten befand. Ich wollte die Dinge selbst ins Lot bringen.

In diesen sieben Jahren las ich sehr viel. Wie viele andere Kinder von Holocaust-Überlebenden versuchte ich in Büchern historischen Inhalts Antworten zu finden. Ich las Churchill, Roosevelt und Hitler. Ich las Augenzeugenschilderungen der Konzentrationslager, von ehemaligen Häftlingen wie auch von Soldaten, die sie befreit hatten. Ich las psychiatrische Studien über Überlebende des Holocaust. Ich las noch einmal James Baldwin und Ralph Ellison, die beide erfaßt hatten, wie sich eine von Verfolgung geprägte Geschichte auf die Persönlichkeit auswirkt. Ich las über die Überlebenden von Hiroshima und ihre Familien nach dem Zweiten Weltkrieg. Analysen der Entwurzelung, Deportation und Versklavung schwarzer Amerikaner und Arbeiten über die Zerstörung menschlicher Gemeinschaften nach der Explosion der Atombomben in Japan lieferten mir wichtige Hinweise für meine eigene Situation. Ich stellte fest, daß der Satz „Der Krieg ist die Hölle" zwar zu einem vielgebrauchten Klischee in der amerikanischen Literatur geworden war, nur wenige Schriftsteller jedoch den destruktiven Wirkungen nachgingen, die mit einem Friedensvertrag nicht aus der Welt zu schaffen sind. Gewalt verändert das Leben von Menschen auf viel subtilere Weise und ungleich dauerhafter. Mir ging allmählich auf, warum Bücher über historische Themen mir nie zu einem Verstehen der Epochen verholfen hatten, die darzustellen sie beanspruchten. Al Singerman hatte einmal zu mir gesagt: „Wenn wir nicht damit anfangen, an den Holocaust mit unseren Gefühlen heranzugehen, werden wir an künftige Generationen nichts als Zahlen weitergeben."

1974 wurde ich – um mich zu zwingen, endlich mit dem Gefühl zu erfassen, was ich in der Gegenwart meiner Eltern nie emotional erfassen konnte – Beraterin der William E. Wiener Oral History Library. Die Bibliothek hatte sich die Aufgabe gestellt, die Lebensgeschichten von 200 in die Vereinigten Staaten ausgewanderten Holocaust-Überlebenden aufzuzeichnen. Ich sollte mit meinen Eltern sprechen sowie den Abschlußbericht über das Gesamtprojekt verfassen.

Die Tonbandgespräche, die ich mit meinen Eltern führte, waren für mich von hohem Nutzen, denn zum erstenmal überhaupt hörte ich ihre Berichte in chronologischer Abfolge vom Anfang bis zum Ende und nicht in Bruchstücken. Ich hatte nun eine zuverlässige Quelle, eine unveränderliche Aufzeichnung meiner Familiengeschichte, an die ich mich halten konnte. Aber das Tonbandgerät und der Abriß der zu stellenden Fragen, den die Bibliothek mir gegeben hatte, bewirkten, daß ich mich noch mehr von den Gefühlen zu entfernen schien, die die Erzählungen meiner Eltern hervorgerufen hatten. Ich stellte, scheinbar, nicht als Tochter Fragen, sondern als eine Interviewerin, die Daten für die Nachwelt sammelte. Meine Gefühle waren ‚abgestellt'; ich handelte in professioneller Eigenschaft. Es war nicht sehr verschieden von der Situation in meinen Kindertagen, wenn ich zuhörte, wie meine Eltern in unserer Küche über die Lagerjahre sprachen. Ich spürte eine Beklemmung in Brust und Hals, unterdrückte aber die Tränen, wenn meine Eltern es sehen konnten. Verrieten mich die Augen, machte ich mir am Tonbandgerät zu schaffen, oder ich wollte mir plötzlich unbedingt einen Imbiß herrichten. Ich gab mich fröhlich. Noch jetzt, mit sechsundzwanzig, empfand ich das Bedürfnis, meine Eltern zu beschützen.

Sie ihrerseits empfanden das gleiche mir gegenüber. Beide hatten keine Begeisterung gezeigt, als ich mich an dem *Oral-history*-Projekt beteiligte. ,,Wenn die das alles im Archiv verstaut haben, glaubst du, jemand wird so daran interessiert sein, daß er sich hinsetzt und liest, was ich dir erzähle?" fragte mich Vater. Mutter, wie immer pessimistisch, stellte keine solche Frage. ,,Das ist ja alles sehr nett, kommt aber ein bißchen spät", meinte sie. ,,Niemand hat sich für uns interessiert, als wir im Lager waren, und auch heute interessiert sich kein Mensch für uns. Schau, daß du es rasch hinter dich bringst. Für deine Mühe wirst du dir nur eine Reputation als jüdische Schriftstellerin einhandeln."

Meine Eltern verstanden nicht, worum es mir ging.

Wie die meisten Überlebenden hatten sie beide in all den Jahren nicht geahnt, daß ich ihre Bemerkungen, ihre raschen Blicke, ihre stummen Pausen in mir aufgespeichert, in meinem eisernen Kasten gesammelt hatte wie Penny-Münzen in einem Sparschwein. Sie waren sich nicht bewußt gewesen, daß ein Kind Worten ebensoviel entnimmt wie dem Umstand, daß eine Erklärung ausbleibt. Sie hatten nicht geahnt, wieviel ich von den alten Photographien lernte, die bei uns an den Wänden hingen oder in dem alten, vergilbten Kuvert in Vaters Schreibtisch versteckt waren. Wie alle Menschen sahen sie, was sie sehen wollten, und ich widersprach dieser Sicht nur selten. Sie hatten erlebt, wie ihre Tochter die Journalistenschule absolvierte, daß sie in angesehenen Publikationen Artikel veröffentlichte, Assistenzprofessorin an der New York University wurde, viele gute Freunde gewann, sich in einen Mann verliebte, den sie sympathisch fanden. Sie glaubten, ein relativ glückliches Kind zu einem glücklichen Erwachsenen herangezogen zu haben. Sie konnten sich keinen Reim darauf machen, warum ich, wie Mutter sich ausdrückte, ,,von dieser Holocaust-Geschichte so besessen" war. Sie wollte, daß andere Leute – Amerikaner, Deutsche, all die Juden, die ein behagliches Leben geführt hatten, während sie Häftling war – den Holocaust im Gedächtnis behielten. Sie hätte gerne gesehen, daß mein mittlerer Bruder Tom, der die Bar-Mizwa-Feier abgelehnt hatte und es ablehnte, Tschechisch zu sprechen, sich mehr für die Familiengeschichte interessierte. Nur ich sollte von dem Thema lassen. ,,Du wirst dich damit krank machen", sagte sie.

Damit hatte sie nicht ganz unrecht. Einen ganzen Sommer lang las ich an einem See in den Bergen des westlichen Massachusetts Tausende von Seiten persönlicher Zeugnisse von Überlebenden aus den Konzentrationslagern, die inzwischen in den Vereinigten Staaten lebten, detaillierte Schilderungen von Familien, die in polnischen Kleinstädten wie in den Großstädten Deutschlands, der Tschechoslowakei und Ungarns gelebt hatten. Ich las tägliche Aufzeichnungen von Menschen, die als ‚Waldjuden', in Speichern und Kellerverstecken, in Sobibor, Dachau, Theresienstadt, Auschwitz und Maidanek überlebt hatten. Ich las Einzelheiten der Befreiung und der Unterbringung in DP-Lagern und dann von der Überfahrt nach Amerika, woraufsich die Fallgeschichten mit meiner eigenen Erinnerung verbanden.

Als ich dann den offiziellen Bericht für die *Wiener Oral-History-Library* ins reine schrieb, war ich ganz mit Vergangenheit gesättigt und so erfüllt von Gefühl, daß ich manchmal kaum sprechen konnte. Die Starre, die in mir gewesen war, wenn ich meine Eltern berichten hörte, verschwand, wenn ich die Schilderungen anderer Menschen las. Diese aufzunehmen, fiel mir leichter. Zum erstenmal sah ich das Leben meiner Eltern im Zusammenhang mit dem anderer Menschen, konnte ich sie in der richtigen Perspektive sehen, sie zu einer Gemeinschaft in Vergleich setzen. Ich hatte ja nie eine Familie gekannt, in die ich sie einordnen konnte. Diese Überlebenden, denen ich nie begegnet war, über deren Leben ich in einem Transskript nach dem anderen las, wurden mir zu einem Verwandtschaftsersatz. Damals wurde mir klar, daß ich mit ihren Kindern sprechen mußte.

,,Plötzlich lag es für mich ganz klar auf der Hand", beschrieb mir ein Medizinstudent von der Universität Tufts die gleiche Offenbarung, die ich damals erlebt hatte. ,,Wie konnten Menschen, die durch so etwas gegangen waren, *nicht* erwarten, daß etwas davon auf ihre Kinder abfärben wird? Ich habe oft gedacht, es müßte an die Öffentlichkeit gebracht werden und wir selbst müßten das tun. Ich habe oft gedacht, es ist an der Zeit, daß Elie Wiesel abtritt. Hinter ihm ist ja eine andere Generation herangewachsen. Ich wollte diese Leute finden und mit ihnen sprechen."

1975, als ich meinen Bericht abschloß, war die erste Generation der Nachkommen von Holocaust-Überlebenden fast dreißig Jahre alt. Viele von uns arbeiteten bereits als Ärzte, Psychiater, Psychologen, Sozialarbeiter, Anwälte, in der Geschäftswelt, in der Sphäre der Kunst. Wie die meisten jungen Leute in den freien und akademischen Berufen waren wir damit beschäftigt, uns einen Namen zu machen, uns in das Berufsleben einzuarbeiten, eine eigene Familie zu gründen. Doch darüber hinaus begannen mehrere Kinder von Überlebenden ihre Ausbildung für die Klärung jener Fragen zu nutzen, die mich umtrieben. Auch sie bewegte der Wunsch, eine Gemeinschaft zu schaffen, die Gruppe von Menschen unseresgleichen sichtbar zu machen, die so lange unsichtbar und stumm gewesen war.

Einige begannen über Kinder von Holocaust-Überlebenden zu schreiben. ,,Zwischen ihnen und der furchtbaren Prüfung, die ihre Eltern durchgemacht haben, besteht eine große Distanz, räumlich, zeitlich und kulturell", schrieb Toby Mostysser 1975 für den *Jewish Student Press Service*. ,,Viele haben keine Ahnung davon, was ihre Eltern im einzelnen mitgemacht haben. Dennoch ist der Holocaust für sie ebensowenig wie für ihre Eltern ein abgeschlossenes historisches Geschehnis, in Lehrbücher weggesperrt und Gedenkfeiern vorbehalten ... Sie haben sich die Gefühle zu eigen gemacht, die daraus erwachsen sind, daß ihre Eltern entwurzelt, verfolgt und beinahe ausgelöscht wurden."

Andere begannen Gruppen zu organisieren. Im Januar 1975 setzten sich fünf New Yorker, die Beziehungen zu *Response*, einer kleinen jüdischen Vierteljahrszeitschrift, hatten, mit einem Tonbandgerät zusammen, um darüber zu sprechen, welche Gefühle sie mit ihren Eltern und der Kriegszeit verbanden. Die Gruppe, bestehend aus einem Armenrechtsanwalt, einem Sozialarbeiter, einem Universitätsangestellten und zwei Doktoranden, wollte eigentlich nur ein Gespräch führen, doch die *Response*, die es abdruckte, ging von Hand zu Hand und erreichte weit mehr als die 3000 Leser, die sie abonniert hatten.

Im Frühjahr 1976 erschienen Zettel mit dem Text *Bildung von Gruppen für Kinder von Holocaust-Überlebenden – ruft Eva an* an den Anschlagbrettern in den Universitäten Harvard, Brandeis, Boston und Tufts, in Buchläden in Cambridge, in koscheren Fleischerläden und in der in Boston erscheinenden Zeitung *The Real Paper*. Eva Fogelman und Bella Savran, beide ausgebildete Psychotherapeutinnen und Kinder von Holocaust-Überlebenden, hatten die *Response* gelesen und beschlossen, Gesprächsgruppen ins Leben zu rufen, die sich mit den von den fünf jungen New Yorkern angesprochenen Themen beschäftigen sollten. Binnen eines Jahres sprachen sie mit fast hundert Nachkommen von Überlebenden in der Region Boston. Einige riefen sofort an, nachdem sie die Notiz gelesen hatten, sprachen eine Stunde lang, legten dann auf und meldeten sich nie wieder. Andere trugen den Zettel monatelang in der Brieftasche mit sich, ehe sie sich entschließen konnten anzurufen. Mehr als die Hälfte der achtzig Studenten und Jungakademiker, die von den beiden Frauen befragt wuden, erklärte, bis dahin mit keiner jüdischen Organisation sozialen, politischen, religiösen oder kulturellen Charakters Kontakt gehabt zu haben. Einige sagten, die Notiz habe ihnen überhaupt zum erstenmal bewußt gemacht, daß es noch andere ihresgleichen gab.

Im gleichen Jahr, 1976, gründeten in New York fünfzehn Söhne und Töchter von Überlebenden aus dem Warschauer Getto die Gruppe *Second Generation*, als „lebendes Zeugnis für den jüdischen Widerstand im Zweiten Weltkrieg", wie sie erklärten, und als ein Forum, das Angehörige der zweiten Generation zusammenführen sollte. Drei der Gründungsmitglieder traten im lokalen Bildungsfernsehen, der Station WNET, auf, und bereits nach einigen Monaten hatten sie mehr als hundert Personen in ihrer Adressenkartei.

Um diese Zeit hatte ich, ohne Kenntnis von irgendeiner dieser Gruppen, die *New York Times* für die Veröffentlichung eines Artikels über Kinder von Holocaust-Überlebenden zu interessieren versucht, damit aber keinen Erfolg gehabt. Man erklärte mir, es spreche nichts dafür, daß eine solche Gruppe existiere. Es gebe keinen „Aufhänger", kein Ereignis, das einen solchen Artikel in einer Tageszeitung rechtfertige. Dann, Anfang 1977, hielt ein israelischer Psychiater, auf ein Sabbatjahr an der Stanford University Medical School, einen Vortrag über Nachkommen von Überlebenden des Holocaust. „Das traumatisierende Erlebnis der Nazi-Konzentrationslager wiederholt sich im Leben der Kinder und sogar der Enkel", begann die Pressemitteilung der Universität, in der seine Befunde resümiert wurden. „Die Auswirkungen der systematischen Dehumanisierung werden über schwere Störungen in der Eltern-Kind-Beziehung von einer Generation an die nächste weitergegeben."

Ein kleiner, umgeschriebener Auszug aus dieser Pressemitteilung erschien im Magazin *Time,* und kurz darauf rief jemand von der *New York Times* bei mir an.

Nach dem Erscheinen meines Artikels im *New York Times Magazine* erhielt ich ein volles Jahr lang aus allen Gegenden der Vereinigten Staaten Zuschriften von Kindern von Überlebenden. Die Briefe waren lang und sehr persönlich gehalten, wie von seit vielen Jahren verschollenen Verwandten geschrieben. Einige der Absender waren Heranwachsende, die noch auf die High-School gingen, andere Freiberufler, deren Zuschriften imponierende Briefköpfe zierten. Manche schrieben, sie hätten mehrere Tage hintereinander immer wieder gelesen, was ich geschrieben hatte, und einfach nicht fassen können, daß Gedanken, die sie für ganz privat und geheim gehalten hatten, auch andere bewegten. Einige schrieben mir, sie hätten sich wochenlang nicht getraut, den Artikel zu lesen, ihn aber neben ihrem Bett oder Schreibtisch liegen lassen wie eine Art Prüfstein oder Talisman.

Im Herbst 1977 setzte ich mich in New York mit zehn anderen Nachkommen von Holocaust-Überlebenden zusammen, die auf Veranlassung von Al Singerman gekommen waren. Es war die erste von mehreren kleinen Gesprächsrunden, veranstaltet vom *Group Project for Holocaust Survivors and Their Children.* Al hatte zusammen mit Steve Schultz, Psychiater und gleichfalls Sohn von Überlebenden, sowie zwei freiwillig mitwirkenden Psychologen einen Plan entworfen, zahlreiche solcher Gruppengespräche im Gebiet von New York zu organisieren. In Chicago, Detroit, Los Angeles, Toronto und Jerusalem begannen sich ähnliche Gruppen zu bilden. Psychiater in den Vereinigten Staaten, Kanada und Israel erhielten erstmals Zuschüsse für die Erforschung von „langfristigen Auswirkungen von Verfolgungen". Rundfunk- und Fernsehstationen sowie Zeitungen in diesen Ländern entwickelten allmählich ein Interesse an den Nachkommen der Holocaust-Überlebenden.

In diesem Zimmer in New York, wo wir elf Menschen uns mit der klinischen Psychologin Florence Volkman Pincus zusammengesetzt hatten, herrschte eine seltsame Stille. Ruth Alexander, klein, blaß und nicht wenig nervös, saß Tom Reed gegenüber, der noch immer unschlüssig war, ob er „an die Öffentlichkeit gehen" solle. Al Singerman und Steve Schultz blickten mit dem stolzen Ausdruck von Gründervätern umher. Lillian Weisberger mit ihrem kastanienbraunen Haar, eine Spendensammlerin, saß neben Miriam Singerman, die Kinder mit Lernschwierigkeiten unterrichtete. Jeff Benkoe, Zeitungsreporter, saß zwischen Edie Jarolim, Anglistik-Doktorand, und dem Maler Richard Lichtenstein. Nachdem wir unsere Plätze eingenommen hatten, kam Jeanette Wasserstein, eine Psychologin in der Ausbildung, hereingeeilt, die sich, wie Tom, noch nicht entschieden hatte, ob sie teilnehmen wolle.

Schweigend musterten wir die Gesichter der anderen. Wir elf Menschen hatten alle Eltern, die aus Österreich oder Ungarn, der Tschechoslowakei, Polen, Rußland und Deutschland geflohen waren. Zusammen hatten wir Hunderte von Verwandten verloren. Unsere Eltern hatten den Holocaust auf vielfältige Weise überstanden. Wir selbst, dachte ich, mich in dem Zimmer umblickend, sind Menschen von ganz augenfälliger Verschiedenheit und wären uns unter gewöhnlichen Umständen nicht begegnet. Ich spürte eine Spannung in der Luft, eine hohe Erwartung, doch auch ein Zögern, Furcht, Zorn, Trauer, Verlegenheit, Hoffnung und Kraft.

„Nun? Sollen wir anfangen?" sagte Florence Volkman Pincus.

Die Gemeinschaft, nach der ich so lange gesucht hatte, war endlich ans Licht getreten.

Epilog

In der Wohnung an der Riverside Drive, wo ich aufwuchs, ist es heute still. Mutter lebt dort mit meinem jüngeren Bruder David allein, seit vor einigen Jahren mein Vater starb. Er hatte einen Herzanfall erlitten, als er im Sonnenschein auf der Straße spazierenging, unweit des Mietshauses, in dem wir lebten. Fremde Menschen, die ihn stürzen sahen, legten ihm ein Kissen unter den Kopf. Er hat nie wieder die Augen aufgeschlagen.

Es war nicht Vaters Wunsch gewesen, daß bei seinem Leichenbegängnis ein Rabbiner sprach. Der Gottesdienst war kurz. Eine Ehrenrede wurde nicht gehalten, statt dessen spielte man eine Schallplatte mit der tschechoslowakischen Nationalhymne. Trotz der Konzentrationslagerhaft und der in Amerika verbrachten Jahre hatte Vater bis zuletzt in sich einen ehemaligen Offizier der tschechoslowakischen Armee und Sportler gesehen, der sein Land zweimal bei Olympischen Spielen vertreten hatte.

Die kleine Gruppe der Trauernden in der Riverside Memorial Chapel schien dafür Verständnis zu haben. Alle gehörten der kleiner werdenden Gemeinschaft mitteleuropäischer Flüchtlinge an, die Deutsch oder Tschechisch noch immer besser sprachen als Englisch und sich noch immer bei Wanderungen im Umland nördlich der Stadt oder in Konzerten während der Pausen trafen. Sie bildeten die menschliche Brücke, die Vaters Leben in Europa mit dem verband, das er im Alter von vierundvierzig Jahren in den Vereinigten Staaten begonnen hatte.

Unter den Trauernden stand das kleine Häuflein unserer Familie. Vaters wohlhabender Cousin war da – unsere Version von Tom Reeds Tante Minnie –, der für meine Eltern, als sie nach New York kamen, gebürgt und ihnen fürs erste Kost und Quartier zur Verfügung gestellt hatte. Mutters Cousin Peter, den wir als Kinder immer Onkel genannt hatten, stand neben ihr, meinen beiden Brüdern und mir. Noch drei andere Verwandte waren gekommen.

Vater hatte von Grabmälern sowenig gehalten wie von Leichenreden. Schon seit Jahren hatte er gesagt, daß er nach seinem Tod eingeäschert werden wolle. Er wollte in die lebende Natur eingehen, das

Wasser, die frische Luft, die ihm so kostbar waren wie seine Familie. Wir sollten an ihn denken, wenn wir schwimmen oder skilaufen gingen. Nur selten kam es vor, daß er, wenn er die energischen, amerikanischen Gesichter seiner Kinder betrachtete, der Hoffnung Ausdruck gab, sie würden daran denken, das Kaddisch-Gebet für ihn zu sprechen.

An einem nassen, nebligen Tag begruben wir seine Asche auf dem Gipfel des höchsten Berges im westlichen Massachusetts, wo sie sich, sagte Mutter, schließlich mit der Erde vermischen und neuen Wachstum Nahrung geben werde. Vater hatte die Berkshires geliebt. Sie hatten ihn an die tschechische Landschaft seiner Kindheit erinnert. Er hatte auch die Neuengländer gern gehabt, die sich sein sonderbares, stark akzentuiertes Englisch mit unerschöpflicher Höflichkeit anhörten und sich so große Mühe gaben, ihre Gemeinden schön und ordentlich herauszuputzen. Für Vater waren sie das Beste an Amerika. Sie waren für ihn die Menschen, denen er sein Leben und das Wohlbefinden seiner Kinder verdankte. ,,Diese letzten dreißig Jahre waren ein Geschenk", sagte Mutter. ,,Nach allen Gesetzen der Wahrscheinlichkeit war sein Tod besiegelt, als Mengele ihn auf die eine Seite schickte. Doch dann hat er es sich überlegt und ihn der andern zugeteilt. Alles übrige, alles, was danach kam, war ein einziges großes Geschenk."

In den Wochen und Monaten nach Vaters Tod sprach Mutter mit großer Offenheit und Wärme zu mir, irgendwie befreit aus der harten, keine Gefühle durchlassenden Schale, die vorher ihren Worten die Freiheit genommen hatte. ,,Damals, in der Nacht des kommunistischen Putsches in Prag", sagte sie, ,,als die Arbeiter bewaffnet durch die Straßen marschierten und dein Vater gesagt hat, wir müßten das Land verlassen, hatte ich schreckliche Angst. Du warst gerade erst auf die Welt gekommen. Ich dachte daran, daß dein Vater vierundvierzig Jahre alt war, und fand ihn allzu optimistisch. Die Vorstellung, in Amerika jemandem als arme Verwandte auf der Tasche zu liegen, war mir furchtbar. Gegen so etwas sträubt sich mein Innerstes. Und ich habe gewußt, es würde unvermeidlich sein, daß wir am Anfang auf jemanden angewiesen waren. Daran hat kein Weg vorbeigeführt. Dein Vater hat sich vorgestellt, er würde in New York Wasserball unterrichten. Ich wußte zwar nicht, wie so etwas in Amerika bezahlt wird, aber mir war klar, daß es nicht reichen würde, um uns alle über Wasser zu halten. Doch dein Vater war für mich ein Fels des Vertrauens. Und wenn er wollte, daß wir nach Amerika gingen, dann ging's nach Amerika.

Du hast damals noch nicht verstehen können, wie schwer es für uns war. Papi ist nirgends untergekommen. Er hatte Jobs, in denen er jeden Freitag auf die Kündigung gefaßt sein mußte. Manchmal Arbeit für drei Tage. Manchmal für zwei Monate. Die Unsicherheit war zum Verrücktwerden, aber ich durfte nichts sagen. Ich habe ihm keine Vorwürfe machen können, weil er getan hat, was er konnte. Aber er war mir zu Hause im Weg. Er hat beim Abwaschen und beim Windelwechseln geholfen, aber die Wohnung war winzig und außerdem noch mein Arbeitsplatz.

Ich bin schrecklich ins Grübeln geraten. Ich dachte, wir würden ewig in dieser Misere bleiben. Wir haben beide im Saisongeschäft gearbeitet, und es hat Zeiten gegeben, in denen weder er noch ich etwas verdiente und wir von der Arbeitslosenunterstützung leben mußten, und dann kam der Monatserste mit den vielen Rechnungen, die zu bezahlen waren. Du und Tom, ihr wart nicht gerade die stillsten Kinder. Man mußte auf euch aufpassen. Ich habe gearbeitet und gekocht und geputzt und allmählich gedacht, daß doch alles für die Katz' ist. Manchmal habe ich überhaupt kein Licht mehr gesehen, bin ich mir vorgekommen wie in einer Falle. Ich wollte mich umbringen. Ich wollte dich und auch Tommy umbringen. Das hat mich dann schließlich zu Dr. Rabinowitz geführt. Ich habe euch Ohrfeigen verpaßt, und dabei war mir, als hätte ich sie selber bekommen. Weißt du nicht mehr, daß ich morgens, bevor ich zu arbeiten anfing, immer zu dem Doktor gegangen bin? Erinnerst du dich nicht mehr daran?"

Ich konnte mich nicht erinnern, daß Mutter zur Analyse gegangen war, und auch nicht daran, daß sie mit meinem Bruder und mir und einem Picknickkorb an jedem heißen Augusttag mit der Untergrundbahn und dann mit dem Zug und zuletzt in einem Taxi nach Silverpoint Beach hinausgefahren war, damit wir die frische Seeluft atmen konnten. Aber es war ohne Belang, daß ich mich nicht mehr daran erinnern konnte. Wichtig war, daß ein gewisses Schweigen zwischen uns gebrochen, daß die Befangenheit, die unsere Gespräche immer gedämpft hatte, verschwunden war.

Mutter arbeitet noch immer als Modeschneiderin in dem Raum ihrer Wohnung, der eigentlich als Eheschlafzimmer gedacht ist. Sie ist noch immer Kettenraucherin, und die kleine, blaue Tätowierung an ihrem Unterarm veranlaßt fremde Leute noch immer, die Augen abzuwenden. Sie wird noch immer hin und wieder von Angst um ihre

Kinder befallen und gerät gelegentlich in eine jener Perioden tiefer, scheinbar nicht enden wollender Depressivität, die mich als Kind so geängstigt hatten. Doch Mutter hat anscheinend die Vitalität geerbt, die Vater uns gleichsam als Vermächtnis hinterließ. Ihr Lachen, von dem sie früher immer behauptet hatte, es sei ihr während des Kriegs für immer vergangen, ist kräftig und fröhlich. Noch immer zeigt sie beim Arbeiten und beim Musikhören eine Intensität, wie ich sie nur selten an anderen Leuten beobachtet habe. In der letzten Zeit hat sie gelernt, sich ein bißchen zu lockern, sich etwas zu gönnen, und manchmal sehe ich momentweise das Mädchen, das sie vor dem Krieg gewesen sein muß, ein Mädchen mit sprühenden, koketten Augen, das so leidenschaftlich gern tanzte.

Ich bin jetzt dreißig und, wie meine zwei Brüder, beinahe ebenso groß wie Vater. Beide Brüder laufen Ski und sind auf die Berge im Winter und den Schnee so versessen, wie Vater aufs Wasser versessen war. Mein Bruder Tom lebt in einer Kleinstadt in Vermont und verbringt seine Tage als Skilehrer auf den Hängen. Mein Bruder David, der gerade die High-School abgeschlossen hat, sitzt viel vor dem Fernsehapparat und beschäftigt sich mit Elektronik. Die Geschichte ist beiden nicht sehr wichtig, und sie machen sich auch nicht viel aus Büchern. Doch wenn wir alle bei Mutter zu Hause sind, fühlen wir uns so stark verbunden, daß die Unterschiede zwischen uns dahinschmelzen. Keiner von uns ängstigt sich mehr, wenn Mutter vor Erschöpfung zusammenbricht oder depressiven Stimmungen erliegt. Statt dessen haben wir uns angewöhnt, ihr zu versichern, daß sie eine der stärksten Naturen sei, die wir je erlebt hätten; schließlich habe sie ja schon viel Schlimmeres überstanden, und wahrscheinlich brauche sie eine Ruhepause. Mutter ihrerseits hat einsehen gelernt, daß ihre Kinder nicht immer glücklich, gesund und frei von Schmerzen sein können. Sie macht sich heute weniger Sorgen.

Meine Brüder haben, wie viele andere Kinder von Holocaust-Überlebenden, erst vor kurzem begonnen, Mutter Fragen nach unseren Großeltern zu stellen, nach den Verwandten, die wir nie gekannt haben, und wo und wie genau unsere Eltern den Krieg überlebt haben. Wie Al Singerman, bei dem einunddreißig Jahre vergingen, bis er mit seinem Vater zu sprechen begann, wie Ruth Alexander und Tom Reed sind auch meine Brüder oft erstaunt über das, was sie erfahren – und von Stolz erfüllt. Als 1978 eine Reihe von Fernsehsendungen über den Holocaust landesweit in den Vereinigten Staaten ausgestrahlt wurde, stellte mein jüngerer Bruder beim Eintreffen in der Schule überrascht fest, daß seine Kameraden über das Thema diskutierten, über das er sie nie hatte sprechen hören. „Es war merkwürdig", sagte er, lakonisch wie immer. „Ich habe ihnen gesagt, daß unsere Eltern dort waren."

Das Dritte Reich

Hans-Günter Richardi
Schule der Gewalt
Die Anfänge des Konzentrationslagers Dachau. 1933–1934.
Ein dokumentarischer Bericht. Mit einem Vorwort von
Hermann Langbein. 1983. XII, 331 Seiten mit 31 Bildern und
Dokumenten sowie einem Plan. Broschiert

Günther Anders
Besuch im Hades
Auschwitz und Breslau 1966. Nach „Holocaust" 1979.
2. Auflage. 1985. 218 Seiten. Paperback
(BsR Band 202)

Martin Broszat und Horst Möller (Hrsg.)
Das Dritte Reich
Herrschaftsstruktur und Geschichte.
2., verbesserte Auflage. 1985. 287 Seiten. Paperback
(BsR Band 280)

Horst Möller
Exodus der Kultur
Schriftsteller, Wissenschaftler und Künstler in der Emigration
nach 1933. 1984. 136 Seiten. Paperback (BsR Band 293)

Ger van Roon
Widerstand im Dritten Reich
Aus dem Niederländischen von Marga E. Baumer-Thierfelder.
4., neubearbeitete Auflage. 1987. 253 Seiten.
Paperback (BsR Band 191)

Richard Saage
Faschismustheorien
Eine Einführung.
3., durchgesehene Auflage. 1981. 184 Seiten.
Paperback (BsR Band 141)

Thomas Bremer (Hrsg.)
Europäische Literatur gegen den Faschismus 1922–1945
1986. 256 Seiten. Paperback (BsR Band 315)

Verlag C. H. Beck München